容美土司遗址

湖北省文物考古研究所
鹤峰县博物馆　编著

科学出版社
北　京

内 容 简 介

容美土司自元至大三年至清雍正十三年改土归流，历经425年16代24位司主，是当时西南诸土司中最强大的土司之一。容美土司遗址集群规模极其庞大，尤其是形成了以中府、爵府、南府、北府、西平府为中心的五大遗址片区，在西南诸土司中也极为少见。各遗址片区内发现的遗存类型有官署、洞府、戏楼、关隘、石刻、寺庙、城门、桥梁、津渡、道路、墓葬、墓地等，基本形成了设施齐全、功能完备的小型城镇，各遗址片区通过道路、桥梁、关隘等相连，形成了联系较为紧密的整体。结合文献资料，通过考古工作对容美土司文化遗存开展综合分析与研究，基本可以揭示出鄂西南甚至整个西南地区的土司文化遗存全貌，为研究西南少数民族地区独具特色的土司文化提供重要的实物资料。

本书可供考古学、历史学、民族学等学科研究者，以及大专院校相关专业师生阅读、参考。

图书在版编目（CIP）数据

容美土司遗址 / 湖北省文物考古研究所，鹤峰县博物馆编著. —北京：科学出版社，2020.11
ISBN 978-7-03-066592-8

Ⅰ.①容… Ⅱ.①湖… ②鹤… Ⅲ.①土司-古城遗址（考古）-研究-鹤峰县 Ⅳ.①K878.34

中国版本图书馆CIP数据核字（2020）第211920号

责任编辑：王光明 董 苗 / 责任校对：王晓茜
责任印制：肖 兴 / 封面设计：美光设计

科 学 出 版 社 出版
北京东黄城根北街16号
邮政编码：100717
http://www.sciencep.com
中国科学院印刷厂 印刷
科学出版社发行 各地新华书店经销
*
2020年11月第 一 版 开本：889×1194 1/16
2020年11月第一次印刷 印张：23 插页：82
字数：957 000
定价：**358.00元**
（如有印装质量问题，我社负责调换）

容美土司遗址

主　编：黄文新

副主编：康予虎　史德勇

目　　录

插图目录

彩版目录

图版目录

第一章 绪 言

第一节 地理位置与自然环境

容美土司元末时兴起于今湖北省恩施土家族苗族自治州（以下简称恩施州）鹤峰县、巴东县、建始县三县交界处的容米洞①，后逐渐壮大，至明末发展至鼎盛，其疆域包括今湖北省恩施州鹤峰县和宜昌市五峰土家族自治县（以下简称五峰县）、长阳土家族自治县（以下简称长阳县）的大部分地区，以及恩施州巴东县、建始县、恩施市清江以南地区，所辖疆域面积约5000平方千米。至清雍正年间，容美土司控制的疆域缩小至恩施鹤峰县及宜昌市五峰县、长阳县境内，但其所辖疆域面积仍有约4000平方千米。容美土司的治所位于今湖北省恩施州鹤峰县城及周边区域，中心地理坐标为东经110°01′45.46″，北纬29°53′29.90″，海拔497米（图一；彩版一）。

容美土司所控疆域，地处武陵山脉北麓，鄂西南山地中部，其东连江汉平原，西接酉水，南通澧水，北靠清江，是中原通往西南地区的咽喉要道。境内峰峦叠嶂，沟壑纵横，溶洞伏流遍布。地形西北高，东南低，多山间小盆地，平均海拔1147米。境内最高点为五峰县白溢寨（容美土司北府）黑峰尖，海拔2320.3米，最低点是五峰县渔洋河桥河峡口，海拔150米。全境地处亚热带大陆性季风湿润气候区，四季分明，冬冷夏热，雨热同季。受地貌影响，山地气候显著，气候变化呈垂直性，立体气候显著。低山湿润，中高山温和，高山温凉，昼夜温差较大。雨多、雾多、蒸发小、湿度大，年均降水量在1300～2100毫米。境内土壤分布从高到低依次为红壤、黄壤、山地棕黄壤，垂直分布明显。耕地土壤大部分缺磷缺硼，有机质和氮素含量较高，氮、磷、钾微量元素比例失调，氮素利用率低。境内金属矿藏主要有铁矿、金矿、银矿、钒矿、钼矿、铀矿，非金属矿藏主要有磷矿、黄铁矿、煤矿、石灰石、百合石、高岭土等。境内林木种类繁多，植被类型复杂，具有垂直性的特征。植被以亚热带常绿阔叶林、针叶混交林为主。农作物以茶叶、土豆、玉米、高山水稻为主。境内动物种类繁多，哺乳类动物有黑熊、金钱豹、豺狗、狼、狐狸、野猪、猕猴、水獭等，鸟类有野鸡、锦鸡、白鹤、灰鹤、鸿雁、岩鹰、鹞鹰、猫头鹰、杜鹃、布谷鸟、啄木鸟、黄莺、黄鹂、青翠鸟等，鱼类有草鱼、鲢

① （明）宋濂等：《元史》（卷23），中华书局，1976年，第529、530页；（清）屠寄：《蒙兀儿史记·海山可汗纪·本纪第八》至大三年十一月条，北京市中国书店，1984年，第129页中亦有类似记载，囿于篇幅，不再赘述。

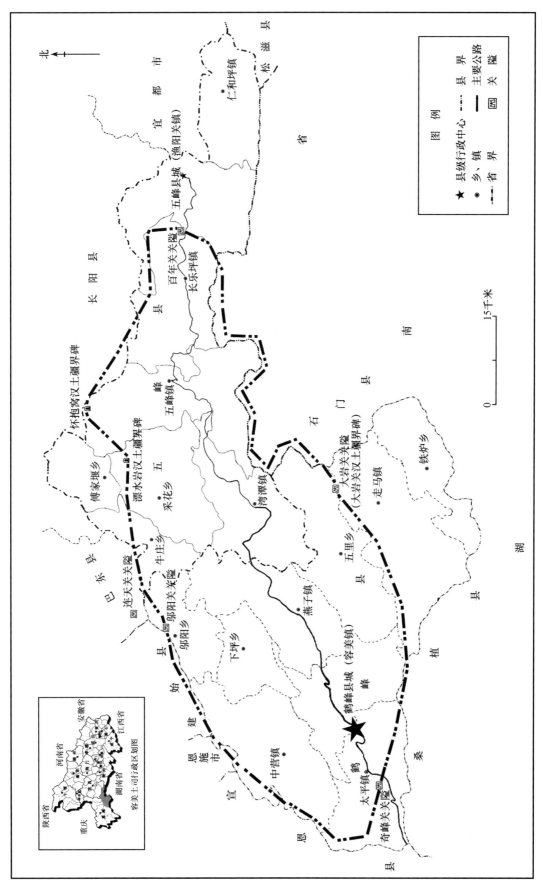

图一　容美土司末期疆域示意图

鱼、鲤鱼、鲫鱼、齐口裂腹鱼、马口鱼、红翅膀鱼、青鱼、岩花鱼、巴岩鱼、红尾子等，蛇类有烙铁头蛇、银环蛇、蝮蛇、菜花蛇等。

境内主要人口除土家族和汉族两大民族外，还有回、苗、满、白、蒙古、侗、壮等民族。目前鹤峰县常住人口22.4万，五峰县常住人口20.8万。

第二节 建制与土司制度沿革

一、容美土司行政区域沿革

容美土司所统辖的区域人类活动历史悠久，战国早期属巴国，战国晚期属楚巫郡，秦时属黔中郡，两汉时期属荆州武陵郡，三国时期先属蜀，后属吴。西晋时属荆州天门郡与宜都郡，北周建德三年（574）属施州府，隋时属清江郡，唐初时属江南道施州府，开元二十一年（733）后属黔中道施州府。北宋初时属峡西路，宋咸平四年（1001）后属夔州路，至元时属四川行省绍庆路，明至清康熙年间属湖广行省，清康熙三年（1664）后属湖北省[①]。

清雍正十三年（1735），雍正帝将原容美土司地加大隘关（关上碑刻上名大岩关）以外近关50里内之山羊隘地（原属湖南省慈利县麻寮千户所部分）和原属长阳县之渔洋关地设置一州、一县，州定名"鹤峰"，县定名"长乐"（后改名五峰），属宜昌府。鹤峰州在清光绪三十年（1904）升直隶厅，隶属施鹤道，直属湖北布政使司。民国元年（1912），废厅为县，直隶湖北省。民国四年（1915），属荆南道。民国十五年（1926），属施鹤道。民国十七至二十二年（1928~1933），贺龙在此建立根据地，创建县苏维埃政府，属湘鄂西省苏维埃政府、湘鄂边苏维埃联县政府管辖。民国二十三年（1934），属湖北省第十行政督察区。民国二十五年（1936），属第七行政督察区。1949年11月，属湖北省恩施专员公署。1980年4月20日，国务院批准成立鹤峰土家族苗族自治县，仍属恩施专员公署。1983年8月19日，撤销鹤峰土家族苗族自治县，仍称鹤峰县[②]。

长乐县因与福建省长乐县同名，1914年更名为五峰县。1949年，属宜昌专区。1984年7月13日，经国务院批准设立五峰土家族自治县，撤销原五峰县。以原五峰县的行政区域为五峰土家族自治县的行政区域。1993年，撤宜昌行署及省管宜昌市，五峰土家族自治县隶属宜昌市[③]。

---

① 此段资料为根据（清）毛峻德纂修乾隆《鹤峰州志·卷上·容美司改土记略》（《故宫珍本丛刊·湖北府州县志（第5册）》，海南出版社）、（清）鄂尔泰等《钦定八旗通志·卷181》（文渊阁四库全书本），赵尔巽等撰《清史稿·卷512·传299·土司一》（中华书局，1977年点校本）等文献的记载，结合《中国古代历史地图册》（辽宁人民出版社，1984）的记载综合而来。
② 湖北省鹤峰县史志编纂委员会：《鹤峰县志》，湖北人民出版社，1990年。
③ 湖北省五峰土家族自治县地方志编纂委员会：《五峰县志》，中国城市出版社，1994年。

二、容美土司制度沿革

　　唐、宋时期，今湖北西南部、湖南西北部（下简称湘鄂西）少数民族地区开始推行羁縻政策。到宋、元交替时期，宽松的羁縻政策逐渐发展成为一种对少数民族严格控制的土司制度。通过封职、承袭、纳贡、征调等政策方面的严格规定，加强中央王朝对湘鄂西少数民族地区的控制和管理。至明清时期，土司制度发展至巅峰。清雍正十三年开始全面推行"改土归流"政策后，湘鄂西土司制度基本消亡。

　　容美土司古称容米，元至大元年（1308）前史书上未有正式记载，后在明清时期发展壮大成为施州卫的四大土司之一，鼎盛时期控疆万里，甲兵数万。第一任土司为田墨施什用（元至大三年，1310）被元庭授予黄沙寨千户官职[1]，第二任土司为田先什用（元泰定元年，1324）被元庭授予容美洞等处军民总管府总管[2]，第三任土司为田光宝（元至正二十六年，1366），自夏降吴。至正二十七年（吴二年，1367），吴王授予四川行省参政行容美军民宣抚司[3]。明洪武五年（1372），因受桑植土司叛乱牵扯，被降为长官司[4]，明洪武七年（1374）复升容美洞宣慰司[5]，后废。永乐四年（1406）复置宣抚司，属施州卫[6]。清顺治十三年（南明永历九年，1656），容美土司司主田既霖投降清朝，受封容美等处军民宣慰使，加少傅兼太子太傅，赐蟒玉，正一品服色[7]。清康熙十五年（吴周二年，1676），容美土司司主田舜年降吴三桂政权，接受吴周政权都统承恩伯银印，并派兵于湖南澧州在吴军前效力，后清军兵锋直指澧州时，容美土司田舜年转投清军，并攻打吴周军[8]。清雍正十三年（1735），时任湖广总督迈柱列款参奏容美土司罪状，清廷令末代土司田旻如赴京问讯，并发兵压境。田旻如躲避在屏山万全洞中，与清兵抗拒。境内土民暴动，捉拿了田旻如的心腹骨干田畅如、向日芳等，并将其围困。田旻如于十二月十一日在万全洞内自缢身亡，其司十八颗部印缴于荆州[9]。容美土司自此结束自黄沙寨开始传承的24位司主，历经425年（1310～1735）的统治。

――――――――――――――――

① （明）宋濂等：《元史·卷二十三·本纪第二十三·武帝二》，中华书局，1976年点校本。

② （明）宋濂等：《元史·卷二十九·泰定帝纪一》，中华书局，1976年点校本。

③ （清）张廷玉等：《明史·卷四十四·志第二十·地理五》，中华书局，1974年点校本。

④ 《明太祖实录·卷七十二·洪武五年二月壬辰》，《明实录》，1962年影印本，第1328、1329页。

⑤ （明）姚广孝、夏原吉等监修：《明太祖实录》卷94《洪武七年十一月丁亥》；（明）谈迁：《国榷》，北京：中华书局，1958年，第513页中亦有类似记载，囿于篇幅，不再赘述。

⑥ （清）嵇有庆修，魏湘纂：《续修慈利县志·卷2·建置沿革》，同治版，第202页。在（清）嵇有庆修，魏湘纂：《续修慈利县志·卷6·武备》，同治版，第644、645页中亦有类似记载，囿于篇幅，不再赘述。

⑦ （清）吉钟颖等：《鹤峰州志·卷一·沿革志》，道光版，第355页。

⑧ （清）齐祖望等：《巴东县志·卷二·兵防》，康熙版，第332页；（清）廖恩树修、萧佩声纂：《巴东县志·卷9·兵防志》，同治版，第565页中亦有类似记载，囿于篇幅，不再赘述。

⑨ （清）吉钟颖等：《鹤峰州志·卷一·沿革志》，道光版，第356页。

第三节 容美土司遗址群概况

容美土司遗址群原公布的全国文物保护单位共18处遗址点,分别是中府遗址、爵府遗址、南府遗址、司署遗址、细柳城遗址、水寨遗址、大屋场遗址、紫云山祭祀遗址、天泉山关寨遗址、九峰桥、万全洞洞府遗址、万人洞洞府遗址、情田洞洞府遗址、容美土司家族墓地、向氏家族墓地、官坟园"奉天诰命"碑、"百顺桥"碑、"保善楼记"碑等,这些遗址点主要分布在鹤峰县容美镇、太平镇、五里乡、燕子镇、下坪乡5个乡镇10个自然村内。通过查找各类文献资料,结合大规模的考古调查清理工作,不但在恩施州鹤峰县境内发现了大量的容美土司遗址,在宜昌市五峰县境内也发现了大量容美土司遗存。

总的来看,在鹤峰县容美镇、五里乡、太平镇、中营镇、燕子镇、走马镇、下坪乡、邬阳乡的8个乡镇21个自然村,五峰县五峰镇、百年关镇、采花乡、湾潭镇、长乐坪镇5个乡镇9个自然村,以及巴东县、建始县等地均发现了容美土司时期的遗存,主要分为中府、爵府、南府、西府、北府五大遗址片区。新发现了容美土司北府遗址片区、西府遗址片区,并分别在爵府遗址片区、南府遗址片区、中府遗址片区内新发现遗址37处、墓地(葬)14处、石刻29处,并在五大遗址片区外发现独立遗址(迹)6处、墓葬6处、石刻11处(图二)。

容美土司遗址类型丰富,遗址选址时,多选择与遗址功能相匹配的自然地理环境。例如,府署多修建在盆地、缓坡阳面等利于人类生存和发展的地方,墓地多修建在背山面水的风水较好的山腰上,而防御的洞府遗址多修建在位于高山、河谷、陡壁上的天然溶洞内。处于不同地理环境的遗址保存状况有所不同,高山、河谷、洞穴等复杂自然环境下的遗址,人为扰动较少,多直接暴露在地表上,或表面仅覆盖一层厚0~30厘米的腐殖层或耕土层。分布在盆地、大坪(平坦台地)、冲积平原等自然条件较好的遗址点,多被现代村庄和城市叠压破坏,还有部分遗址,如桥梁和道路,至今仍处在要道和便道上,经过不断维修,沿用至今。

容美土司在辖境内修建有官道,可通往境内各处,大致形成一个"两横一纵"的交通网。容美土司时期,这些道路在经济、军事、政治等方面发挥着重大的作用,得到了土司司主高度重视,土司司主亲自派人督造修建,并立碑做传。目前,容美土司时期修建的交通网已基本废弃,尤其是靠近城镇的部分,多被现代村镇和公路占压或破坏,通往高山、峡谷等地的遗址尚存少量道路,但缺乏维护,损毁严重。清中晚期后,随着对外茶贸易的兴起,为保障茶道的畅通,鹤峰县及五峰县不断维修与扩修原容美土司时期的道路,并使用至现代公路通行为止。

容美土司遗址目前发现了官署、洞府、戏楼、关隘、石刻、寺庙、城门、桥梁、津渡、道路、墓地等不同类型遗址,这些遗址在空间上主要呈点状、线状和片状分布。点状分布的遗址指的是孤立的、周边区域无与之相关联的土司遗址,这类遗址以洞穴遗址、关隘遗址为主,数量不多,分布较零散、类型复杂,对分析研究容美土司时期的历史地理变迁等有着重要意义;线状遗址是指呈线状分布的遗址,以道路和道路上的重要节点为主,分布范围大,但是涉及面积较小,遗址多被割裂,但是通过重要节点可相互连接,对分析研究容美土司的交通有着重要意义;片状遗址是指分布在一定空间区域内,由多个具有紧密联系的土司遗址构成的遗址片

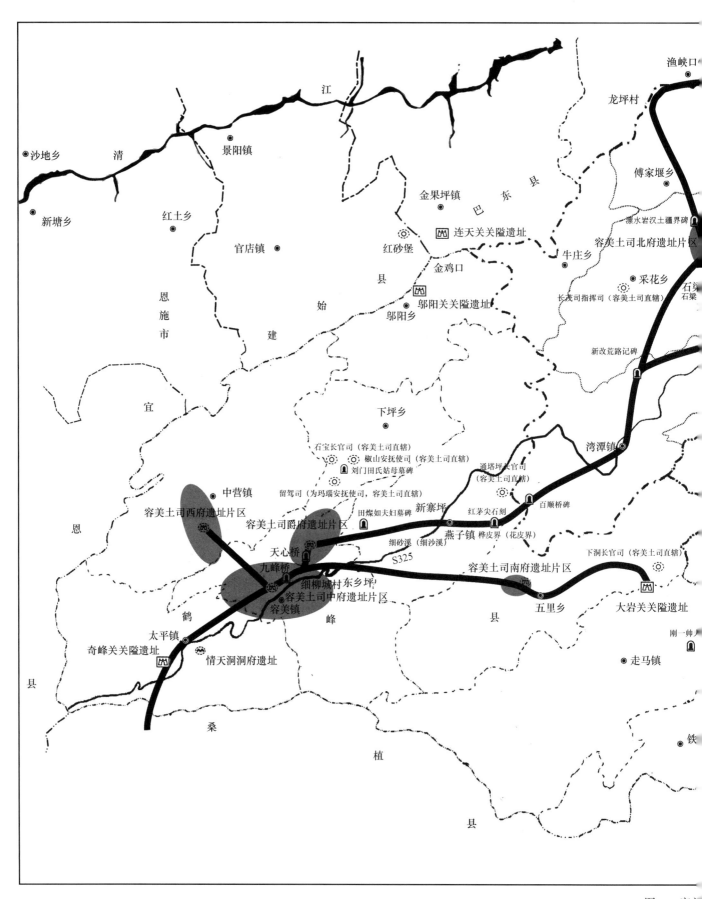

图二　容美

沙地乡　清　江

新塘乡

红土乡

官店镇

恩施市

宜

恩

县

鹤

县

桑

植

县

景阳镇

巴东县

金果坪镇

连天关关隘遗址

红砂堡

金鸡口

始

建

县

邬阳关关隘遗址

邬阳乡

下坪乡

石宝长官司（容美土司直辖）

椒山安抚使司（容美土司直辖）

刘门田氏姑母墓碑

留驾司（为玛瑙安抚使司，容美土司直辖）

中营镇

容美土司西府遗址片区

容美土司爵府遗址片区

天心桥

九峰桥

细柳城村东乡坪

容美镇

容美土司中府遗址片区

峰

太平镇

奇峰关关隘遗址

情天洞洞府遗址

田燦如夫妇墓碑

新寨坪

红茅尖石刻

细砂溪（细沙溪）

燕子镇　桦皮界（花皮界）

通塔坪长官司（容美土司直辖）

百顺桥碑

S325

容美土司南府遗址片区

五里乡

下洞长官司（容美土司直辖）

大岩关关隘遗址

刚一帅

走马镇

县

渔峡口

龙坪村

傅家堰乡

漂水岩汉土疆界碑

容美土司北府遗址片区

采花乡

石

石梁

长茂司指挥司（容美土司直辖）

新改荒路记碑

湾潭镇

铁

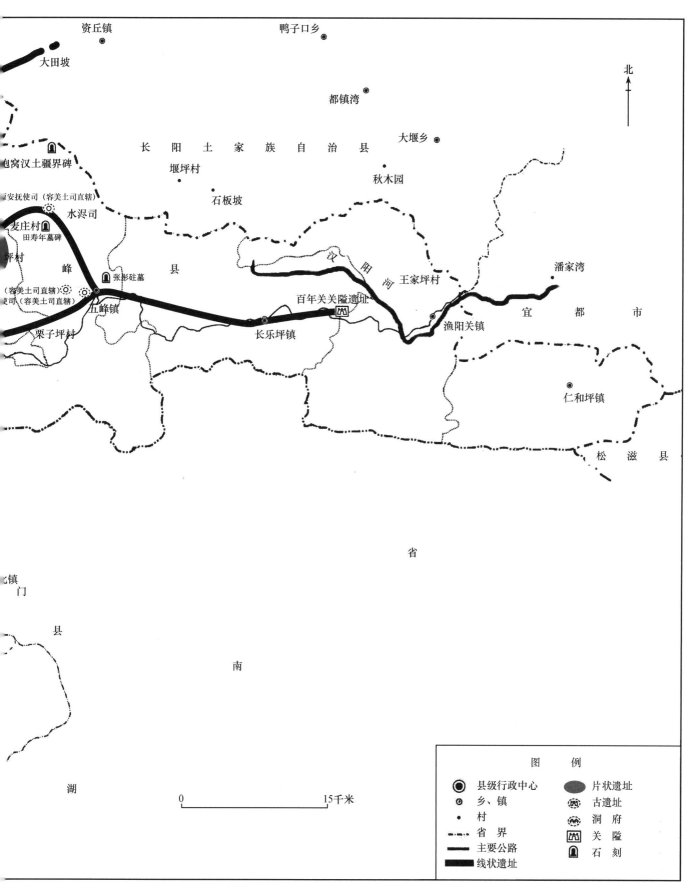

資丘鎮

鴨子口乡

大田坡

都鎮湾

長 阳 土 家 族 自 治 县

大堰乡

堰坪村

秋木園

石板坡

鲍窝汉土疆界碑

安抚使司（容美土司直辖）

水浃司

麦庄村

田寿年墓碑

坪村

县

峰

潘家湾

张彤硖墓

（容美土司直辖）

王家坪村

司（容美土司直辖）

五峰鎮

百年关关隘遗址

宜 都 市

栗子坪村

长乐坪镇

渔阳关镇

仁和坪镇

省

松 滋 县

镇

门

县

南

湖

0			15千米

图 例

◎ 县级行政中心 ▬ 片状遗址

◉ 乡、镇 ⊞ 古遗址

• 村 ◎ 洞府

—·— 省 界 ⋔ 关隘

—— 主要公路 ⊓ 石 刻

▬▬ 线状遗址

址分布图

区，片区内遗址类型丰富，数量多，以官署区遗址为纽带，相互之间联系较为紧密，对全面研究容美土司遗址的文化内涵有着重要意义。

第四节　工作经历

一、以往工作经历

1976年夏，恩施地区文物工作队开展对容美土司遗址的调查，对爵府遗址、中府遗址、九峰桥、官坟园墓地进行过走访调查，并对调查发现的碑刻文字进行抄录。鹤峰土家族苗族自治县（国务院于1980年4月20日批准）成立之前，地县相关单位与民族历史研究人员也对全县境内的历史文物遗迹及相关史迹进行过辨析调查。1980~1986年的第二次全国文物普查，州县文物部门对容美土司时期的爵府遗址、南府遗址、百顺桥碑刻及相关遗存做过专题调查。1983年，鹤峰县委统战部与五峰县统战部等部门联合编印了《容美土司史料汇编》。2009年开始的第三次全国文物普查，对容美土司遗址更是有了一些新的发现。以上这些工作为全面开展容美土司遗址考古工作打下了良好的基础。

二、工作背景

容美土司是明清时期鄂西南地区实力最强、疆域最大的土司，具有极其重要的历史、文化与研究价值。2011年，为配合我国土司遗址申报世界文化遗产工作，受国家文物局委托和湖北省文物局指派，湖北省文物考古研究所在2011年9月至2014年1月承担了容美土司爵府遗址片区爵府遗址的清理、发掘工作。2012年6月21日，中国城市规划设计研究院历史名城研究所教授赵中枢带队的中国世界文化遗产预备名单申报项目专家组考察容美土司爵府遗址发掘现场（彩版四，1）。2013年2月20日，国家文物局副局长童明康率国家文物局文物保护与考古司、世界遗产处、考古处和中国文化遗产研究院工规所等单位负责人及专家前来容美土司遗址发掘现场考察（彩版四，2；彩版五），湖北省文化厅副厅长沈海宁、文物局副局长黎朝斌、文物处处长王风竹、综合处处长方勤等领导陪同考察（彩版六，1）。2013年11月9日，湖北省发改委高新处蔡铂考察容美土司爵府遗址发掘现场（彩版六，2）。2013年12月24日，湖北省文物考古研究所副所长孟华平检查爵府遗址工地（彩版七，2、3）。2015年1月5日，湖北省省文联主席沈虹光考察工地（彩版六，3）。发掘期间，华中师范大学张良皋先生考察容美土司爵府遗址发掘现场（彩版七，1），恩施州文物局、博物馆、鹤峰县委、文体新局、博物馆等领导多次到工地考察慰问（彩版八）。

2013年9月，由于容美土司遗址群涉及的范围广，工作难度大，短时间内无法对其展开全面的工作，为了确保土司遗址申遗成功，经专家探讨，决定将容美土司遗址列入中国世界文化遗产预备名单内，退出土司遗址申遗项目。为了解容美土司遗址保存状况和基本情况，容美土司遗址的调查与发掘工作仍然继续进行，为全面开展容美土司遗址的研究奠定基础。在退出土司遗址申遗项目后，考古工作重心开始转移，以复查整个容美土司遗址为工作重心，开始对列入第六批全国重点文物保护单位的18处容美土司遗址点开展全面的调查与清理工作。这一阶段工作的目的主要有两点：一是通过复查与清理工作，了解容美土司遗存的保存现状，以期通过对这些遗存的记录与分析工作，深入了解容美土司遗址的文化特征，进而了解容美土司时期的政治、经济、文化、军事、社会等方面的信息，并为整个土司文化研究提供基础资料，为土司遗址申遗提供重要的素材；二是为开展容美土司大遗址保护工作做准备。对容美土司所有的遗存进行调查和清理，了解相关遗存的保存现状，为地方文物保护部门对容美土司遗存开展保护工作提供重要依据，为爵府遗址片区建设大遗址公园做前期的准备工作，同时也为作为"万里茶道"上的一个重要节点的原容美土司南府遗址片区申遗提供依据。

三、工 作 历 程

本次容美土司遗址的田野考古工作分为两个阶段。

（一）第一阶段

从2011年9月至2015年6月，主要是配合申遗及其相关工作而在容美土司爵府遗址片区和中府遗址片区进行考古勘探及发掘，本阶段工作分四次开展。

1. 第一次

2011年9月至2012年1月，受国家文物局委托，湖北省文物局统一安排，湖北省文物考古研究所组成容美土司遗址考古队，对爵府遗址片区的爵府遗址进行发掘清理。本阶段工作由湖北省文物考古研究所黄文新领队，先后参加的工作人员有湖北省文物考古研究所史德勇、周㷪，湖北省古建中心李德喜，武汉市文物考古研究所邓辉，以及技工周文银、万贤才、张清荣、黄文娟、曾桂莲等。为了了解爵府遗址的建筑布局，对第一、三平台进行了清理，与此同时，还对爵府遗址周边的小昆仑遗址、戏楼遗址、天心桥遗址及土王井进行了调查、清理。调查过程中，在爵府遗址与戏楼遗址之间新发现了鸣虎山遗址。

2. 第二次

2013年8月至2014年1月，湖北省文物考古研究所再次对容美土司爵府遗址进行发掘清理。本阶段工作由湖北省文物考古研究所黄文新领队，先后参加的工作人员有荆州市荆州区文物局罗中武，以及技工周文银、万贤才、张清荣、黄文娟、曾桂莲等。为了了解第六平台和山顶是否有房子等建筑基址，本次主要对第六平台和山顶进行了清理。

3. 第三次

2014年12月至2015年元月，湖北省文物考古研究所对容美土司中府遗址片区的水寨遗址进行勘探，由黄文新任领队，项目负责人为瞿磊，参加工作的人员有鹤峰县博物馆柳洪涛、罗建峰、陈拥军、唐锋、戴发政、肖伟，以及技工张清荣等。为了了解水寨遗址的分布范围与地层堆积情况，对水寨遗址进行了详细调查和勘探。经勘探得知，水寨遗址是一处"U"形壕沟，处在容美土司家族墓地的西部。通过对壕沟解剖得知，"U"形壕沟两侧用石块垒砌，应是修筑在土司家族墓地前的人工壕沟。考古调查勘探时，发现两个破损的石狮垒砌在田坎上，应为土司家族墓地内的石狮被当地百姓搬运至此。土司家族墓地内还清理出石人、石马等石像生和石碑等遗物。容美土司作为明清时期西南地区最大的土司，陵墓前摆放石人、石狮、石马等符合礼制，只不过石人、石狮、石马的形制较皇陵要小很多，数量也少。经综合分析可知，水寨遗址是容美土司家族墓地的一部分，应取消其遗址命名，归入土司家族墓地中去。

4. 第四次

2015年6月，经国家文物局批准，湖北省文物考古研究所对容美土司爵府遗址进行发掘，发掘面积600平方米，考执字（2015）第149号。本次发掘工作由湖北省文物考古研究所黄文新领队，先后参加工作的还有湖北省文物考古研究所瞿磊，以及技工周文银、万贤才、张清荣、黄文娟、曾桂莲等。由于道路阻断，爵府遗址发掘工作停止，转为对南府遗址进行调查与勘探。其间，对爵府遗址群前期发掘清理的遗迹进行了三维建模及三维场景虚拟复原的工作。

（二）第二阶段

为全面、深入了解容美土司遗存分布，确定容美土司遗址数量，2015年10月至2017年12月，容美土司遗址考古队对容美土司遗址开展了全面的调查、勘探及清理工作。本阶段工作分两次开展。

1. 第一次

2015年10月至2017年5月，对容美土司遗址的调查、勘探及清理工作由湖北省文物考古研究所黄文新领队，康予虎担任执行领队，先后参加工作的还有湖北省文物考古研究所顾圣鸣，武汉市文物考古研究所邓辉，恩施州博物馆孙喜、胡征一，恩施市文物局邓娜，黄冈市博物馆李万靖，襄阳市文物考古研究所杨力、杨一，中国社会科学院研究生李在坤，湖北民族学院研究生朱珊珊，荆州市纪南区文物局周士本，鹤峰县博物馆柳洪涛、陈拥军、罗建峰、唐锋、肖伟、满曦，咸丰县唐崖土司城遗址管理处张波，五峰县文物局覃星、杨建军，以及技工周文银、万贤才、张清荣等。本次对容美土司北府遗址片区、西府遗址片区、中府遗址片区、爵府遗址片区及沿线一些散落分布的遗址点进行调查、勘探和清理，这次考古调查、勘探和清理工作跨越恩施州鹤峰县、巴东县、建始县，以及宜昌市五峰县、长阳县等县市，调查总面积约7000平方千米。调查过程中，湖北省文物考古研究所顾圣鸣、陈拥军负责对每个遗址片区周边的石刻进行拓片，石刻资料见《容美土司石刻》一书。并对容美土司遗址群的万人洞、万全洞、情田洞三处洞府遗址内的遗迹进行了三维建模测绘工作，为三洞的调查与记录提供了数据支撑。

2. 第二次

2017年6月至12月，经国家文物局批准，湖北省文物考古研究所对容美土司南府遗址行署区进行了发掘，发掘面积800平方米，考执字（2017）第279号。本次发掘工作由康予虎任领队，先后参加的有湖北省文物考古研究所李毅、顾圣鸣、胡白帆，湖北省古建筑保护中心李德喜，武汉市文物考古研究所邓辉，恩施市文物局邓娜，鹤峰县博物馆柳洪涛、陈拥军、罗建峰、唐锋、肖伟、满曦，以及技工张清荣、秦豪等。本次对南府遗址片区南府遗址进行了小面积发掘，对张桓侯庙遗址进行了全面清理，同时对南府遗址片区内的道路、桥梁进行了清理。在此次工作期间，容美土司遗址考古队还完成了对容美土司遗址群万人洞、万全洞、情田洞三处洞府遗址的三维场景虚拟复原的工作。

四、资料整理

容美土司遗址群的资料整理及报告编写也分为两个阶段。

（一）第一阶段

第一阶段始于2013年8月至2015年8月，为了了解容美土司爵府遗址片区爵府行署区发掘成果与爵府行署区遗址建筑布局，对2011年9月至2015年6月考古工作的资料进行了整理，这一阶段的整理工作与发掘保持同步，边发掘边整理，断续进行，并完成了《湖北容美土司爵府遗址发掘报告》的编写，资料发表于《江汉考古》2017年第6期。之后又完成了爵府遗址片区的鸣虎山遗址、小昆仑遗址、戏楼遗址、天心桥遗址、土王井的资料整理工作，并完成了部分报告的编写。

（二）第二阶段

第二阶段始于2016年11月，至2018年3月结束。本阶段对容美土司遗址历年来所调查、勘探、清理及发掘的所有文物点的资料进行了全面整理。本阶段整理工作由黄文新主持，先后参与的人员有康予虎、史德勇、瞿磊、陈拥军、万贤才、周文银、张清荣等。其间，制图工作由襄阳老河口市博物馆馆长符德明完成，器物拍照由襄阳市考古所杨力完成，拓片修补及裱糊工作由湖北省文物考古研究所顾圣鸣、胡白帆完成，文字释读工作由武汉市文物考古研究所邓辉、黄冈市博物馆李万靖完成，器物拼对及修复由黄文娟、曾桂莲、张从翠、余成桂完成，电子文本录入工作由王娟完成，文献资料查找工作由恩施市文物局邓娜、华中师范大学研究生容易、湖北大学本科生徐朋、彭洪波完成。

五、报告编写

本报告由黄文新任主编，康予虎、史德勇任副主编，共同完成了报告的编写工作。报告尽可能全面系统地介绍容美土司遗存，客观反映容美土司遗存保存现状及特征，同时进行了适当的分析和总结。报告初稿编写分工：第一章由黄文新、康予虎、史德勇完成，第二章第一节、第十二节由黄文新、史德勇、陆成秋完成，第二章第二节、第六节至第八节、第十节、第十一节由康予虎、孙喜、胡征一完成，第二章第三节至第五节由史德勇、陈拥军、张石惠完成，第二章第九节由史德勇、康予虎完成，第三章由康予虎、瞿磊、罗建峰完成，第四章由康予虎、邓娜、唐锋完成，第五章由康予虎、覃星、杨建军完成，第六章由康予虎、顾圣明、李万靖完成，第七章由康予虎、李毅、张波完成，第八章由史德勇、柳洪涛完成，第九章由黄文新、史德勇完成。报告初稿编写完成后，由黄文新、史德勇对整本报告的所有文字、线图、彩版、图版等资料进行整合、调整、修改与审核，并于2019年8月正式定稿。容美土司遗址的遗存数量十分丰富，相关的文献资料汗牛充栋，由于编者水平有限，书中难免有疏漏之处，请各位方家指正。

第五节　相关问题说明

一、遗址命名

清初著名诗人顾彩曾游历容美土司，根据其行走线路所著的《容美纪游》是容美土司遗址命名的主要依据，土司时期石刻上的记录亦是遗址命名的重要依据，部分遗址命名则参考地方史志的记载，除此之外，无相关文献可考的遗址则按照传统的考古遗址命名方法，以遗址所在地的最小地名命名。

在调查、清理过程中，通过遗存（以石刻为主）上携带的文字信息以及对文献资料的查阅，发现了大量以往未知或已知但未纳入容美土司遗址的遗存，如五峰县白溢坪容美土司北府遗址，以往当地文物部门已发现相关容美土司遗存，但并未纳入容美土司遗址保护范围。在考古调查、清理期间，为新发现的遗存点建立文物保护档案资料，并通知地方县市文物保护部门向上级文物部门申请备案，增加容美土司全国重点文物保护单位遗址点。同时，发现原有的18

处容美土司全国重点文物保护单位的遗址点存在着损毁、错误命名等现象。例如，水寨遗址，经调查、勘探后发现其并不存在，原来在其地表发现的遗物实为附近土司家族墓地破坏后的遗物散落于此。奉天诰命碑是宫坟园墓地神道上的两块碑。长乐县（五峰县）县志记载的白溢坪（容美土司北府遗址）藏军洞，由于清嘉庆年间白莲教起义时，教众曾在此洞躲避清军围剿，故名藏军洞，但《情田洞记》《捷音者序》石刻则明确记载此处为北府二酉洞。对于这些遗址点，通过实际考古工作提供的充分证据，校正了相关资料，规范了相关遗址点的命名。同时，由地方文物部门向上级文物部门备案这些遗址点消逝的原因和现存状况。

二、报告体例

本报告的体例大体按照遗址的分布地域进行排布，其也与考古工作时间的先后顺序较为契合。除了点状遗址及线状遗址外，对于密集分布在一片区域内的遗址点，以其中心区域重要的遗址来命名，分别为爵府遗址片区、南府遗址片区、中府遗址片区、北府遗址片区、西府遗址片区，每个片区内的遗存也大体按照考古工作的先后顺序进行描述。

容美土司遗址群涉及的遗址点较多，分布范围较广，难以形成统一的测绘系统及编号系统，为了更好地建立考古资料管理体系，为每个遗址点或遗址片区建立自身的三维坐标体系，再将其中心点坐标与整个容美土司遗址群的坐标体系相关联。为避免遗迹单位代号的重复，常见的如房、路、沟、井、墙等依然以F、L、G、J、Q等字母表示，部分遗迹单位则使用汉字表示，如城台、门道等。遗迹单位统一以米为度量单位，遗物则统一以厘米为度量单位。部分尺寸以连续"×"号标示，如1.96米×0.18米×0.27米，标示的内容是长、宽、高（厚）。为了简化标本编号，并避免出现重复与混淆，遗物编号前面的遗址代号用遗址全名的第一个字母代替，并省略年号，如JF·TN08W09①：3，表示爵府遗址探方TN08W09第1层第3号，WRD·采：3表示万人洞遗址采集第3号，对于少量各文博单位馆藏的遗物收录于本报告的，则加中文予以说明。

调查中发现的已损毁和被叠压在现代建筑下的遗址原则上不予编录，但某些十分重要的又有足够证据的遗址点则录入本报告。例如，容美土司中府遗址，部分遗址点现被叠压在鹤峰县城下，根据文献记载和当地历史照片可对部分遗址的位置进行复原，也编录于报告内。部分遗址具有延续性，如容美土司时期修建的道路和寺庙，在"改土归流"后仍然在持续使用，虽历经多次维修，甚至原址重建，仍作为容美土司遗存加以收录，但会结合考古调查清理结果和文献记载，将其加以区分。

本次考古工作对直属于容美土司的相关遗址点进行了详细的调查、勘探、清理与发掘，而对容美土司下属的椒山、五峰、石梁、水泞源、玛瑙、石宝、下峒（洞）、通塔坪等长官司、安抚使司的遗址点仅进行了初步踏查，确定其具体位置，需待下一阶段工作开始后，再对其开展进一步的考古工作，因而本报告未收录容美土司下属土司的遗址。

地方博物馆馆藏的碑刻、印章等遗物，记录有出土地点的，将其归入相关遗址点内加以介绍；不知遗物出土地点的或出土的遗址（墓葬）点已损毁的，将其归入附近相关遗址区域内，作为采集遗物记录。例如，奉天诰命碑，原地点为官坟园墓地，其墓地现已损毁，仍归入官坟园墓地出土器物加以介绍。现藏于鹤峰县博物馆的明洪武二十二年（1389）的"容美宣慰司元帅府经历司印"（鹤博藏：K3016），出土地点不可考，则作为容美土司中府遗址片区内的采集遗物加以介绍。

容美土司遗址群的考古成果形式为系列丛书，有《容美土司遗址》《容美土司集影》《容美土司石刻》共计三本，本报告为容美土司系列丛书之一，为避免内容重复，其余丛书内若记录了相关遗存的详细内容，本报告原则上不做深入介绍，仅做简单列举。

本报告在田野考古工作和报告整理编写过程中得到了各级领导、专家学者的关心、支持与指导。感谢国家文物局、湖北省文物局、湖北省博物馆、湖北省文物考古研究所、恩施州文物局、恩施州博物馆、鹤峰县文体新局、鹤峰县博物馆、五峰县文物局以及相关部门和单位的大力支持。在此谨向所有参加容美土司遗址考古工作的同志们以及在此期间给予关怀和指导的领导、专家、学者致以最诚挚的谢意！

第二章　爵府遗址片区

　　容美土司爵府遗址片区位于鹤峰县容美镇坪山村，遗址片区面积约20平方千米，处于溇水河三面环绕的高山大坪上。遗址片区与鹤峰县城（容美土司中府）直线距离约6.7千米，与西平府遗址片区直线距离约8.5千米。遗址中心地理坐标为北纬29°53′16″～30°14′34″，东经110°32′58″～110°34′33″，海拔595～1700米（图三；彩版二）。

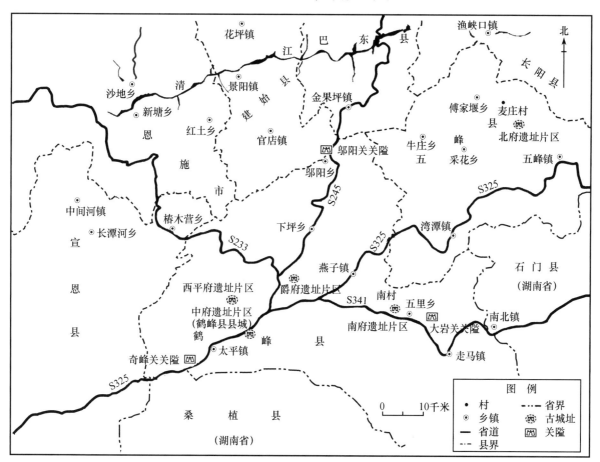

图三　爵府遗址片区位置图

　　爵府是仅次于中府的容美土司统治中心。《平山万全洞记》[①]记载："……自夏云伯与先少傅两任间流贼窜扰，岁岁用兵，皆以天泉为根本。盖天泉小而平山大，天泉数人可守，平山

----

① 引用《鹤峰州志》，《平山万全洞记》道光本卷十三。

非土军数百，莫能布置。而不知平山之下有万全一洞也。……自乙卯承绪后，鉴于先少傅公，云天泉面移黄鸾镇，致有阖司入于刘营之变。于是一意以天泉为肯构，以九峰为司治，而更茸万全洞焉。……遂于去洞咫尺之新平始茸署舍……"因此推测爵府为容美土司第十七任土司司主田楚产在明万历至明天启年间初步营建。第二十二任土司司主田舜年继位后，开始继续营建包括万全洞在内的爵府，并把平山爵府当作容美土司的最终防御之地。"改土归流"时，最后一任容美土司司主田旻如移驻坪山寨拟抗拒，后因石梁长官司张彤硅催迫，田旻如畏罪自缢[①]，自此结束了平山爵府的使命。

　　爵府遗址片区内遗存类型丰富，数量众多，相关文献资料对这些遗存大多有较为详细的记载。《容美纪游》《鹤峰州志》等文献和《保善楼记》《平山万全洞记》《万全洞记》《铁锁桥》等石刻对爵府遗址片区内的天心桥（铁锁桥）遗址、紫云宫遗址、爵府遗址（因司主之间互称对方为爵爷，故称平山行署为爵府）、戏楼遗址、小昆仑遗址、天泉山遗址、万全洞洞府遗址等遗存均有较为详细的描述。

　　爵府所在的屏山四周峭壁千仞，深沟巨峡，具有天然的防御屏障。该片区由爵府遗址、紫云宫遗址（原名紫云山祭祀遗址，依据出土石刻和文献的记载更名为"紫云宫遗址"）、鸣虎山遗址、小昆仑遗址、戏楼遗址、万全洞洞府遗址、大屋场遗址、天泉山遗址、天心桥遗址、天然桥遗址，以及向氏家族墓地构成（图四；彩版二、彩版三）。

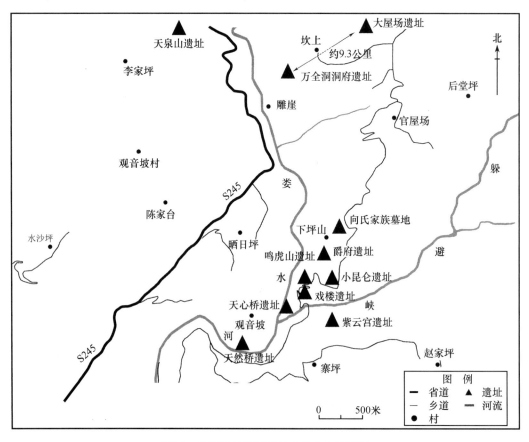

图四　爵府遗址片区遗址点分布与地形图

① 赵尔巽等撰：《清史稿·卷512·传299》，中华书局，1977年，第14212页。

第一节　爵府行署遗址

一、位置与概况

爵府行署遗址位于鹤峰县容美镇屏山村二组，处于屏山天险的下屏山（图五；彩版一；图版一）。下屏山四周峭壁千仞，深沟巨峡，是防御的天然屏障。南距鹤峰县城约12.5千米，东南距小昆仑遗址约500米，西南距鸣虎山遗址约150米。南为悬崖峭壁，北为中屏山，西为溇水（挂版岩），东为躲避峡。遗址中心坐标北纬29°56′16.4″，东经110°04′27.5″，海拔799米（图六；彩版九、彩版一〇；图版一）。

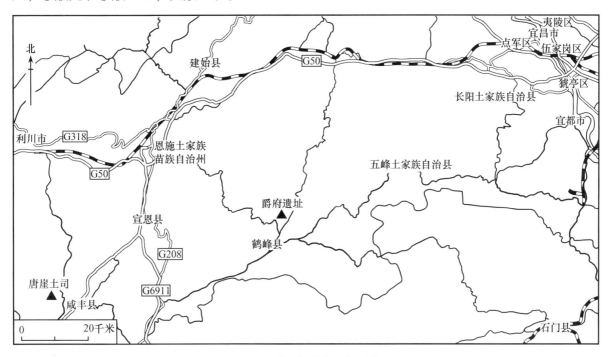

图五　爵府行署遗址位置图

二、工 作 经 过

容美土司遗址的考古工作是配合国家大遗址建设的主动性发掘项目，大遗址保护是考古工作的重要项目，是文物保护工作的基础，也是建设具有特色的考古遗址公园的前提。湖北省文物考古研究所受国家文物局的委托，对容美土司遗址群之一的爵府行署遗址进行了科学的考古工作，分以下两个阶段。

第一阶段为2011年9月至12月，主要对爵府行署遗址群进行调查、勘探和发掘清理工作。通过实地调查、查阅文献和走访当地居民，根据地形地貌情况，从2011年9月至10月，对整个爵府行署遗址群进行了全面详细的调查，初步弄清了爵府行署遗址群包括爵府、鸣虎山、小昆

图六　爵府行署遗址地形图

仓、戏楼、土王井、天心桥等遗址，以及向氏家族墓地，涉及面积约25万平方米。在调查的同时，为了解爵府行署遗址的堆积情况，2011年9～10月，对爵府行署遗址进行了详细勘探，勘探面积11400平方米。布孔方式为科学的体系布孔，规格5米×5米，探孔基点设在西北角，探孔采用方位与序号法编号，如S01W01、S01W02；S02W01、S02W02……，将每个探孔的地层堆积均记录在勘探登记表中，并输入到CAD地图上，形成勘探探孔分布与记录图。通过此次勘探，初步了解了爵府行署遗址的分布范围与地层堆积情况，地层堆积的厚度在0.2～1.8米，面积约2.5万平方米。在前期调查及勘探的基础上，从2011年9月下旬开始，按照容美土司考古遗址公园文物保护工作的要求，对爵府行署遗址的主体建筑平台进行发掘，至12月下旬结束。本次发掘过程中使用全站仪测绘地形图（图版五，1），建立三维地理坐标系统，以北纬

29°56′16.4″、东经110°04′27.5″、海拔802.532米的地理坐标点为测量原点，对整个爵府行署遗址主体部分进行了测绘。在测绘工作的基础上，按照《田野考古工作规程》的要求，选择测量原点为基点，采用象限法以正北方向布方，规格为10米×10米（图七；图版六），并收集所有

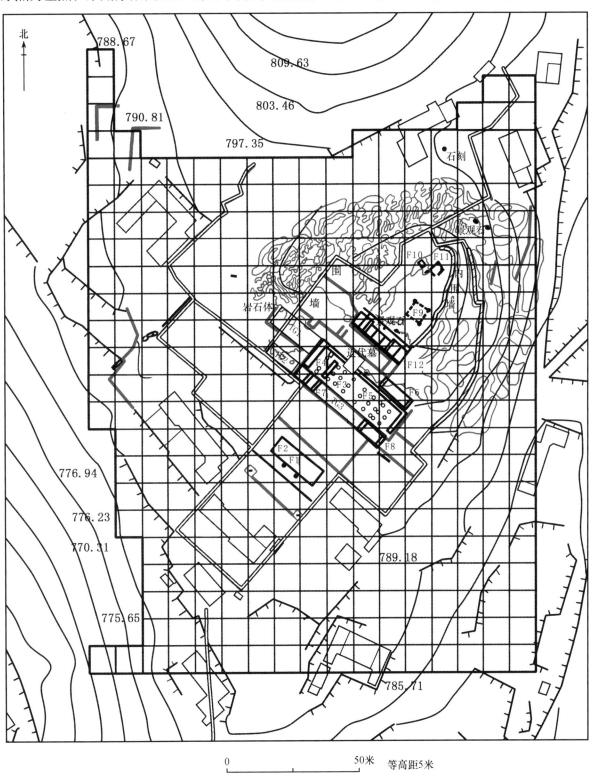

0   50米   等高距5米

图七 爵府行署遗址探方分布图

探方四角的三维坐标数据，将整个探方系统纳入爵府行署遗址的三维坐标体系之中。由于爵府行署遗址地形地貌比较特殊，在发掘的过程中，以探方为主、探沟为辅的方式进行科学的发掘（图版七、图版八），并严格按照《田野考古工作规程》的要求进行科学发掘，做好文字、图形及照片三大记录的同时（图版三，1；图版五，2），对发掘现场采用多种方式进行航拍（图版三，2；图版四）。探方采用方向与顺序相结合的方式进行编号，如TN01W01。本次共布探方27个、探沟3条，发掘清理面积约1943平方米。对清理出土的遗迹采取篱笆隔离、喷防霉药等措施进行临时性保护（图版九）。

第二阶段为2013年8月至2014年1月，分为清理和发掘两部分。为了进一步了解爵府行署遗址自身整体布局，2013年主要围绕爵府行署遗址来进行，对整个爵府行署遗址进行全面清理，与此同时，还对爵府行署遗址的第一平台中部和第四平台东部，以及前街所处的位置以探沟为主、探方为辅的方式进行了发掘，记录方式仍然沿用2011的三维体系记录系统。本次发掘清理面积共600平方米。两次发掘共清理面积2543平方米。

为了防止揭示出土的遗迹、遗物因考古现场环境因素变化造成的损坏，在发掘的同时，对爵府遗址的文物保护工作同步进行。根据发掘过程中出土文物的保存情况，我们邀请文物保护专家亲临现场，从影响文物的外部环境和文物的自身因素入手，控制文物所处环境，营造出与原有埋藏环境相近的保存环境，通过适当的稳定性处理来提高文物对环境的适应能力。我们对生长在遗址上的植物的清除也有针对性，如低等植物（苔藓）因分泌大量酸性物质而使石材风化，其根系的发育破坏遗址，在对其清除上选择封闭型乙二胺、铜离子药剂，并将发掘区域用彩条布覆盖，降低保存环境的变化对文物造成的危害。

三、地 层 堆 积

爵府行署遗址地层堆积分3层，为配合大遗址公园的建设，第2层以下均未发掘，现以第二层平台地层横剖面图和第四层平台地层横剖面图为例介绍如下。

第二平台地层横剖面图见图八，1；图版一一，1。

第1层：耕土层。浅灰褐色粉砂土，厚5～25厘米。土质疏松，含植物根茎、石头、青灰砖块、红烧土粒、瓷片等。

第2层：近代堆积层。黄褐色。厚0～35厘米。土质松散，包含少量红烧土颗粒和少许青灰砖、瓷片、碎石子、铁钉等。本层下未发掘。

第四平台地层横剖面图见图八，2；图版一一，2。

第1层：耕土层。浅灰褐色粉砂土。厚10～25厘米。土质疏松，含植物根茎、石头、青灰砖块、红烧土粒、瓷片等。

第2层：近代堆积层。浅青灰色。厚5～20厘米。土质松散，包含少量红烧土颗粒和青灰砖瓦片、瓷片等。本层下未发掘。

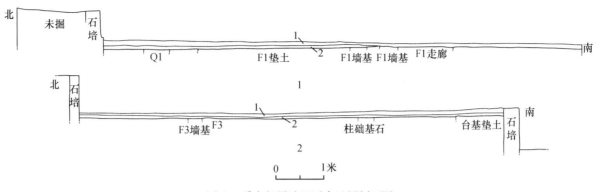

图八 爵府行署遗址平台地层剖面图

1.第二平台地层横剖面图 2.第四平台地层横剖面图

四、建 筑 平 台

爵府行署遗址的建筑遗迹分布在一座由东北向西南倾斜的山坡上，破坏十分严重，地面以上的建筑全部被毁，只在南北长200、东西宽130米的范围内，自下而上留下了长宽不同、大小不等的平台16个，这些平台三面为由石块垒砌而成的堡坎，垒砌中未使用黏合材料，一面为岩石。平台依据山势次第而建，总高差13.68米，相互间落差在0.7～4.39米。遗迹就分布在这些平台上，为更好地叙述这些平台和遗迹，从中轴线开始，自下而上、从左到右对平台进行了编号，编号为第一～一六平台（图九）。其中，少部分堡坎至今可见原始的条石（图版一〇，1），大部分堡坎用毛石块砌成，由于堡坎较高，需要大量石料和土来填充，为了节约石料和工时，在填充的过程中，将石块垒砌成一道一道不规则形的石墙，在石墙上再盖一层石板，形成一层层、一道道暗沟状空间（图版一〇，2），这种方法可以节约大量石材，缩短施工时间。石材主要是就地取材，在山背后发现岩石上有钻子开孔劈石的痕迹，这些痕迹表明此处可能就是当时的采石场所在（图版一二）。据当地居民叙述："20世纪60年代，当时我们建房子的时候把堡坎上的条石拆下来搬去作了房基，毛石块是后来种地时不断添加上去的。"

（一）第一平台

位于整个爵府行署遗址最南端凸出的位置，其北边紧邻第二层平台。平台南、东、西三面砌有堡坎。正面堡坎保存较好，用比较规整的大小不等的条石错缝垒砌而成，堡坎面较平整，缝隙较小，未发现黏合料（彩版一二，1）。堡坎长32.64、高0.91～1.39米，东西两侧的堡坎保存较差，西侧堡坎长43.15、高0.77～1.43米，东侧堡坎很短，长5.38米。平台近似长方形，南北长43.15、东西宽32.64米，面积约1408.42平方米，与第二平台间的落差为1.49～2.45米（图一〇）。

由于目前该平台上建有民房，仅在南部开了一条小探沟进行清理，仅见许多碎小石块，未发现建筑基址之类的遗迹。推测其功能可能为顾彩《容美记游》中描述的司署大街。

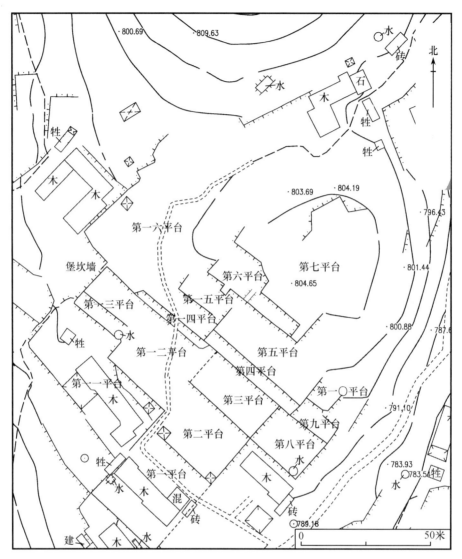

图九　爵府行署遗址平台分布图

（二）第二平台

南邻第一平台，北邻第三平台，西临第一二平台，东侧无平台。平台的正面和东侧
边缘用石块叠垒堡坎，底部仍可见部分较规整的长条石，条石规格不等，长0.6～1.25、宽
0.4～0.6、厚0.2～0.35米。这些条石自下而上错缝垒砌，缝隙较小，堡坎面较平整，未发现黏
合料。在平台西南角和东南角各建有一个现代储水池。正面堡坎长28.24、高1.94～2.45米，
东侧堡坎长20.04、高1.45米。堡坎内部均用石块填充，面上用土填平。平台为东西长方形，
东西长30.5～31、南北宽23.1米，面积约706平方米。与第三平台间的高差为1.63～1.93米
（图一一）。

该平台上发掘清理出的建筑遗迹有F1、F2、Q1、Q2等建筑遗迹。

Uncontent ant

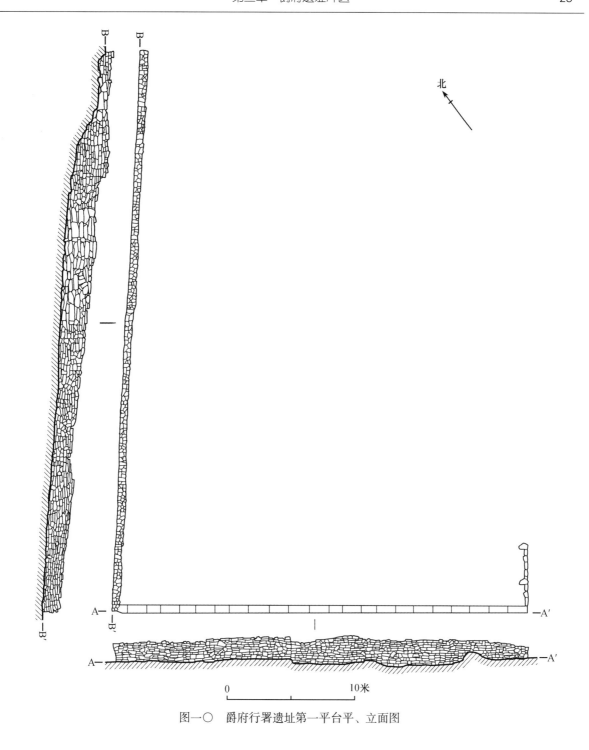

图一〇　爵府行署遗址第一平台平、立面图

（三）第三平台

　　北为第四平台，东为第八平台，西为第一二平台，南为第二平台。平台东南两面建有堡坎，现存堡坎用毛石垒砌而成，正面堡坎底部有少量条石。正面堡坎长29.62、高1.63～1.93米，东侧堡坎长15.9、高0.79米。西侧顺势搭建在基岩上。平台呈东西长方形，长32.13、宽15.35～16.91米，面积约515平方米。与第四平台之间的高差为2.44～3.15米（图一二）。

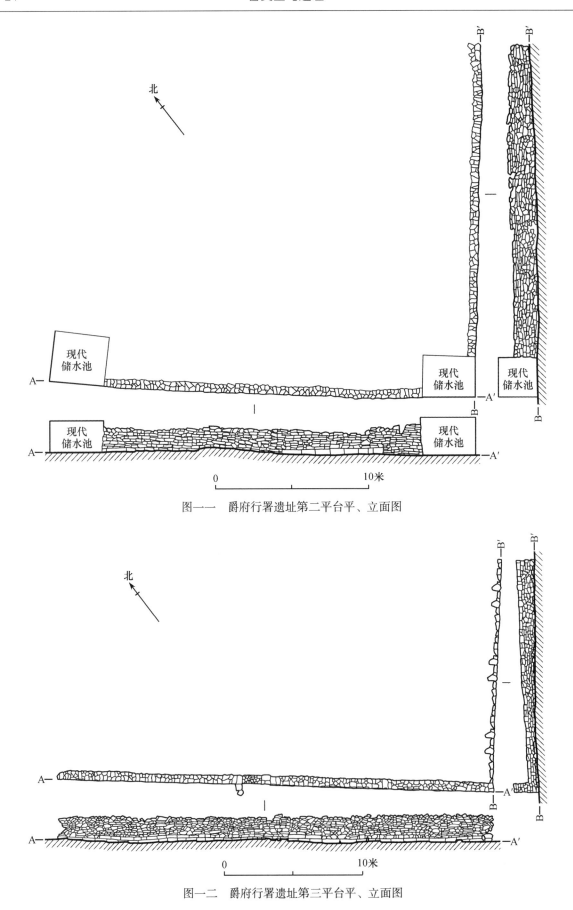

图一一　爵府行署遗址第二平台平、立面图

图一二　爵府行署遗址第三平台平、立面图

该平台晚期破坏较严重，现存地表堆放许多碎砖瓦等建筑材料，其上还有"改土归流"之后埋葬的原土司时期将领向登贵墓、罗氏墓、向日芳（向文宪之子）墓及一座无碑墓（图版一三，1、2）。

（四）第四平台

东为第九平台，西为第一四平台，南为第三平台，北为第五平台。该平台堡坎保存较好，大部分还保留条石，条石大小不等，但较为规整，石块之间缝隙很小，未见黏合剂（图版一〇，1）。少数地方的条石被取走，后用毛石块填充。正面堡坎长42.97、高2.44～3.15米，东侧堡坎长4.77、高1.69米，西侧堡坎长5.2、高0.71～1.33米。整个平台呈东西长条形，西端比东端稍宽，长42.56、宽4.77～5.2米，面积约217.4平方米（图一三，下；彩版一一）。与第五平台间的高差为2.25～4.24米。

该平台清理出建筑遗迹有F7、F8。

（五）第五平台

东临第九、一〇平台，西临第一五、一六平台，南临第四平台，北临第六、七平台。台基修建在北高南低的岩石坡上，平台东、南、西三面垒砌有堡坎，大部分还保留条石，少数地方

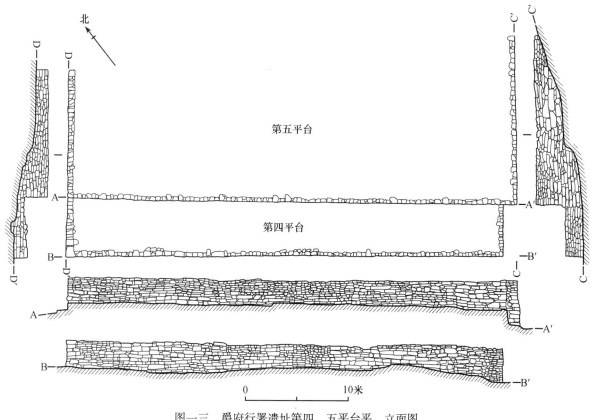

图一三　爵府行署遗址第四、五平台平、立面图

用毛石块垒砌。正面堡坎长44.47、高2.25~4.24米，东侧坎长16.47、高0~4.39米，西侧坎长12.34、高1.09~3.3米。堡坎内用大小不一的毛石垫平，再垫黄土形成台基面。根据对填石和垫土的解剖可知，因地势呈北高南低的倾斜状，垫土南厚北薄，厚0.1~0.3米。平台呈东西长方形，长43.63、宽16.9~17.56米，面积约698平方米（图一三，上）。与第六平台间的落差为0.92~1.6米。

该平台清理出的建筑遗迹有F3~F6（图版一六、图版一七；彩版一五）、G1、L1、L6、SJ1等。

第四、五平台为一栋吊脚楼式建筑的基础，第四平台是吊角处的基础所在地，第五平台是主房建筑的基础，两者高差2.7米，吊脚楼在第四平台上立柱子，上升与第五平台形成一个平面整体，吊脚楼的两角就建在上面，与第五平台上的主房形成一栋完整的吊脚楼（彩版一一）。

（六）第六平台

该平台被石阶路（L6）分成东西两段。东段北、东与第七平台相连，南临第五、一五平台，东段南端及西边用毛石垒砌堡坎，正面堡坎中部基岩凸起，两端用毛石填平，长19.28、高0~1.38米，西侧堡坎长4.25、高0~1.34米，东、北面与第七平台相连，无堡坎（图一四，下）；西段南为第一五平台，西侧为自然岩石体。本平台堡坎基本是用毛石垒砌而成，东侧堡坎长4.62、高0~1.3米，南侧堡坎长18.12、高0.92~1.6米，正面堡坎中部有一向南凸出的小平台，小平台西侧堡坎长2.43、高0~1.62米，正面堡坎长3.2、高1.7~2.13米，东侧堡坎长3.32、高1.31米。平台呈东西长条形，长39.66、宽5.86~9.4米，面积约280.43平方米（图一四，下）。与第七平台间的落差为0.94~2.14米。

该平台中部清理内石阶梯路L6。

（七）第七平台

为爵府行署遗址最北端的一个平台，而且是平台中最高的，东、北、西三面均为自然岩石山体，平台平面呈曲尺形，分为东西两段。东段南临第六平台东段及第五平台，东南角向南凸出，东、南、西三面垒的石堡坎，正面堡坎东西长20.1米、高1.66~1.79米，东侧堡坎长11.54、高0~3.84米，西侧堡坎南北长5.5、高0.94~2.14米，凸出的平台位于东南部，西侧堡坎长5.86、高1.7~2.11米，正面堡坎长4、高3.76米，堡坎内用大小不等的毛石填平，再垫土成台基面（图一五，上；彩版一二，2）；西段平台南邻第六平台西段，西、北两面为自然山体，高低不平，为东段的附属。堡坎保存较差，正面与西侧堡坎用毛石简单垒砌而成，正面堡坎长20.29、高0~1.2米，西侧堡坎长6.67米。整个平台长40、宽0~15.09米，面积约350.21平方米（图一五，上）。

该平台清理出建筑基址F12。

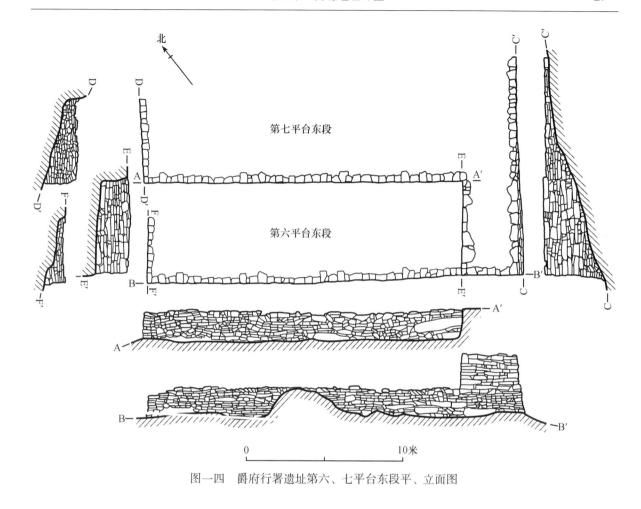

图一四 爵府行署遗址第六、七平台东段平、立面图

（八）第八平台

北临第四与第九平台，西临第三平台，东、南两面无平台，是爵府行署遗址平台的东南角。东、南两面均用较规整的石块垒砌而成，正面堡坎长23.77、高2.43～2.45米，东侧堡坎长18.39、高1.51米。平台呈东西长方形，长23.45、宽16.09～18.39米，面积约403.29平方米（图一六，下）。与第三、四、九平台间的落差分别为0.79、4.24、3.25米。

该平台北部有通往第九平台的石阶路L4。由于该平台未清理，其上建筑情况不明。

（九）第九平台

北临第一〇平台，西临第四、五平台，南临第八平台，东面无平台。东、南、北三面堡坎用毛石块垒砌而成，正面堡坎长17.36、高1.54～2.59米，东侧堡坎长6.41、高2.18～2.88米，北侧堡坎长6.6、高2米。平台呈曲尺形，长18.28、宽4.64～9.2、高1.54～2.59米，面积约131.2平方米（图一六，中）。与第四、五、八、一〇平台间的高差分别为1.69、4.39、1.51、1.29米。

该平台经清理，未发现遗迹现象。

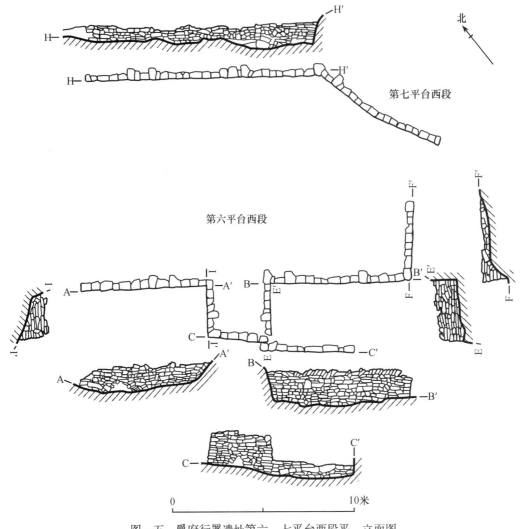

第七平台西段

北

第六平台西段

0　　　　　　　　　　　　　　10米

图一五　爵府行署遗址第六、七平台西段平、立面图

（十）第一〇平台

南临第九平台，西临第五平台，北、东面为自然基岩体。东、南两面堡坎用毛石块垒砌而成，堡坎保存极差，正面堡坎长9、高0.6～1.8米，东侧堡坎长8.35、高0～1.5米。平台近方形，东西长约9.8、南北宽8.35米，面积约81.83平方米（图一六，上）。与第五、九平台间的高差分别为4.39、0.7米。

该平台经清理，未发现遗迹现象。

（十一）第一一平台

北临第一二、一三平台，东临第一、二平台，南、西面为爵府行署遗址平台遗迹的西南边缘。堡坎保存极差，仅在西南部有残留，正面堡坎残长14.3米，西侧堡坎残长14.5米。

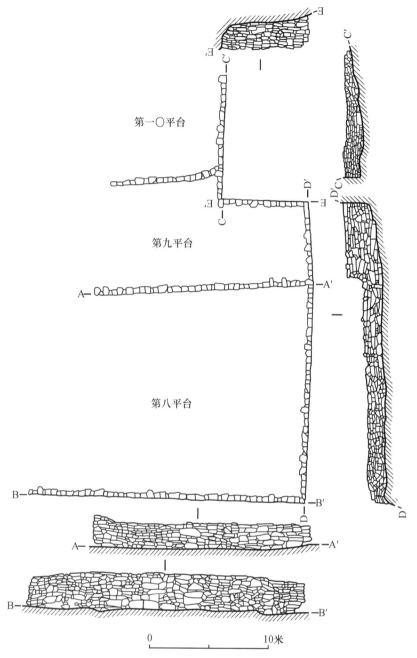

第一〇平台

第九平台

第八平台

0   10米

图一六 爵府行署遗址第八~一〇平台平、立面图

平台呈曲尺状，长约58、宽21.15~28.63米，面积约1127.96平方米。该平台上建有现代民居
（图九）。

（十二）第一二平台

北临第四、一四平台，东临第二、三平台，西临第一三平台，南临一一平台。该平台西、
南部保留有石块垒砌的堡坎，正面堡坎长30.13、西侧堡坎长8.19米。平台呈东西向长方形，长

29.87、宽25.82～29.79米，面积约778.96平方米（图九）。

从《容美纪游》记载来看，该平台土司时期应为"槿树园"，废弃后作为向氏墓地，现保存有向进元墓、向应朝墓、向日英墓、向登富墓。

（十三）第一三平台

北临第一四、一六平台，东临第一二平台，该平台是爵府行署遗址平台遗迹的西南边缘。平台西、南两面的堡坎用毛石垒砌而成，正面堡坎长23.34、西侧堡坎长19.19米。平台呈东西长方形，长23.55、宽17.46～19.71米，面积约416.52平方米（图九）。该平台上有一近现代墓葬，未做清理。

（十四）第一四平台

北、西两面挨着第一五、一六平台，东临第四、五平台，南临第一二平台。该平台南边与第一六平台共用一条堡坎，共用堡坎长34.03、东堡坎长约3.02米。整个平台呈长条形，长约34.95、宽2.05～3.4米，面积约98.36平方米（图九）。该平台上未发现其他相关遗迹。

（十五）第一五平台

北临第六平台，东面为第五平台，南面为第一四平台，西面为第一六平台。该平台堡坎用毛石垒砌而成，正面堡坎长17.64、西侧堡坎长6.68米。平台呈东西长方形，长17.41、宽约7.49米，面积约126.86平方米（图九）。

该平台上清理出道路Q2。

（十六）第一六平台

位于爵府行署遗址平台遗迹最西边，面积最大，属于爵府行署遗址与西侧山包之间的一个凹地，南北两侧均用较规整的石块垒砌成堡坎。东面与第六、一四、一五平台相邻，南面为第一三、一四平台，其余各面为山体。该平台呈曲尺形，南堡坎长48.94、西侧堡坎长53.4米。平台面积1514.4平方米（图九）。

当地乡民的叙述："该平台西部有'地牢'，当年他们修储水池挖坑的时候发现正面有一间一间的空洞，像房间一样，我们小时候还进去玩过，是土王关人的地牢。"恩施州博物馆当年调查时确定为地牢，申报第六批国保单位时有"地牢"这一文物点。为确定地牢的结构，2013年对其进行了清理，发现传说中一间一间的房间，是土司时期建造爵府基础平台时，堡坎内需要填充大量石料或土方，为节约石料，在填充堡坎内部时将石块垒砌成一道一道不规则形的石墙，然后于石墙之上再盖一层石板，形成一层层、一道道暗沟状空间（图版一〇，2），并重复垒砌至地面，空间较大的可容一小孩站立，空间小的就连婴幼儿都无法容纳，实非地牢。因此，建议取消国保单位中"地牢"这个文物点。

五、遗　迹

经过发掘清理，在这些平台上共发现明清时期遗迹单位32个，其中房子12座、石墙4条、道路5条、排水沟1条、储水坑遗迹1个、六孔遗迹1个、梅花石刻1个、景观石6个、照壁石1个、土王井1口（图一七；图版二）。

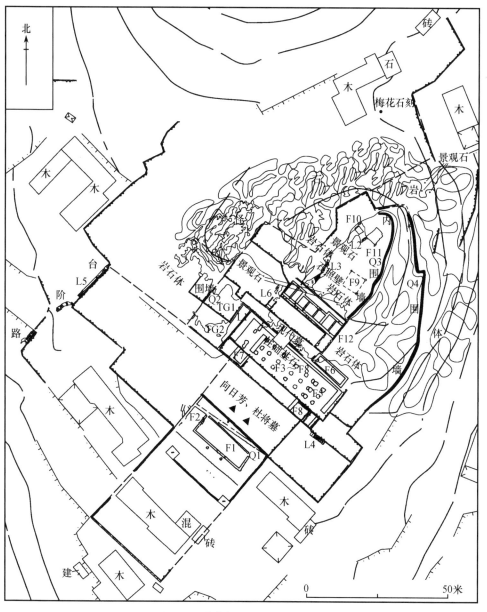

图一七　爵府行署遗址遗迹分布图

（一）房子

1. F1

F1位于第二平台上，开口于第1层下，打破F2，应是在F2的基础上改建而来。平面为长方形，坐东北朝西南，方向224°。房屋内堆积为黄褐色土夹砾石、石块，垫土内含少量红烧土粒、草木灰、青灰砖块、瓦片等。F1由墙基和广场（月台）两部分组成。墙基用毛石或青砖砌成条带状。东西长24.5、南北宽8～8.89米，面积约208平方米（彩版一三；图版一四，1）。墙基北距北堡坎3.4、东距东堡坎4.85、南距南堡坎10.5、西距Q1西段4.95米。墙基内未发现柱础石，仅在F1东侧墙基附近发现已挪动过的磉磴（图版一四，2）。房前建有广场，又称月台，面积较大，东西长30.7、南北宽3.84米，面积约261平方米，月台用大小不等的石块平铺而成（图版一三，3）。由于建造填充结构的原因，目前广场地面凹凸不平，当地居民在月台西南角和东南角修有储水池。房基与月台之间有一块黄褐色土空地，较为规整，东西长30.7、南北宽8.5米。此处可能是F1屋前铺有条石的房前走廊。F1北面的堡坎（即第三平台）上观察有似豁口的痕迹，推测可能是第二平台通往第三平台的台阶（图一八）。

2. F2

F2位于第二平台上，开口于第2层下，距地表深0.25米，被F1打破。坐北朝南，方向216°。东西长31.35、南北宽20.55米，面积约650平方米。因F1向外扩建将F2及Q1拆毁，东、南两面则可见F2残存的石结构（图版一四）。墙基残存东西两段，分别叙述如下：东段被F1的东北角打破，残长1.85、宽0.66、残高0.3米，墙基石料为成条状的石块，两排合并，较为规整，石料长宽不等，缝隙较小，不见黏合料，最北一块石头上凿有斜槽；西段被F1西部所打破、拆毁，残长2.31、宽0.5、残高0.15米，三块石块砌成单排长条形（图一七；图版一五）。

3. F3～F8

F3～F5、F7、F8这一栋房屋属于吊脚楼式建筑，分布在第四和第五号平台上，开口于第2层下。第四平台上建有吊脚楼的左右吊角部分，即F7、F8，第五平台上建有主房和附属配房（F6），即F3～F6（彩版一四）。

F3～F5、F7、F8属于一栋吊脚楼，由5栋房屋、1个储水坑遗迹、1条石板路（L1-A）、1条排水沟（G1-A）组成。从这些建筑布局上看，F3为主体建筑，坐东北朝西南，方向135°，西接F4，东接F5（这两座房子可能是后来在主房两侧增加上的，因为F4与F3结合部残存两道墙基，F5与F3结合部残存两排柱础基石）。第五平台上的遗迹包括房基、墙基、柱础基石、石板路、排水沟等，形成了完整的居住体系（彩版一五，1；彩版一六，1；图版一六，1）。由于自然和人为因素的破坏，地面以上建筑无存，仅存建筑的地基，根据现存的遗迹分析，在完成平台地面加工后，部分房屋墙基用青灰砖砌成，梁架结构的房屋则先垫好柱础基石，其上置一

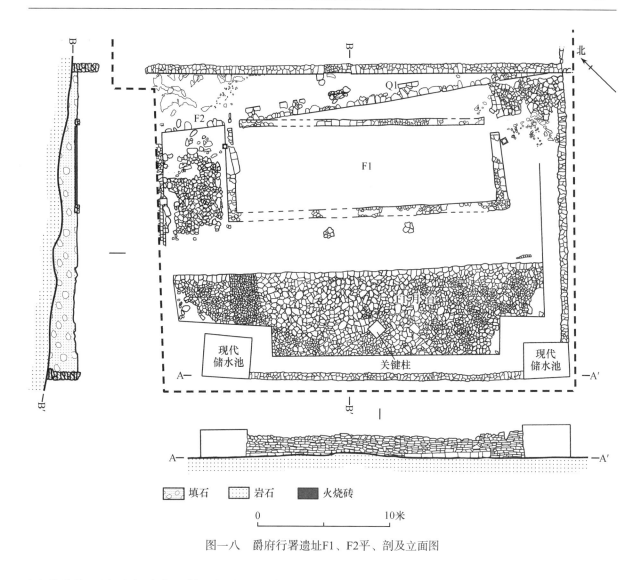

图一八 爵府行署遗址F1、F2平、剖及立面图

圆形磉礅，最后在磉礅上搭立梁柱（图版一七，1～4）。

　　F3位于第五平台正中央，呈长方形，坐东北朝西南，东西通长23、南北进深9.5米，为5开间。房屋为梁架结构，房内柱础基石排列较为规整，东西3排，南北6列，柱础基石被破坏，平面基本呈圆形，直径0.7～0.9、残高0.15～0.2米（彩版一六，2；图版一七，1、2）。房后柱础基石距南部堡坎3～3.2米，共有16个。由东至西各开间的尺寸分别为4.3米×9.5米、4.2米×9.5米、6.25米×9.5米、4.5米×9.5米、3.65米×9.5米，中间开间最大，后门前有1个岩石水池，L1和G1从西边延伸至此结束。

　　F4位于F3西侧，呈长方形，东西通长8.5、进深9.5米，分为2开间。东、西、北为墙体结构，南为梁架结构，其中西墙距堡坎约2～2.3米。东墙基长9.5、宽1、残高0.2～0.25米，西墙基长9.5、宽0.85～1、残高0.1～0.15米，中有南北向柱础基石1列，共3个，将F4分为2间房，两间房的规格均为3.5米×9.5米（彩版一六，1）。

　　F5位于F3东侧，呈长方形，东西通长8.5、进深9.5米。房子东、北为墙体结构（柱础石），东、西为梁架结构。墙基残高0.05～0.15米，东墙基距东堡坎1～1.5米。长12、宽0.9～1

米，北墙基残长4米。F5中间由2个柱础基石隔成2间，柱础基石近圆形，直径1～1.2米，其中东间宽4.5、进深9.5米，西间宽4、进深9.5米。西间与F3相邻，有纵向柱础基石3个，近圆形，直径1～1.2米（图版一六，2）。

F6位于F5北侧，为单间，与F5后墙有约0.8米的走廊，坐东南朝西北，方向312°，呈长方形，东西长4、南北宽　米。有墙基，残存高度0.1～0.3米。东部房基长4、宽0.5～0.8米，北部房基长8.7、宽0.45米，西部墙基长4、宽0.35米，南部房基长8.7、宽0.2～0.35米（彩版一五，2；图版一六，2；图版一七，5）。

F3～F5为梁柱架结构，房内地面垫黄褐色细砂土，质地较疏松，其下未解剖，情况不明。F6房内填土为灰褐色粉砂土，夹青红灰砖块，质地较疏松，包含物有石块、红烧土颗粒、瓦片等。

F7位于第四平台的西端。房子由房基、排水沟等组成。单间，平面呈正方形，边长4.5米。室内南北长3.8、东西宽3.4米，基脚宽0.35～0.45、残高0.15米，面积约20平方米。室内东北角和东南角各有一个石磉磴，两磉磴间距3.5米，磉磴顶部直径0.3米，底座方形，边长0.35、高0.05米，通高0.15米。在两磉磴中间残存一道石砖墙，砖墙残存10块砖，长1.7、残宽0.1米，砖墙顺砌，未发现白灰等黏合剂。室内仅见黄色的垫土，不见铺地砖。走廊设在房子的西侧，西部墙基与排水沟之间有一块空地，这块空地可能为走廊，残长2、残宽1米，破坏严重，仅散落几块铺地石。F7建有排水沟，位于其东西两侧，沟两侧用石块砌成，西侧沟残长2、宽0.25、深0.15米，沟底未见铺地石；东侧排水沟稍宽，两边都是用青石块砌成，十分规整，沟长4.5、宽0.25、深0.15米，沟底残存少量铺底石。根据房基平台与道路布局分析，该房基呈方形，而且墙基内角发现两个石磉磴，在房基东西两侧均为石板路，因此推测F7属于亭阁式建筑（图版一八，1）。

F8平面呈长方形，单开间，南北长6.12、东西宽4.1米，面积25.1平方米。室内南北长3.77、东西宽4.97米，脚基宽0.35、残0.4米。由于破坏较严重，室内仅见黄色的素土和几块毛石，并未发现铺地砖。F8的排水沟设在房子东、北两侧，沟的两侧均用石块砌成。北侧水沟上面用石板铺盖，仅存四块，沟底均有零星石块铺底，沟长5.14、宽0.35、深0.2～0.6米。东侧排水沟稍完整，沟长4.11、宽0.36、深0.5米，底部有间断的铺底石块（图版一八，2）。

根据这栋房屋布局综合分析，F3～F5、F7、F8同属于一栋吊脚楼建筑，平面呈"凹"字形，东西通长40.8、南北通宽17.8米。其中F3～F5为主体建筑，F3居中，F4、F5居左右两侧，F6属于附属配房，位于F5屋后，F7和F8属于吊脚楼部分（图一九）。

4. F12

F12建于爵府行署遗址第七平台上，开口于第2层下。平面呈"L"形，坐东南朝西北，方向129°，东西通长23.5、南北通宽8、进深6米。屋内有一层黄褐色垫土，破坏较为严重，残存部分房基。从平面布局分析，长轴一面房屋面阔五间，墙基用毛石铺砌，部分地方以砖垫齐，房屋内有一层黄褐色垫土。中间三间，东西两侧各有两间，中间三间房进深约5米，东西两侧两间房进深约6米。西侧间面阔4.7米，四周墙基保存较差，大部分已被毁，仅在中部保存两块

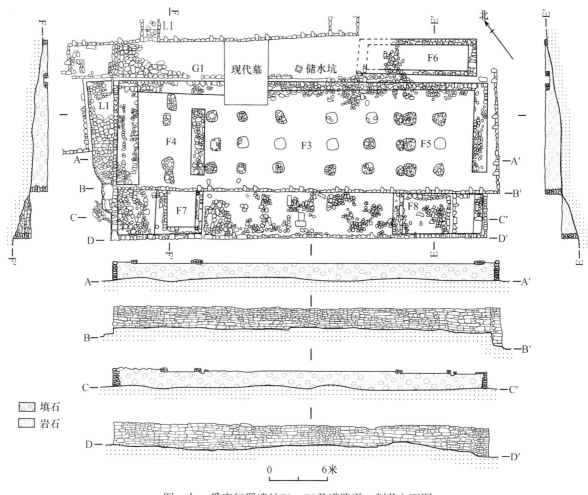

图一九 爵府行署遗址F3～F8及道路平、剖及立面图

方形柱础石，柱础石边长约0.25、高约0.15米，两块柱础石南北相距约4.5米，与房间进深内空相等。另在该间靠东侧的中部发现一块石灰地面，该石灰面在黄土色垫土之下，此石灰面可能是建造房屋时拌和石灰的地方。中间三间房的房基保存较好，北面墙基短于东西两侧房间，宽0.9～1米，南面墙基与东西两侧墙基平齐，宽约0.75米，形成内"凹"形。三间房东西两侧墙基宽0.9米，中间隔墙墙基宽约0.6米，三间房净空进深均为3.5米，中间的房间净空最宽为3.8米，两侧两间房的面阔则为2.5米。在最中间的房间内南北部发现两块毛石堆积层，从清理情况分析，该毛石层应为堡坎下部的垫石块，由于垫土层被近代破坏，垫土下的填石块已暴露出来。东侧间形制与西侧间类似，基本形成对称结构，四周墙基保存也较差，北面墙基宽0.9米，南面墙基宽0.75米，在房间中部发现一块方形柱础石，边长0.25、厚0.15米，该柱础石平面与房屋垫土层平齐，较西侧间的柱础石低些。另在房间东部南北侧发现两块方形柱础石，从两块柱础石的位置分析，可能不是与F12同一时期的遗迹，为晚期修缮F12时支柱之用。F12所在的第七平台南侧堡坎东端堡坎外0.75～1米处有一块方形柱础石，从平面结构布局分析，该柱础石应为F12南面屋檐回廊支柱，由此推断，F12南面墙基与堡坎间的空间应为屋檐回廊。F12的排水沟位于房基北部，距F12的西边两房间北墙墙基约1.2米，东西长约23、宽0.3～0.5、

深0～0.1米。排水沟中部为一自然岩石体，经人工凿成凹形以通水，沟底中间高、两侧低，沟边墙用石块砌成，在排水沟东端盖有一块长方形石板，形成暗沟，中部则为明沟。在排水沟的东段北侧发现一块方形柱础石，该柱础石与西边两房间的分墙柱础石呈直线对齐，从平面布局看，该柱础石应为F12北面屋檐的支柱石，由此分析，排水沟与F12北面墙基之间的空间应为屋檐廊道。在东侧房屋后有一块凸出的平台，该平台上未发现柱础或建筑痕迹，此平台可能是屋后的一个观景平台，其上应建廊道式建筑，属于观景类房屋（图二〇；彩版一七，1）。

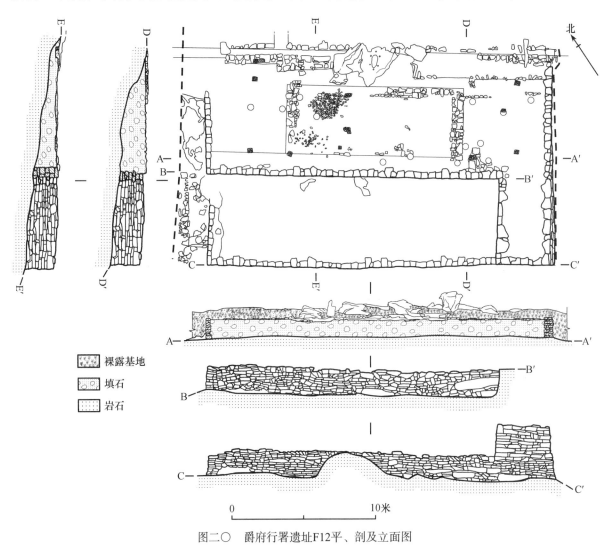

图二〇　爵府行署遗址F12平、剖及立面图

5. F9

　　F9位于第七平台上部，开口于第1层下。平面近似正方形，南北长4.8、东西宽4.6米。经清理，在东南角和西北角分别发现一个人工开凿的柱洞，编号分别为D1、D2，D1口大底小，直径0.2、底径0.16、深约0.32米；D2近椭圆形，长轴约0.3、短轴约0.22、底径约0.24米、深0.4

米，西北角用五块毛石铺成柱础基石，直径0.42米，西南角未发现任何遗迹现象。根据现存迹象分析，F9应是一座近似正方形的木构建筑，其性质可能为防御性的建筑（图二一；图版一九，1）。

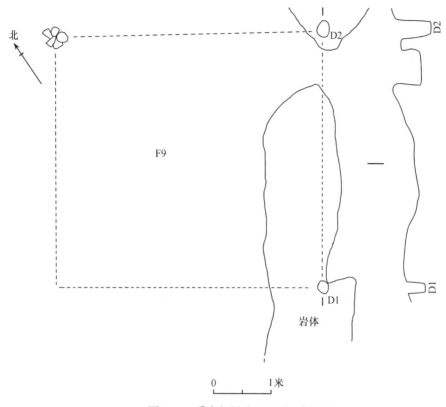

图二一　爵府行署遗址F9平、剖面图

6. F10

F10位于第七平台后的岩石上。平面近方形，在四角有人工开凿的柱洞四个，编号为D1～D4，柱洞直径均为0.12、深0.14米。F10边长2.2～2.5米，建筑面积4.37平方米（图一七）。F10南部有一条人工开凿的石台阶（L2），共7级，是F10与F11共用的台阶。F10规模较小，建在岩石上，四角设有立柱，应属于干栏式木构建筑，其功能可能为观景亭类建筑（图二二；彩版一七，2）。

7. F11

位于第七平台北部，地处山顶的最高处。平面呈长方形，南北长4.4～4.8、东西宽3.3～3.8米，南端高1.3、北端高1.94米，方向58°。该建筑利用两道自然凸起的脊状岩石作墙体，再在岩石体上用石块加高，然后在墙顶部盖上两块大石板形成岩棚屋（图二三；彩版一八；图版一九，2、3）。在F11东南角的岩石上，人工开凿有七级台阶（L2），可能与F10和F11建筑有关。

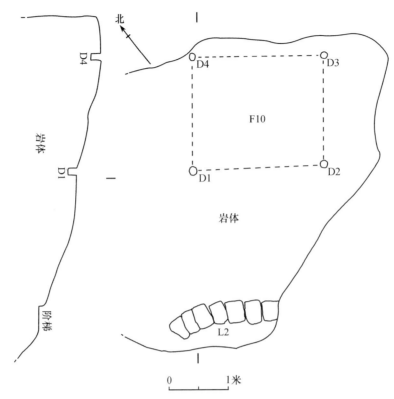

图二二　爵府行署遗址F10平、剖面图

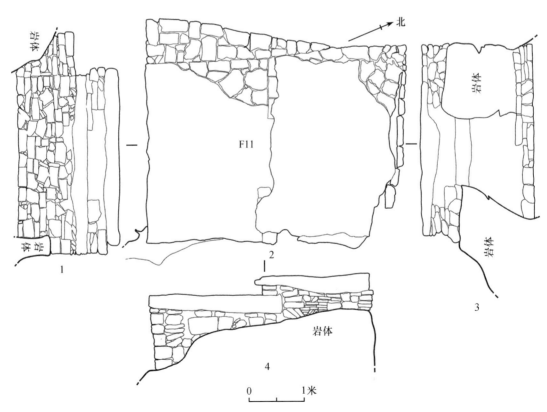

图二三　爵府行署遗址F11平面图及侧、前、后视图
1. 前视图　2. 平面图　3. 后视图　4. 侧视图

（二）石墙

1. Q1

Q1与F1、F2同处一平台，被F1北部的堡坎叠压。开口于第2层下，距地表0.32米。平面呈"L"形，围墙墙体为长条形，可分为北、西两段。北段西北—东南向，全长31.35、宽1～1.1、残高0.43米。用大小不等的条石错缝砌成，中间填土或碎石块，内外边沿线平直，缝隙中不见黏合料。西段偏西南—东北走向，长19.95、宽0.82～1.1、残高0.36米，砌法与北段一致。在西段南端发现一截用三排青灰砖砌成的围墙，长3.7、宽0.55米。Q1与F1处于一平台，从遗迹的布局来分析，Q1可能为爵府扩建前的早期围墙，因F1毁坏或扩建的需要，将Q1北段拆毁，以增加平台的使用面积（图一八；图版二〇）。

2. Q2

Q2位于第一五平台，开口于第2层下。平面呈长条形，方向42°。用大小不等的毛石两边垒砌，中间填土或碎石，东端至第一四平台堡坎，西端至第一四平台北部岩石。由于破坏，墙基现仅剩一层基石。长4.5、宽0.78米（图二四；图版二一，1）。

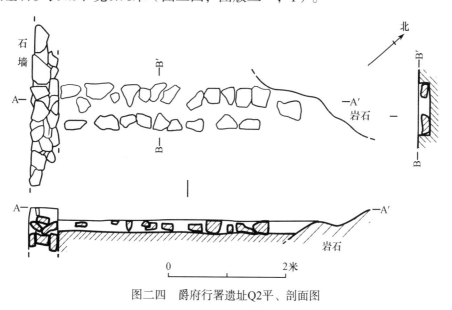

图二四　爵府行署遗址Q2平、剖面图

3. Q3、Q4

Q3位于山顶东北部，从F11北侧开始，沿山坡向南延伸到第七号平台东侧下方的堡坎。围墙高度依山势高低变化而变化，部分仅一层，残高0.2米，个别低洼处有两层，高0.3米（图二五；彩版一九；图版二一，2）。

Q4位于山顶北部，从F11北侧山顶开始，沿山坡向南部山坡下延伸，与第一〇号平台堡坎相连接，围墙宽0.8～1.1米，高度依山势高低而变化，部分地方仅存一层，高约0.2米，个别低洼处有十层，用不规则的毛石砌成，宽0.8、高1.5米（图二五；彩版一九；图版二二）。

　　Q3、Q4主要建在山顶的东北部，分布在平台边缘与山坡上，从其位置分析，处于轴线主建筑东侧的山坡上，可能用于防御，为爵府行署遗址的内外围墙。而其他区域修建的墙体则以堡坎为主，形成相对封闭的院落，将爵府行署遗址主体建筑围在其中。

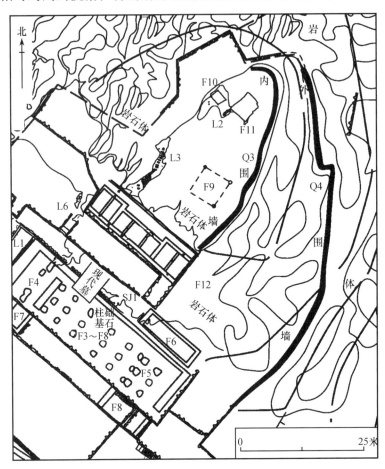

图二五　爵府行署遗址Q3、Q4分布图

（三）道　路

　　道路系统是爵府行署遗址的重要组成部分，外有登山小道，内有各平台之间的石板路和台阶，部分道路至今还为当地村民所用。这些道路早年遭受严重破坏，大部分仅见痕迹。除主建筑前的道路外，还有部分平台间建有可供上下的道路或台阶，有的建在堡坎的外侧，有的建在平台内部。岩石上的台阶为人工开凿而成，连接上下平台的台阶用不规整的石块砌成。

1. 爵府上山蹬道

　　上山蹬道由一级级台阶组成，自铁锁桥沿山脊或山坡通往爵府主体建筑群，有的地方为自然岩石，有的地方则用石块砌成，这条登山小道修建不规整，主要因山势变化或地理条件而修建（彩版二○；图版二三，1）。

2. L1

位于第一四、第一五平台上，在F3、F4的后侧及F4的右侧，止于F6的门前，平面呈"L"形，分为A、B两段。A段为长轴段，地处F4、F5后面，F6的门前，为东南—西北走向，全长32.2、宽3.6米。B段为短轴，地处第一四平台与第一五平台的东侧，F4的右侧，为西南—东北走向，B段中部在第一四和第一五平台之间设有5级台阶。L1自F6门前向前行，到第五平台尽头，左拐下行至第一五平台与F4右侧的石板路相连，从第一五平台经5级台阶下行与第一四平台上的石板路相连，再经2级台阶上行与F7右侧的石板路相接，B段全长17.1、宽0.95~2.96米（图二六）。

整条路均用大小不一的毛石铺平，部分路面铺路石已经毁损，仅见垫土面，其中B段北端部分路面用小卵石铺成（彩版二一，1；图版二三，2；图版二四，1）。

3. L6

L6为L1在第五平台西部和第六平台堡坎的中部开的一缺口，其内设有台阶，破坏较为严重，仅见少量毛石，现存两三级台阶。L6是第五与第六平台上下的主要通道，西南—东北走向，长3.4、宽1.5米（图二六；图版二六，2）。

4. L2

L2位于后山顶部，F10与F11之间。台阶为人工在岩石体上凿成，共9级。是F10的台阶。通长1.82米（图二七；图版二四，2）。

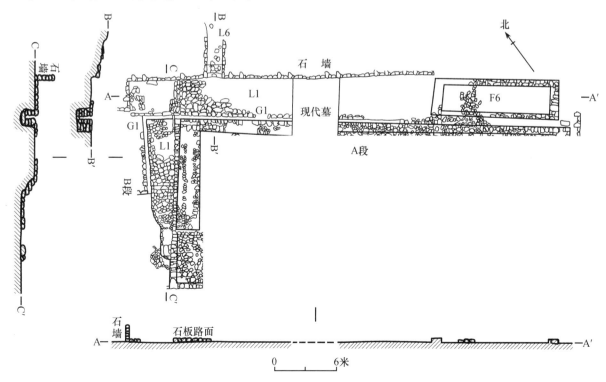

图二六 爵府行署遗址L1、L6平、剖面图

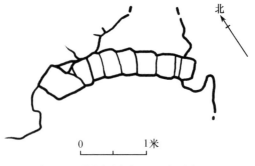

图二七　爵府行署遗址L2平面图

5. L3

位于山顶岩石坡上，平面呈条形，大体呈南北走向。台阶为人工在一凸起的岩石体上凿成，分上下两段，上段较长，有台阶13级，长11、宽0.2～0.7米。下段较短，台阶2级。两段之间为凹地，用石板铺垫连接。L3通长14米（图二八；彩版二一，2）。

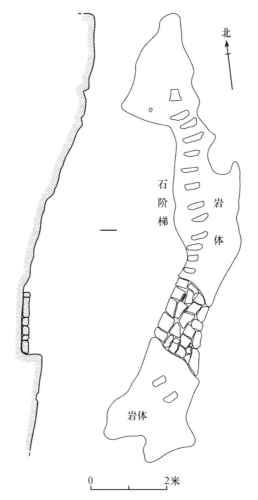

图二八　爵府行署遗址L3平、剖面图

6. L4

位于第八平台与第九平台连接处，是第八平台与第九平台的上下台阶。台阶用大小不等的毛石砌成，共16级。长5.5、宽1～1.2米（图二九；图版二五）。

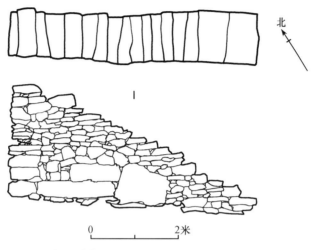

图二九　爵府行署遗址L4平面图、侧视图

7. L5

呈东北—西南向，共分北、中、南三段，北段用大小不等的毛石铺砌而成，共有9级台阶，本段通长16、宽0.3～1米，通向第一四平台；中段用大小不等的毛石铺砌而成，与北段台阶相连接，共有11级台阶，本段通长6.3、宽0.5～1.3米；南段用大小不等的毛石铺砌而成，共有11级台阶，北部与中段相连接，本段通长5.3、宽1～1.3米，通向第一二平台（图三〇；图版二六，1）。

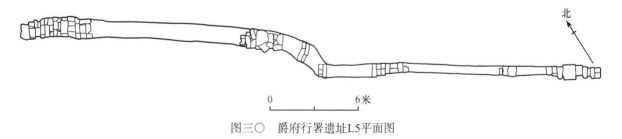

图三〇　爵府行署遗址L5平面图

（四）排水沟

2条，分布在F3～F6和F12房前屋后或道路的侧边，是这栋两房屋的主要排水系统，F12的排水沟前文已做介绍，这里介绍G1。

G1位于L1石板路的外侧，F3～F5的北侧，F4的西侧。平面呈"L"形，分为A、B两段。A段为长边，止于F6前山墙，东高西低，东部在F5与F6两房之间，沟不明显，可能以前在两房屋面之间设有流水槽，长19.4、宽0.37、深0.2~0.5米。B段属于短边，北低南高，长7.6、宽0.38、深0.2~0.5米（图三一；彩版一四，1；图版二七，1）。

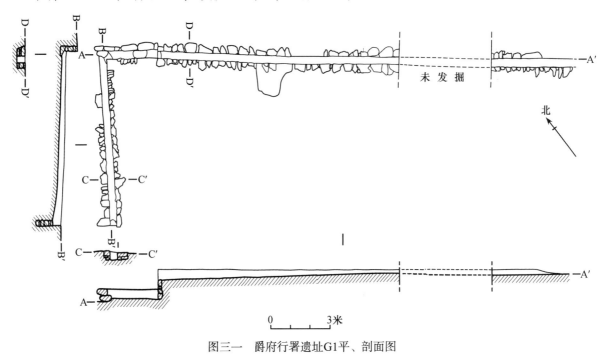

图三一　爵府行署遗址G1平、剖面图

（五）储水坑遗迹

1处，位于第七平台F3的北侧。开口于第2层下。是在不规则形自然岩体上经人工凿制而成，平面方形，斜壁，平底，呈斗状，四壁有明显的加工痕迹。口南北长0.72、东西宽0.58米，底长0.48、宽0.44米，深0.5米（图三二；彩版二二，1）。

（六）六孔遗迹

1处，位于第七平台中北部，F12北边沟内侧，被F12叠压。在房基中部的岩石体上有一椭圆形自然岩坑，坑口南北长1.1、东西宽0.6厘米。在自然岩坑周围凿有6个圆形小圆洞，其形状较规律，南北两端各一个，东西两侧各两个。6个圆孔中仅D2稍小，其直径6、深4厘米，其余5个洞直径均为8、深10厘米（图三三；彩版二二，2）。其功能与用途不详。

（七）梅花石刻

1处。位于第一六号平台边缘地带。由人工在一岩石上雕刻而成。平面呈圆形，中间图案为一枝梅花，其用途暂时不明。直径0.32米（图三四；图版二七，2）。

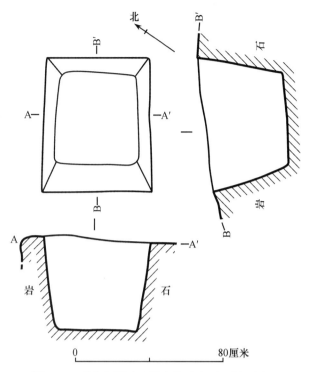

图三二　爵府行署遗址储水坑遗迹平、剖面图

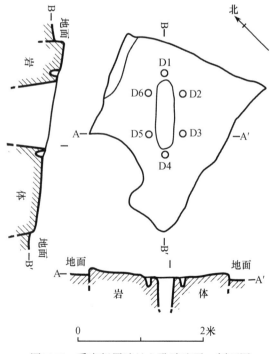

图三三　爵府行署遗址六孔遗迹平、剖面图

（八）景观石遗迹

6个，这些景观石立于爵府行署遗址不同的平台和山坡上。我们分别对其进行了编号

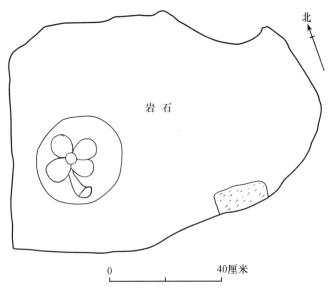

北

岩 石

0   40厘米

图三四　爵府行署遗址梅花石刻平面图

（1～6号）。

1号景观石：位于遗址的西部第一四平台上，该景观石坐北朝南，方向330°，由一整块岩石竖立而成，未见加工痕迹。高2.3、宽1.36、厚0.3～0.4米（图三五，5；彩版二三，1）。

2号景观石：位于遗址的东北部第七平台上，该景观石坐东北朝西南，方向335°，由一整块岩石竖立，未见加工痕迹。高1.8、宽0.3～1、厚0.4米（图三五，7；彩版二三，2）。

3号景观石：位于遗址的东北部第七平台上，该景观石坐东北朝西南，方向310°，由一整块岩石竖立，未见加工痕迹。高1.7、宽1.6～2、厚0.2～0.4米（图三五，4；彩版二三，3）。

4号景观石：位于遗址的东北部山坡上，该景观石坐西朝东，方向358°，由一整块岩石竖立，未见加工痕迹。高1.9、宽0.4～1.8、厚0.5～0.8米（图三五，2；图版二八，1）。

5号景观石：位于遗址的东北部山坡上，该景观石坐西北朝东南，方向28°，由一整块岩石竖立，未见加工痕迹，高1.8、宽0.2～1.7、厚0.4米（图三五，3）。

6号景观石：位于遗址的东北部山顶上，该景观石坐西北朝东南，方向333°，由一整块岩石竖立，未见加工痕迹。目前景观石断成两段，上部分倒于岩石上。高2.1、宽0.84～1.5、厚0.32米（图三五，6）。

从景观石分布的总体情况来看，其皆由一块不规律的自然岩石竖立而成，其上未见加工痕迹，方向基本上是坐东北朝西南，与爵府建筑群保持一致，绝大多数处于三堂（F12）前面的后山上，其功能应为后花园的景观石。

（九）石照壁遗迹

1个，石照壁位于遗址的东北部山坡上，该石照壁较大，立于F12门前的山坡上，具有照壁功能，石照壁坐东北朝西南，方向232°，由一整块大岩石竖立，未见加工痕迹。目前石照壁底部断开,上部分倒于岩石上,底部仍立于石缝中。石照壁高2.8、宽3.24~3.76、厚0.24米(图三五,1)。

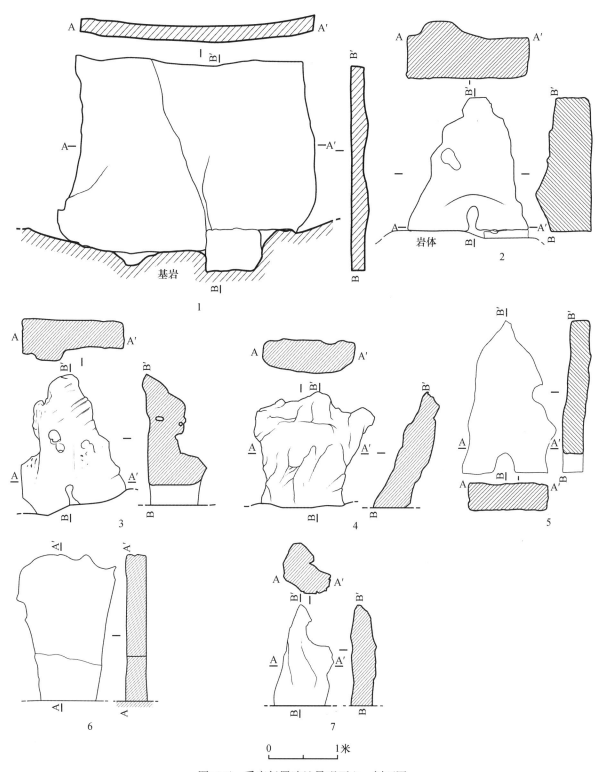

图三五 爵府行署遗址景观石立、剖面图

1. 石照壁　2. 4号景观石　3. 5号景观石　4. 3号景观石　5. 1号景观石　6. 6号景观石　7. 2号景观石

（十）土王井

1口。位于爵府行署遗址后山沟的山坡下，井口在溶洞的底部，用石块铺有上下的台阶26级，井水清澈见底，常年取水不尽（图版二八，2、3）。

六、出 土 遗 物

爵府行署遗址出土遗物较少，以砖瓦片、鸱吻及石构件等建筑材料为主，还出有少量碎瓷片。瓷片以青花瓷为主，有少量三彩、五彩瓷片，器形有碗、盘、盏、杯等。出土器物标本127件，仅有7件能复原。瓷器从质地上可分为两类。一类为细瓷器，釉质细腻光洁，制作工艺较精细，饰龙纹、莲池鱼纹、花草梅花纹、花卉纹，其中4件青书落款和诗文，内容有"大明成化年制"、"□德□制"和"藏山隐海之英"。此类瓷器应为官窑产品。另一类为粗瓷器，釉质较粗糙，花纹较为简单。此类瓷器应为民窑产品。部分瓷器内底针刻"佛""禄""寿""南""宇""肯""癸""汉""玉""平""山""内府""公梁"等文字（图三六）。

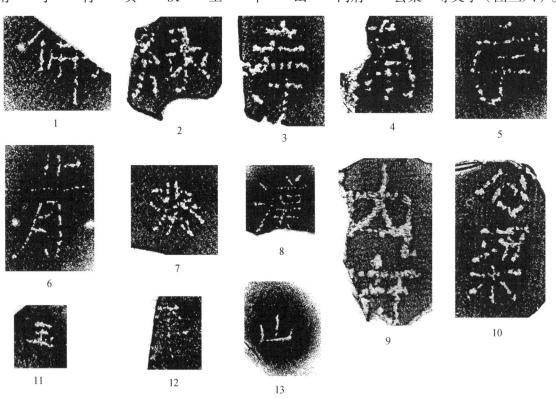

图三六　爵府行署遗址出土瓷器针刻文字

1.佛（JF·TN01W06①：2）　2.禄（JF·TN09W11①：1）　3.寿（JF·TG3①：1）　4.南（JF·TN08W09②：1）

5.宇（JF·G1：4）　6.肯（JF·TN07W09①：1）　7.癸（JF·TN09W11①：2）　8.汉（JF·采：2）

9.内府（JF·TN11W06①：1）　10.公梁（JF·TN09W10②：1）　11.玉（JF·TG3③：13）

12.平（JF·TN11W06①：1）　13.山（JF·TG3③：14）

（一）生活器皿

1. 瓷器

分为粗瓷和细瓷两类。

细瓷器　48件。分为青花瓷和彩绘瓷两类。

青花瓷　29件。器形有碗、盏、碟等。

碗　13件。分三式。

Ⅰ式　7件。敞口，弧腹。JF·TG3③：12，敞口，弧腹，圜底较平，圈足外撇。器内针刻"□号李"，饰青花水藻鱼纹。口径11.8、圈足径5.4、高6.5厘米（图三七，1；图版二九，2、3）。JF·TG3③：11，青白瓷，釉质细腻光洁。敞口，弧腹，圜底较平，圈足略收。器内底针刻一"州"字，外底青书"大明成化年制"落款，腹外壁饰左右对称青花灵芝纹。口径9.2、圈足径3.8、高5厘米（图三七，2；彩版二四，1；图版二九，4）。JF·TN09W06①：1，敞口，圆唇，深弧腹，底残。器内上下各饰两道带纹，腹外壁饰青花水藻鱼捕虾纹。复原口径12、残高5.7厘米（图三七，3）。JF·TG3①：3，敞口，弧腹，底残。饰暗青花水族鱼虫纹。复原口径11、残高7.2厘米（图三七，4；图版二九，5）。JF·G1②：7，敞口，弧腹，圜底残。饰青花花草纹。复原口径12、残高5.5厘米（图三七，5）。

Ⅱ式　4件。口微撇，弧腹。JF·TN08W05①：1，釉质光洁。口微撇，弧腹，底残。饰暗青菊花纹。复原口径14、残高4.4厘米（图三七，6）。JF·TN08W05①：7，釉质光洁。口微撇，深弧腹，底残。饰青花祥云纹。口径14、残高3.6厘米（图三七，7）。

Ⅲ式　2件。撇口，卷沿，弧腹，JF·TG3③：25，青白瓷，釉质光洁。撇口，弧腹，底残。饰青花串珠纹。口径14、残高4厘米（图三七，8）。

碗底　12件。分二式。

Ⅰ式　10件。弧腹，圜底。JF·TN08W09①：3，釉质光洁。口残，深腹，圜底较平，高圈足。器外底青书"□德□制"（即正德年制），器内外饰花草纹。圈足径4、残高3.8厘米（图三七，9）。JF·TN09W11①：2，口残。圜底，高圈足。器内底针刻一"癸"字，并青花双叶独枝花草纹，外底有一方形窑记。圈足径4、残高2.6厘米（图三七，10；图版二九，6）。JF·TG3③：6，青白瓷，釉质细腻光洁。口残，圜底，圈足内收。外底青书"□明成□年制"（即大明成化年制），内底饰青花折枝花卉纹，腹壁饰青花龙纹。圈足径4.6、残高1.8厘米（图三七，11；彩版二四，3）。

Ⅱ式　2件。弧腹，圜较平底。JF·TN10W11①：1，釉质光洁。平底，直圈足较高。器内饰青花折枝菊花纹，外底饰青花双鱼逐浪纹。圈足径8、残高1.7厘米（图三七，12；图版三〇，1）。JF·TG3③：18，青白瓷，釉质细腻光洁。口残，弧腹，圜底较平，高圈足。外底青书一"目"字，饰青花花卉纹。圈足径4、残高3.2厘米（图三七，13）。

盏　2件。JF·G1②：8，青白瓷，釉质细腻光洁。侈口，折沿，斜弧腹，底残。饰青花

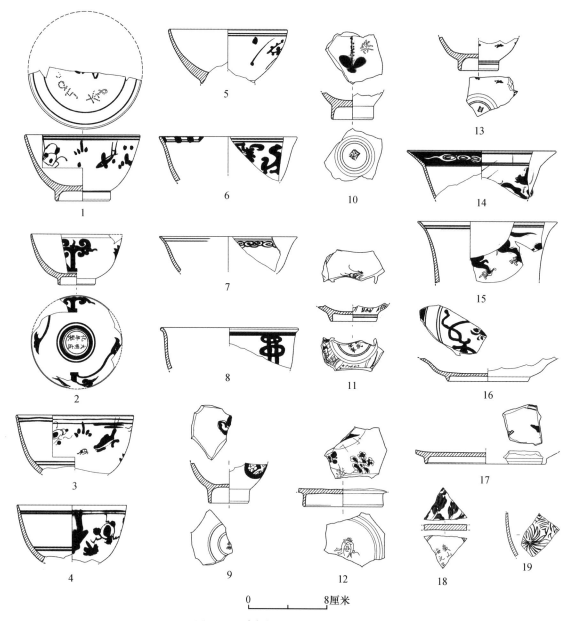

图三七　爵府行署遗址出土青花瓷器

1 ~ 5. Ⅰ式碗口沿（JF·TG3③：12、JF·TG3③：11、JF·TN09W06①：1、JF·TG3①：3、JF·G1②：7）

6、7. Ⅱ式碗口沿（JF·TN08W05①：1、JF·TN08W05①：7）　8. Ⅲ式碗口沿（JF·TG3③：25）

9 ~ 11. Ⅰ式碗底（JF·TN08W09①：3、JF·TN09W11①：2、JF·TG3③：6）

12、13. Ⅱ式碗底（JF·TN10W11①：1、JF·TG3③：18）　14、15. 盏（JF·G1②：8、JF·TN08W05①：5）

16、17. 碟（JF·G1②：5、JF·TG5②：2）　18. 青花诗词瓷片（JF·TG3②：1）　19. 雕花瓷片（JF·TG3③：20）

缠枝纹。复原口径15、残高4.7厘米（图三七，14）。JF·TN08W05①：5，撇口，凹弧腹，底残。饰青花龙纹。复原口径14、残高6厘米（图三七，15）。

　　碟　2件。JF·G1②：5，青白瓷，釉质细腻光洁。口残，浅盘，平底，矮圈足。饰青花折枝纹。圈足径8、残高2.4厘米（图三七，16）。JF·TG5②：2，口残，平底，矮圈足。饰青花纹。圈足径12、残高1.3厘米（图三七，17）。

青花诗词瓷片　1件。碗底片，JF·TG3②：1，仅存碗底中部瓷片，书"藏山□海之英"（图三七，18；图版三〇，2）

雕花瓷片　1件。JF·TG3③：20，白瓷青釉，釉质细腻。仅存腹片，腹部雕刻菊花纹（图三七，19；图版三〇，3）。

彩瓷器　14件。器形有黑彩碗、胭脂红釉碗、黄釉斗彩碗、霁红釉碗、霁蓝釉碗、斗彩瓶、斗彩碟、素三彩碟、斗彩杯、紫釉杯等。

斗彩碟　3件。JF·TN11W06②：1，青白瓷，釉较细腻。敞口，圆唇，浅盘，平底，矮圈足。盘内饰三彩莲池纹。口径15.2、圈足径9.2、高3厘米（图三八，1；彩版二四，4）。JF·TG3①：2，青白瓷，釉质细腻光洁。盘残，平底残，矮圈足。盘内饰三彩莲池纹。圈足径14、残高5.1厘米（图三八，2；图版二四，5）。JF·TG3③：5，口残，平底残，矮圈足。饰绿彩花卉纹。圈足径11、残高1.5厘米（图三八，3；图版三〇，4）。

黑彩碗　1件。JF·TN08W09②：1，釉质较细腻。口残，斜弧腹，圜底较平，圈足较高。腹下部饰贴花水珠纹。器内底部针刻一"南"字，外底有窑记。圈足径7、残高3.1厘米（图三八，4）。

胭脂红釉碗　1件。JF·TN11W06①：4，青白瓷，外施胭脂红釉，釉质细腻。敞口，卷沿，圆唇，深斜腹，底残。器内口部饰青花草纹。复原口径9、残高3.7厘米（图三八，5；图版三一，1）。

黄釉斗彩碗　1件。JF·TG3③：14，青白瓷，釉质细腻光洁。口残，圜底，圈足外撇。外底有窑记，器表满施黄釉，器内饰二彩折枝灵芝纹。圈足径5.5、残高1.5厘米（图三八，6；彩版二四，6）。

霁红釉碗　1件。JF·TG3③：16，白瓷，釉质细腻。口残，斜弧腹，圜底较平，圈足略收。器表施黑酱釉。圈足径7、残高4.5厘米（图三八，7）。

霁蓝釉碗　2件。JF·G1①：4，青白瓷，釉质细腻，施霁蓝色釉，足尖露胎。敞口，方唇，斜弧腹，圜底较平，圈足内收。素面。口径11.4、圈足径5.4、高5.6厘米（图三八，8；彩版二五，1；图版三一，2）。

斗彩瓶　1件。JF·TN08W09②：3，白瓷斗彩瓶。敞口，圆唇，束颈，深弧腹，底残。饰二彩花草纹。口径7、残高4.6厘米（图三八，9）。

素三彩碗　2件。JF·TG3②：3，青白瓷，釉质较光洁。口残，弧腹，平底，圈足略收。内外饰三彩斑点纹。圈足径8、残高3.1厘米（图三八，10）。

斗彩杯　1件。JF·TN11W07①：2，青白瓷，釉质细腻光洁。敞口，深斜腹，底残。腹壁用酱、黑二色饰双鱼戏水纹。残高3.3厘米（图三八，11；彩版二五，2）。

紫釉杯　1件。JF·TG3③：30，青白瓷，釉质细腻光洁。口残，平底，圈足内收。器表施酱黑釉，饰青花花卉纹。足径5、残高1.3厘米（图三八，12）。

粗瓷器　41件。均为青花瓷。器形有碗、碟、杯等。

碗　6件。JF·TG3③：4，青白瓷，釉质较粗糙。敞口，斜弧腹，圜底，圈足略撇。饰暗青菊瓣纹。口径14、圈足径6、高7.2厘米（图三九，1；图版三一，3）。

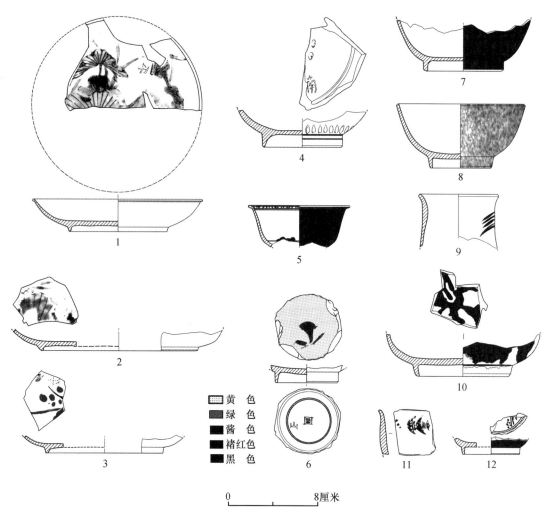

图三八　爵府行署遗址出土彩瓷器

1~3. 斗彩碟（JF·TN11W06②：1、JF·TG3①：2、JF·TG3③：5）　4. 黑彩碗（JF·TN08W09②：1）

5. 胭脂红釉碗（JF·TN11W06①：4）　6. 黄釉斗彩碗（JF·TG3③：14）　7. 霁红釉碗（JF·TG3③：16）

8. 霁蓝釉碗（JF·G1①：4）　9. 斗彩瓶（JF·TN08W09②：3）　10. 素三彩碗（JF·TG3②：3）

11. 斗彩杯（JF·TN11W07①：2）　12. 紫釉杯（JF·TG3③：30）

JF·TN09W10②：4，釉面较光洁。敞口，深弧腹，底残。饰青花菊瓣纹。复原口径15、残高5厘米（图三九，2）。JF·TG3③：28，青白瓷泛灰，釉质较粗糙。敞口，弧腹，底残。饰暗青花团花纹。口径14、残高5.5厘米（图三九，3）。JF·TG3③：29，侈口，弧腹，底残。饰暗青花团花祥云纹。口径13、残高5.8厘米（图三九，4）。

碗底　28件。分二型。

A型　21件。高圈足。分二式。

Ⅰ式　6件。弧腹，圜底。JF·TG3②：2，青白瓷泛灰，釉质较粗糙，足尖露胎。口残，弧腹，圜底，圈足较高。饰青花折枝花卉纹。圈足径5、残高4.8厘米（图三九，5；图版三二，1）。JF·TN08W05①：16，白瓷，釉质粗糙，足尖露胎。口残，弧腹，圜底，圈足略撇。饰暗青花卉纹。圈足径5、残高3.2厘米（图三九，6）。JF·TG3③：19，青白瓷，釉质较

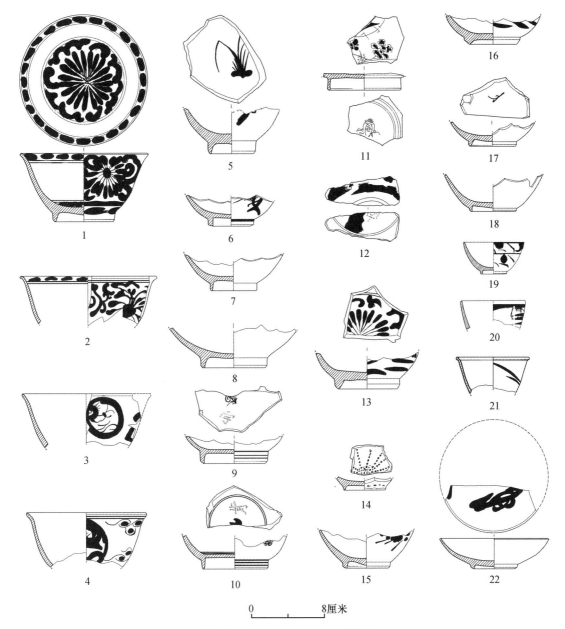

图三九 爵府行署遗址出土粗瓷器

1~4.碗（JF·TG3③：4、JF·TN09W10②：4、JF·TG3③：28、JF·TG3③：29）

5~8.A型Ⅰ式碗底（JF·TG3②：2、JF·TN08W05①：16、JF·TG3③：19、JF·TN11W06①：2）

9~13.A型Ⅱ式碗底（JF·G1②：4、JF·TN07W09①：1、JF·TN10W11①：1、JF·TN11W08①：2、JF·TG3③：7）

14~18.B型碗底（JF·TG3③：15、JF·TN09W10②：2、JF·TN08W11①：1、JF·TG5②：4、JF·TN08W05①：10）

19、20.Ⅰ式杯（JF·TG3③：13、JF·TG3③：21） 21.Ⅱ式杯（JF·G1②：9） 22.碟（JF·TN08W09①：1）

光洁。口残，弧腹，圜底较平，圈足较直。饰青花花卉纹。圈足径5、残高3.7厘米（图三九，7）。JF·TN11W06①：2，青白瓷，釉质较粗糙。口残，深弧腹，圜底，圈足外撇，足尖内收。素面。器内针刻一"佛"字（图三六，1）。圈足径7、残高4厘米（图三九，8）。

Ⅱ式 15件。弧腹，平底。JF·G1②：4，青白瓷，釉质较细腻，足尖露胎。口残，弧腹，平底，高圈足略收。内底针刻一"宇"字。饰青花卉纹。圈足径6.6、残高2.9厘米（图三九，9）。JF·TN07W09①：1，釉质较细腻。口残，圜底较平，圈足较高。器内中央针刻一"肯"字，碗内与腹部饰青花草纹。圈足径7、残高3.6厘米（图三九，10）。JF·TN10W11①：1，平底，直圈足较高。器内饰青花折枝菊花纹，外饰青花双鱼逐浪纹。圈足径8、残高1.7厘米（图三九，11）。JF·TN11W08①：2，口残。平底，圈足较高，略内收。器内有一针刻"内"字，饰青花山水纹。圈足径8、残高2.2厘米（图三九，12）。JF·TG3③：7，青白瓷，釉质粗糙，足尖露胎。口残，深弧腹，平底，圈足略撇。饰暗青菊瓣纹。圈足径6.6、残高3.8厘米（图三九，13）。

B型　7件。矮圈足。JF·TG3③：15，青白瓷泛黄，釉质粗糙。口残，圜底，矮圈足内收。器内有针刻"□□"字痕迹，饰暗青花卉纹。圈足径5、残高1.4厘米（图三九，14）。JF·TN09W10②：2，青白瓷，釉面较粗糙。口残，弧腹，圜底，矮圈足。腹饰青花草纹。圈足径5.5、残高4厘米（图三九，15）。JF·TN08W11①：1，青白瓷泛灰，釉质较粗糙，足尖露胎。口残，斜弧腹，底较平，矮圈足，足尖内收。腹饰暗青花草纹。圈足径5、残高3厘米（图三九，16）。JF·TG5②：4，青白瓷，釉质粗糙，足尖露胎。口残，弧腹，圜底，矮圈足。饰青花折枝花卉纹。圈足径5、残高2.5厘米（图三九，17）。JF·TN08W05①：10，青白瓷，釉质较粗糙。口残，弧腹，矮圈足。素面。底径5、残高3.8厘米（图三九，18）。

杯　5件。分二式。

Ⅰ式　3件。JF·TG3③：13，青白瓷，釉质粗糙。敞口，弧腹，圜底，矮圈足。饰青花缠枝花卉纹。口径6.6、圈足径2.8、高3.4厘米（图三九，19；图版二九，1）。JF·TG3③：21，青白瓷，釉质光洁。敞口，斜腹，底残。饰青花水藻纹。口径7、残高3厘米（图三九，20）。

Ⅱ式　2件。JF·G1②：9，乳黄瓷，釉质粗糙。侈口，斜弧腹，底残。饰青花花卉纹。复原口径8、残高3.8厘米（图三九，21）。

碟　1件。JF·TN08W09①：1，青白瓷，较细腻。敞口，方唇，浅弧腹，圜底，矮圈足。器内中央饰深青花草纹。复原口径12、圈足径4.6、高3.3厘米（图三九，22；图版三二，2）。

2. 釉陶器

6件。器形有罐、礌钵等。

罐口沿　1件。JF·TN07W09①：4，褐釉。敛口，斜沿，弧腹，底残。口外有两道波浪形附加堆纹。复原口径20、残高4厘米（图四〇，1）。

罐底　4件。JF·TG3③：10，褐色。斜腹，平底内凹。腹饰凹弦纹。底径14、残高3.8厘米（图四〇，2）。JF·TN09W11①：7，灰色。口残，鼓腹，假圈足平底。素面。底径10、残高4.3厘米（图四〇，3）。

礌钵底　1件。JF·TN10W11①：2，器内外施酱釉。口残，斜腹，平底。器内壁有刻槽。底径10、残高6.1厘米（图四〇，4）。

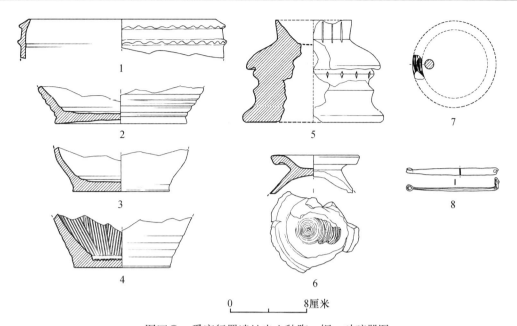

0　　　　　8厘米

图四〇　爵府行署遗址出土釉陶、铜、玻璃器图
1.釉陶罐口沿（JF·TN07W09①：4）　2、3.釉陶罐底（JF·TG3③：10、JF·TN09W11①：7）
4.釉陶礌钵底（JF·TN10W11①：2）　5.陶烛台（JF·TN09W10①：1）　6.陶器盖（JF·TN11W07②：1）
7.玻璃镯（JF·TG3②：4）　8.铜钥匙（JF·L1：1）

3. 陶器

2件。器形有烛台、器盖等。

烛台　1件。JF·TN09W10①：1，泥质灰陶。塔状，杯状纽，盖身双檐，中空，平口。纽饰线条状划纹，盖身饰两周锥刺纹。纽径8、底径14.5、高8厘米（图四〇，5）。

器盖　1件。JF·TN11W07②：1，泥质灰陶。覆钵状，平顶，捏手外凸，斜腹残。素面。盖顶径9.4、残高3.7厘米（图四〇，6）。

4. 玻璃器

玻璃镯　1件。JF·TG3②：4，圆形。饰暗绿色彩。复原直径9厘米（图四〇，7）。

5. 铜器

钥匙　1件。JF·L1：1，扁长条形，前端长环形，后端有一圆形环。素面。通长10厘米（图四〇，8）。

（二）建筑材料

建筑材料主要是陶质与石质两类。

1. 陶质建筑材料

主要有砖、板瓦、筒瓦、瓦当、鸱吻等。

砖　12件。分三型。

A型　10件，长方形，直边。分三亚型。

Aa型　3件。较薄。JF·G1②：3，泥质灰陶，模制。长26.4、宽14、厚3.8厘米（图四一，1）。

Ab型　5件。较厚。JF·G1②：1，泥质灰陶，模制。长28.6、宽14.6、厚7.8厘米（图四一，2）。JF·G1②：2，长26.4、宽13.4、厚6.8厘米。JF·TG3③：3，长27.4、宽13.6、厚9.4厘米（图四一，3）。

Ac型　2件。厚胎。JF·TG3③：2，泥质灰陶。为两块薄砖合成。长29.6、宽14.4、厚9.2厘米（图四一，4）。JF·TG3③：3，长27.4、宽13.6、厚9.4厘米（图四一，5）。

B型　1件。长方形，弧边。JF·采：1，灰色。一端残，一侧边为弧形。残高11.9、宽9.2、厚5厘米（图四一，7）。

C型　1件。几何花纹砖。JF·TG2①：2，泥质灰陶，模制。长方形，一面压印几何纹。残长19、残宽17.4、厚3.8厘米（图四一，8）。

板瓦　1件。JF·G1①：2，泥质灰陶。弧形。素面。残长18.6、残宽18.6、厚1.4厘米（图四一，9）。

筒瓦　1件。JF·TN07W10①：3，泥质灰陶。半圆形，长舌较直。素面。残长10.5、残宽9.7厘米（图四一，10）。

瓦当　2件。JF·TN08W05①：22，灰陶，手制。瓦残，呈半圆形。当圆形，斜面，四周凸起。当面饰虎面纹，虎凸目圆睁，双耳张扬，鼻翼较阔，张嘴，齿露于唇上，胡须飞扬，当边饰一周圆形乳钉纹。瓦残长13.6、当径12.2厘米（图四一，11；彩版二五，4）。

鸱吻　2件。JF·TN07W10①：4，泥质灰陶，模制，黏合而成。甚残。四周饰水草纹，中央饰浪花纹。残高18.4、残宽13、厚0.9~3.5厘米（图四一，6）。

2. 石质建筑材料

16件，主要为柱础、抱鼓石、刻花条石。

柱础　13件。分四型。

A型　1件。唇式。JF·散：2，上圆下方，顶部内收，形成唇状，弧边。座边长46、高8.5厘米，顶直径36、高12厘米，素面。通高20.5厘米（图四二，1）。

B型　1件。鼓式。JF·散：1，分上、中、下三部分。方座，边长62、高4厘米。中部为八边形，边长26.7、高14厘米。顶部圆形，弧边，呈扁鼓状，直径58.6、高15.5厘米。上下边各饰一周圆形点状乳突。通高35厘米（图四二，5；彩版二五，3）。

C型　9件。方座圆顶。分三亚型。

Ca型　5件。凹弧边。JF·散：3，方座，边长42、高11厘米。顶圆形，凹弧边。直径34、

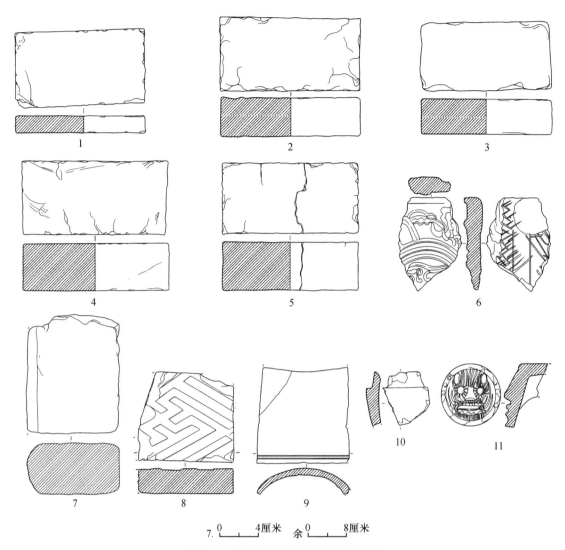

图四一　爵府行署遗址出土陶建筑材料

1. Aa型砖（JF·G1①：3）　　2、3. Ab型砖（JF·G1②：1、JF·G1②：2）　　4、5. Ac型砖（JF·TG3③：2、JF·TG3③：3）
6. 鸱吻（JF·TN07W10①：4）　　7. B型砖（JF·采：1）　　8. C型砖（JF·TG2①：2）　　9. 板瓦（JF·G1①：2）
10. 筒瓦（JF·TN07W10①：3）　　11. 瓦当（JF·TN08W05①：22）

高12厘米。素面。通高23厘米（图四二，2）。

　　Cb型　2件。斜边。JF·散：4，方座，边长40、高15厘米。顶圆形，斜边，直径37、高14厘米。素面。通高29厘米（图四二，3）。

　　Cc型　2件。高顶。JF·散：5，方座较矮，边长54、高8厘米。高顶圆形，斜边微凹，直径38、高46厘米。素面。通高54厘米（图四二，8）。JF·散：6，方座较高，边长46、高33厘米。高顶圆形，斜边，直径40、高43厘米。素面。通高76厘米（图四二，7）。

　　D型　2件。JF·散：7，方形。素面。边长35、高25厘米（图四二，4）。

　　抱鼓石　2件（一套）。JF·散：8，鼓无存，仅存底座。底座长条形，前端上部浮雕一虎头与前腿，虎头略呈扁圆形，两耳微张，凸目翘鼻，中部刻有眼线与鼻翼，鼻左右两侧雕有"八"字形胡须，嘴微张，上下露牙，圆舌下垂，两腿前伸，作卧伏状。虎头、爪用细线刻出

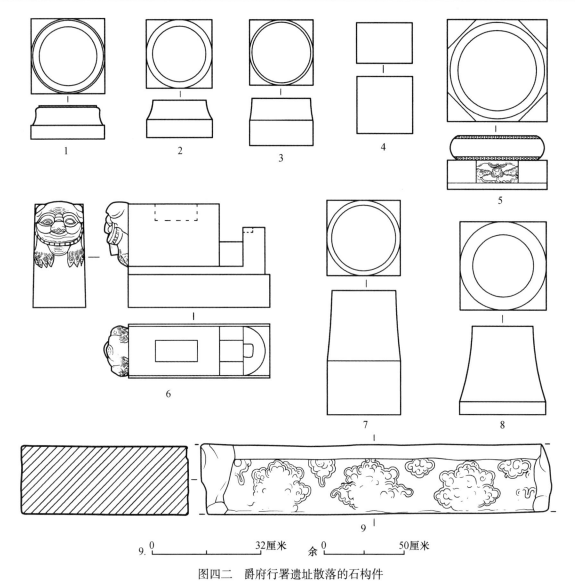

图四二　爵府行署遗址散落的石构件

1. A型柱础（JF·散：2）　2. Ca型柱础（JF·散：3）　3. Cb型柱础（JF·散：4）　4. D型柱础（JF·散：7）
5. B型柱础（JF·散：1）　6. 抱鼓石（JF·散：8）　7、8. Cc型柱础（JF·散：6、JF·散：5）9. 刻花条石（JF·散：9）

虎毛。底座长90、宽33、高20厘米。后部设有"凸"字形门槛卡口，后端有一半圆形门轴墩，上凿一近方形门轴转窝，直径6~8、深3厘米。上部石鼓无存。残通高63厘米（图四二，6；彩版二五，5、6）。

刻花条石　1件。JF·散：9，长条形，较宽扁，一侧雕有吉祥云纹图案。残长101、宽47.5、厚19.2厘米（图四二，9；图版三二，3）。

七、小　　结

（一）爵府遗址的建筑布局

容美土司自元至大三年建立黄沙寨千户开始，到容美宣慰司改土归流之雍正十三年，历经425年16代24位司主，是当时西南诸土司最强大的土司之一。

田舜年撰写的《平山万全洞碑记》①记载："……自乙卯承绪后，鉴于先少傅公，去天泉而移黄六鸾镇，致有阃司入于刘营之变。于是一意以天泉为肯构，以九峰为司治，而更茸万全洞焉。……遂于去洞迟迟之新平始茸署舍，环列四市，以定其基……"说明爵府遗址自此开始修建，"改土归流"后废弃。清代文学家、戏曲评论家顾彩《容美纪游》记载："宣慰司行署在平山街，其靠山曰上平山，插入霄汉，此其平山也。司署大街，巨石铺砌，可行十马，西尽水砂坪，东至小昆仑，长六里，居民落落，多树桃柳；诸郎君读书处在槿树园，下坡为戏房，乃优人教歌处；其西街尽头，下皆陡壁深涧，恐行者失足，以竹笆插断，此司前大略也。行署中有怪，君不恒居于内，就大堂西'延春园'以为书室，其楼曰'兴天'，初五日张乐宴饮于此。后街长二里许，民居栉比，俱作粉为业，有织衽者。"从此段记载可以清楚地了解爵府行署遗址布局。

经过两次发掘和清理，发现爵府行署遗址的建筑遗迹可分为基础设施、道路系统、防御系统三大类，并否认了当地居民传说的"地牢"的存在。该遗址自上而下共有大小不等的16个平台，第一至七平台在一条中轴线上，主体建筑（大堂、二堂、三堂）分别建在第二、四、五、七平台上，第四、一四、一五平台上发现石板路或上下的台阶，第七平台位于裸露基岩的山顶，上有人工开凿的台阶和柱洞。古建专家结合考古发掘现场的遗迹资料分析，认为F1为一栋面阔五间、进深四间的廊道式建筑，房屋前用毛石块铺广场；F3~F5、F7、F8是一栋面阔九间的建筑，F6为主房后面的坡房，第四平台上的F7、F8是主建筑（F3~F5）两侧前伸部分的吊脚楼；第五平台上的F12为一栋面阔五间的建筑，房屋规模相应较小，面向后山坡。爵府行署遗址三栋建筑群均在一条中轴线上，这三栋建筑应与《容美纪游》记载的大堂、二堂、后堂相吻合。

（二）爵府遗址器物特点与分期

1. 第一期明代

该时期出土的遗物相对较多，以瓷器为主。按产品质量分精、粗两类，嘉靖时期实行官搭民烧的窑业体制，一些民窑瓷器产品的质量并不逊色于官窑。容美土司爵府行署遗址出土的

---

① （清）吉钟颖等：《鹤峰州志·卷13·艺文志》中《平山万全洞碑记》，道光版，或见《容美土司石刻》。

民窑瓷器中，即有部分器物制作相当精致，构图严谨，绘画精细，造型规整，通体施釉，部分足沿露胎，露胎部分修整圆润。这批瓷器除碗、盏类少数精品外，多为粗品。有的瓷碗、盏、杯、盘内底留有涩圈，有的虽通体施釉，但足沿处多斜削一周，釉面有棕眼或沙粒。

嘉靖时期青花瓷的钴料是石子青与回青的调配使用，蓝中泛紫的青料呈色是其特色。青花发色呈蓝黑或蓝中泛紫色。其青花纹饰丰富，主要装饰纹样可分为植物、动物、人物和自然风光四类。植物纹有蕉叶纹、缠枝菊、荷花、牡丹、兰草、水藻、松、竹、梅、折枝花等，动物纹有龙、游鱼、飞鸟等，自然风光有山石、云纹、海浪等。大部分青花瓷无款，少数外底有"大明成化年制"、"正德年制"年款，或在碗外底青书"藏山隐海之英"诗词等。

2. 第二期清代

该时期出土遗物较少，如杯（JF·TG3③：13）、碗（JF·TG3③：4）与秭归庙坪明清时期遗存瓷碗（BT1③：1）、瓷杯（T1②：1）相似。

（三）结语

结合发掘资料与文献记载综合分析推断，大堂、二堂是爵府行署遗址的府衙设施，为行政办公的地方，后堂则是土司司主及家眷居住之地。爵府主体建筑的大堂、二堂、三堂分别修建在呈东北—西南走向的中轴线上的第二、四、五和七平台。从出土的瓷器标本和建筑构件的特点来看，爵府遗址的年代应在明中晚期到清初，其主体建筑于明代修建而成，在清代经过加筑及修葺，与文献记载基本相符。

第二节　紫云宫遗址

一、位置与概况

紫云宫遗址位于鹤峰县容美镇庙湾村六组，地处紫山山顶第一台地和第二台地上，与爵府行署区遗址、小昆仑遗址、戏楼遗址、鸣虎山遗址隔屏山躲避峡大峡谷相望，远眺该遗址西南方可见中府片区的细柳城遗址，向东可见八峰山山脉。其中心地理位置坐标为北纬29°55′57″，东经110°4′30″，海拔753米，距山脚高差150余米（彩版二六）。

20世纪初紫云宫遗址还有人居住，直至20世纪50年代因火灾被焚毁，庙内许多建筑石构件被百姓陆续搬回家建房。清理前遗址已经废弃，通往遗址的道路和遗址地表长满灌木、乔木和草本植物，植被之间可见大量条石、块石等遗物。

二、工作经过

紫云宫遗存多暴露在地表，少数遗存上覆盖一层厚0.02～0.15米的植被腐殖层。为了解紫云宫遗址分布范围与保存情况，2017年4月，我们对遗址地表进行了全面清理。清理前，使用RTK在遗址西南角布设规格为10米×10米的探方进行清理，探方以西南角为基点，共布设正南北向探方18个，按方向与顺序编号，依次为TN01E01～TN04E01、TN01E02～TN04E02、TN01E03～TN03E03、TN03W01、TN04W01、TN05W01～TN05E03。该遗址清理面积约1200平方米（图四三）。

三、遗　迹

紫云山顶建有两层平台，经过清理，确定遗址占地面积约1100平方米。地面建筑基址明确，建筑布局清楚，第一层平台位于半山腰，台地东西长28、南北宽17米，占地面积约476平方米。其上保存山门、道路、储水池等附属设施；第二层平台位于山顶，台地南北长30、东西宽20米，占地面积约600平方米，是紫云宫主体建筑的所在，从建筑基址布局看，为两进三栋的四合院建筑，紫云宫遗址遗迹有房址、山门、道路、储水池等。

（一）房址

房址共4处，编号为F1～F4。均位于第一台地地表上。之间相互连接，围合成一座四合院（图四四；彩版二七，1）。

1. F1

F1为四合院前殿，坐北朝南，台基平面呈长方形。台基东西两侧山面用打有斜形糙道的青石板错缝顺砌铺制包边，青石板表面平直，四角较规整，长0.4～1.2、宽0.32～0.42、厚0.2～0.3米。前檐铺制的石板遗失，仅存石板下的垫层，垫层由黄褐色垫土掺有不规则片石铺制，周边散乱堆放有嘉庆年间的碑刻和碑座。F1方向53°，长6、宽4.5、残高0.2～0.3米，面积27平方米。F1四角各置放一角柱，根据柱础位置推测，F1面阔一间，进深一间，通面阔4.9、通进深2.9米。柱础编号Z1～Z4，其中Z1和Z2均为直边弧角鼓镜柱础，形制、尺寸相同，通高0.3、镜面边长0.26、鼓径0.29米，上皮比柱盘高0.13米，柱盘尺寸为0.3米×0.3米×0.17米（图四五，2）；Z3和Z4均为圆鼓镜柱础，尺寸形制相同，柱础通高0.25、镜面直径0.26、鼓径0.29米，上皮比柱盘高0.13米，柱盘尺寸为0.32米×0.32米×0.17米（图四五，3）。F1室内较平整，垫土为杂有小灰陶块、砂石及红烧土颗粒的黄褐色垫土，北部垫土有被火焚后的痕迹，呈灰黑色（图四五）。

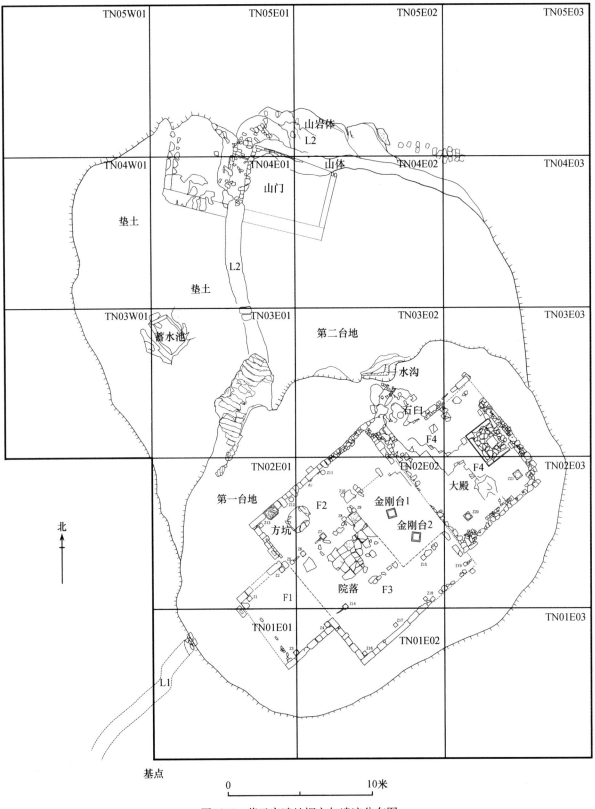

图四三 紫云宫遗址探方与遗迹分布图

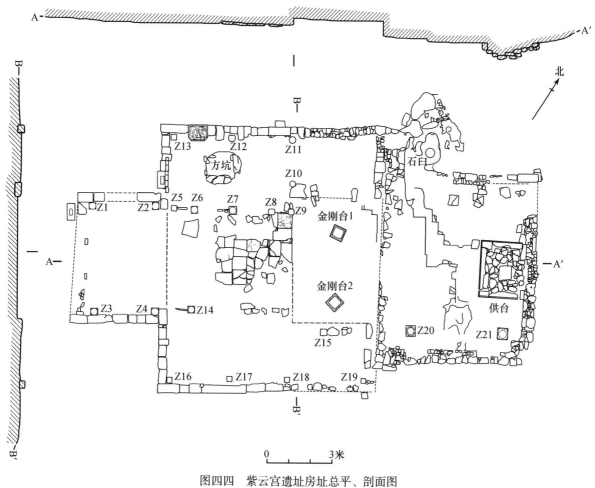

图四四　紫云宫遗址房址总平、剖面图

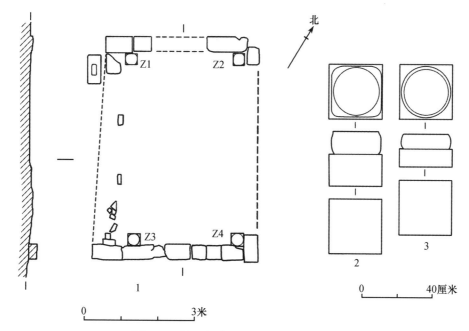

图四五　紫云宫遗址F1及柱础平、剖面图

1. F1　2. Z1　3. Z3

2. F2

F2为四合院西配殿，坐西朝东。台基平面呈长方形，南北两侧山面及后檐墙墙基用不规则的石板、块石、碑座等材料杂乱铺制，部分台基石上还残留着用灰砖铺制的墙体，砖多残破，大小不一，铺法杂乱，之间用含有少量白灰的黄土作黏合剂。前檐墙基遗失，北部靠近F4部分被破坏。台基包边石板长0.3~1.3、宽0.28~0.69、厚0.05~0.2米。F2方向146°，通长10.55、通宽4、残高0.05~0.2米，面积42.2平方米。F2室内现存檐柱及金柱共计9个柱础，编号Z5~Z13，均为素面，共分4种形制，相同形制的柱础尺寸相同，个别柱础略有0.02~0.04米的误差。Z5、Z9、Z13是方形直柱础，尺寸为0.23米×0.21米×0.16米；Z6、Z10、Z11是圆形直柱础，直径0.28、高0.12米；Z7、Z12是圆鼓镜柱础，通高0.27、镜面直径0.31、鼓径0.33米，上皮比柱盘高0.12米，柱盘尺寸为0.35米×0.34米×0.15米；Z8是直边弧角鼓镜柱础，镜面边长0.26、鼓径0.28、高0.08米，柱盘尺寸为0.29米×0.29米×0.17米，柱础通高0.15米。F2室内垫土为杂有小灰陶块、砂石及红烧土颗粒的黄褐色垫土，中部有一用不规则石块围砌的方坑，尺寸为1.28米×1.02米×0.26米。坑内为灰烬，夹杂少量卵石和碎瓷片，清理完灰烬后，露出不规则方形坑底，底部为黄褐色垫土。Z10和Z11以北，原房屋地表黄褐色垫土被破坏，地表覆盖一层火焚过的含有大量红、灰碎陶的黑灰土（图四六）。

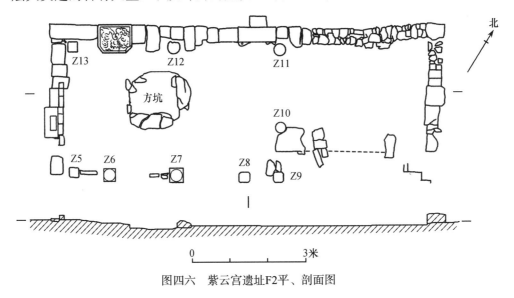

图四六　紫云宫遗址F2平、剖面图

3. F3

F3为四合院东配殿，坐东朝西。台基平面呈长方形，局部被破坏，南北两侧山面及后檐台基用一层打有斜形糙道的青石板错缝顺砌铺制，青石板表面平直，四角较规整，前檐铺制的石板遗失，北部靠近F4部分破坏。台基包边石板长0.3~2.1、宽0.24~0.48、厚0.1~0.23米。F3方向236°，通长10.5、通宽4.4、残高0.1~0.23米，面积46.2平方米。F3室内现存6个柱础，编号Z14~Z19，均为素面，共有2种形制。Z15~Z19是方形直柱础，尺寸为0.22米×0.24米×0.16米，Z15较其他柱础略高0.04米。Z14是圆鼓镜柱础，直径0.28、高0.12米。F3室内垫土用被火焚过的含有大量红、灰碎陶的黑灰土铺垫（图四七）。

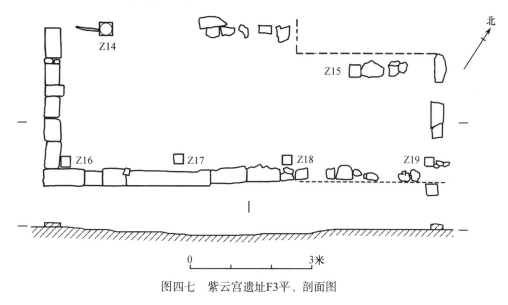

图四七　紫云宫遗址F3平、剖面图

4. F4

F4为四合院主殿，坐北朝南，与F1在同一轴线上，南北对称。台基平面近正方形，建立在凸出地表的不规整基岩上，方向53°，南北通长8.7、东西通宽7.45、残高0.75～0.85米，面积64.82平方米；室内地表多为打磨平整光滑的基岩，基岩上打有防滑的糙道。基岩稍低处尺寸为0.1米×0.1米×0.05米的方形灰白色石灰岩石板铺设的地墁，少数基岩空隙处用异形石板镶嵌在基岩间，地墁现多破碎、遗失，露出地墁下的黄褐色垫土和灰白色的石灰岩基岩。F4外西侧地表基岩上凿刻有一石臼，石臼口径0.43、底径为0.2、深0.15米（图四四）。台基前檐用大小不一的块石错缝垒砌包边石，在与F2交接位置处未铺设包边石，在台基基岩上凿刻有不规则的三级台阶，台阶是F2通往大殿F4的通道，因F2被改建，原形制不明，台阶通长1.95、通宽0.95、通高0.4米，每阶宽0.28～0.35、高0.17～0.25米。东山面墙基长7、宽0.5米，用大小不一的块石干垒而成，墙基石上残留着少量墙体灰砖，尚存一两层，杂乱无章，砖尺寸为0.32米×0.13米×0.05米，用含有少量白灰的黄褐色黏土当黏合剂。后檐墙基长7、宽0.3、残高0.05～0.3米，台基西部基岩较高，墙体垒砌较矮，东部基岩较低，墙体垒砌较高。墙体用大小不一的块石与残损的石制建筑构件错缝垒砌，中部紧贴供台处残留一两层灰砖，杂乱无章，灰砖之间用含有少量白灰的黄褐色黏土当黏合剂，砖破碎。西山面墙基残长4.25、宽0.4、残高0.15～0.4米，用大小不一的块石干垒而成，石块长0.6、宽0.2、厚0.2米，或长0.25、宽0.25、厚0.25米等。大殿靠近东山面墙基处有2个柱础，编号Z20、Z21，为素面覆盆式柱础，尺寸相同，柱础盆径0.36、口径0.42米、高0.13米，盆身分别开有2处大小相同的墙体榫槽，方形柱盘尺寸为0.42米×0.42米×0.16米，盆身榫槽宽0.14、深0.06米。两柱础柱心间距4.48米，距F4现存块石垒砌的东山面墙基0.7米（图四八；图版三三，2）。

F4中部靠近后檐墙处放置一供台，供台整体呈长方形，清理前局部陷在表土内，清理后发现距表土0.04～0.15米为黄褐色垫土。供台南北长2.5、东西宽2.05、残高0.9米，外侧用较规

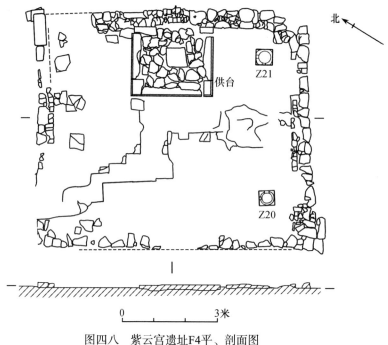

图四八　紫云宫遗址F4平、剖面图

整的灰白色石灰岩条石包边，内用大小不一的块石填充，顶部盖板缺失，包边条石仅存一层，其余垮塌翻倒在供台周边。条石表面打有糙道，顶部有子母槽的凹槽，条石长0.5～1.88、宽0.28～0.4、均高0.36米，凹槽深0.04、宽0.02～0.06米。供台后侧的包边条石紧贴F4后檐墙（图四九，1；图版三三，1）。

（二）天井

F1～F4围合成一个长方形天井，东西长7.5、南北宽4.5米。地表有南北向直铺、东西向错缝顺铺的灰白色石灰岩石板，石板表面打磨光滑，四角平直，多破碎，局部缺失，石板长0.2～0.6、宽0.45～0.6、厚0.1米。靠近F4处有东西长5.65、南北宽3.97米的天井，地表未铺设石板，露出被沾染的灰褐色表土，表土上堆放有两个大小形制相同的方形圆角金刚台，编号金刚台1、金刚台2。推测金刚台原位于F4供台东西两侧，后从F4内移动至此。金刚台上下两层，底座方形，尺寸为0.54米×0.54米×0.18米，腰内收，顶座为方形圆弧角，尺寸为0.48米×0.48米×0.13米（图四九，2、3；图版三三，3）。

（三）山门

山门位于紫云宫第二台地入口处，可俯视山下和屏山大峡谷，坐南朝北，南北通长6.2、东西通宽11.8、通高2.7米，占地面积约61平方米。门道整体呈笔直状，方向20°，长5.2、宽

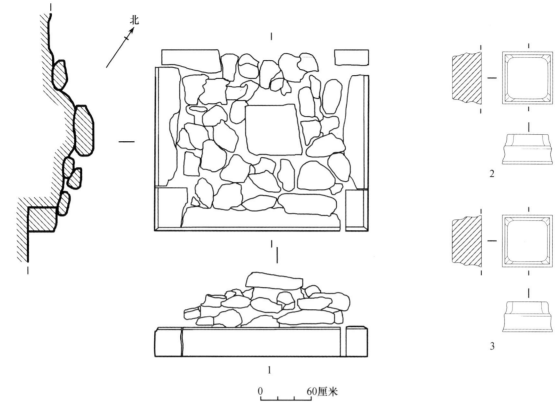

图四九　紫云宫遗址供台及金刚台平、剖、立面图
1. 供台　2. 金刚台1　3. 金刚台2

0.68～1.2、高2.4米。门道两侧护墙用打磨过的不规整块石错缝干砌，其中门道西侧护墙损毁较为严重，仅残存数块，且多受挤压变形，露出内部的黄褐色垫土和基岩。门道东侧护墙保存稍好，顶部块石遗失，底部尚存1～3层，也多受挤压变形，护墙的块石长0.28～0.5、宽0.23～0.43、厚0.1～0.2米；门道内侧建有台阶，共16阶，用大小不一的块石铺制，块石多垮落或遗失，导致台阶倾斜变形。台阶宽1.2、每级高0.07～0.2米，块石长0.2～0.5、宽0.1～0.4、厚0.07～0.2米；门道东侧墩台利用山体修建，长6.1、高2.3～2.6米。外立面用灰白色石灰岩条石错缝干砌包边，条石多遗失，长0.7～1、宽0.2～0.4、厚0.23～0.32米，仅存1～3层，最下面一层的条石较上面条石宽0.05～0.1米。墩台东北角仅残存块石墙基。墩台内部填充黄褐色的垫土和大块的毛石。门道西侧墩台建立在台地陡壁上，外立面包边石全部遗失，露出墩台内部的黄褐色垫土里的毛石及基岩。墩台地表可见由基岩和块石组合铺制的南和西侧建筑墙基。南侧墙基为经过打磨的基岩制成，不规整，东侧与门道相交，西侧转角处面积增大，呈方形，与西墙基相交。基岩表面不平整，与地表有0.02～0.17米的高差，表面凿刻成东西向线状垫槽，基岩靠近墩台门道缺失处可能为建筑门道，南侧基岩墙基通长4.7、宽0.38～0.85米。西侧墙基用两排间距0.12～0.18米的不规则块石铺制，两排块石之间深0.02～0.05米，下为基岩。墙基至墩台外立面处残断，残长4、宽0.65～0.8米。西侧墩台上建筑通长4.5、残宽4米，现存面积约18平方米（图五〇）。

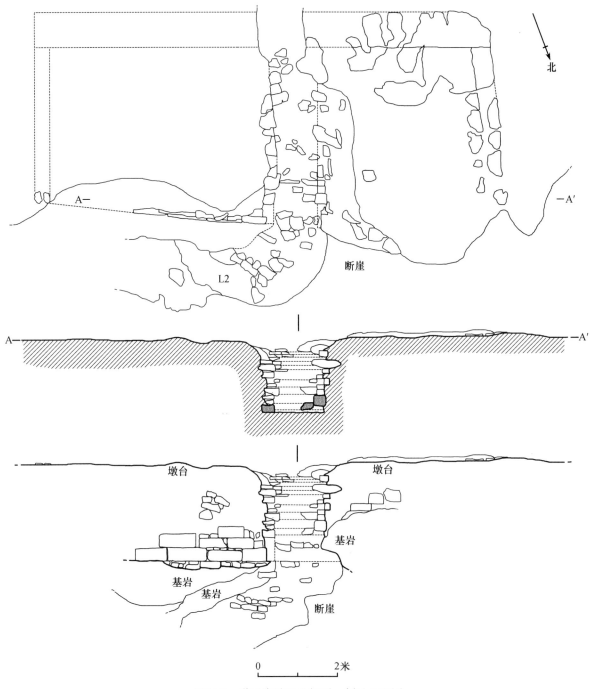

图五〇　紫云宫遗址山门平、剖及立面图

（四）道路

1. L1

L1从山的西南角直至山顶第一台地处，依山修建，整体呈"之"字形，环山修行，全长约136米。现多为土坡路面，局部铺有块石。半山腰基岩上有人工开凿的台阶，形状不规整，高低不平，表面较粗糙，基岩台阶建有14级，通长4.86、通宽1.7、通高4.64米，每级台阶高0.1～0.35、宽0.2～0.5米（图五一；彩版二七，2）。

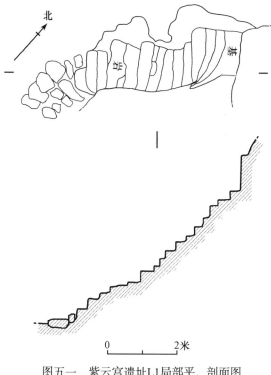

图五一　紫云宫遗址L1局部平、剖面图

2. L2

L2从山的东北角开始延伸至山顶第一台地前殿处，依山修建，全长约89米，现多为土坡路面。道路以紫云宫第二台地山门为分界线，分为两段。

第一段：由山脚至第二台地山门，道路仅存少量山门下方在基岩上用块石铺制的蹬步路面，路面残长14.5、宽0.8～1.8米。因雨水冲刷，台阶多垮塌变形，露出蹬步路面下的基岩。台阶由灰白色石灰岩块石铺制，现存15～18级台阶，每级台阶残长0.4～1.2、宽0.23～0.35、高0.15～0.22米，块石长0.33～0.63、宽0.23～0.35、厚0.15～0.22米，在垫土上铺制（图五二；图版三四，1）。

第二段：由山门至第一台地，全长24.2米，由土路和基岩上凿刻的蹬道路面组成。土路长14.8米，蹬道路面在第二台地与第一台地之间的山体基岩上凿刻修建。蹬道路面共有台阶18级，每级长1.2～2、宽0.25～0.5、高0.13～0.35米（图五三；图版三四，2）。

（五）储水池

储水池位于第二台地西部，是在基岩上人工开凿的深池，整体形状为不规则的四边形，口大底小，口部打有放置盖板的凹槽，四壁呈斜弧壁，上有大量凿痕，底部平整。口部东西通长

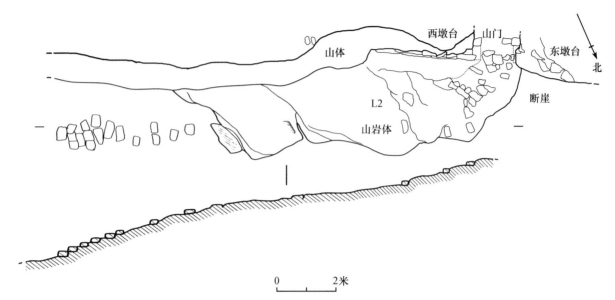

图五二　紫云宫遗址L2第一段局部平、剖面图

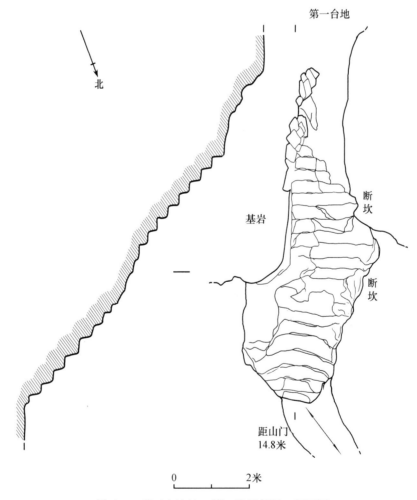

图五三　紫云宫遗址L2第二段局部平、剖面图

2.78、南北通宽1.5～1.8米，底部东西长2.5、南北宽1.1～1.5、深0.7米，容积约2.5立方米。口部盖板榫槽宽0.15～0.32、深0.08～0.15米（图五四；图版三四，3）。

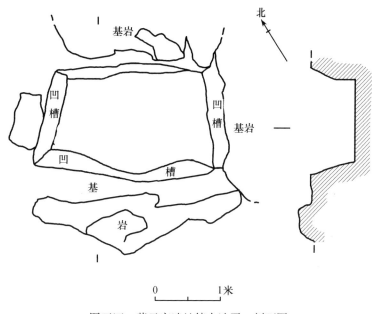

图五四　紫云宫遗址储水池平、剖面图

四、出 土 遗 物

紫云宫在地表清理过程中，采集到生活器皿和石碑刻。

（一）生活器皿

1. 瓷器

紫云宫内瓷器共采集标本15件，包括1件墙面贴花。

碗　6件。ZYG·TN02E01①：1，灰胎，透明釉泛青绿，青花呈色蓝中泛黑灰，釉面可见大量黑斑和气孔，内底有一圈刮釉，足跟无釉露胎，呈橘红色（火石红）。敞口，圆唇，斜弧腹，平底，圈足内收。腹外壁中部有一周细弦纹将外壁分成上下两层，均饰写意灵芝纹，圈足上饰一周粗弦纹。复原口径14.5、足径7、高5.4厘米（图五五，1）。ZYG·TN02E02①：2，灰白胎，透明釉泛青绿，青花呈色蓝中泛浅灰，内底有一圈刮釉，釉面可见少许开片和气孔，挖足较深，圈足外壁近足跟处斜削一周，与足跟皆无釉露胎，圈足内壁及外底部分失釉，呈橘红色（火石红）。敞口，圆唇，斜弧腹，平底，圈足内收。腹外壁饰一周变体寿字纹和团花纹。复原口径14.7、足径8.5、高5.1厘米（图五五，2；图版三五，1）。ZYG·TN02E02①：3，灰胎，透明釉泛青灰，青花呈色蓝黑，釉面可见少许黑斑和气孔，内

底有一圈刮釉。敞口，圆唇，直腹，下腹垂，平底。圈足内收，足跟内外缘斜削一周，呈尖
状，与圈足内壁及外底皆无釉露胎。内底残，口沿外壁饰一周三角形纹，腹外壁纹饰残。复
原口径14、足径6.2、高4.5厘米（图五五，3）。ZYG·TN02E02①：4，残。灰白胎，透明釉
微泛青，青花呈色蓝黑。敞口，圆唇，弧腹。口沿内壁及腹部均饰两周弦纹，口沿外壁两周
弦纹，腹外壁饰葵花纹。口径10、残高4厘米（图五五，4）。ZYG·TN02E02①：6，残。灰
白胎，透明釉微泛青，青花呈色蓝黑。斜弧腹，平底，圈足内收，挖足过肩，足跟外缘斜削
一周，与圈足内壁及外底皆无釉呈黄褐色，内底可见折枝叶纹。底径5.2、残高2.5厘米（图
五五，5）。ZYG·TN04E02①：1，修复。灰胎，透明釉泛灰白，光泽感强，外壁釉面多气孔
和黑斑，青花呈色蓝艳，内底有一圈刮釉。敞口，斜方唇，斜弧腹，下腹垂，平底，圈足内
收，足跟内壁斜削一周，与外底皆无釉露胎，外底有一周辐射状跳刀痕。口沿内壁饰一周粗弦
纹及草叶纹。口沿外壁饰一周弦纹，晕散。腹外壁满饰写意草叶纹。复原口径13.1、足径7.1、
高4.5厘米（图五五，6；图版三五，2、3）。

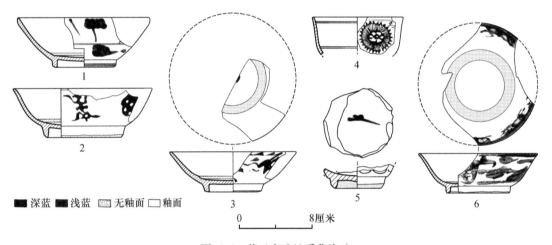

■深蓝 ■浅蓝 ▨无釉面 □釉面　　　　　　0　　　　　8厘米

图五五　紫云宫遗址采集瓷碗

1. ZYG·TN02E01①：1　2. ZYG·TN02E02①：2　3. ZYG·TN02E02①：3　4. ZYG·TN02E02①：4

5. ZYG·TN02E02①：6　6. ZYG·TN04E02①：1

杯　6件。ZYG·TN02E02①：5，残。灰白胎，透明釉微泛青，青花呈色蓝中泛浅
灰，内底釉面可见大量沙粒。弧腹，平底，圈足内收。足跟无釉露胎。内底饰折枝茶花，外
绕两周弦纹。腹外壁几何形开光图案内有茶花灵芝纹，圈足与外底交接处晕染一周弦纹。
外底中心有花押款"圌"，外绕青花双圈，晕散。足径4、残高2.7厘米（图五六，6）。
ZYG·TN02E03①：1，修复。灰白胎，透明釉微泛青，青花呈色蓝中泛黑灰，釉面可见少许
黑斑和气孔。敞口，斜方唇，弧腹，内底圜，外底微凸，圈足内收，足跟外缘斜削一周，与圈
足内壁及外底皆无釉露胎，外底一周辐射状跳刀痕。口沿晕染一周弦纹，内底饰折枝茶花，
晕散，腹部绕两周弦纹。腹外壁一周细弦纹将外壁分成上下两层，内里填饰茶花灵芝纹，圈
足与外底交接处饰一周粗弦纹。复原口径9.8、足径3.8、高4.7厘米（图五六，3；彩版二八，
1、2）。ZYG·TN03E02①：1，修复。灰白胎，胎质较粗。唇部晕染一周弦纹，晕散至口沿
内壁。透明釉较薄，外壁脱落。青花呈色蓝中泛黑灰。敞口，圆唇，斜直腹，下腹微垂，平

底，内底微鼓，圈足内收，挖足过肩，足跟外缘斜削一周。圈足内外壁及外底皆无釉露胎。口沿内壁饰一周弦纹，内底纹饰残，下腹近底处绕一周弦纹。腹外壁饰写意草叶及团花纹，圈足外壁饰一周粗弦纹。复原口径6.5、足径2.5、通高3厘米（图五六，4；图版三五，4）。ZYG·TN03E02①：2，修复。灰白胎，透明釉微泛青，青花呈色蓝中泛浅灰。敞口，斜方唇，弧腹，平底，矮圈足，圈足足胎宽厚，足端外高内低斜削一周，与外底皆无釉露胎。口沿内壁饰一周粗弦纹，晕散至唇部。内底饰折枝茶花，下腹近底处绕两周弦纹。口沿外壁及外底与圈足交接处分饰一周粗弦纹，与腹外壁一周细弦纹将外壁分成上下两层，内里饰茶花灵芝纹。复原口径9.4、足径4.3、高5.1厘米（图五六，1）。ZYG·TN03E02①：3，完整。灰白胎，胎体薄透，豆青釉。敞口，圆唇，弧腹，下腹垂，内底圜，外底微凸，圈足近直壁，挖足较深。足跟无釉露胎，呈橘红色（火石红）。口径4.9、足径2.2、高3.3厘米（图五六，5；彩版二八，3）。ZYG·TN03E02①：4，修复。灰白胎，透明釉微泛青，青花呈色蓝中泛黑灰，釉面可见少许黑斑和气孔。敞口，方唇，斜直腹，平底。圈足内收，足跟外缘斜削一周。圈足内壁及外底皆无釉露胎，沾细沙。足跟无釉露胎，呈橘红色（火石红）。内底及腹部纹饰残，外壁饰写意条状和点状纹饰。复原口径8、足径4.7、高4.5厘米（图五六，2；图版三五，5）。

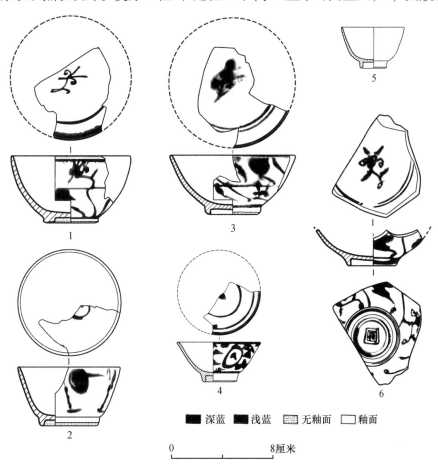

图例：■ 深蓝　■ 浅蓝　▨ 无釉面　□ 釉面

0　　　　　　　8厘米

图五六　紫云宫遗址采集瓷杯

1. ZYG·TN03E02①：2　　2. ZYG·TN03E02①：4　　3. ZYG·TN02E03①：1　　4. ZYG·TN03E02①：1
5. ZYG·TN03E02①：3　　6. ZYG·TN02E02①：5

盘　2件。ZYG·TN02E01①：1，修复。灰白胎，透明釉微泛青，青花呈色蓝中泛浅灰。敞口，斜方唇，斜弧腹，平底。圈足内收，足跟无釉露胎。口沿内壁及内底分饰两周弦纹，内底及腹壁满饰缠枝莲纹。口沿外壁及圈足与外底交接处分饰两周弦纹。复原口径26.5、足径14.5、高4.6厘米（图五七，2）。ZYG·TN02E02①：2，修复。灰白胎，透明釉微泛青，青花呈色蓝中泛黑灰。敞口，圆唇，斜弧腹，平底，圈足内收，挖足过肩。足跟无釉露胎，呈橘红色（火石红）。口沿内壁饰一周弦纹，腹内壁饰三周梵文。口沿外壁及圈足与外底交接处分饰周弦纹。复原口径19.5、足径12、高4.5厘米（图五七，1）。

墙面贴花　1件。ZYG·TN02E01①：3，利用碎瓷片在白石灰面上贴花作为装饰（彩版二八，4）。

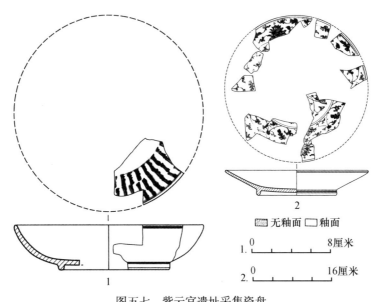

图五七　紫云宫遗址采集瓷盘
1.ZYG·TN02E02①：2　2.ZYG·TN02E01①：1

2. 铜器

铜钱　15枚。可分为康熙通宝、雍正通宝、乾隆通宝、嘉庆通宝、道光通宝、咸丰通宝等六种。

康熙通宝　2枚。ZYG·TN02E01①：4，外郭宽粗均匀，内郭较细，穿方正。正面楷书"康熙通宝"，四字对读。背面满文左宝右泉。直径2.7、穿径0.6、肉厚0.1厘米（图五八，1）。ZYG·TN02E01①：6，背面右为汉字纪地"东"，左为对应的满文纪地。直径2.5、穿径0.6、肉厚0.1厘米（图五八，2）。

雍正通宝　1枚。ZYG·TN02E01①：5，外郭宽粗均匀，内郭较细，穿方正。正面楷书"雍正通宝"，四字对读。背面满文左宝右泉。直径2.7、穿径0.5、肉厚0.1厘米（图五八，3）。

乾隆通宝　7枚。ZYG·TN02E02①：7，外郭宽粗均匀，内郭较细，穿方正。正面楷书"乾隆通宝"，四字对读。背面满文左宝右武。直径2.4、穿径0.6、肉厚0.1厘米（图五八，

4）。ZYG·TN02E02①：8，背面满文左宝右苏。直径2.6、穿径0.6、肉厚0.1厘米（图五七，5）。ZYG·TN02E02①：9，背面满文左宝右泉。直径2.2、穿径0.6、肉厚0.1厘米（图五八，6）。ZYG·TN02E02①：10，背面满文左宝右泉。直径1.9、穿径0.6、肉厚0.05厘米（图五八，7）。ZYG·TN04E01①：1，右侧满文川。直径1.6、穿径0.6、肉厚0.05厘米（图五八，8）。ZYG·TN04E01①：2，背面满文左宝右泉。直径1.8、穿径0.7、肉厚0.05厘米（图五八，9）。ZYG·TN04E02①：采2，背面满文左宝右泉。直径2.1、穿径0.6、肉厚0.1厘米（图五八，10）。

嘉庆通宝　2枚。ZYG·TN02E01①：7，外郭同内郭，薄细均匀，穿方正。正面楷书"嘉庆通宝"，四字对读。背面满文左宝右泉。直径2.3、穿径0.6、肉厚0.05厘米（图五八，11）。ZYG·TN03E02①：5，直径2.1、穿径0.6、肉厚0.05厘米（图五七，12）。

道光通宝　2枚。ZYG·TN02E02①：11，穿方正。正面楷书"道光通宝"，四字对读。背面满文左宝右泉。直径1.7、穿径0.6、肉厚0.05厘米（图五八，13）。ZYG·TN04E01①：3，背

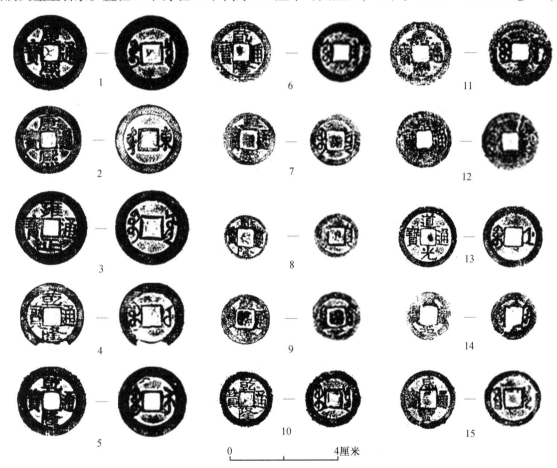

图五八　紫云宫遗址采集铜钱拓片

1、2.康熙通宝（ZYG·TN02E01①：4、ZYG·TN02E01①：6）　3.雍正通宝（ZYG·TN02E01①：5）

4~10.乾隆通宝（ZYG·TN02E02①：7、ZYG·TN02E02①：8、ZYG·TN02E02①：9、ZYG·TN02E02①：10、

ZYG·TN04E01①：1、ZYG·TN04E01①：2、ZYG·TN04E02①：采2）　11、12.嘉庆通宝（ZYG·TN02E01①：7、

ZYG·TN03E02①：5）　13、14.道光通宝（ZYG·TN02E02①：11、ZYG·TN04E01①：3）

15.咸丰通宝（ZYG·TN04E02①：3）

面满文左宝右浙。直径2.2、穿径0.6、肉厚0.1厘米（图五八，14）。

咸丰通宝　1枚。ZYG·TN04E02①：3，铜钱。外郭宽粗均匀，内郭较细，穿方正。正面楷书"咸丰通宝"，四字对读。背面满文左宝右泉。直径2.2、穿径0.6、肉厚0.05厘米（图五八，15）。

（二）石碑刻

紫云宫碑刻　3通。ZYG·TN02E01①：4，残。残高42、残宽33、厚16厘米。ZYG·TN02E01①：5，残。残高36、残宽35、厚8厘米。ZYG·鹤博：00474，碑残。残高96、残宽35、厚8厘米（图五九）。碑文皆楷书阴刻，释读如下。

图五九　紫云宫碑刻拓片（鹤博藏：00474）

（2016年制作，鹤峰县博物馆藏）

尝思人生宇内非神护助则莫立神在虚空非人感格则不□□邑紫云宫自先皇以来供
儀诸神凡夫远近士女其求则□□等叭生人世嗣息维难古云不孝有三无后为大爰有周时
□□窦氏五桂无儿绕膝难言肯构之材有子承桃聿求充闾之□□是老幼合议愿将先年所
买刘人山地二处坐落竹园坡刘家湾载□□载粮一厘五毫敬输于宫永作诸神香灯之资此
非邀福之私情之祈嗣之至意伏愿圣德汪洋永锡春安而夏泰神功溥博佑祈秋吉而冬宁更
祈磷儿天产王燕早投爰命□□勒碑为序以志不朽云

东	鞠人	南	向人				
抵	竹园坡	抵系稞钱叁佰文	丁西昌				
北	聂人	西 小河	凭中	向世国			书
张宗海	业	祥	敬输	爵			
东	蔡人	南	朱人	胡定魁	刘朝		马天凤
抵	刘家湾	抵系稞钱伍佰文	张宗贤	主	祯	弟子	龙
北	覃人	西	覃人	向世朝			虎
嘉庆十六年□月□日		石匠王梅武		敬			

五、小　结

康熙四十三年（1704）顾彩在《容美纪游》内记载："二十六日，雨。亭午发平山，度天
心桥，上紫山，高四十仞，乃小昆仑之对峰也。上有真武殿，殿前桃树，四月尚有花……寓余
顶中白衣阁，与君行署隔一峰，掷诗倡和，夜分未已。是时将入仲夏，寒冽如冬。石炉烧炭，
晨起加裘。余爱此山嶙媚玲珑，一住五日。冀晴霁得穷观览，而雨竟不止。"并作《宿紫山》
《紫山积雨二首》《雨后吟》三首诗。

根据顾彩在《容美纪游》的记载，可知紫云宫位于小昆仑对面的紫山之上，与行署隔屏山
大峡谷相望。紫云宫内的白衣阁与屏山行署区可互相所望，并掷诗唱和，与考古发掘中的配殿
F2的位置相同，因此推测F2为当时的白衣阁，当时的主殿为真武殿，紫云宫的F4较为符合，殿
前种植的桃花则可能位于天井内未铺设青石地板的空地中。

根据碑文可知，紫云宫最早在康熙三十四年（1695）就已经修建，经过数次（含嘉庆年
间）重修，这与考古清理的情况基本相符。遗址内的建筑布局重修后并未发生重大变化，但单
体建筑材料和建筑结构都发生了变化。F1～F3内不同形制的柱础可能就代表每次房屋建筑的维
修与改建，尤其是F2的柱础形制变化共有4种，推测其最少维修与改建过4次，尤其采用方形直
柱础的改建，将整个房屋结构都进行大规模改动。例如，F4（大殿）的柱础Z20和Z21位置并
未移动，从柱础上的墙体榫槽来看，现存的块石墙基上的砖墙较原墙体尺寸扩大，改建后大殿
面积扩大，房屋样式有所改变。

紫云宫修建时并不只是考虑了道宫的风水因素，从其可瞭望整个中府遗址片区及爵府遗址

片区，并按照城门形制修建山门来看，还考虑了对爵府及周边地区瞭望、观察及预警甚至是防御的因素。容美土司"改土归流"后，紫云宫瞭望、观察、预警或防御的功能消失，但道教宫观的作用继续维持，并延续到20世纪50年代才彻底废弃。在这个过程中，其建筑形制、建筑体量、建筑材料皆随时代的变化而发生较大的变化，总体来看，建筑等级和建筑材料朝着越来越简便的趋势发展。

紫云宫内建有真武殿（顾彩《容美纪游》载："……上紫山，高四十仞，乃小昆仑之对峰也。上有真武殿，……"），其特点与武当山真武大帝道场较为类似，可能与明清道教中武当派的发展有关，而容美土司作为一个少数民族土司能够接受汉族道家宗教，也在一定程度上说明容美土司在文化上的包容性。紫云宫遗址现存建筑基址虽然经过改建和破坏，建筑材料混乱，但是其整体建筑布局仍旧清晰，单体建筑结构保存完整，结合顾彩《容美纪游》的记载，理论上仍可对容美土司时期紫云宫遗址的结构进行复原。

第三节　小昆仑遗址

一、位置与概况

小昆仑位于容美镇屏山村二组，地处一阶梯状凸起的山峰上，西北距爵府遗址约500米，西南距鸣虎山遗址约260米。地理坐标为北纬29°93′65.585″，东经110°07′44.247″，海拔775.87米（彩版二八，5）。

小昆仑从下至上大致可分七层平台，由于山势抬升，台面的边缘地带均呈缓坡状，为了增加使用面积，营造者在台面的边缘地带用毛石块干垒至与台面最高点平齐，然后用碎石土填平。《容美纪游》载："初六日，会于小昆仑。距司东半里，怪石嵌空，高二十仞，宛然笔架也。其中峰崦劣孤峭，上有佛舍，曲廊蜿蜒四周，乃君藏书之所，书厨罗列。山前蹬道甚窄，就天裂石罅中凿级，夤缘以上，石角硌首，偃偻以升，肥者扁半身，作蟹行。家人送食盒至，悬缏他处，提而上之。"这段话详细描述了小昆仑所处位置、地貌特征、建筑布局。

二、工 作 经 过

为了了解小昆仑的基本情况，我们对小昆仑的上山道路进行了清理。小昆仑的清理没有按照探方的方式发掘，仅对上山的道路进行了初步清理，在清理的前期，根据小昆仑的调查报告与实地情况，按自然环境与古人修建的特点，我们将小昆仑分成七个平台，按每个平台的地貌特征分析，判断古道路走向，将地表杂草与碎石块及后期淤积的填土取掉，揭露出上山道路的原来面貌（彩版二九；彩版三〇，1）。

三、地 层 堆 积

由于小昆仑遗址属于凸起的岩石山体，绝大部分为岩石，高低不平，落差较大，少数地方有地层堆积，清理的面积较小，因此地层堆积仅有道路之上部分，将其放在每层平台道路中进行描述。

四、遗　　迹

小昆仑遗址利用岩石山体的自然形状，在不同的自然平台周边较低的边缘地带用石块砌高至与内部平齐，形成不同的堡坎（图版三六，1），在堡坎内用石块或土填平，形成可供使用的平台（图六〇）。为了详细描述上山的道路，我们按照从下至上的顺序将各平台编号，并逐一介绍。

（一）第一平台

位于小昆仑北部，属于最下面一层平台，也是上山前道路的必经之地，是石台阶的起点，也是小昆仑与外界的唯一通道。经实地观察，此处上连接小昆仑蹬道，外与爵府小路相接。此路自爵府小路向西分叉，经小昆仑南侧峭壁下，绕小昆仑东侧，再绕至北侧，与蹬道相连。这条道路平面为弧形，呈东北高西南低的斜坡状，由于多种原因，目前仅清理了东、北两侧，在清理的过程中未发现人为加工或走路的痕迹，基本上为自然岩石，部分地方用土垫平，便于行走。在小昆仑北部道路上有一道堡坎，与台地边沿的堡坎连成一体，经分析认为，这道堡坎与台地边沿石墙应为一个整体，应是第一平台的分界或是一道围墙，而且在上升岩石缝隙中还能看到用石块垒砌的痕迹，当时是否在此处设有门之类的设施不得而知。道路长42、宽1.6～3米。

（二）第二平台

与第一平台上下对应，也是连接上山蹬道的所在地。该平台分为蹬道与平台两部分。

蹬道位于第二平台山体斜坡北侧的岩石缝隙中，目前有少部分石台阶暴露于外。经清理，石缝中堆积有2层：第1层，灰褐土，厚0.2米，土质松散，含大量植物根茎和少量砖、石块；第2层，灰黄色，厚0.5～1.5米，土质松散，含大量植物根茎，出土遗物有少而碎的瓷片，以及厚薄不同的灰砖、灰瓦、条石块等建筑材料。蹬道部分道路平面呈"之"字形，为石结构，用大小不等且不规整的石块砌成。自下而上共有台阶45级，每级台阶规格不等，第19级台阶

图六〇　小昆仑遗址平台示意图

最窄，宽0.37、高0.2、台面宽0.2米，第26级台阶最宽，宽0.75、高0.14、台面宽0.35米。台阶最下部向东北方向，上下共9级，通长2.3、宽0.5~0.9米，其上部有一自然平台，长2.1、宽0.6~1.4米。经此处台阶转向成南北向，沿岩石缝隙呈弧形上升，该处台阶在上升到第11级台阶处设一个平台，平台长1.05、宽0.5米，石台阶通长9.1、宽0.37~0.75米（彩版二九）。经清理，小昆仑上山蹬道与《容美纪游》所载"……山前蹬道甚窄，就天裂石罅中凿级，夤缘以上，石角碍首，偃偻以升，肥者扁半身，作蟹行"相符。

在入口处岩石上方的两侧各凿有一凹槽，下距第11级台阶1.9米，两者间距1.3米，东侧凹槽长0.3、宽0.16、高0.4米，西侧凹槽长0.24、宽0.12、高0.1米。凹槽顶部和内侧与外界相连，呈"Π"形。根据所处位置与对称结构分析，推测此处应安有一道横梁，其下应设有门，也是小昆仑的上山之门（图版三六，2）。

第二平台面积较小，靠南部岩石体的上人工凿一条东西向的浅槽，东西长1.4、宽0.19、深0.1米（图版三六，3、4）。在沟槽东西两侧的岩石上各凿有一圆形浅柱础，东侧洞直径0.28、深约0.02厘米（图版三六，5），西侧洞直径0.27、深约0.02厘米（图版三六，6）。第二平台与第三平台之间用较规则的石块建有六级台阶（图版三七，1），与第三平台的岩石台阶相连。

（三）第三平台

呈弧形，属于自然岩体，依附在第一平台山体的北侧，东高西低，由东向西逐渐上抬，绕第一层平台主峰北部，东部下端与第二层平台相连，西部上端通过廊道与第一平台相接（图版三七，2）。东部斜坡岩石上仅有一层表土堆积，浅灰色，厚0.05~0.2米，土质松软，包含大量植物根茎和少许砖、瓦及石块，出土遗物有陶饼、瓷片等。岩石坡上人工凿有浅凹形台阶六级。第一级台阶残长0.2、宽0.1、高0.02米，间距0.4米；第二级台阶长0.4、宽0.16、高0.2米，间距0.3米；第三级台阶长0.37、宽0.17、高0.05米，间距0.3米；第四级台阶长0.4、宽0.18、高0.03米，间距0.25米；第五级台阶长0.55、宽0.15、高0.06米，间距0.15米；第六级台阶长0.4、宽0.12、高0.02米。台阶通长3.2、宽0.37~0.75米（图版三八，1）。中部外侧开凿一条沟槽，长1.7、宽0.2~0.3、深0.15米。沟槽西端有一个圆形柱洞，孔径0.11、深0.02米（图版三八，2）。西部北端清理出台阶四级，台阶用条石砌成。石台阶通长3、宽0.37~0.75米，该部分较陡，破坏较为严重。西部南端与第三平台相连接处残存四级台阶，台阶通长1.6、宽0.37~0.75米（图版三八，3）。第三平台形状与《容美纪游》中的"曲廊"相似（彩版三〇，1）。

（四）第四平台

小昆仑遗址的主体建筑"佛舍"的所在地，也是最高处。平台呈不规则形，面积较小，未清理，其建筑遗迹不明。

（五）第五平台

与第二平台东西相对，平台面积很小，基本属于岩石体，第五平台南部左侧的第三平台与第四平台下方的崖壁人工凿有几个建筑榫眼（图版三九），应是安装下第六平台的木楼梯设施所用。

（六）第六平台

呈"L"形，南应与第五平台相连，北有台阶下到"豀步桥"，过豀步桥与第七平台相接。第六平台与第七平台之间有1米多的岩石裂缝，为到第七平台上，在裂缝两侧的岩石上凿有 "L"形桥墩，上面有石灰痕迹，桥面应为石板搭建，现无存（图版四〇）。在桥的右侧岩壁上刻有"豀步桥"三个字（图版四一，1、2）。

（七）第七平台

通过"豀步桥"与第六平台相连，未做清理，遗迹情况不详，从残存的情况来看，北部边缘为自然岩石体，未发现人工加工痕迹，平台南部边缘及东西两端南部边缘用石块垒边。

五、出 土 遗 物

仅对小昆仑遗址上山道路进行了清理，出土遗物极少，主要有生活器皿和建筑材料。

（一）生活器皿

1. 瓷器

7件。器形有蓝釉碗口沿、青花瓷碗口沿、青花瓷碗底、瓷瓶底等。

蓝釉碗口沿　1件。XKL·TS09W07①：5，青白瓷，器外壁施蓝釉。敞口，斜弧腹，底残。素面。复原口径12、残高3厘米（图六一，6）。

青花瓷碗口沿　3件。XKL·TS09W07①：4，青花。侈口，卷沿，弧腹，底残。器内上部饰点纹，外壁饰青花菊纹。复原口径14、残高3.8厘米（图六一，1；图版四一，3）。XKL·TS10W07①：5，敞口，圆唇，斜弧腹，底残。腹饰青花草纹。复原口径9、残高3.5厘米（图六一，2；图版四一，4）。XKL·TS10W07①：4，侈口，卷沿，圆唇，斜弧腹，底

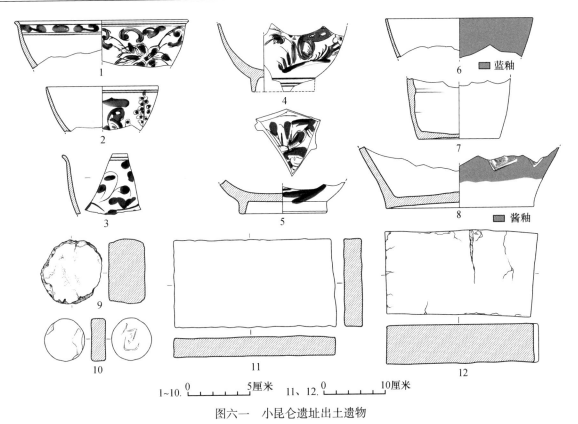

图六一　小昆仑遗址出土遗物

1～3. 青花瓷碗口沿（XKL·TS09W07①：4、XKL·TS10W07①：5、XKL·TS10W07①：4）

4、5. 青花瓷碗底（XKL·TS10W07①：1、XKL·TS10W07①：2）　6. 蓝釉碗口沿（XKL·TS09W07①：5）

7. 瓷瓶底（XKL·TS10W07①：3）　8. 酱釉罐底（XKL·TS09W07①：6）　9、10. 陶饼（XKL·TS09W07①：1、

XKL·TS09W07①：2）　11、12. 砖（XKL·TS09W07①：7、XKL·TS09W07①：8）

残。外壁饰青花草纹。残高5.7厘米（图六一，3）。

青花瓷碗底　2件。XKL·TS10W07①：1，口残，弧腹，圜底较平，圈足较高。腹饰草叶纹。圈足径5、残高5.5厘米（图六一，4；图版四一，5）。XKL·TS10W07①：2，足尖露胎。口残，圜底较平，圈足外撇。器内外均饰灰青花草纹。圈足径7、残高2.3厘米（图六一，5）。

瓷瓶底　1件。XKL·TS10W07①：3，白色。口残，深弧腹，平底微凹。素面。腹径8.4、底径6.6、残高4.8厘米（图六一，7）。

2. 陶器

饼　2件。XKL·TS09W07①：1，泥质灰陶，利用灰砖砍制而成。近圆形。直径6.8～7.7、厚4.5厘米（图六一，9）。XKL·TS09W07①：2，泥质淡红褐陶。手制。圆形，一面刻有一"包"字。直径3.2、厚1.2厘米（图六一，10；图版四一，6）。

3. 釉陶器

酱釉罐底　1件。XKL·TS09W07①：6，釉陶，器内未施釉，外腹近底露胎。弧腹，平底内凹。压印方块状纹。底径12、残高4.7厘米（图六一，8）。

（二）建筑材料

砖　2件。XKL·TS09W07①：7，泥质灰陶。模制。长方形，较薄。素面。长26.2、宽13.6、厚3厘米（图六一，11）。XKL·TS09W07①：8，泥质灰陶。砖不规整。长方形，较厚。素面。长23.6～25、宽13.2、厚6厘米（图六一，12）。

六、小　结

小昆仑遗址具有深厚的文化底蕴，从清理的情况看，与《容美纪游》"……山前蹬道甚窄，就天裂石罅中凿级，夤缘以上，石角碍首，偻偻以升，肥者扁半身，作蟹行"的描述相吻合，虽然台阶有不同程度的破坏，但其线路走向基本清楚，自铁锁桥至爵府的登山小路经小昆仑西侧的山梁分叉向东拐，从小昆仑南侧峭壁下，经东侧绕行至北侧的斜坡道上行，从第一平台西的石台阶拾级而上，经一个自然岩石平台左拐上行30级台阶至第二平台，再左行上6级台阶右拐至第三平台的斜坡道，脚踏6级人工开凿的台阶上行至第三平台西南部，再左拐经台阶上行至第四层平台，即小昆仑的最高处，也是小昆仑的主体建筑"佛舍"所在地。在第三平台西部北端有4级台阶下行左拐至第五平台，在第三平台与第五平台之间西侧的峭壁上有4个人工开凿的栈孔，应是架设台阶或附属建筑的。第六平台北部及第七平台之间有一豁口，两侧岩石上均有人工开凿的小平台，平台上有黏合的石灰痕迹，加上右侧第五平台下方的岩壁上有一长方形石刻，刻有"豁步桥"三字，可得知此处为豁步桥桥址，是第六平台连接第七平台的通道。小昆仑属于凸出的山体，由于未进行全面清理，道路与其他建筑的关系不明，每个平台上是否有建筑（曲廊），是什么样的建筑，其建筑结构如何，都待下一步发掘来证实。

第四节　鸣虎山遗址

一、位置与概况

鸣虎山遗址位于鹤峰县容美镇屏山村二组，地处容美土司爵府遗址群西南部的鸣虎山的西南坡上，大致坐东北朝西南。东北距爵府遗址250米，东距小昆仑遗址270米，遗址西面为挂板岩深涧（溇水），东面和北面为一条两山之间狭长的凹地，南面为一缓坡，往下约140米处即为戏楼遗址。地理坐标为北纬29°93′72.93″，东经110°07′18.28″，海拔724.43米（彩版三〇，2；图版四二）。

二、工作经过

为了弄清整个爵府遗址群的平面布局，2011年10～11月，对爵府遗址附近区域进行了系统的调查，鸣虎山遗址是本次调查新发现的一处遗址点。遗址灌木丛生，为了弄清楚遗址的分布范围和建筑大致布局，首先对遗址上的杂草和灌木丛进行了清理（图版四三）。通过调查清理发现，鸣虎山遗址的保存情况较差，仅能见到一些平台遗迹，其布局与爵府遗址相似，用石块垒砌成大大小小的几个平台，规模比爵府遗址小许多，地面建筑也无存。随着对鸣虎山遗址的调查与清理，逐渐弄清了该遗址的范围、平面布局等相关信息，并对其进行了拍照和测绘工作，将其纳入爵府遗址群的测绘系统之中，同时做好了相关的文字工作。

三、遗　　迹

通过清理得知，鸣虎山遗址涉及面积约1800平方米，共发现大大小小的平台7个，平台边缘用较规整的毛石块垒砌而成（图版四四，1），遗址中轴线呈西南—东北向阶梯状分布，遗址上除堡坎平台之外，还发现了人工在岩石上凿成或用条石砌的台阶等遗迹。为了便于介绍，我们按照由下向上的顺序对平台进行了编号，并逐一介绍（图六二）。

（一）第一平台

是鸣虎山遗址最下面的一层平台，位于第二层平台南面，地处一北高南低的岩石体之上，平台西、南面为挂板岩峡谷，东、北面是山坡。平台呈东西长方形，长约3、宽2米。第一层平台西北的岩石凹槽内残存用毛石垒砌而成的一道墙体，可能有封堵之意。

（二）第二平台

位于第三层平台南的两块巨石之上，保存极差，仅能通过痕迹判断出其大致轮廓，比第三层平台高约1米。此平台也是建在岩石体上，岩石之间有一道缺口，在缺口之上搭一块较大的石板，形成一道石门洞。其搭建方式是先在岩石体边缘低凹处用石块或比较规整的小条石垫平，然后再搁置石板，石板仅存一块，长1.9、宽1.5、厚0.4米，整个石门从立面看呈梯形，底宽3.3、顶宽1.9、高2.7米（图版四四，2）。门洞底部用条石砌有台阶，长约1.5米，台阶两边用石块垒砌较规整的包边壁面，距岩石0.6米。台阶大部分被土和石块掩埋，由于未清理，其宽度和高度不详。第二平台大部分已经被破坏掉，在东南角有一块石盖板盖在岩石沟壑上，刚好形成第三层平台的西南转角，现根据残存的块石垒成的痕迹看出平台大致呈长方形，东西长约11.5、南北宽3.8～4.2米。

图六二　鸣虎山遗址平面示意图

（三）第三平台

位于第二平台北侧，第四平台南面，大致呈不规则形，东西长18.5、南北宽7.6米。此平台以东为陡坡山林，西面为凸起的岩石体，岩石北距第四层平台约2.1米。此平台面积较小，且不规则，不具备在上面建造房屋的条件。

（四）第四平台

位于第三层平台的南面，呈"L"形。南面东西长8.2、南北宽2.4米，西面南北长6米、东西宽3米。平台南面中部设有三级台阶，石块大小较为均匀，长1.2、宽0.6、厚0.3米，在台阶的两侧约2.5米处均有一块巨石，较为对称，用途不明。第四台阶面积更小，从布局与结构分析，此平台应具有护坡之类的功能。

（五）第五平台

其南为第四平台，北为第六平台，平面形状呈"凸"字形，向南凸出的地方东西长17.6、南北宽约4米，"凸"字形肩部西段长5米，东段有折肩，折肩上端东西长3.6、下端东西长7.2米，折肩部分南北长3.8米。整个平台东西总长约34.5、南北宽约6～12.7米。第五平台低于第六平台1.6米，西面挨着第四平台和一块不规则的小平台，东边挨着山林，第五层平台比第四平台高出1.4米。在平台上东南角台壁上发现了一块类似基座的条石，可能是第五平台的建筑构件，条石长0.82、宽0.45、厚0.28米。在中部略偏的位置有长方形凹槽，长0.37、宽0.18、深0.1米，用途不明。在第五平台西南角有一个小平台，比第四平台矮1.4米，形状不规则，南边略有弧度，长约9米，西边紧邻第六平台的台壁，长约4.3米，北边靠着第六平台的台壁，不规则，小平台总长约10.8米，东面为陡坎，略带弧度，长约5米。

（六）第六平台

北面紧靠第七台阶和山体岩石，在北面靠西处，在山体岩石上有人工开凿而成的石台阶通往第一平台，西面为悬崖，东面为山林缓坡地带，南面挨着第五平台。条石和小石块将其分成两东、中、西三段，中、东段在处于一个高度，西段则比中段低0.7米。西段呈不规则四边形，仅南边和西边可见石块垒砌的台壁，北边长6、南边长9.5、东边长10.3、西边长8.5米；中段东西长16.8、南北宽6.8米；东段东西长13.7、南北宽9.3米。整个平台大致呈长方形，为条石和石块垒砌而成，大部分台基被破坏掉，仅存少量的条石。

（七）第七平台

位于遗址山顶部偏西方，平台较小，南北长约8、东西宽约5.4米。平台北、东两面为山体岩石，西面为悬崖，南面紧邻第六平台，比第六层平台高约2.5米。整个台阶仅西面和南面残存垒砌台阶的石块，北面和东面紧抵山体岩石，少见石块。在平台东南角，有一条在岩石上开凿的台阶，共4级（图版四四，3）。

四、小　　结

从遗址整体来看，鸣虎山遗址的第五平台和第六平台的规模最大，且第六平台和第五平台在整个遗址的中轴线上，因此，鸣虎山遗址的主体建筑应是建在第六平台和第五平台上。在第六平台和第七平台之间，岩石豁口外侧有一级用条石砌成的比较规整的石槛，石槛周边散落一些毛石块，东边有两块较规整的大石块。在石槛上方的两块巨石上均发现了南北相对的"L"形凹槽，其结构与戏楼遗址二奇石上的相似，此处极有可能和戏楼遗址一样，有"穴石施栋"的建筑。

经综合分析，鸣虎山遗址建设在高低不平的岩石体上，特别是门道，是利用自然岩石的三叉形豁口，在南部豁口用毛石垒砌一道墙体，将其封堵起来，北部豁口在岩石豁口上搭一块大石板，形成主门门洞，东部豁口外侧的岩石两侧立有石块，形成门框，下设门槛，上部缺失，结构不明，但从两门之间的岩石空地来看，与砖城的"瓮城"相似。鸣虎山遗址通道经过外门、"瓮城"，进内门，再经台阶上至第三、四平台，进入第五、六平台，即主建筑平台。第七平台面积较小，且处于山顶之上，其功能不明。

通过查阅文献资料和对地形地貌的对比分析，鸣虎山遗址可能是顾彩《容美纪游》中的"三十二峰草堂"。顾彩《容美纪游》记载："四月初四日，早行，路由细柳城上山。……下坡过天心桥。……石阙以上为下平山，高处有关夫子庙。庙前对峙二奇石，穴石施栋，以起戏楼。……守关沈千总奉主命，设中伙于庙侯余久矣……余寓在胡亲将家。胡本官厨，其子为亲将，赐宅于三十二峰草堂。其堂东面下临陡涧，正对三十二峰，君之宴客处也。……"顾彩《早起平山客会》一诗载："昨居芙蓉城，犹在人境中。今来平山墅，寝息最高峰。"此诗为顾彩到达平山后第二日早起所写，从"俯视蚕丛鸟道之危关，天心之桥入地底"之意可以看出，顾彩所居之处应该是看不到铁锁桥（天心桥即铁锁桥）的，但是也不能太远，否则描写"天心桥"于此诗场景不符。"猿狙童叟愁跻攀，倘失足而一堕……"描述的应是附近的深涧，结合铁锁桥的位置，可以推测顾彩所寓居的地方距戏楼、小昆仑、紫云山等地不远，而鸣虎山遗址的位置符合这些特点。但是鸣虎山遗址西面紧邻挂板岩，东边挨着的是两山之间的凹地，似乎与文中"东面下临陡涧"不符，当然，这也有可能是顾彩记载的错误。

第五节　戏楼遗址

一、位置与概况

　　戏楼遗址位于鹤峰县容美镇屏山村二组，地处屏山南部的山坡上，爵府遗址群的西南部，北距鸣虎山遗址140米，东北距爵府遗址370米，距小昆仑遗址342米。地理坐标为北纬29°93′61.348″，东经110°07′11.631″，海拔694.53米（图版四五，1）。

　　顾彩《容美纪游》记载："四月初四日，早行，路由细柳城上山。……下坡过天心桥。……过桥缘蹬而上者，四十仞，半道有石阙，一夫当之，万人莫敢仰叩。……石阙以上为下平山，高处有关夫子庙。庙前对峙二奇石，穴石施栋，以起戏楼。……"从本段记载可以看出，过"天心桥"（天心桥即铁锁桥）后"缘蹬而上"，"石阙"以上有"关夫子庙"和"戏楼"，其中戏楼施栋于二奇石上，与戏楼遗址地表现存的两个东西相对峙的自然石柱相符（彩版三一，1）。

二、工作经过

　　戏楼遗址位于上山的蹬道旁，灌木丛生，为了弄清其大致结构和分布范围，考古队首先对进入遗址的蹬道及遗址上的杂草灌木进行了清理。通过调查清理发现，戏楼遗址保存较差，仅大致弄清了该遗址的范围、平面布局等信息，并对其进行了拍照和测绘等工作，将其纳入爵府遗址群的测绘系统之中，同时做好了相关的文字工作（图版四五，2）。

三、遗　　迹

　　根据实地踏勘，戏楼遗址坐北朝南（略偏东），现存三个大致呈东西向的平台（图六三），遗址东侧有一条上山的小路，少数地方还残留石阶，应是《容美纪游》所载的"石蹬路"。戏楼遗址地面仅发现对峙的二奇石、建筑平台、铁锁桥碑刻基座。

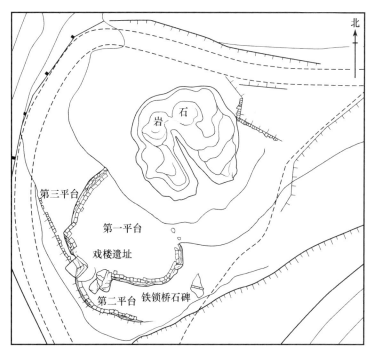

图六三　戏楼遗址平面示意图

（一）平台

遗址平台皆用条石垒砌包边，在第二层平台的南边还保存原来的建筑台基，第二层平台和第三层平台的西面为陡坎。

1. 第一平台

位于遗址的北部，呈梯形，东西长28、南北宽11～19.5米。高出第二平台约1.3米。在第一平台的南边偏西方有两个凸出的自然石柱，东西相对，两石柱相距2～2.3米。应是《容美纪游》中所载的"二奇石"。两石柱均是顶小底大，近方形，西边的柱1比东边的柱2要大，柱1底部南北宽3.2、东西长4米，顶部南北宽2.2、东西长2.7米，高5米；柱2底部东西长2.6米、南北宽2.4米，顶部不详，高4.96米。在西边一块柱石的北壁上刻有"山高水长"四个大字（图版四六，2），行楷字体，距地表约1.5米，字总长1.63、高0.5、字间距为0.06米。柱1和柱2相对的壁面均有人工开凿的大致呈东西走向的石槽（图版四五，3；图版四六，1），柱1的石槽南北长2.35、东西宽0.2、深0.3、距地表2.1米，柱2的石槽南北长2.1、东西宽0.3、深0.1、距地表2米。两石柱间和柱2周围堆有大量残砖烂瓦，应是戏楼废弃后堆积而成。

2. 第二平台

位于遗址南部，大致呈梯形，东西长19、东端南北宽7.5、西端南北宽10.5米。第二平台西边的台基已被破坏，现为陡坎，下为现代公路，南边的台基保存较好，由条石垒砌而成，非常规整，由于其堡坎全部被荆棘林和灌木丛遮盖，无法取得相关的资料。

3. 第三平台

位于第一平台的西边，比第一平台低1.2米，平面呈三角形，东边长14、北边长11、西南边长18米。第三平台西南和北边为陡坎，用小石块垒砌而成，陡坎以下为现代水泥路。

（二）戏楼

戏楼遗址地表现存两个东西相对峙的自然石柱，两石柱平面近方形，高出地面5米，相距2～2.3米，两块巨石的内侧有人工开凿的痕迹，即呈"L"形的凹槽，凹槽底距地约2米。根据所处位置与结构分析，凹槽应为铺设木板之用，与"庙前对峙二奇石，穴石施栋，以起戏楼"基本相符，戏楼应是建于此处。

（三）铁锁桥基址

石蹬路与遗址之间原立有"铁锁桥"石碑（图版四六，3），石碑现已搬至鹤峰县博物馆收藏，现场仅存立碑石槽，东西长2、南北宽0.25、深0.13米，方向为90°，由此可见，原石碑坐北朝南，石槽旁有上第一层平台的台阶。

（四）石碑

铁锁桥碑，一共三块，碑为长方形，共三块一字排列，均宽0.72、厚0.2米，第一块碑高1.45米，另两块略矮。从左至右的碑身尺寸分别为，碑身长144、宽72、厚20厘米；碑身长120、宽72、厚26厘米；碑身长128、宽71、厚27厘米。碑文叙述了原桥倾塌，往来不便，绕道山重路远之凄苦，乃集资重修之过程，碑文多为捐助者姓名和捐资数额。碑文如下。

众修功德　永垂不朽

朝廷设官分职，予之疆土使治其民，故百里之宰，责任綦重。一邑之内，凡事之有害于民者去之，有便于民者兴之，斯为尽职而无愧焉。鹤峰山陬僻壤，本系蛮洞遗区。州城东银朱寨紫云宫后，两面距河甚广，高峰对峙，石壁千寻。昔土司建有铁锁桥以通行人，担簦蹑履者便之。迄今二百余年，桥久倾圮，过此者恒苦痛步。若舍此而就他道，则又山重迂远，殊劳跋涉。余于辛卯夏奉檄来州，□几及二年矣，始以南役之越境骚扰边邝苦累，力阵上台禁阻之，复以邻匪之勾结煽动，诱愚民无知被其裹胁以为可保身家。孰知自罗法网，亦将匪首拿获尽法惩办，而免协从之罪，边野穷黎始得妻枕。是有害于民者则因去之，不遗余力矣。其有便于民者，则有采芹会一举。赖邑绅候选训导李（要添一字）馨、尹高、林洁清，自天广为劝募，业已捐成巨款，拟定章程通详之，各宪批行在案。然仅有益于读书寒暖，而于攘往熙来者，仍未能周及焉。然则此桥之建其可缓乎？孟子云，岁十一月徒杠成，十二月舆梁成，固有司之专责。今虽瓜代及期，而此志未逮，终觉抱憾。爰集邑绅等商之，皆欣欣然，愿请从事，不敢以劳倦辞。可见人之欲善，谁不如我？用特捐廉首倡发给印册，即由该绅等劝募，俾集腋以成善举，从此长桥波卧，无虞天堑之险，自勉迂道之劳，其利涉通道，受益者又奚止州人已耶用先，为之序。

钦赐花翎同知衔署理鹤峰州正堂袁序

大清光绪二十二年次在已未仲春月吉旦

匠师　赵怀德　监立

四、小　结

据《容美纪游》所载，"戏楼"位于"关夫子庙"前奇石之上，此处为戏楼遗址应该是没有争议的，那么"关夫子庙"位于何处？根据文献记载和对遗址周围的地质地貌环境的分析，我们认为有两可能：第一种"戏楼"和"关夫子庙"是一组建筑群，"关夫子庙"位于戏楼后面的山坡上，两者之间有凸起的自然岩石山体，而且此处地面也有较宽阔的台地，与文献记载"庙前对峙二奇石，穴石施栋，以起戏楼"相符。第二种是"关夫子庙"位于戏楼北约200米的鸣虎山上。其位置也符合"石阙以上为下平山，高处有关夫子庙。庙前对峙二奇石，穴石施栋，以起戏楼"的说法，

容美土司司主好戏曲，而且好迁移，他所居住的地方可能都建有戏楼，其建筑规模与所在地也不尽相同，可能有些地方建有专门的戏楼，也有的可能是利用庙宇的一些庙楼，如《容美纪游》载："十三日，以关公诞演戏于细柳城之庙楼，大会将吏宾客。……"因此，此处的戏楼很可能作为"关夫子庙"的一个附属设施，是用来举行庙祝等宗教活动的场所，容美土司时期有此风俗，那么"戏楼"就很有可能就是"关夫子庙"的庙楼。

第六节　万全洞洞府遗址

一、位置与概况

万全洞洞府是容美土司第二十二任土司司主田舜年于清康熙二十二年（1683）在屏山半山腰天然石灰岩溶洞内修建的，建好后，田舜年撰写了《平山万全洞记》。万全洞又名何家洞，位于鹤峰县容美镇屏山村四组，溇水河东岸悬崖中部，距山顶约100米，距溇水河高约200米。洞口山顶东部约150米为湘鄂边军医院死难烈士纪念碑，距容美土司爵府行署区遗址9千米，距鹤峰县城约28千米，其地理坐标为北纬29°57′23″，东经110°04′10″，海拔595.23米（图六四；彩版三一，2）。

二、工作经过

2016年3～5月，容美土司遗址考古队对万全洞开展考古工作，发现万全洞洞内光线充足，冬暖夏凉，洞内有少量自洞顶渗透下的山泉形成小水潭，有山羊和飞禽在洞内栖居。据传洞内藏有容美土司宝藏，加上20世纪50～70年代当地老百姓在洞内炼硝，对万全洞洞府遗址造成一定破坏。考古调查时发现，万全洞内遗迹单位皆暴露于地表，或于洞壁上。本次考古工作未进行勘探与发掘，仅对洞内外进行考古调查、清理及测绘，涉及面积约1200平方米。

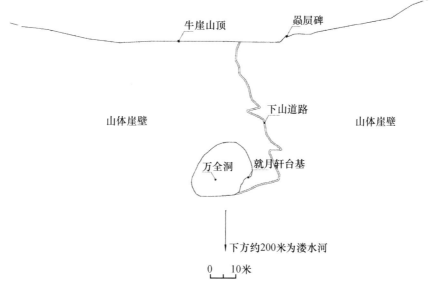

图六四　万全洞遗址地理位置图

三、遗　　迹

万全洞遗址由洞府、洞外附属的栈道、碑刻等遗存组成。

（一）洞府

万全洞遗址洞口朝向西北，方向315°，原自然形状呈纺锤状，中间大，两端小，洞口底部用人工干垒的块石堆砌，修建城门及城墙，现洞口最高处高20.23、最宽处宽23.18米（彩版三二，1）。洞内形状不规则，长45.6、宽16.5～24.8米，面积约835平方米。洞顶四面呈弧状，洞内距地表最高处为27.07米。由洞口向内，依次发现了城墙、城门、人工堆积的平台、"回"字形建筑基址、水池等遗迹单位，在洞内两侧洞壁上也发现了完整的建筑遗迹以及单独的建筑榫槽等不同类型的遗迹单位（图六五；彩版三二，2）。

1. 城墙

洞口处修建有城墙。由于洞口较深，右侧为悬崖，为了与外界连接，在城墙外侧建有一座"拱桥"状墙体，墙体顶面低于城门通道0.48米，右侧止于城墙，左侧连接通往外部的蹬道（L1），城门出口位于此处，也是万全洞城门出入的唯一通道。拱桥墙内用含有粗砂石的铁红色砂土当垫土，土质较紧密，板结，无法判断是否经过夯筑；外用打磨过的块石在洞壁上错缝干垒包边。拱桥中间垮塌，两端保存较好，残长8.8、残宽0.86～0.89、残高0～3.93米（较原始洞底），较现洞底低0.48～4.38米。块石长0.2～0.8、宽0.18～0.7、厚0.05～0.38米。第二道城墙用打磨过的块石错缝干垒包边，整体呈倒三角形，下窄上宽。城墙近陡直状，但局部块石受挤压外鼓变形，通长11、高3.44～5.2米（较原始洞底）。块石长0.12～1.3、宽0.2～0.5、厚0.05～0.45米（图六六）。

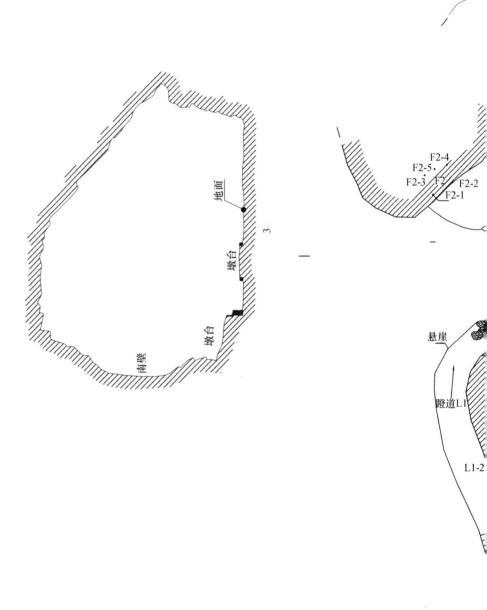

地面

墩台

3

墩台

南壁

F2-4
F2-5
F2-3 F2 F2-2
F2-1

悬崖

蹬道L1

L1-2

0

图六五　万
1.平面图　2.

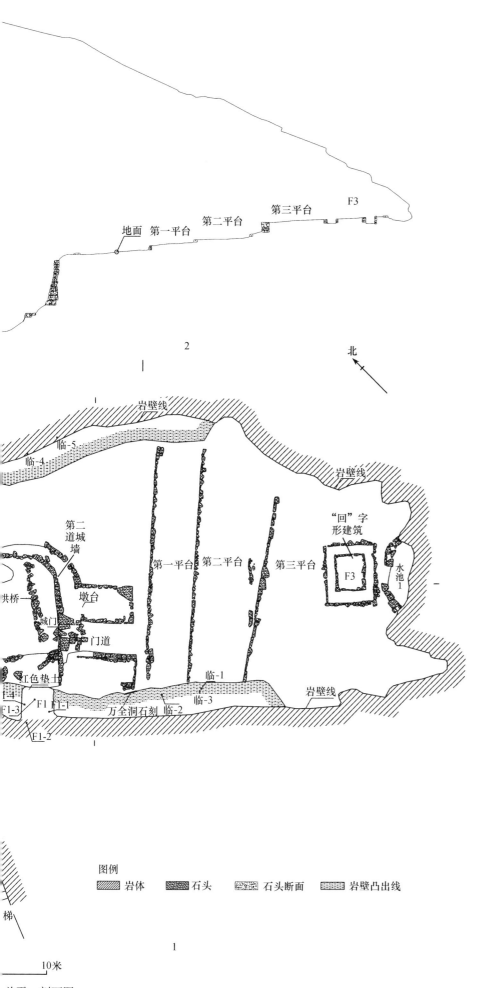

地面　第一平台　第二平台　第三平台　F3

2

北

岩壁线

临-5

临-4

岩壁线

第二道城墙

"回"字形建筑

墩台

第一平台　第二平台　第三平台

F3

水池1

洪桥

城门

门道

临-1

红色垫土

临-3

岩壁线

F1 F1-1

万全洞石刻　临-2

F1-2

1

图例

岩体　石头　石头断面　岩壁凸出线

梯

1

10米

总平、剖面图

图　3.横剖面图

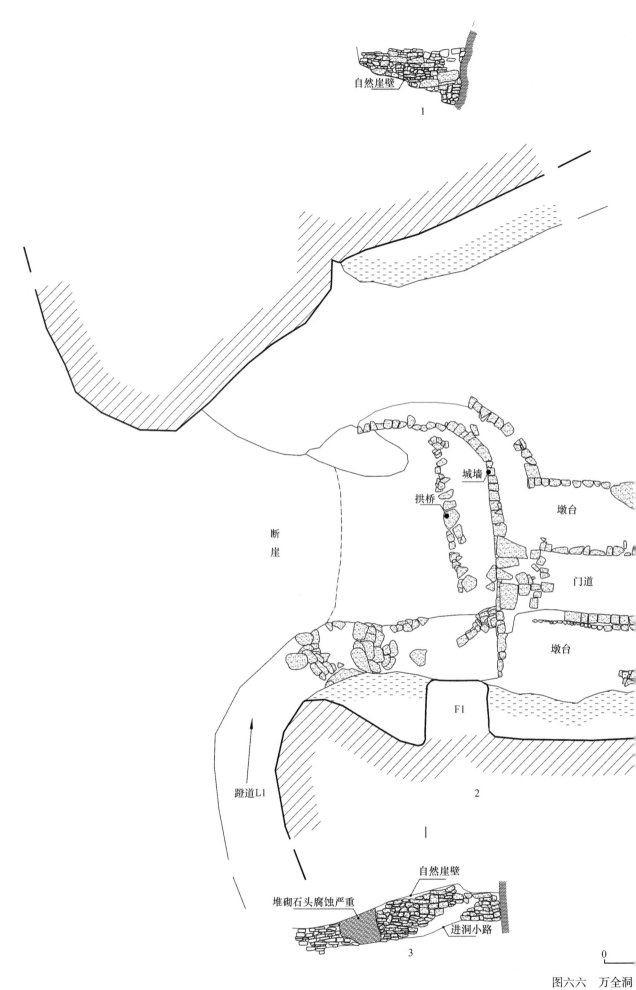

自然崖壁

1

城墙

拱桥

墩台

断崖

门道

墩台

F1

蹬道L1

自然崖壁

堆砌石头腐蚀严重

进洞小路

3

2

0

图六六 万全洞

1.洞口右立面图 2.洞口平面图 3.洞口左

北

夯土

4

5

图例

岩体　　石头　　石头断面　　岩壁凸出线

4米

成门平、立面图

4.洞口城墙2立面图　5.洞口城墙1立面图

2. 城门

城墙左侧建有城门，位于洞口南侧，城门外为拱桥，通过拱桥和L1与外界相通。城门现存门道及南北两侧墩台。城门门道平直，东西长6.61、南北宽2.46米（为保障进出洞口的安全，当地村民在洞口处放置数块墩台护墙条石，本次调查亦未挪动）。城门北侧墩台损毁严重，现仅存底部。墩台内用带有不规则石块的铁红色砂土当垫土，土质较紧密，板结，未见夯筑痕迹，外用打磨过的块石错缝干垒包边。墩台东西长6.7、南北宽3.3、残高0.27~0.45米。墩台以西为洞内空地，直至北洞壁，城墙垮塌使得地表向外呈坡状降低。块石长0.2~1.3、宽0.2~1.11、厚0.07~0.15米。城门南侧墩台直至南洞壁，较城门北侧墩台保存较好，城门上方建筑不存。墩台内用带有不规则石块的铁红色砂土当垫土，垫土土质较紧密，板结，未见夯筑痕迹。墩台外侧用打磨过的块石错缝干垒包边，部分包边块石遗失。墩台东西长6.66、南北宽3.18、残高1.5~2米（图六六；图版四七，1）。

距墩台高1.44米的地方有《万全洞记》石刻，在洞壁上打磨平整光滑的平面上阴刻文字，石刻内容详见《容美土司石刻》（图版四七，2）。

3. 平台

洞内城门以东至洞壁处现存三个依次增高的人工修建平台，每个平台外用块石错缝垒砌，部分块石缺失。

（1）第一平台

位于城门门道以东7.45米，第二平台以西。平台地表较平坦，不见任何遗存。清理掉表面厚0.02~0.05米长有苔藓的灰褐色表土后，露出经过夯打、较为紧密的橙红色夯土，内夹有0.01~0.06米的碎石块。平台东西宽3.8、南北长20.23米，较洞内地表高0.73~1.05、较第二平台低0.18~0.79米。平台外侧用块石包边，现存三四层。块石长0.18~0.79、宽0.1~0.55、厚0.07~0.61米（图六七）。

（2）第二平台

位于第一平台以东，第三平台以西。平台地表较平坦，有数个洞内滴水形成的天然水坑，坑周围有人工痕迹，痕迹年代无法判断。地表较潮湿，部分位置有水从垫土内冒出。清理掉表面厚0.02~0.05米长有苔藓的灰褐色表土后，露出经过夯打、较为紧密的橙红色夯土，内夹有0.01~0.06米的碎石块。平台东西宽4.71~6.37、南北长21.89米，比第一平台高0.18~0.79米，比第三平台低1.35~1.96米。平台外侧用块石包边，现存1~3层。块石长0.15~0.86、宽0.19~0.69、厚0.05~0.32米（图六八）。

（3）第三平台

位于第二平台以东，洞壁以西，地表较平坦，上建有"回"字形建筑F3。平台东西宽10.81~16.69、南北长16.75~19.31米，较第二平台高1.35~1.96米。平台外侧用块石包边，北壁处块石缺失，现存2~6层。块石长0.15~0.86、宽0.19~0.69、厚0.05~0.32米（图六九）。

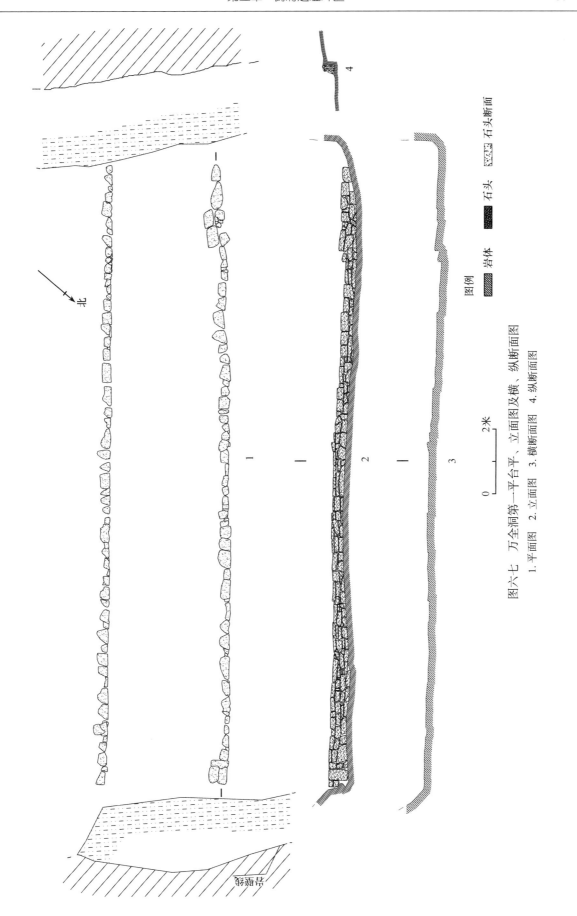

图六七 万全洞第一平台平、立面图及横、纵断面图
1. 平面图 2. 立面图 3. 横断面图 4. 纵断面图

图六八　万全洞第二平台平、立面图及横、纵断面图
1. 第二平台平面图　2. 第二平台立面图　3. 横断面图　4. 纵断面图

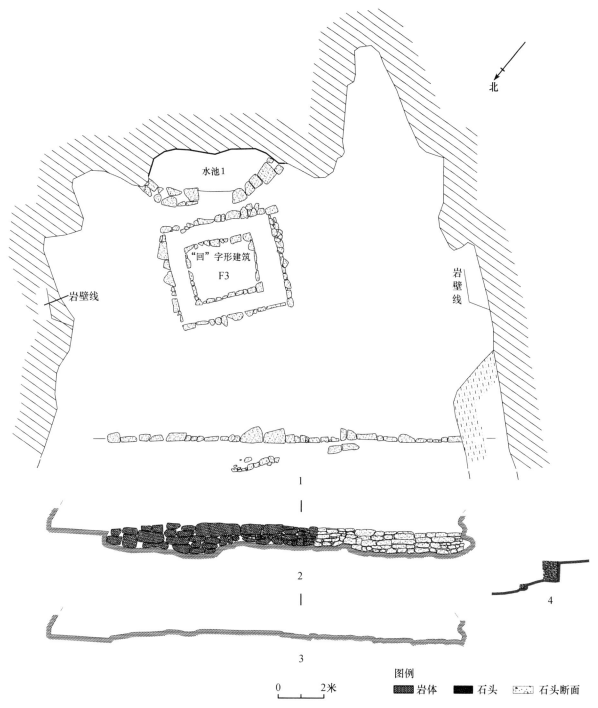

图六九　万全洞第三平台平、立面图及横、纵断面图
1.平面图　2.立面图　3.横断面图　4.纵断面图

4. 房址

（1）F1

万全洞南洞壁上发现了人工修建的建筑基址和搭建建筑的榫槽（图七〇）。

F1位于第二道城门南侧墩台上方2.5米处，在凸出的洞壁上用含有大量砂石的红褐色土当

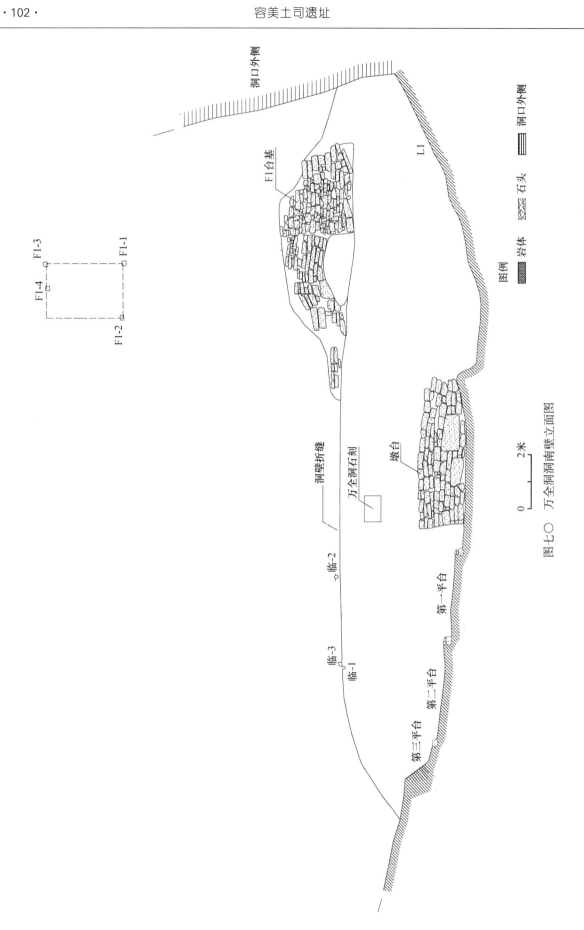

图七〇　万全洞洞南壁立面图

垫土，北、东、西三面用不规则的块石包边，建成一个近长方形的台基。台基长2.82、宽1.85米，较洞内地表高4.1~5米。台基上方洞壁上发现4个与F1有关的榫槽，编号为F1-1~F1-4。根据榫槽形状和位置，推测F1-1、F1-2为立柱榫槽，F1-3、F1-4为横梁榫槽（附表一；图七一）。

在南洞壁中部，据F1直线距离12.5、距地表高3.83米处，由第三平台攀爬至洞壁的折缝里发现3个基本处于同一高度的、并排的横梁榫槽，用途不明，推测可能为修建洞府时所使用的横梁榫槽，编号为临-1~临-3（附表二）。

（2）F2

F2位于洞口北壁。靠近北洞壁地表和洞壁上近地表（高0.03米）处有2个立柱榫槽，编号为F2-1、F2-2，在距地表高2.25米处也发现了2个对称的立柱榫槽，编号为F2-3、F2-4。在榫槽中间顶部有一个榫槽，编号为F2-5。根据榫槽形状和位置，推测F2-1、F2-2为立柱榫槽，F2-3和F2-4为横梁榫槽，F2-5为顶梁榫槽（附表三；图七二）。

在北洞壁中部，与F2直线距离10.46、距地表7.53米处，由第二平台攀爬至洞壁的折缝里发现2个并排的横梁榫槽，与南壁上发现的3个临时榫槽无对应关系，用途不明，推测可能为修建洞府时所使用的横梁榫槽。编号为临-4、临-5（附表四）。

（3）F3

位于第三平台，为"回"字形建筑，较第三平台地表略高0.05~0.1、距北洞壁4.31、距东洞壁2.5、距南洞壁6.7米。南北中线方向314°，内外壁皆为用不规则的灰白色石灰岩打制的块石垒砌而成，内壁高度等高，靠近东洞壁的外壁较其余三面外壁略高。内壁正中垫土与平台垫土相同，为铁红色砂土。内外壁之间为凹槽，清理前蓄有洞内积水。F3南北通长5.57、东西通宽4.8米，内壁长3、宽2.6米，最高的东壁较最低的西壁高0.28米。两壁之间的凹槽宽0.7~0.9、深0.2~0.45米（图七三；图版四八，1）。

5. 储水池

储水池位于F3靠近东洞壁的外壁，与东洞壁之间围合成一个月牙状的水池，编号水池1，池内有洞壁滴落的积水。水池外边弧长7米，水池最宽处1.7、深0.11~0.45米（图七四；图版四八，2）。

（二）蹬道

自山崖入口处至万全洞中，原修建有蹬道及喘定轩，《容美纪游》记载："其蹬道险窄如天心桥，而长倍之。冒雨冲烟，扶栏细步，鱼贯而下。牛崖有亭名喘定轩，盖由洞而上，至此未有不喘者。轩以下旷无石级，缚柳为梯。打索倒行，莫敢下视，度梯尽处即放脚，久之始达洞口。"但在考古调查时蹬道及喘定轩已毁，考古队在原有蹬道的基础上修建了临时便道通行。

从山崖通往万全洞的道路近垂直下行，一侧为峭壁，一侧为悬崖。下行约60米处至洞口。

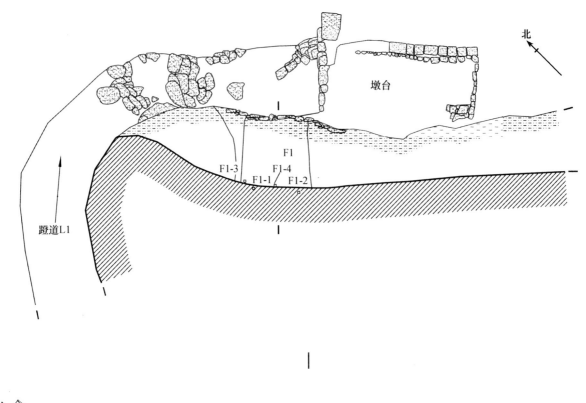

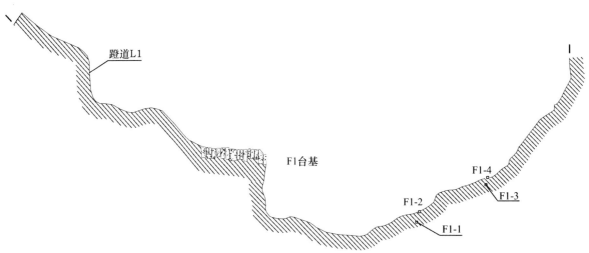

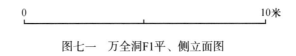

图七一　万全洞F1平、侧立面图

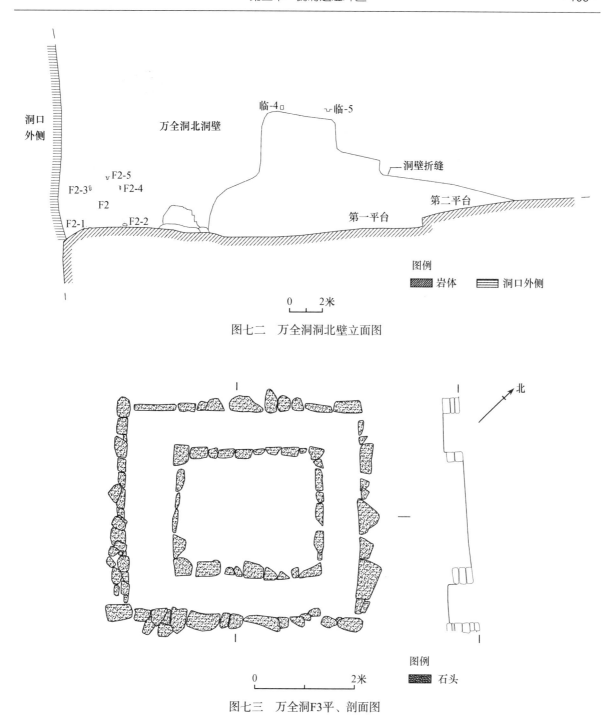

图七二　万全洞洞北壁立面图

图七三　万全洞F3平、剖面图

在距洞口约9.5米的崖壁上发现了并排修建的原有蹬道的2个木柱榫槽，榫槽在岩壁上凿成，顶部不封口。蹬道编号L1，榫槽编号为L1-1和L1-2（附表五；图七五；图版四七，3）。

（三）碑刻

在通往万全洞所在的山崖入口处，有一在天然石灰岩上琢刻的赑屃碑。石碑做工较粗糙，

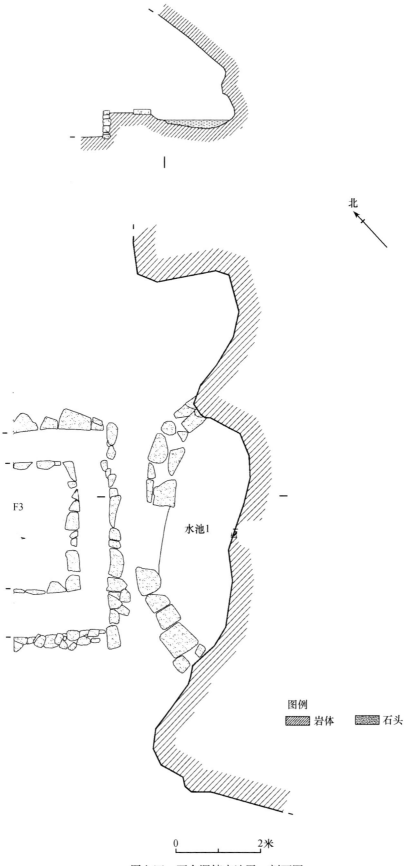

北

图例
▨ 岩体　　▨ 石头

0　　　　　　2米

图七四　万全洞储水池平、剖面图

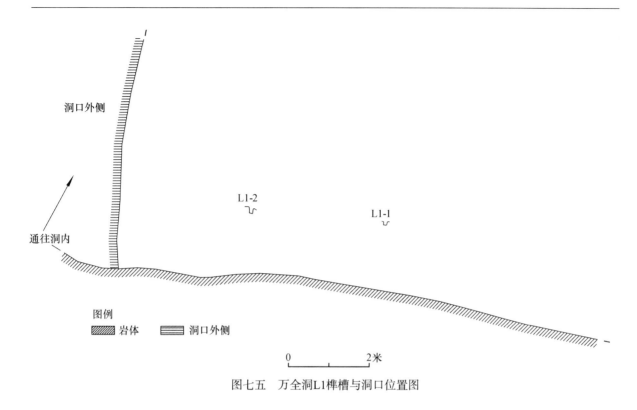

图七五　万全洞L1榫槽与洞口位置图

加上遭受自然和人为破坏，形状较为模糊，仅可勉强辨认出龟颈和龟身。赑屃通长1.8、通高0.53、通宽1.62米。赑屃上的石碑现已破碎，残存碑上刻有"万全洞碑记"（图七六；图版四八，3）。

四、小　结

　　顾彩在游历容美土司时，曾在万全洞内住宿，在《容美纪游》中介绍了万全洞内的概貌。"久之始达洞口。有石门、城墙、炮台，所以守也。洞可容千人，左'就月轩'，右'爱日亭'。其中为大士阁，余栖息其中。泉注床前，竹生枕畔。君所居曰'魏博楼'。是日张乐焚香，悉宴宾客将吏。就寝时大雨淙淙，不辨人语。十六日，雨。举诗会，悉召种、祝、皇甫诸客，惟高君惮险不至。命石工磨崖间片石如镜，朱书刻之。诗成，随写于上。会雨后，石汗如蒸，朱字漫漶，乃留稿待异日刻成拓来。"从此段记载可以得知，洞内有"石门""城墙""炮台""就月轩""爱日亭""大士阁""魏博楼"等建筑。

　　通过考古调查及清理发现，万全洞洞府遗址发现的遗迹单位基本可与顾彩记录的建筑对应。石门和城墙尚存局部，F1为就月轩，F2为爱日亭，大士阁可能建立在第一平台或第二平台上，在第三平台上的F3和水池1可能是魏博楼的重要组成部分。

　　万全洞为容美土司司主田舜年在清康熙二十二年修建，其修建之初，最重要的目的就是躲避战乱，防止再次出现的阕东十三家领导的农民军对容美土司的袭击，因此万全洞洞府易守难攻。他还安排了专人在此值守。遇有战事先自中府退至屏山，屏山无法防守时退守万全洞。

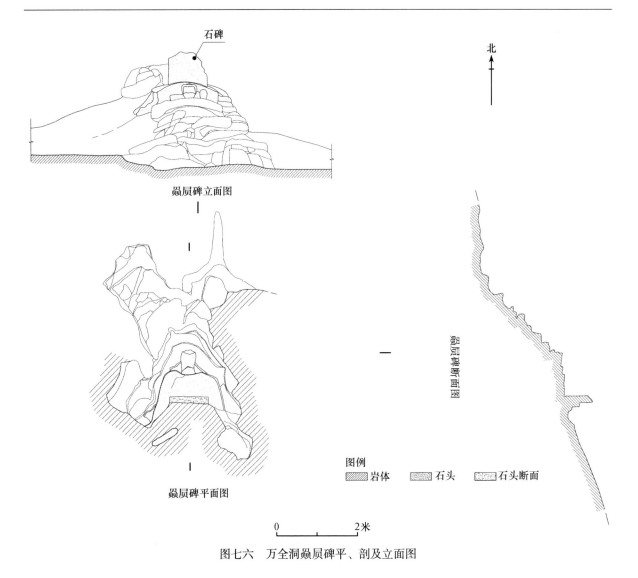

图七六　万全洞赑屃碑平、剖及立面图

然而，万全洞虽然能防护容美土司一时之间的兵灾，但却终究无法阻碍大一统的历史潮流，在"改土归流"期间，容美土司末代司主田旻如仍企图以万全洞为据点，对清中央政府的改革进行抗拒，但在众叛亲离的情况下，他自缢而死，结束了容美土司的统治①。

容美土司"改土归流"后，万全洞遭到一定破坏。因道路艰难，洞内遗存整体保存较好，整体建筑布局未遭到大的改变，在结合顾彩的《容美纪游》，可对容美土司时期万全洞的建筑布局进行复原。

---

① （清）吉钟颖等《鹤峰州志·卷1·沿革志》（道光版）记载："雍正十一年十二月初三日携眷搬万全洞，负固不出。土目张彤柱首先缴印，余众渐次投出。明如（旻如）自知负罪深重，民心已变，于是是月十一日畏罪自缢。"

第七节　大屋场遗址

一、位置与概况

大屋场遗址位于屏山村六组的三对堡（小地名）的东侧，南与万全洞直线距离约20千米，遗址中心地理坐标为北纬30°0′36″，东经110°8′38″，海拔1700米。

二、工作经过

2017年3月对该遗址进行调查和勘探，调查面积约10000平方米，勘探约500平方米，清理约20平方米。大屋场遗址位于一处平原，周边人烟稀少，原有一排房屋基址。但本次调查时得知，约在2006年，本地商人将周边6000亩[①]土地承包，种植中药，对此地进行了大规模土地平整，将原有平地改为坡地，取走了厚0.5~1.5米的遗址表土，严重破坏了该遗址。

三、遗　迹

通过调查、勘探和清理，仅在遗址边缘区域发现一处碾子，碾子现仅剩碾柱榫槽和碾盘外边侧凹槽。碾柱榫槽位于碾子正中心，用灰白色石灰岩凿成。碾盘直接修建在夯过的坡地上，外置灰白色石灰岩凿成的凹槽，凹槽现残存9截，呈半圆形。碾盘直径为4.2米，碾柱榫槽正方形，尺寸为0.13米×0.13米×0.16米。凹槽用外径0.53~1.8、内径0.41~1.4、宽0.38~0.43米的扇形条石制成，凹槽口宽0.22、底宽0.05~0.07、深0.2~0.22米（图七七；彩版三三，1）。

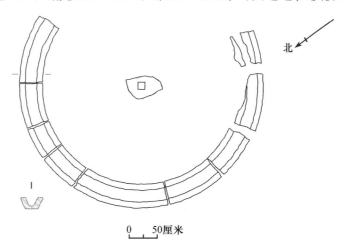

0　　50厘米

图七七　大屋场碾槽平、剖面图

---

① 1亩≈666.67平方米。

四、小　　结

　　虽然大屋场遗址破坏严重，无法获得该遗址的更多信息，但从地理位置来分析，其可能与军事防卫有关。爵府遗址片区所在的屏山呈东北—西南走向的长条形，大屋场遗址处于屏山山脉的东北角，扼守着由东北方进入屏山的必经之地，地理位置十分险要，因此该遗址极有可能是一处军事要塞。

第八节　天泉山遗址

一、位置与概况

　　位于鹤峰县下坪乡留驾司村三组一山麓顶部，西南距鹤峰县城约26.1千米，东距省道245约3000米。东靠蚊蝉溪，南临长坪，西为殷家湾，其中心地理坐标为北纬30°1′32″，东经110°6′8″，海拔为1095米。

　　道光版《鹤峰州志·卷十三·艺文志》中《平山万全洞记》记载："自夏云伯与先少傅两任间流贼寇扰，岁岁用兵，皆以天泉为根本，盖天泉小而平山大，天泉数人可守，平山非土军数百莫能布置。……予为儿时随夏云伯往来天泉，道中见洞圆敞如画，穷思一游未果。自乙卯承绪后，鉴于先少傅公去天泉而移黄鸾镇，至有闯司入于刘营之变，于是一意以天泉为肯构，以九峰为司治……"在清顺治年间至康熙初年，容美土司东关古城（细柳城）被招安的南明农民军李过和刘体纯攻破，在营建东关新城（中府）之前，天泉山是容美土司临时的统治中心。

二、工作经过

　　此次在原遗址所在地及周边区域调查约20000平方米，按照10米间距普探约1000平方米，开2米×5米规格探沟一条，发现表土层下即为生土，未发现相关遗存。

三、小　　结

　　据当地百姓介绍，原遗址所在地有一座三星观，但在20世纪50年代，为修建下坪留驾司小学，将三星观所有建筑材料整体搬走。后当地百姓将庙内剩余建筑构件搬运或焚毁，现地面无建筑存在。

第九节　天心桥（铁锁桥）遗址

一、位置与概况

天心桥又名铁锁桥，位于屏山躲避峡谷上，地理坐标为北纬29°93′52.765″，东经110°07′16.352″，海拔为690.77米（图版四九）。

二、工作经过

在调查爵府遗址片区的同时，也对天心桥进行了调查，由于铁锁桥处于深谷绝壁上，无法下到桥基踏察。

三、遗迹

天心桥于改土归流后废弃，清光绪二十五年（1899），以州候补训导李树馨为首捐资重修屏山铁锁桥，历时三年竣工，现在崖壁上仅能看见到铁锁桥上的台阶和桥基榫眼痕迹（图版五〇）。20世纪60年代，在原址上新建了一座石结构的拱桥，2015年，在60年代的石拱桥上又重新架起一座水泥拱桥，因此，天心桥遗址也遭到不同程度的破坏。由于无法下到桥基，无法对上桥台阶和桥基榫眼进行勘测。

四、小结

容美土司时期在躲避峡上修筑天心桥，以进出屏山。顾彩《容美纪游》载："……下坡过天心桥，在两崖间，下临七十仞深涧。两崖壁如镜面，步步凿蹬，仅容足，逡巡面下。至桥面以碎石下投，作霹雳所逼也。过桥缘蹬而上者四十仞，半道舞逾时不下，盖龙气所逼也。过桥缘蹬布上者四十仞，半道有石阙，一夫当之，万我莫敢仰叩。君尝于是设守以御乱，故平山为司中之绝险……"由此可见，该桥既是爵府与中府之间的唯一通道，同时地形险要，易守难攻，是防御爵府的重要关隘。

第十节　天然桥遗址

一、位置与概况

天然桥遗址位于鹤峰县容美镇新庄村二组，溇水河之上，地理坐标为北纬29°95′29.683″，东经110°06′68.931″，海拔为860.62米，是屏山通往观音坡的一条通道。

二、工作经过

2017年3月，在调查爵府片区遗址的同时，也对天然桥进行了现场踏察。

三、遗　迹

天然桥桥体现在已经垮塌，在溇水河北岸留有"天然桥"石刻。根据碑刻内容得知，桥为末代土司田旻如在清康熙五十四年（1715）所修，该桥横跨溇水河，连接容美镇观音坡和屏山爵府，刻铭内容详见《容美土司石刻》。

四、小　结

天然桥已经垮塌，仅存"天然桥"石碑刻，现存石拱桥为改土归流后重建的，原天然桥样式与结构无法得知。

第十一节　向氏家族墓地

一、位置与概况

向氏家族墓地位于容美镇屏山村一、二组，是容美土司时期将领墓，"改土归流"后葬入屏山爵府遗址。多为夫妇合葬墓，目前发现的有向文宪夫妇墓、向遇春夫妇墓、向日芳墓、杜将墓，这些墓葬分布较零散。其中向文宪夫妻墓葬在爵府遗址背面的另一座山坡上，坡下为土王井，该墓与爵府隔山沟相望，其余三座墓均位于爵府遗址的平台上。

二、工 作 经 过

2017年考古工作仅对向氏家族墓地的墓葬进行了清理和拓片，记录相关资料，未进行考古发掘，墓地清理总面积约200平方米。

三、遗　　存

（一）向文宪夫妻合葬墓

向文宪夫妻墓位于鹤峰县容美镇屏山村二组，西南距杜将墓约140米，东南距向遇春墓约250米。向文宪夫妻合葬墓是两座同茔并穴封土石围墓，一座墓主为向文宪，另一座墓主为其夫人覃氏、李氏合葬墓。

1. 墓葬形制

墓葬坐东北朝西南，墓向219°，总占地面积约47.3平方米。20世纪80年代，该墓被破坏，墓内墓志铭和河图洛书砖被取出（原件分别存放在鹤峰县博物馆和恩施州博物馆）。墓葬前方2.2米处建有拜台，拜台表面略有凹凸，并有数块基岩凸出地表。拜台边缘用不规则的块石作包边石，垒砌成弧形，拜台高于拜台外地表0.3～0.4米。两墓正中和右侧墓前有两块碑座。两座墓的封土均为近圆形，墓葬正面用弧形的青砂岩条石垂直筑垒墓围，后半部未垒砌，左侧封土直径4.1、残高1.4米，右侧封土直径3.8、残高1.33米。条石表面打有糙道，条石现存两三层，长0.37～1.6、宽0.2～0.35、厚0.18～0.25米（图七八；彩版三三，2）。

2. 遗物

（1）墓碑

墓碑位于两墓相交中心前方1.65米的碑座上，青砂岩制成，通高1.98、通宽0.6、通厚0.2米，由碑首、碑身、碑座组成。碑首饰高浮雕龙纹，顶角斜切。碑身正楷阴刻，上大字书"大清容美爵府前锋营副总兵官掌备征千户印知各营事务待赠武略公讳文宪向公懿人覃氏李氏之墓"，小字书送葬人、时间等内容，碑身两侧阴刻卷草纹。根据碑文可知，墓主身份为容美土司爵府前营副总兵官并兼备征千户，下葬年代为清雍正四年（1726）。另外一座墓碑在右侧墓前方，碑座尺寸为0.86米×0.5米×0.3米，碑内榫槽尺寸为0.27米×0.27米×0.12米。

（2）墓志铭

墓志铭与盖（现藏于鹤峰县博物馆）皆为灰白色石灰岩所制。墓志铭长0.27、宽0.27、厚0.08米，阴刻楷书碑文，记载向文宪一生之事。墓志铭盖长0.34、宽0.34、厚0.08米，四边阳刻，并有蝴蝶花边，中间阳刻"墓志铭"三字。墓志铭及盖内容详见《容美土司石刻》（彩版

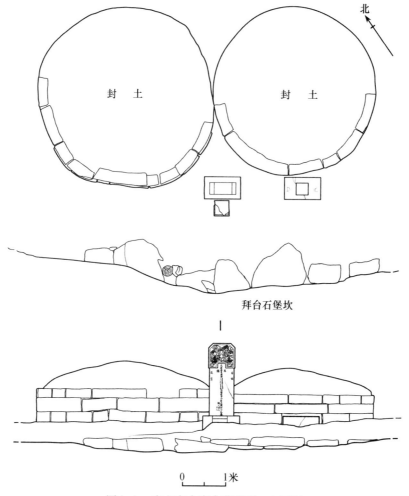

图七八　向文宪夫妻合葬墓平、立面图

三四, 1、2)。

（3）河洛图书砖

灰色, 方形。砖长0.35、宽0.35、厚0.12米, 一面凿刻由八卦及多颗星组成的星象图（彩版三四, 3）。

（二）向遇春夫妇墓

向遇春夫妇墓位于鹤峰县容美镇屏山村二组, 九屏公路路边, 距西南向的爵府行署区遗址约1千米。

1. 墓葬形制

向遇春夫妇墓为一座夫妻合葬同茔封土石围墓, 坐东北朝西南, 墓地占地面积约18.5平方米, 墓向233°。墓葬保存较好, 未被盗掘, 封土近圆形, 正面用弧形的青砂岩条石垂直筑垒墓围，后半部未垒砌墓围，墓围直径4.8、残高1.7米。条石表面打有糙道，现存2～4层，条石长0.45～1.31、宽0.2～0.27、厚0.18～0.36米（图七九）。

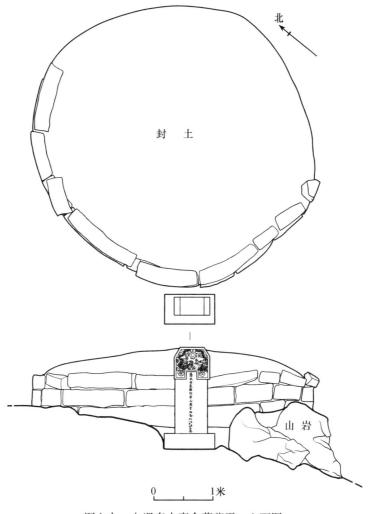

北

封　土

山　岩

0　　　　　1米

图七九　向遇春夫妻合葬墓平、立面图

2. 墓碑

墓碑镶嵌在墓围正前方，青砂岩制成。通高1.76、通宽0.55、通厚0.17米。墓碑由碑首、碑身、碑座组成。碑首饰高浮雕龙纹，顶角斜切。碑身正楷阴刻，上有大字书"清故世袭镇防屏山寨官向公讳遇春安人唐氏之墓"碑文，小字书送葬人、时间等内容，碑身两侧阴刻卷草纹。根据碑文可知，墓主身份为镇防屏山寨官向公遇春夫妇，下葬年代清雍正四年，碑文内容详见《容美土司石刻》。

（三）向日芳墓

位于鹤峰县容美镇屏山村一组，容美土司爵府行署区遗址正堂和二堂之间的平台上（图八〇）。

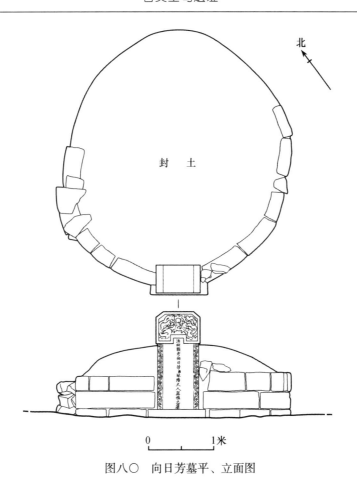

图八〇　向日芳墓平、立面图

1. 墓葬形制

坐东北朝西南，墓向220°，墓地占地面积约10.5平方米。墓葬保存较好，未被盗掘。封土近椭圆形，墓葬正面用弧形的青砂岩条石垂直筑垒墓围，后半部未垒砌。封土直径3.6、高1.13米。条石表面打有糙道，现存两三层。条石长0.32~1.25、宽0.2~0.44、厚0.22~0.27米（图八〇；图版一三，2）。

2. 墓碑

墓碑镶嵌在墓围正前方，青砂石制成，通高1.5、通宽0.66、厚0.27米，由碑首、碑身及碑座组成。碑首高浮雕龙纹，顶角斜切。碑身正楷阴刻，上大字书"清故显考向日芳号葵阳大人真性之墓"，小字书送葬人、时间等内容，碑身两侧阴刻卷草纹。根据碑文可知，墓主身份为前容美土司待赠芙蓉土知州兼管中营旗鼓事，向文宪之子，下葬年代为清乾隆七年（1742）。

（四）杜将墓

杜将墓位于鹤峰县容美镇屏山村一组，位于向文宪墓西南约140米，位于向日遇春墓西北160米。

1. 墓葬形制

墓葬坐东朝西，方向264°，占地面积15平方米，近椭圆形封土，其正面用弧形的青砂岩条石垂直筑垒墓围，两侧亦有条石墓围，后侧条石墓围被破坏，封土垮塌散落，封土长径3.5、短径3.25、残高1.81米。条石表面打有糙道，现存2～4层。条石长0.35～1.35、宽0.18～0.35、厚0.06～0.25米（图八一）。

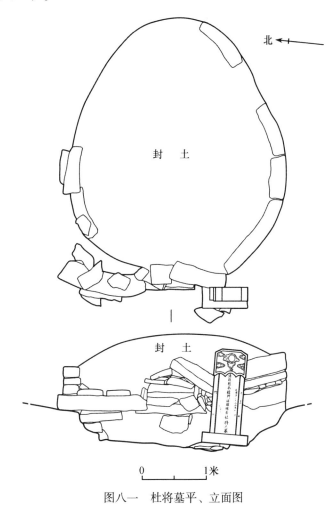

图八一　杜将墓平、立面图

2. 墓碑

墓碑歪立于墓围前方，青砂石制成，通高1.45、宽0.51、厚0.18米，由碑首、碑身及碑座组成。碑首高浮雕龙纹，顶部斜切。碑身正楷阴刻，上大字书"清故胞弟辕门保旗旗长杜将之墓"，小字书送葬人、时间等内容，碑身两侧阳刻卷草纹。根据碑文可知，下葬年代为清康熙四十六年（1707）。

四、小　结

向氏家族墓地的墓葬形制基本一致，多为坐东北朝西南（杜将墓为坐东朝西），与爵府建筑的方向较为一致，圆形或近椭圆形封土，多用青砂岩条石垒砌墓围。这些墓葬大多保存较好，为研究容美土司时期的丧葬制度留下了重要的实物资料。向氏家族在容美土司时期多居要职，以军事将领为主，地位较高，其墓葬等级也相应较高，但并未形成统一的墓地，分布较为零散。向日芳、杜将墓为"改土归流"后葬入废弃的爵府遗址，其余墓葬均于"改土归流"前葬于爵府周围。从墓碑上的碑文来看，这些墓葬的主人多为屏山（爵府）的守将，因此这些将领过世后才会就地安葬于爵府周围。

第十二节　结　语

《平山万全洞记》①载："……自夏云伯与先少傅两任间流贼窜扰，岁岁用兵，皆以天泉为根本。盖天泉小而平山大，天泉数人可守，平山非土军数百，莫能布置。而不知平山之下有万全一洞也。……自乙卯承绪后，鉴于先少傅公，云天泉面移黄鸾镇，致有阉司入于刘营之变。于是一意以天泉为肯构，以九峰为司治，而更茸万全洞焉。……遂去洞咫尺之新平始茸署舍，环列四市，以定其基……"依据此段记载可推知，爵府遗址片区为容美土司第十七任土司司主田楚产在明万历至明天启年间初步营建，第二十二任土司司主田舜年继位后，开始继续营建包括万全洞在内的爵府，至"改土归流"后废弃。考古发现与文献的记载较为吻合。

爵府作为容美土司的第二大行政中心，是容美土司的核心建筑群之一。此次考古工作发现的爵府遗址由爵府、紫云宫、鸣虎山、小昆仑、戏楼、铁锁桥、万全洞、向氏家族墓地等遗址组成。这些发现与《容美纪游》的记载可以对应，记载为："四月初四，早行，路由细柳上平山……下坡过天心桥……高处有关夫子庙……赐宅于三十二峰草堂……宣慰司行署在平山街……会于小昆仑……邀游万全洞……二十六日……上紫山……"从这段记载来看，顾彩游历所经之地与爵府遗址片区的遗址均可对应——天心桥对应铁锁桥，关夫子庙对应戏楼遗址，三十二峰草堂对应鸣虎山遗址，宣慰司行署对应爵府遗址，小昆仑对应小昆仑遗址，万全洞对应万全洞府遗址，紫山对应紫云宫遗址。这些遗址可分为行署设施、文化设施、防御设施、道路设施等几大类，使得爵府遗址片区形成了功能完备、规模庞大的建筑群。

爵府（行署）遗址为爵府遗址片区的核心遗址，也是其主要的行政活动场所，具有典型的中国古代官式建筑的特征。爵府（行署）遗址片区的朝向为坐东北朝西南，主体建筑分布在一条42°的中轴线上，其中坐北朝南的朝向和严格的中轴线布局思想，正是中国古代官式建筑的中心指导思想。结合《容美纪游》的记载来看，爵府建筑群规模宏大，依山而建，包含的建筑

---

① （清）吉钟颖等：《鹤峰州志·卷十三·艺文志》中《平山万全洞记》，道光版。

有大堂、二堂、后堂、延春园、槿树园及前街和后街，形成"三堂二街"的布局，是一处具有总体规划、整体布局、设施完备的官式建筑群。

容美土司文化底蕴浓厚，自田九龄开始，到田舜年为止，连续六代，历时200多年，涌现出10位诗人，创作各类诗词3000多首，今仍存380题、524首。因其深厚的文化内涵与较强的文化包容性，爵府遗址建筑除了具有中国古代官式建筑的特征外，也有自己独特的风格，庭院类文化、游玩设施较多，既有佛家建筑，也有道家建筑。行署区有"君"之书室"延春园"，"诸郎君"读书之处"槿树园"，"优人"教歌之处"戏房"；"三十二峰草堂"乃"君"之宴游之处；关夫子庙既是庙楼，也具"戏楼"功能；小昆仑遗址上建有"佛舍"，既是读书台，又是"君"之藏书之所；小昆仑对峰之紫云宫是一座道观，但也有供奉佛像的"文殊寺"，顾彩曾在此与"君""掷诗倡和"。爵府遗址片区位于环境优美的屏山，修建了如此之多的文化、游玩设施，其功能亦类似故宫之御花园，作为容美土司司主及其眷属居住、游玩、休憩之所。

爵府遗址片区离中府遗址片区较近，直线距离约6.7千米，作为第二行政中心来考量，其辐射范围与第一行政中心中府遗址片区的辐射范围有大面积的重合。因此，爵府遗址片区修筑之初，可能更多是出于军事防御的考量，其行政功能弱于军事功能。爵府遗址片区所在的屏山地形十分险要，屏山为一东北—西南向的长条形山脉，北窄南宽，长约11、宽0.5~3.5千米，面积约18千米。其西北为溇水，东南为躲避峡，均是深沟大峡谷，深者可达上百米，四周封闭，形成了天然的防御屏障，仅有西南部的铁锁桥遗址和东北角的大屋场遗址可进出该遗址片区，正所谓"一夫当关，万夫莫开"。建筑选址也十分注重军事因素，如小昆仑遗址及紫云宫遗址均位于该遗址片区的制高点，置身于此，对中府遗址片区及其通往爵府的唯一通道一览无余。万全洞府遗址的入口更是位于距山顶约100米、距溇水河高约200多米的悬崖峭壁上，洞内修筑有城门、城墙等防卫设施，洞中"可纳千人"，该洞府也是末代土司田旻如的最后据点，只因众叛亲离，才不得已在洞内自缢而亡。从向氏家族墓地的墓碑来看，向文宪及向遇春为屏山（爵府）军官，表明容美土司时期对爵府遗址片区的防卫十分重视，并配备了专职守将。

第三章　南府遗址片区

　　容美土司南府遗址片区位于鹤峰县以东2.5千米五里乡南村，地处群山之间的一个小型盆地内，海拔932~1004米。该遗址片区地处群山之间的一个小型盆地内，北、东、西三面被麻寮山环绕，南靠大河沟（溪），河道以南约50米为341省道，外围附属遗存位于盆地外围，沿大河沟两侧分布。整个遗址片区面积约8万平方米，西与鹤峰县城（中府遗址片区）直线距离约41千米，东与大岩关关隘直线距离约14千米（图八二）。

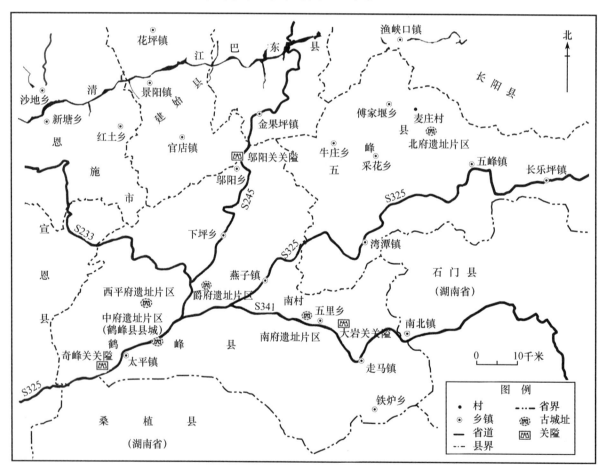

图八二　南府遗址片区地理位置图

　　为了进一步了解容美土司遗址的分布和保存情况，2015年11月至2016年1月，容美土司遗址考古队对南府遗址片区进行了全面的考古调查、勘探、解剖与清理工作，调查总面积约10万平方米，普探总面积约1.3万平方米，重点勘探约5000平方米，清理面积约700平方米，同时对整个南府遗址片区进行了测绘。通过考古调查与清理工作得知，南府遗址片区由行署区遗址、环壕遗址、张桓侯庙遗址、燕喜洞洞府遗址、道路（桥梁）等遗址构成（图八三；彩版三五）。

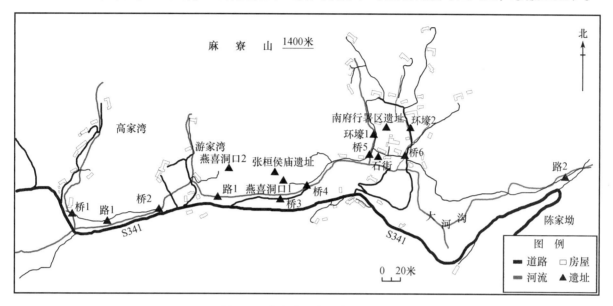

图八三　南府遗址片区遗迹分布图

第一节　南府行署区遗址

一、位置与概况

南府行署区遗址位于南村三组，其东为村村通公路，南为大河沟，北为麻寮山脚，遗址中心地理坐标为北纬29°54′16″，东经110°17′58″，海拔952米（图版五一，1）。南府行署区遗址地处一南北向七层台地上，南北长92、东西宽165米，遗址总面积约5000平方米，其东、西有环壕。发掘前地表种有玉米、茶叶、红薯等农作物，在第一、三、四台地上建有当地居民房屋，在第三至七台地上分布着清晚期至现代墓葬，调查发现，第四台地地表散落大量瓷片、砖瓦碎片、柱础、台基包边石等遗存。

二、工作经过

为了解南府行署区遗址的保存状况与建筑布局，2017年7月，经报国家文物局批准，容美土司遗址考古队对南府行署遗址第四台地进行解剖性发掘。以南府遗址片区总基点为探方基点，采用象限与方向法相结合的布方法布设南北向5米×5米探方22个，实际发掘面积540平方米（彩版三六，1）。清理出遗迹单位9个，其中水池1座、水沟4条、石街1条、台基包边石1处、环壕2处（图八四）。

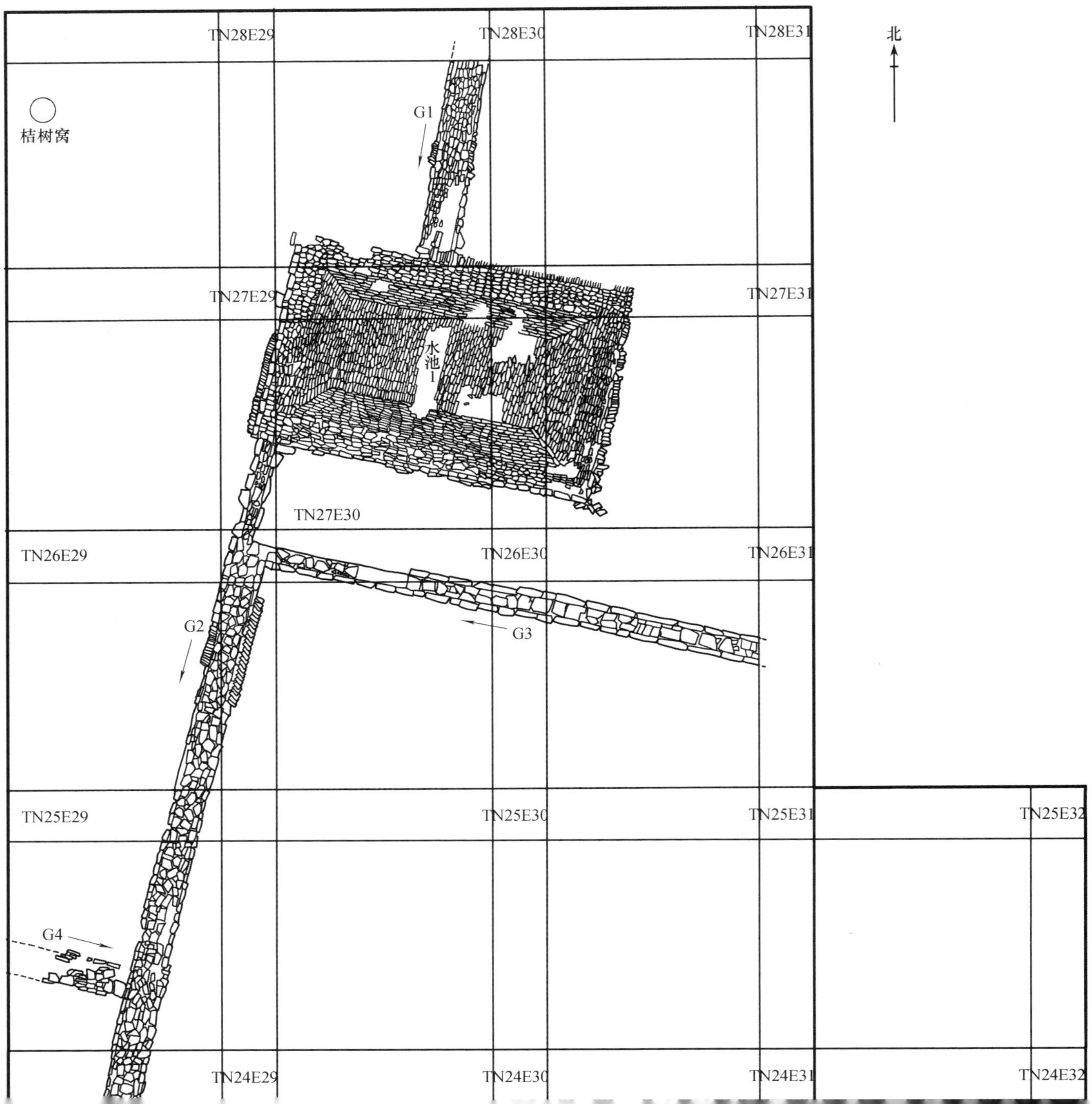

北

桔樹窩

TN28E31
TN28E30
TN28E29

TN27E31
TN27E29
TN27E30

TN26E31
TN26E30
TN26E29

TN25E32
TN25E31
TN25E30
TN25E29

TN24E32
TN24E31
TN24E30
TN24E29

G1

水池1

G2

G3

G4

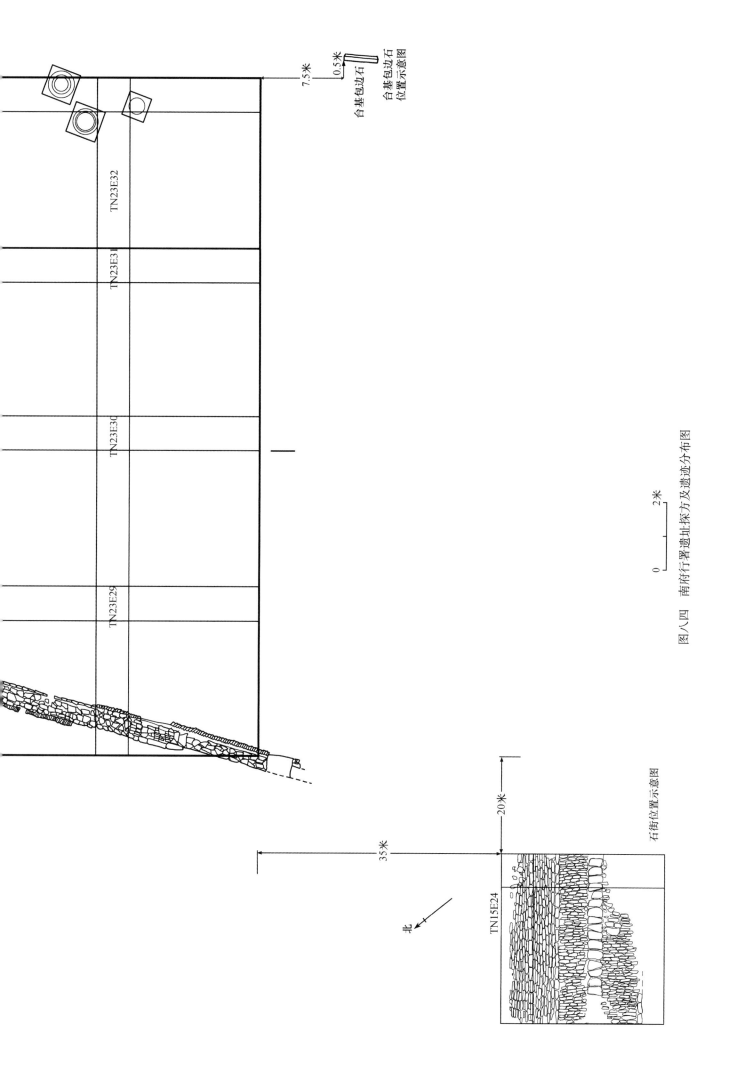

TN23E32

TN23E31

TN23E30

TN23E29

7.5米

0.5米

台基包边石

台基包边石
位置示意图

0　　　2米

图八四　南府行署遗址探方及遗迹分布图

石街位置示意图

20米

35米

北

TN15E24

三、地层堆积

　　南府行署遗址地层堆积共2层。现以TN28E30、TN27E30、TN26E30等探方东壁为例（图八五）介绍如下。

　　第1层：表土层，灰褐色。厚0.07～0.2米。土质疏松，呈颗粒状，含有大量植物根茎、现代垃圾和0.02～0.05米厚的碎石，并有少量青花瓷片和砖瓦残片。该地层在整个发掘区内均有分布，发掘区南部该层下为建筑垫土，未向下继续发掘。

　　第2层：扰乱废弃堆积层，灰黑色。厚0.1～0.35、距地表0.07～0.2米。土质较疏松，夹杂较多砖块、建筑构件、白灰渣、青花瓷片等。主要分布于探方发掘区北部和西部，是建筑废弃后填埋形成的堆积。水池1、G1～G4等遗迹开口该层下。

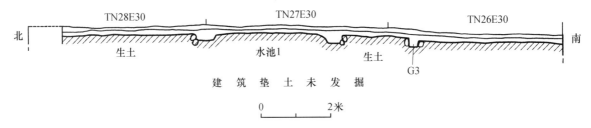

图八五　南府行署遗址TN28E30、TN27E30、TN26E30探方东壁剖面图

四、遗　　迹

　　本次共发掘和清理出遗迹单位9个，其中水池1座、水沟4条、石街1条、台基包边石1处、环壕2处。

（一）水池

　　1座。位于第四台地发掘区北部，分布在探方TN28E30、TN27E29、TN27E30、TN27E31内，开口于第2层下，打破生土层，距地表0.21～0.25米。水池与G1与G2相接，G1在水池北面中部偏西汇入，在水池西南角通过G2流出，G1底板高于水池1沟口0.1米，水池1底板高于G2沟口0.07米。水池整体用打磨过的片石和细石条砌成，石片与石片、石条与石条之间填充黄土，黄土内含有细小砂粒，但是未见白灰颗粒。水池内外壁形成长"回"字形，东西长6.7、南北宽4.3米，面积28.81平方米，南北中线方向12°。外壁用长0.15～0.25、宽0.05～0.1、厚0.05米的石片微微外倾呈45°～60°陡立铺设，部分沟口边沿叠加长0.1～0.15、宽0.05～0.1、厚0.05～0.08米的卵石压边；内壁呈弧状，间距为0.5米，四角有对线，壁内长方形长3.8、宽1.85米，高于沟底0.25～0.3米，用长0.1～0.25、宽0.1～0.25、厚0.05米的细石条南北向陡立顺砌，中间略高于四边0.05～0.1米，壁外长方形长5.25、宽3米，较沟底略高0.08～0.3米，内外长方形之间用石条陡立顺砌。水池内外壁之间形成水沟，沟口宽0.5～0.6、沟底宽0.4～0.5、深0.15～0.25米，断面呈浅"凹"形。沟底用不规则的片石和细石条平铺，水池东西两面的水沟北高南低，高差0.04～0.18米，北面水沟中间高，两边低，高差0.04～0.1米，南面水沟东高西低，高差0.06～0.12米（图八六；彩版三六，2）。

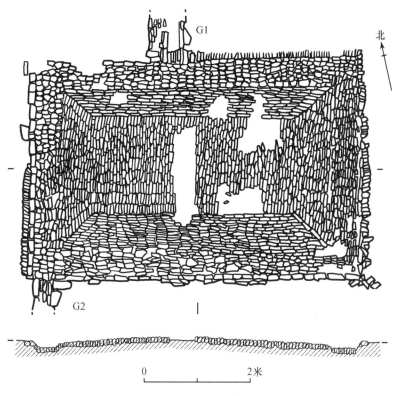

图八六　南府行署遗址水池1平、剖面图

（二）水沟

共4条，分别编号为G1～G4。

1. G1

位于发掘区北部，探方TN28E30内。北端未发掘，南端汇入水池1。开口于第2层下，打破生土层，距地表0.2～0.25米，略呈南北走向，方向10°。残存部分长3.94米，沟面几乎与生土层平齐，宽0.7～0.8米，沟口宽0.45～0.52米，部分沟口沿叠加长0.05～0.1、宽0.05～0.1、厚0.04米的细条压边石，呈45°～60°角顺铺。沟底宽0.4～0.42米，沟底板主要用0.2米×0.1米×0.04米的薄石片和0.1米×0.05米×0.04米的细石条混合平铺，较为平整，部分细石条缺失，露出灰褐色的生土。沟壁主要用0.2米×0.08米×0.04米的石片斜铺制成，断面呈"凹"字形，水沟由北向南倾斜，汇入水池1，深0.19～0.24米。G1沟面与水池1外壁等高，水池1西壁部分延伸，形成一个分水挡板（图八七；图版五一，2）。

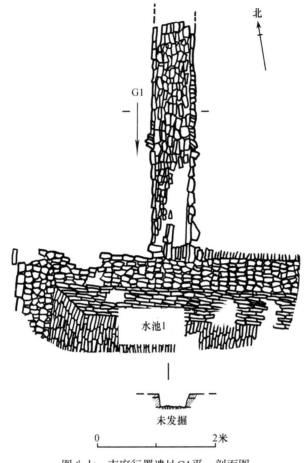

图八七　南府行署遗址G1平、剖面图

2. G2

G2位于发掘区西部，探方TN23E29、TN24E29、TN25E29、TN26E29、TN27E29内。由北向南倾斜，在距水池1南侧20、台地边缘北侧2.17米处直降0.35米后，向南延伸至台地边缘处残断，北端与水池1相接，并分别与G3、G4相接。开口于第2层下，打破生土层和台地垫土层，距地表0.25～0.4米，略呈南北走向，方向12°，残长22.5米。沟面与生土层和垫土层平齐，沟口宽0.4～0.85米。沟壁主要用规格为0.3米×0.15米×0.05米和0.25米×0.18米×0.05米的不规则片石铺制，水沟断面呈"凹"字形。部分沟口上叠加长0.08～0.15、宽0.04～0.06、厚0.05～0.08米的细条压边石，呈45°～60°角顺铺，沟底用与沟壁尺寸相同的石片铺成，较平整。G2与水池1西南角排水口相接，沟面与水池1外壁等高，沟口较水池1沟底板低0.07米，沟口宽0.35～0.7、沟底宽0.25～0.35、沟深0.2～0.6米。G2在距水池1南2米处与G3交汇后，水沟加宽、加深，沟口加宽至0.6～0.85、沟底加宽至0.55～0.65米（图八八；图版五二，1、2）。

3. G3

G3位于第四台地中部，探方TN26E30、TN26E31内，西端汇入G2，东端未发掘至尽头。G3开口于第2层下，打破建筑垫土层，距地表0.25～0.3米。东西走向，直线微弯，方向273°。

发掘部分长9.5、沟面宽0.35~0.5米。G3沟壁主要用规格为0.5米×0.15米×0.2米的块石陡铺，断面呈"凹"字形，近直壁。与G2交汇处的北壁部分残缺，沟底用0.5米×0.35米×0.2米的块石铺制，较平整，残缺处用残砖修补。口宽0.5~0.55、底宽0.2~0.35、深0.2~0.25米。由东向西与G2交汇，沟面与G2沟面外壁等高。G3底板与G2底板呈缓坡状交汇，较G2沟底板高0.04~0.06米（图八九；图版五二，3）。

4. G4

G4位于第四平台西部，TN25E29内，东端与G2交汇，西端残断。开口于第2层下，打破建筑垫土层，距地表深0.18~0.22米。东西走向，方向104°，残长1.78、沟面宽0.3~0.67米。沟壁残缺，仅可见部分片石陡铺，现存沟壁较沟底板高0.02~0.08米，沟底用0.25米×0.2米的片石铺制，较平整，水沟断面呈浅"凹"形。在G4北壁外侧发现残存的少量卵石块，可能为当时铺制的地墁。G4与G2在水池1南10.4米处交汇，G4底板与G2沟面等高，水沟流向为自西向东（图九〇；图版五二，4）。

（三）台基包边石

在第四平台东南角边缘处，TN15E24内，发现残存的台基包边石，包边石材质为青灰色石灰岩，暴露于地表，南北走向，方向20°。台基包边石现存底层的土衬石和一层陡板石。土衬石现存两块，总长1.42米，土衬石露明0.36、金边0.06米，表面打有糙道，其顶部上有宽0.17、深0.04米的凹槽，内放陡板石。陡板石仅存一块，尺寸为1.03米×0.15米×0.38米，陡板石外侧面上有0.83米×0.18米×0.04米的长方形的开光，内饰浅浮雕缠枝花纹。陡板石内侧表土层下为第四平台的建筑垫土层，垫土层为灰褐色，土质紧密，内夹杂大量厚0.03~0.05米的碎石子（图九一；图版五三，1）。

（四）石街

石街位于行署区第一台地南部，大河沟北部，桥5和桥6之间，东西走向，现被村村通水泥公路和现代旅游步道叠压。布设ITN15E24进行解剖发掘，探方实际发掘规格4.4米×4.6米。石街开口于第3层下，打破第4层，距地表深0.32~0.6米。解剖段道路东西走向，微弧，路面东西现长4.83、南北宽2.6~3.9米，方向135°。石街由甬路和两侧坡状散水组成，其中北侧散水外还铺设了一层平坦的石子地墁。

甬路现长4.83、宽0.77~0.86米，用卵石南北向顺铺，地面较平整，卵石之间可见黄褐色垫土层，甬路北侧与散水之间的牙子石用卵石东西向立铺，甬路南侧与散水之间的牙子石用片石东西向平铺；甬路北侧的散水用卵石东西向顺铺，表面呈坡状，由南向北渐低，外侧压边石用片石东西向立铺。压边石外侧为东西向卵石铺设的石子地墁，表面平整，但残损严重，

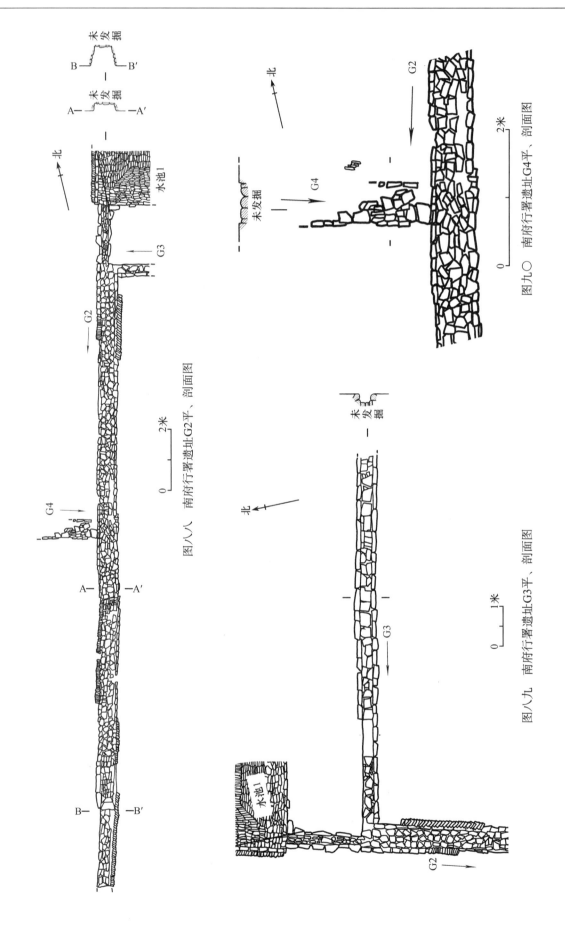

图八八　南府行署遗址G2平、剖面图

图八九　南府行署遗址G3平、剖面图

图九〇　南府行署遗址G4平、剖面图

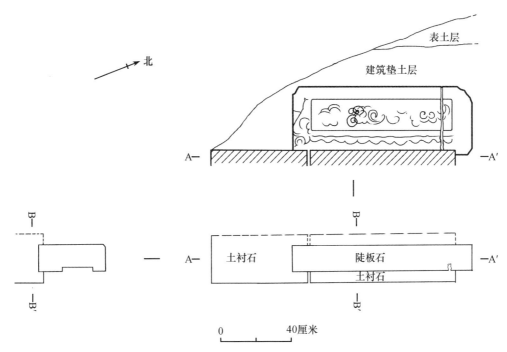

图九一　南府行署遗址台基包边石平、剖面图

地墁以北为当时地面。甬路北侧的牙子石宽0.1～0.12米，散水宽0.66～0.71米，外侧包边石宽0.1～0.12米。散水较甬路低0.02～0.06米，较甬路外侧卵石地面高0.05～0.08米。甬路外侧卵石地墁与甬路等长，残宽0.33～0.67米，较第4层高0.04～0.07米；甬路南侧的散水用卵石南北向顺铺，表面呈坡状，由北向南渐低，外侧压边石用石块南北向立铺，仅在探方西南角有少量残存，压边石以南为当时地面。甬路南侧的牙子石宽0.32～0.44米，散水宽1.1～1.2米，外侧包边石宽0.11～0.15米。散水较甬路低0.09～0.11米，较甬路外侧地面高0.05～0.08米。

为说明石街的堆积情况，以ITN15E24探方东壁剖面示例。

第1层：表土层。厚0.18～0.45米。中间铺设东西向现代卵石旅游步道，道路外侧土色灰褐色，土质松散，含大量植物根茎、大小石块、砖瓦片等，内部夹杂现代垃圾。

第2层：厚0.06～0.12、距地表0.18～0.45米。土色黄褐色，土质松软，含少许的草根、小砾石、瓷片和现代垃圾。

第3层：厚0.08～0.12、距地表0.25～0.54米。土色深灰色，土质松散，含有少许根茎、小石子、砖瓦、瓷片等，石街开口于本层下。

第4层：未发掘。距地表0.3～0.8米。土色黄褐色，土质松软，含少许小石子等，分布在石街两侧。

其中第1～3层是在铺设现代旅游步道时运来的垫土，第4层为与石街同时期的地面（图九二；图版五三，2）。

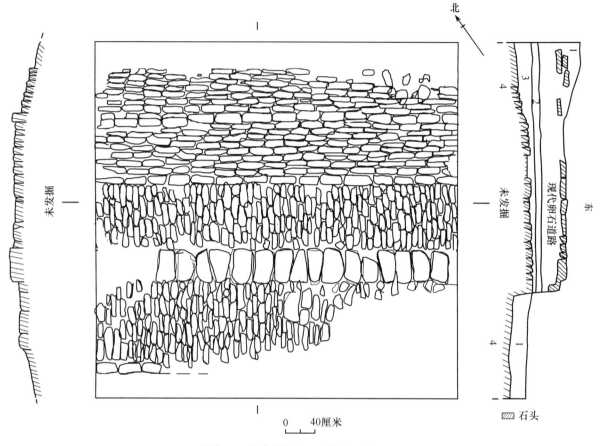

图九二　南府行署遗址石街平、剖面图

（五）环壕

1. 环壕1

位于行署区东5～20米，桥5修建于其上，自麻寮山山腰南北向蜿蜒穿至大河沟，长约430米，山上为自然冲沟，山下约有200米的环壕，为在自然河沟的基础上人工修建而成，沟壁两侧用不规则石块错缝干垒，靠近麻寮山脚处沟壁多已垮塌，露出内部的生土和基岩，垮塌石块堆积在沟内。本次仅清理了自桥5汇入大河沟一段，长10.1、深1.7～2.2、口宽2.64～3.6、底宽1.4～2.87米，方向350°。沟壁向外微倾，沟底为高低不平的基岩和沟壁垮塌的块石（图九三；图版五四，1）。

2. 环壕2

位于行署区西20～50米，桥6修建于其上，自麻寮山山腰南北向蜿蜒穿至大河沟，长约300米，山上为自然冲沟，山下为在天然壕沟上人工改建而成，壕沟被村村通公路和房屋破坏，仅存靠近大河沟的部分，长约120米。沟壁两侧用不规则石块错缝干砌，扰动较大，顶部为现代

居民用淤沙土、水泥修补，中间用不规则大小的石块垒砌，部分缺失处用水泥填充。本次清理
了桥6至大河沟保存较好的一段，长5.67、宽3.05~3.2、深0.8~1.62米，方向350°。沟底为含大
量细沙的灰褐色淤积土（图九四；图版五四，2）。

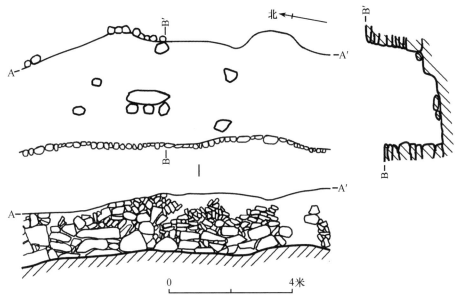

图九三　南府行署遗址壕沟1清理段平、剖面及东壁立面图

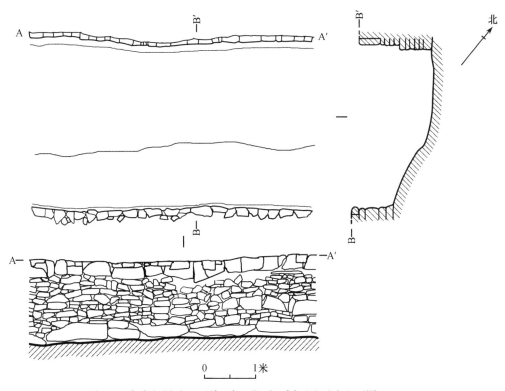

图九四　南府行署遗址环壕2清理段平、剖面及西壁立面图

五、出土遗物

南府行署区遗址出土遗物数量较少，破损严重，年代多属明末至清初。遗物质地可分为瓷、石、铜、陶四大类，以生活器皿和建筑构件为主。主要为地表采集或者表土层内出土，少量出土于填埋遗迹单位的废弃堆积内。

（一）生活器皿

1. 瓷器

11件。器形有碗、杯、碟。

碗　7件。NF·TN15E24①：1，残。灰白胎，透明釉微泛青，青花呈色蓝中泛浅灰。敞口，沿外卷，尖唇，弧腹。口沿内外壁饰皆两周弦纹，腹外壁满饰一周变体楷书"寿"字。口径12、残高4.5厘米（图九五，1；图版五五，2）。NF·TN23E29①：1，残。灰白胎，透明釉微泛青，青花呈色蓝中泛黑灰。平底，矮圈足内收，足跟外缘斜削一周，无釉露胎，外底中心有乳突。内底饰写意折枝花纹。足径5.5、残高1.5厘米（图九五，2）。NF·G2：2，灰白胎，透明釉泛黄白，青花呈色蓝中泛灰黑，色泽暗淡。敞口，尖唇，沿微卷，斜弧腹，内底圈，外底微凸，圈足内收。口沿内壁饰一周弦纹，内底花卉纹饰残，下腹近底处外绕青花双圈。口沿外壁饰两周弦纹，腹外壁饰缠枝花卉纹，下腹近底处饰一周卷云纹。复原口径14.8、足径5.5、高6.4厘米（图九五，3；图版五五，2）。NF·TN23E31①：2，灰白胎，透明釉微泛青，青花呈色蓝中泛浅灰。敞口，圆唇，斜直腹，平底，矮圈足内收，足跟无釉露胎。唇部晕染一周弦纹，晕散至口沿内壁。内底纹饰残，腹外壁饰写意螭龙纹。口径14.7、足径5.6、高4.4厘米（图九五，4）。NF·TN23E31①：1，残。黄灰胎，透明釉微泛青，内有一圈刮釉，底部正中有一戳刻"Z"符号。足径8.3、残高3.2厘米（图九五，5）。NF·TN25E29①：1，残。灰白胎，透明釉微泛青，青花呈色蓝中泛黑灰。内底圈，矮圈足内收，足跟外缘斜削一周，无釉露胎，沾沙，与圈足内壁及外底皆无釉露胎，外底中心有乳突，外一周辐射状跳刀痕，内底行书"白玉斋"。足径4.4、残高2.2厘米（图九五，6；图版五五，3）。NF·TN26E29①：2，残。灰白胎，透明釉微泛青，青花呈蓝灰色。弧腹，平底，圈足内收。内底一周团螭纹，外绕青花单圈。外底与圈足交接处饰一周弦纹，圈足上饰两周弦纹，外底书变体款"富贵佳器"。足径4.6、残高2厘米（图九六，1）。

杯　3件。NF·TN25E29①：2，残。灰白胎，透明釉微泛青，青花呈色蓝中泛黑灰。弧腹，平底，矮圈足内收，足跟外缘斜削一周，与圈足内壁及外底皆无釉呈黄褐色，外底中心有乳突。内底饰简笔折枝花纹，外绕青花双圈，腹外壁纹饰残，外底与圈足交接处饰一周弦纹。足径2.2、残高2.3厘米（图九六，2）。NF·TN26E29①：1，残。灰白胎，透明釉微泛青，青花呈色蓝中泛黑灰。平底，矮圈足内收，足跟外缘斜削一周，尖状，无釉露胎。内底饰写意条

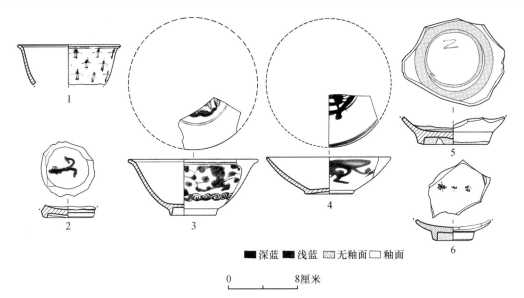

图九五 南府行署遗址出土瓷碗

1. NF·TN15E24①：1　2. NF·TN23E29①：1　3. NF·G2：2　4. NF·TN23E31①：2
5. NF·TN23E31①：1　6. NF·TN25E29①：1

状带点植物纹，外绕青花双圈。外底与圈足交接处饰两周弦纹，晕散。外底简写行书"大明年造"四字，外绕青花单圈。底径2.3、残高1.5厘米（图九六，3）。NF·G2：1，修复。灰白胎，透明釉微泛青，青花呈色蓝中泛浅灰，釉面可见少许黑斑和气孔。敞口，斜方唇，弧腹，平底，圈足内收，足跟与外底皆无釉露胎，腹外壁饰一周两组梵文。复原口径6.5、足径3.2、高3.7厘米（图九六，4；图版五五，4）。

碟　1件。NF水池1：1，修复。灰白胎，透明釉微泛青，青花呈色蓝中泛浅灰。敞口，圆唇，弧腹，平底。口沿内壁及内底分饰一周弦纹，口沿外壁及圈足与外底交接处分饰一周弦纹。复原口径12、足径7、高3.2厘米（图九六，5）。

2. 铜器

铜钱　2件。NF·ITN24E29①：1，内外郭被剪，穿方正。正面楷书"嘉庆通宝"，四字对读，背面满文左宝右浙。直径2.2、穿径0.6、肉厚0.05厘米（图九七，1）。NF·TN23E31①：3，外郭同内郭，薄细均匀，穿方正。正面楷书"康熙通宝"，四字对读，背面满文左宝右泉。直径2.7、穿径0.8、肉厚0.05厘米（图九七，2）。

（二）建筑材料

1. 陶质建筑材料

砖　1件。NF·G1：1，完整。泥质灰陶，模制。平面呈长方形。素面。长28.4、宽13.4、厚3.6厘米（图九七，3）。

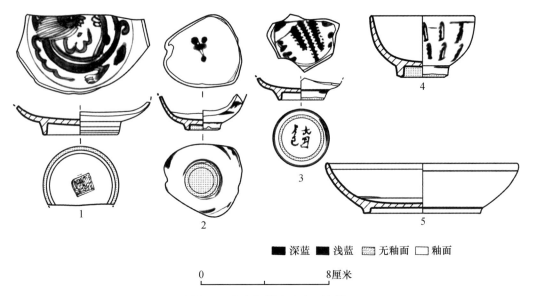

■深蓝　■浅蓝　▦无釉面　□釉面

0　　　　　　　　　　8厘米

图九六　南府行署遗址出土瓷器

1. 瓷碗（NF·TN26E29①：2）　2～4. 瓷杯（NF·TN25E29①：2、NF·TN26E29①：1、NF·G2：1）　5. 瓷碟（NF·水池：1）

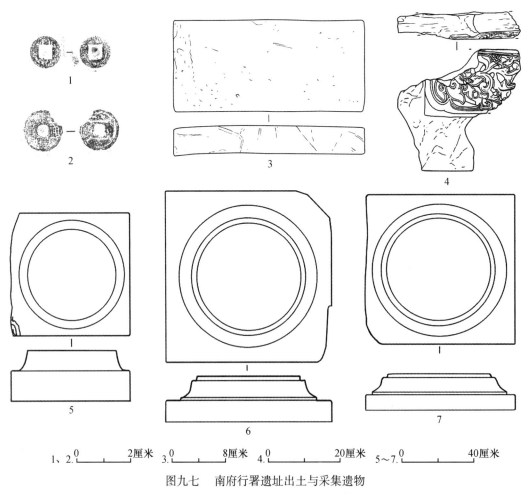

1、2.　0　　　　2厘米　3.　0　　　8厘米　4.　0　　　20厘米　5～7.　0　　　40厘米

图九七　南府行署遗址出土与采集遗物

1. 嘉庆通宝（NF·ITN24E29①：1）　2. 康熙通宝（NF·TN23E31①：1）　3. 陶砖（NF·G1：1）

4. 石雕花栏板（NF·采：1）　5～7. 石柱础（NF·采：2、NF·采：3、NF·采：4）

2. 石质建筑材料

4件。器形有雕花栏板、柱础。

雕花栏板　1件。NF·采：1，残。灰白色石灰岩，磨制。栏板下方榫头素面，表面凹凸不平。栏板外侧面方形开光内采用浮雕、透雕等工艺雕刻出缠枝花草纹。通长33、通宽33、厚7厘米（图九七，4；图版五五，5）。

柱础　3件。NF·采：2，圆鼓镜式柱础，青色石灰岩。柱盘正方形，尺寸为62厘米×62厘米×20厘米。鼓面直径64、镜面直径55厘米，上皮比柱盘高14厘米（图九七，5；图版五五，6）。NF·采：3。覆盆式柱础，青色石灰岩。柱盘正方形，边角有残损。尺寸为95厘米×95厘米×16厘米。盆底径52、口径62厘米、盆身高11厘米（图九七，6）.NF·采：4。青色石灰岩。柱盘正方形，边角略有残损。尺寸为81厘米×81厘米×12厘米。盆底径59、盆口径78、盆身高11厘米（图九七，7）。

六、小　结

顾彩在《容美纪游》中记载："南府署极雄敞。倚山面溪，前有石街，居民栉比。尽石林山脚，皆同阛阓也（君以楼工未竣，欲余迁寓民房，余相度数处，俱湫隘不堪，乃不果移）。溪外有亭台数处可眺。"文献记载与本次考古工作的收获基本符合，受发掘环境限制，加上发掘区遗址整体破坏较严重，虽然本次考古发掘并未达到了解行署区整体建筑布局及单体建筑特征的目的，但也有一些基本收获。

第一，勘探和发掘表明，行署区所在的7级台地并非天然台地，而是经过人工加工过的。以所发掘的第四台地为例，台地南部存在灰褐色的建筑垫土层，北部为黄褐色生土层（G3与水池1之间）的基本情况来看，原始地形北高南低，后将南部整体加高铺平，使台地南北达到同一个水平高度，形成建筑平台。

第二，从发掘迹象来看，大部分表土层即为被扰乱过的建筑垫土层，在台地南部表土层下为未被扰乱的建筑垫土层，在北部表土层下为废弃堆积层。G1和水池1等遗迹开口于废弃堆积层下，推测台地大体以G3为分界线，其中G3以南和G2以东为当时的房屋建筑，G3以北，水池1所在位置很可能为当时庭院间的天井。在行署区建筑垮塌废弃后，建筑废弃堆积层和建筑垫土层被平整后，堆积流向低于房基的室外空间，在台地北部将水池1和水沟填埋，形成一个倒装地层。而在台地南部，房屋室内空间的建筑废弃堆积层部分向南搬运至第三台地或台地边缘（如挪动到台地东南角的柱础），部分被当地村民就地取材使用，因此，部分被破坏的建筑垫土层经农田翻耕扰乱后形成了现在的表土层。

根据台地东南角的包边石高度可知，第一层陡板石较现地表低约0.4米，而第一层陡板石高0.38米，其上横铺压边的阶条石厚度如超过0.4米，则可能造成台基包边的陡板石变形或下沉。因此推测台地包边的陡板石应该有两层或两层以上，加上顶部横置压边的阶条石，台地南部应该被破坏掉了一个阶条石的厚度，即0.08～0.2米。

第二节　张桓侯庙遗址

一、位置与概况

张桓侯庙遗址位于鹤峰县五里乡南村三组，地处一座山丘顶部，与山下地表高差约60米。遗址北为麻寮山脚，东约300米为遗址行署区，南约20米为大河沟和张爷桥，山腰南面中部为燕喜洞主洞口，西北约400米为燕喜洞副洞口。遗址中心地理坐标为北纬29°54′9″，东经110°17′49″，海拔941米。

张桓侯庙20世纪50年代还有当地村民居住，直至1963年失火后废弃。土司时期的上山道路现已不存，现通行的道路为当地老百姓种茶行走的小路。清理前地表为茶园。建筑台基及台基包边石在茶园里清晰可见，柱础、门鼓石、天井、门柱、碑座等遗存散落于地表。

二、工作经过

2015年12月，对张桓侯庙遗址台基外侧进行了清理，确定了遗址范围，并实施了临时保护措施。2017年9月对张桓侯庙遗址进行了第二次全面清理，本次主要清理台基内部，以南府遗址总基点为探方基点，采用象限与方向法相结合的方法布10米×10米的探方8个。两次清理面积共约800平方米（图九八；图版五六）。

三、地层堆积

本次主要清理台基四周垮塌的垫土层和表面耕土层。

第1层：耕土层。灰褐色。厚0.05～0.15米。土质疏松，呈颗粒状，内部杂有大量植物根茎。出土少量青花瓷片和砖瓦残片，以及现代垃圾。该层分布于整个遗址台地的清理区内。此层下为张桓侯庙基址，基址上还分布着柱础、天井、石碑残片等遗存。

第1层下未清理。

四、遗　　迹

张桓侯庙以高台起筑的形式修建于朝阳山顶上。山顶建筑台地呈"凸"字形，建有两层台地，第一层台地为回廊台基，四周设庙宇廊道，环绕第二层台地一周，中部凸起为第二层台地，平面上有张桓侯庙基址，为建筑台基。第一层台地的廊道上散落少量建筑构件，建筑构件有门柱、门槛、柱础等，第二层台地的基址上保存有庙宇的石墙基、天井等遗迹，还有少量石

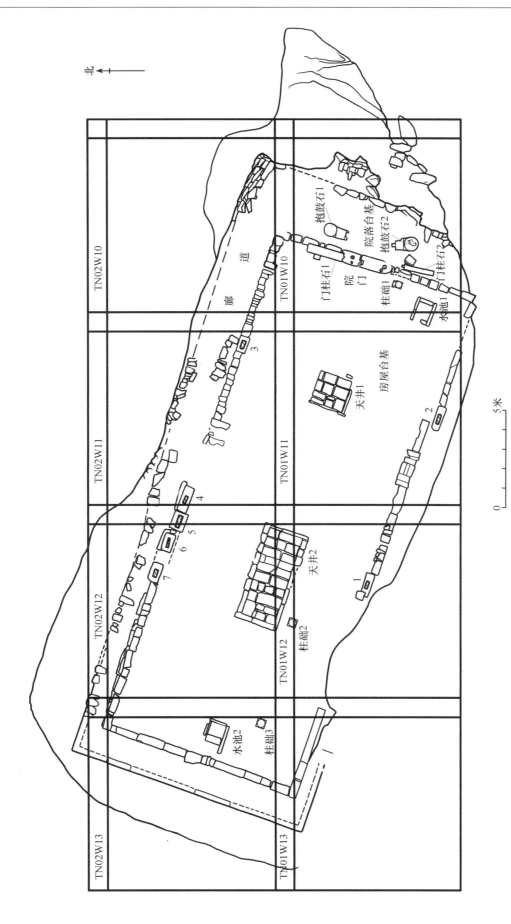

图九八　张桓侯庙遗址遗迹分布图

柱础等遗存。庙宇基址由台基、院门、天井等遗迹组成。本次清理共发现遗迹7处，其中台基2座、天井2座、院门1座、水池2处（图九九；彩版三七，1）。

（一）台基

1. 回廊台基

修建于山顶上，依山就势修建，整体呈东西向长方形，南北中轴线方向339°，东西长32.55、南北宽13.1米。台基南北两面为悬崖，西面为上山道路，台基高于道路1.23米，台基东面外侧为朝阳山山脊，台基高于山脊0.65米。

台基用黄褐色夹料姜石的次生土作垫土，未解剖，其是否经过夯筑无法得知。台基外侧用不规则块石与打磨过的条石包边，多垮塌，西部尚存包边的不规则石块。台基南北两面与建筑台基之间的廊道现已垮塌，台基东面廊道保存较好，但外侧包边石块剥落，露出内部基岩。廊道皆用黄褐色夹碎石块的垫土铺设地面，外用条石、石块压边。台基南北两侧廊道长32.55米，北面廊道的东部保存较好，宽0.9~1.03米，较建筑台基低0.22~1.15米，中部垮塌，西部局部垮塌，宽0.88~1.75米。台基南面及廊道垮塌至建筑台基处，仅残存中部，现存廊道宽0.75~0.77米，较建筑台基低0.9~1.6米。台基东西两侧廊道均长11.05米，与北廊道重合1.1米，与南廊道重合0.77米，其中西廊道保存较好，宽1.25米，较建筑台基低1.23米；东廊道仅存局部，宽2.75米，较建筑台基低0.74米。

2. 建筑台基

整体呈东西向长方形，东西长27.85、南北宽11.6米。台基中部由东向西发现5个碑座制作的阶条石，其中第2块碑座上还残存一块面向外廊道的碑刻，上刻卷草纹及碑文，文字模糊不可辨识，但可知原碑刻正面朝外。台基外侧用不规则块石、打磨过的条石或碑座包边，包边的阶条石多遗失。台基南面部分垮塌，其余三面保存较好，南、北两面外侧的包边石有缩边迹象。台基北面西侧至中部采用条石错缝干垒，条石之间缝隙较大，共铺设5层条石，条石长0.66~0.9、宽0.24~0.5、厚0.24~0.3米。台基南侧垮塌，未向下清理，但可见到顶部的阶条石内收，内收长度0.8~1.45米，有2块阶条石为碑刻的碑座。台基东西两面包边石条保存较好，台基西面由2层石块错缝干垒砌，条石之间缝隙较大，内填黄土。台基东面由四五层条石和块石错缝干砌，之间缝隙较大，条石及块石长0.3~1.25、宽0.24~0.5、厚0.24~0.5米。台基表面较平整，顶部中间为门槛石，台基地表较柱础及门槛石低0.1~0.15米，表土清理后即露出铺垫的夹料姜石的黄褐色垫土。

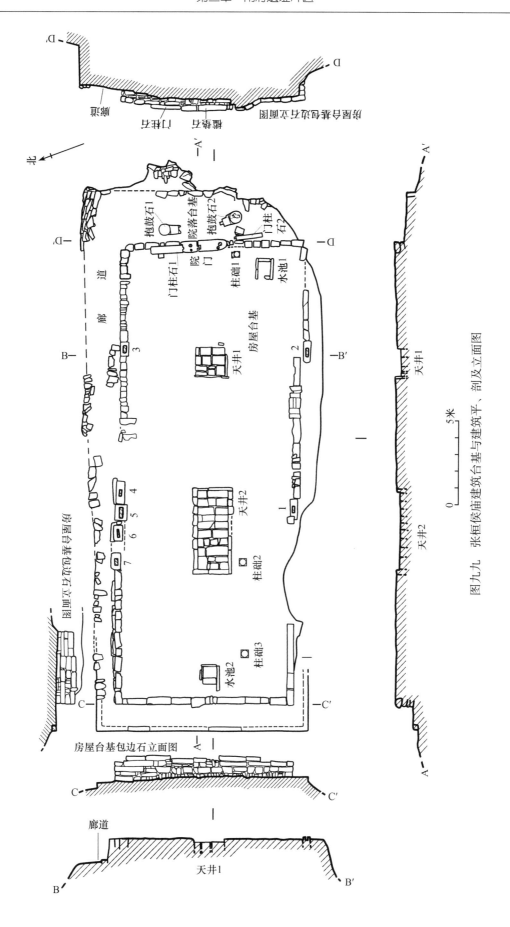

图九九　张桓侯庙建筑台基与建筑平、剖及立面图

（二）建筑遗迹

建筑台基上房屋建筑已被破坏，仅残存部分建筑遗存，遗迹有院门、天井、水池等遗迹。

1. 院门

从残存的遗迹现象观察，庙门位于台基东面包边石正中，现仅存门道痕迹，门转轴孔间距2米。方向111°。

2. 天井

2座。

天井1　位于台地中部偏东，距台基南北两侧包边石外边侧4.35、5米，距台基东面包边石外边侧6.5米。整体近正方形，东西中线方向339°。天井内部南北宽2.05、东西长2.15、深0.3米，面积4.4平方米，外部用长0.35～1.64、宽0.09～0.15、高0.15～0.3米的石板陡立包边，高于现地表0.05～0.2米，其北侧和东侧的石板部分缺失。天井底部用长0.5～1.36、宽0.2～0.59米的青石板错缝南北向满铺（图一○○）。

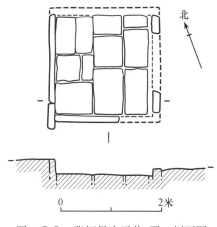

图一○○　张桓侯庙天井1平、剖面图

天井2　位于台地中部偏西，距台基南北两面包边石外边侧4、4.7米，与天井1相距6.6米。整体呈长方形，东西中线方向339°，内部东西长5.2、南北宽2.5、深0.2米，面积13平方米，外部用长0.3～1.47、宽0.18～0.25、高0.2～0.25米的石板陡立包边，高于现地表0.17～0.22米。天井底部用长0.35～1.5、宽0.2～0.8米的青石板错缝东西向满铺（图一○一）。

3. 水池

2座

水池1　位于台基东南角，池内为黄褐色垫土，未发现地墁。水池1与台基阶条石等高，高于现室内地表0.1～0.15米，距台基南面和东面包边石1.95、0.85米。整体近正方形，东西中线

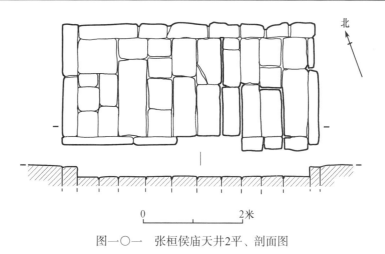

图一〇一 张桓侯庙天井2平、剖面图

方向339°，东西宽1.25、南北长1.1米，面积约1.32平方米。外侧用长0.35~1.3、宽0.15、深0.15米的石板陡立包边，西北角缺失，低于池面0.15米。

水池2 位于台基西面，与天井1和天井2在一条东西向轴线上，高于现室内地表0.15米，距天井2和台基西面包边石0.7、5.5米。整体近长方形，东西中线方向339°，东西长0.56、南北宽0.7米，实际面积0.37平方米。外侧用长0.75~1.4、宽0.15~0.45、深0.33米的石板铺边。南壁石板高出水池边0.7米，北壁缺失，西壁用横铺的石板包边，石板长0.78、宽0.45、厚0.27米，低于池面0.15米。

五、遗 物

张桓侯庙遗址清理时仅在台地上发现建筑构件和石碑刻。

（一）建筑构件

基址上散落部分建筑构件，主要为门构件，槛垫石、门柱石、抱鼓石未移位。券顶石在清理院落台基垮塌的垫土层时发现，移位至东面廊道处。

1.门构件

有券顶石、槛垫石、门柱石及抱鼓石等。

券顶石 5块。在清理院落台基垮塌的垫土时发现，现位移至垫槛石下廊道处，皆呈扇形，可拼接成圆形，与门柱石拼接成一个完整券门。1号，外扇径0.64、内扇径0.47、宽0.42、厚0.28米。正面正中浮雕花状纹饰，纹饰残损，该券顶石疑为龙门石（图一〇二，1）。2号，外扇径0.66、内扇径0.5、宽0.43、厚0.28米（图一〇二，2）。3号，外扇径0.65、内扇径0.51、宽0.41、厚0.28米（图一〇二，3）。4号，外扇径0.67、内扇径0.52、宽0.42、厚0.28米

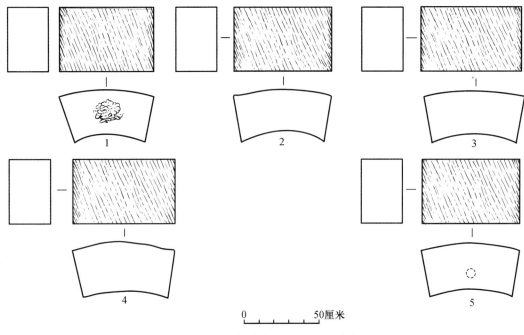

图一〇二　张桓侯庙券顶石平面图、侧视图

1. 1号　2. 2号　3. 3号　4. 4号　5. 5号

（图一〇二，4）。5号，外扇径0.62、内扇径0.47、宽0.42、厚0.28米。正面正中浮雕星状纹饰，纹饰残损严重（图一〇二，5）。

槛垫石　2块。由南北两块灰白色石灰岩石榫卯结构拼成，位于台基东面正中。北槛垫石呈梯形，外角弧形，南宽0.32、北宽0.25、长0.5、厚0.17米，与南槛垫石榫卯相固，榫头长0.07、宽0.06米。槛垫石上打磨成内外两个平台，高差约0.02米，形成门槛。内外平台上分别凿制圆形的门窝和门柱石榫眼，两者相距0.07米，距门窝东0.02米处为门槛。门窝直径0.04、深0.03米，门柱石榫眼直径0.08、深0.07米。南槛垫石梯形，外角弧形，南宽0.2、北宽0.32、长0.9、厚0.16米，与北槛垫石榫卯相固，榫眼深0.08、宽0.08米。槛垫石上打磨成内外两个平台，高差约0.02米，形成门槛。内外平台上分别凿制圆形的门窝和门柱石榫眼，门窝呈圆环形相连，两者间距0.06米，门窝东0.02米处为门槛。门窝直径0.03、深0.03米，门柱石的榫眼直径0.1、深0.05米（图一〇三，1；图版五七，1）。

门柱石　2块。倒塌在槛垫石两侧的建筑台基阶条石上，均为暗红色砂岩制成，为长方体，下端置榫头，榫头分别与槛垫石内门柱石榫眼进行榫卯拼接。南北共两块，北门柱石呈长方体，下端置榫头，顶部残损，残长1.98、宽0.42、厚0.3米，底端与槛垫石相交的圆柱状榫头直径0.14、残长0.1米，内立面底端处有一长方形榫眼，榫眼尺寸为0.09米×0.06米×0.18米。表面打满条状糙道，内立面和正立面两端均有浅浮雕如意云头纹（图一〇三，2）。南门柱石呈长方体，长1.53、宽0.42、厚0.23米。底端与槛垫石相交的圆柱状榫头直径0.15、长0.1米。内立面底端处有一长方形榫眼，榫眼尺寸为0.09米×0.06米×0.18米，底端与槛垫石相交的圆柱状榫眼，直径0.14、长0.05米，门柱石表面打满条状糙道（图一〇三，3）。

抱鼓石　2个。倒塌在门槛石外侧的台基廊道上，均为暗红色砂岩制成。南北共两个，北

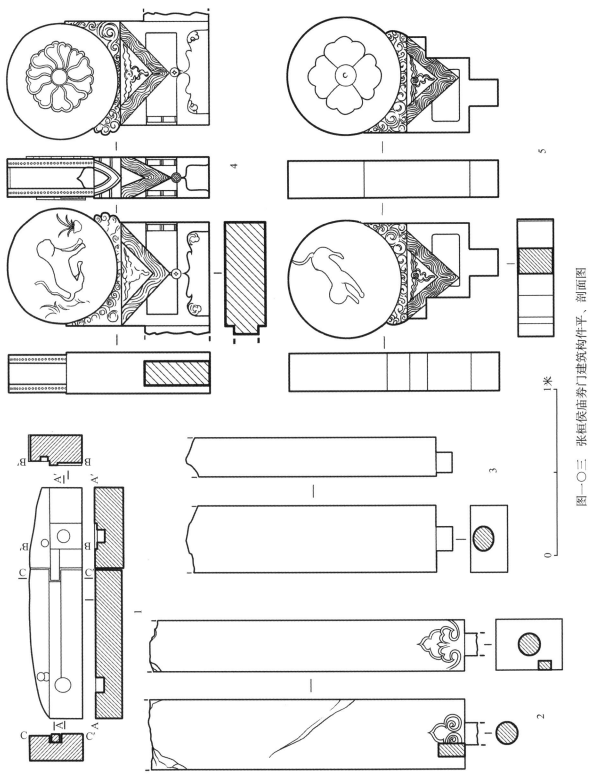

图一〇三　张桓侯庙券门建筑构件平、剖面图

1. 槛垫石　2. 北门柱石　3. 南门柱石　4. 北抱鼓石　5. 南抱鼓石

抱鼓石通高1.25、通厚0.26、最宽0.71、鼓面直径0.7米。门槛槽遗失，大鼓前鼓钉和白虎兽面模糊，抱鼓石鼓子心上正反两面分别浮雕兰草环绕的蹲距白虎纹和月华纹，包裹角内浮雕水草纹（图一〇三，4；图版五七，2、3）。南抱鼓石通高1.31、通厚0.22、最宽0.71、鼓面直径0.7、门槛槽长0.18米。大鼓前鼓钉和兽面模糊不清，抱鼓石鼓子心上正反面分别浮雕白虎纹和四叶草纹，其中白虎纹残损模糊严重，包裹角内浮雕水草纹。抱鼓石整体风化严重（图一〇三，5）。

2. 柱础

柱础共发现3个，编号为1~3号，均位于天井南侧，呈东西向线状排列，1号柱础距房基西面台基包边石0.55米，与2号和3号之间的间距分别为18米、23.6米，从其位置来看，推测1号柱础为前殿檐柱，2号和3号柱础分别为两侧廊房的檐柱。1号，鼓镜式柱础，柱盘尺寸0.36米×0.33米×0.15米，镜面直径0.25、鼓径0.31、上皮比柱盘高0.13米（图一〇四，1）。2号，鼓镜式柱础，柱盘尺寸0.37米×0.35米×0.1米，镜面直径0.25、鼓径0.32、上皮比柱盘高0.17米（图一〇四，2）。3号，八面圆鼓柱础，柱础共三层，第一层柱盘为四边形，四周角斜切，尺寸0.23米×0.08米×0.09米；第二层为八边形，尺寸0.14米×0.14米×0.1米；第三层为扁鼓形，鼓面直径为0.29、高0.13米（图一〇四，3）。

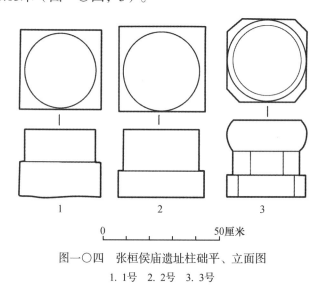

图一〇四　张桓侯庙遗址柱础平、立面图
1. 1号　2. 2号　3. 3号

（二）石碑刻

20世纪60年代，张桓侯庙遗址遭受火灾后，村民曾将废弃堆积清理推至山下，本次考古清理时出土遗物较少，仅发现少量砖瓦等建筑材料，多破碎。在遗址、山腰和山脚下采集到数块碑刻，可识别文字碑刻4块。石碑磨制，青灰色砂岩，表面磨光。纹饰及文字皆阴刻（碑文内容详见《容美土司石刻》一书）。

ZHHM·采：1，"日月长明"碑，微残，通体呈长方形，方形平碑首，顶角斜切，碑文楷书阴刻。残长121、残宽56、厚11厘米（图一〇五）。

ZHHM·采：2，"万古流名"碑，微残，通体呈长方形，方形平碑首，顶角斜切，碑文皆楷书阴刻。残长129、残宽70、厚14厘米（图一〇六）。

ZHHM·采：3，"德垂万古"碑，仅存长方形碑首，顶角斜切。残长148、残宽85、厚13厘米（图一〇七）。

ZHHM·采：4，仅残存碑身局部。残长24、残宽11～14、厚7厘米（图一〇八）。

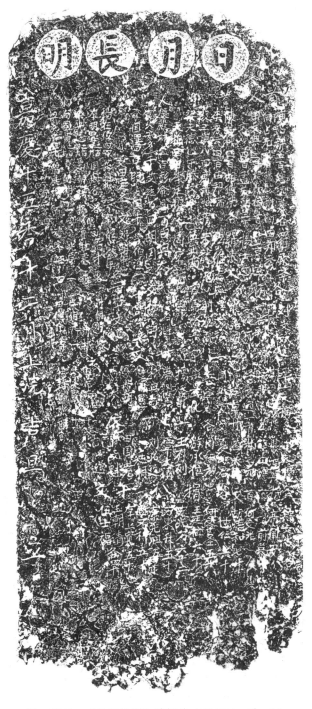

图一〇五 "日月长明"碑拓片（ZHHM·采：1）

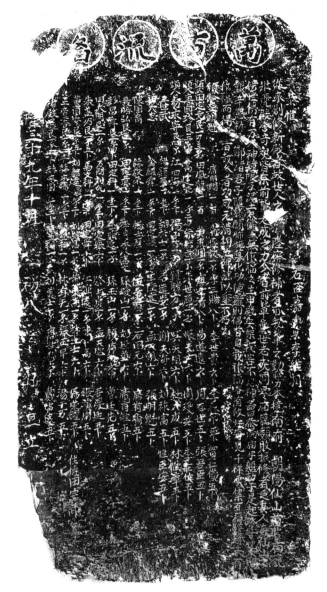

图一〇六　　"万古流名"碑拓片（ZHHM·采：2）

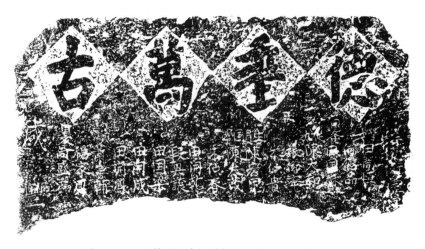

图一〇七　　"德垂万古"碑拓片（ZHHM·采：3）

图一〇八　咸丰元年碑拓片（ZHHM·采：4）

六、小　结

　　据考古清理结果显示，张桓侯庙遗址平面呈长方形，从现存的天井和柱础判断，张桓侯庙建筑为二进三重，回廊台基上的廊道可作散水和道路使用。康熙四十二年顾彩在《容美纪游》内记载："愈一砦抵南府，寓余于张桓侯庙。庙有楼，极弘敞，八窗洞达，清流襟其前，高峰峙其后。楼前桃树七八十株，一时开放。"可知当时新修的张桓侯庙内有楼，楼较宽敞，四面有窗，楼前有河，楼后有山，与张桓侯庙遗址现存环境吻合。

　　张桓侯庙经过数次大规模改建，与考古清理情况也基本相符。根据采集碑文可知，张桓侯庙在乾隆、嘉庆和咸丰年间进行过大规模重修。至少在乾隆年间，张桓侯庙就经过重修并且更名为"朝阳观"，与乾隆版《鹤峰州志》内记载的"朝阳观在南府"可互相印证。容美土司覆灭后其逐渐演变成一般庙宇，20世纪50年代后成为村民家居，并沿用到21世纪才废弃。但在这个过程中，其建筑形制、建筑体量、建筑功能皆随时代和地貌环境变化而发生较大的变化。

第三节　燕喜洞遗址

一、位置与概况

　　燕喜洞为一个天然喀斯特溶洞，前洞口位于鹤峰县五里乡南村三组，前洞口中心地理坐标为北纬29°54′9″，东经110°17′49″，海拔915米。后洞口位于南村村委会后西北约200米的麻寮山脚下（彩版三七，2）。

二、工作经过

2015年12月，对燕喜洞遗址进行了调查清理工作。燕喜洞洞内硝土丰富，直至20世纪80年代以前仍然有当地居民在洞内挖坑熬硝。经过调查得知，燕喜洞为一天然石灰岩溶洞，前洞口位于半山腰，山顶为张桓侯庙，山脚下为大河沟和张爷桥。洞内有一条主要道路，由前洞口通往后洞，洞内道路宽敞，但部分路段较狭窄。洞内整体空间较大，洞顶为石灰岩，地面为白色的硝土，地表湿滑。在洞内中部有地下暗河穿过，并汇入洞外大河沟。洞内整体通风较差，潮湿闷热，不宜人长期驻留。洞内前后洞口各有一个经过人工处理的天然平台，其中部也有两个天然平台。洞内另有6个天然支洞，大的支洞可容纳数人穿过，小的支洞仅容一人蹲行。后洞口位于岩壁洞底，向外凸出。

三、遗　　迹

因近年发展旅游业，南村村民将燕喜洞进行了改造，洞内外受不同程度的破坏，遗迹仅存洞口的洞门和洞壁上的榫槽。

（一）洞门

洞门为圆顶拱门，由灰白色石灰岩打磨制成的条石和块石搭建而成，包括门洞和洞墙，保存完整。拱门通高1.8、宽0.84米，门洞朝西南。圜顶高0.63、宽1.28米，由三块扇形券石拼成，券石之间缝隙约0.005～0.012米，透过缝隙可见内部浇灌的白灰浆，表面未见油灰勾缝，券石表面皆打有糙道。东侧券石外径0.56、内径0.4、厚0.22米，西侧券石外径0.58、内径0.42、厚0.18米，中间龙口石外径0.58、内径0.4、厚0.24米。撞券和过河撞券在券石与山岩之间用大小不一的石块错缝干垒。地表铺设槛垫石，槛垫石下为现代水泥砌建的台阶，尺寸1.66米×0.4米×0.28米。槛垫石上的平水墙通高1.42米，西侧墙体由4块石头错缝干垒，由下往上数第一块尺寸0.6米×0.5米×0.27米，第二块尺寸0.38米×0.34米×0.28米，第三块尺寸0.5米×0.12米×0.28米，第四块尺寸0.6米×0.4米×0.29米；东侧墙体由3块石头干砌而成，由下往上数第一块尺寸0.72米×0.5米×0.22米，第二块尺寸0.8米×0.74米×0.22米，第二块表面上有一开采时留下的凿窝，其尺寸0.12米×0.08米×0.06米，第三块尺寸0.34米×0.16米×0.18米（图一〇九）。

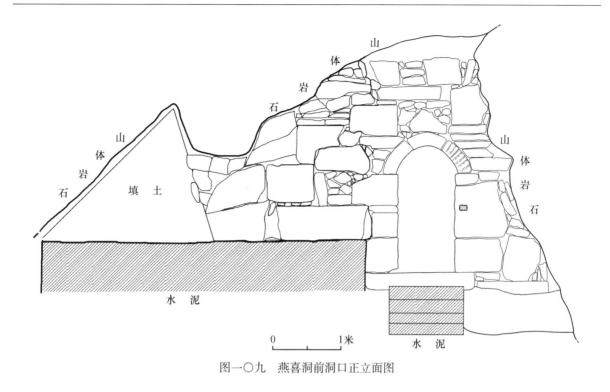

图一〇九　燕喜洞前洞口正立面图

（二）榫槽

洞口内东侧洞壁上有人工开凿的2个榫槽。榫槽1，表面呈长方形，长0.3、高0.36、深0.1～0.14米，槽内打有糙道，距前洞门10.5米，与榫槽2间距2.2米，距地表1.1米，距洞顶2.75米；榫槽2，表面略呈长方形，下边长0.28、上边长0.26、高0.3、深0.12～0.14米，距地表1.9米，距洞顶1.85米（图一一〇）。

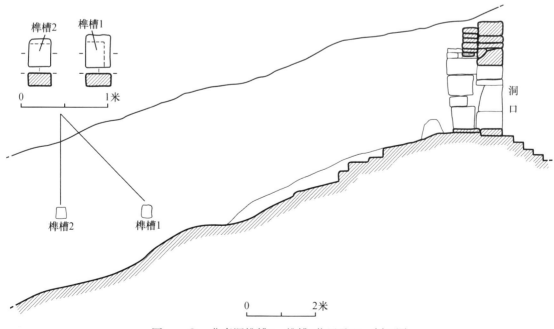

图一一〇　燕喜洞榫槽1、榫槽2位置及立、剖面图

四、小　结

顾彩曾进燕喜洞观游，并在《容美纪游》记载："其北有岩洞，名燕喜，深十余里，外窄内宽。土人避寇，常聚居其中，今则空洞无物。"此记载与今燕喜洞后洞口位置相符。目前尚存的前洞口、洞门等遗迹未曾记载，可能是当时燕喜洞内外并未进行营建，顾彩离开后才开始对燕喜洞进行营建，但营建后的燕喜洞进行了现代化改建，对洞口及周边环境破坏极大，当年燕喜洞洞内及周边具体营建情况不详。燕喜洞虽可容纳约千人，但洞内除几处台地外，空间狭小，洞内潮湿闷热，空气流通不畅，洞内暗河水含硝量极大，不能饮用，故而并不适宜长期驻留，其功能应与顾彩的记载相同，用作战时躲避兵灾。

第四节　道路与桥梁遗址

一、遗址概况

南府遗址片区道路和桥梁遗址分布较散，道路分为通往南府遗址片区的外部道路和南府遗址片区内部道路。内外道路相互连接，并在河谷、环壕处架有通行的桥梁。南府遗址片区外部道路一直沿用至现341省道通行后才逐渐废弃，这些道路长时间无人管理，清理前地表长满杂草、灌木，路面残缺不全，并堆满淤土、砾石等，但是连接道路的桥梁保存较好，仍可安全行走。内部道路目前仍在使用，2011年，当地对该道路进行了路面硬化改建，加上部分路段被农田、房宅和村村通公路叠压，道路保存状况一般。

二、工作经过

在南府遗址发掘的同时，对周边进行了详细调查，对沿河的道路进行了清理，对道路和桥梁进行了纪录、测绘、拍照等工作。

三、道　路

（一）L1

L1是中府（鹤峰县城）通往南府、并靠近南府的连接段道路，位于鹤峰县五里乡南村二组和三组，南府遗址片区西部。道路自桥1至环壕1处，现残长约1880米，整体走向为南北向，中心地理坐标为北纬29°54′8″，东经110°17′47″，海拔910～920米（彩版三九，1）。

道路清理前地表堆满淤积土，通过清理，发现该道路有三种形制。

第一种，基岩路面。在基岩上凿成简易的台阶或脚窝，台阶或脚窝大小、形状皆就地势制成，无明显规律（图一一一；彩版三八，1）。

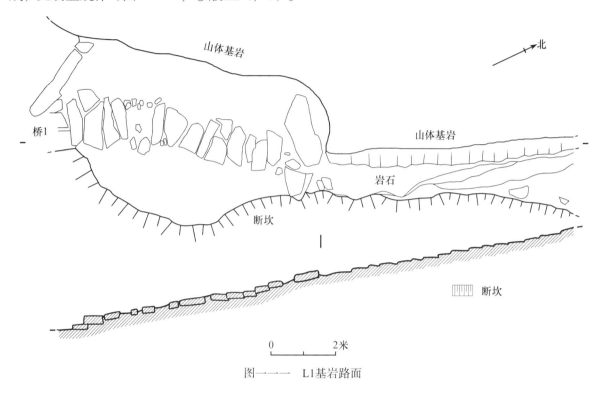

图一一一 L1基岩路面

第二种，步石路面。用0.2~0.5米的不规则块石平铺于垫土间，块石间距0.01~0.1米，块石高出垫土0.04~0.05米，垫土被落叶形成的腐殖层感染呈灰褐色，土质紧密，内含砂子、料姜石等，块石表面打有麻点（图一一二；彩版三八，2）。

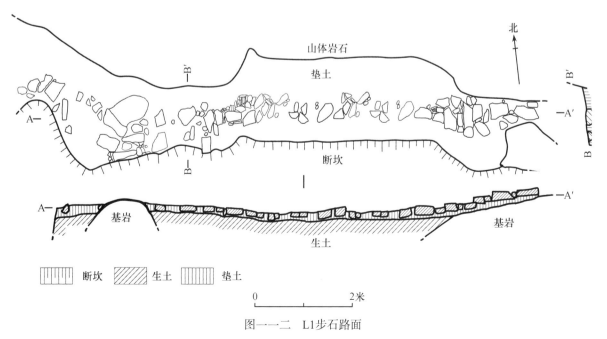

图一一二 L1步石路面

第三种，卵石路面。将长宽0.1～0.2米大小不等的卵石东西向铺设在垫土上，高出垫土0.04～0.05米，垫土被落叶形成的腐殖层沾染呈灰褐色，土质紧密，内含砾石、砂子等。道路外侧边有压边石，用边长0.2～0.4米的大块方石东西向平铺，较规整。压边石外侧发现了后来扩建的道路，也用卵石铺设，外侧边包边石垮塌。清理的道路整体宽0.8～3.47、道路主体残宽0.8～1.7米，扩建道路残宽0.5～0.7米，较道路主体低0.21～0.25米，扩建道路与原道路所用的卵石尺寸与铺法相似（图一一三；彩版三八，3）。

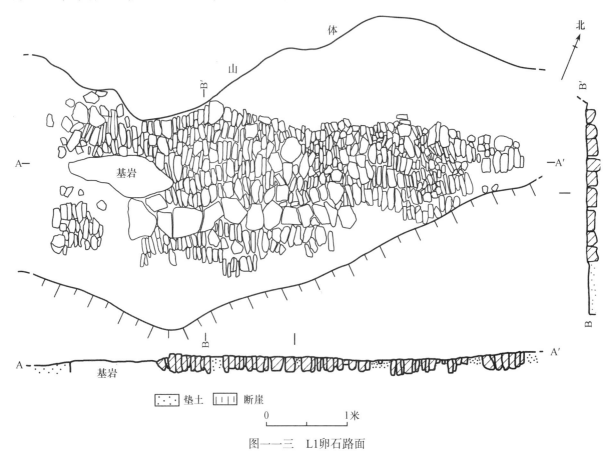

图一一三　L1卵石路面

L1道路修建在大河边南北两侧，其在跨越大河沟时修建有桥梁。为叙述方便，将L1以桥梁为节点，分为四段来介绍。

第一段：自桥1（高家桥）开始至桥2（独石桥），位于大河沟（小地名）北侧高家山山腰南面，道路整体呈东西走向，沿山体开凿，就山势所建，宽窄不一，蜿蜒曲折，其直线距离约180米，中间多损毁。

第二段：自桥2开始至桥3（上马凳桥），东西走向，沿大河沟南岸修建，部分路段被南村村委会和341省道叠压和破坏，仅存靠近桥3以西长约50米的道路，该道路被现代改建，扰乱严重。步石路面，道路中部采用直径0.5～0.7米不规则的大块块石平铺在垫土间，块石间距0.01～0.1、路宽约1米。道路被改建后，在块石之间以水泥为垫，插入鹅卵石，道路两边用水泥包边，现存路面宽1.4米。

　　第三段：自桥3开始至桥4（张爷桥），道路东西走向，沿大河沟南岸修建。桥3以东现残存长约8米的步石路面，桥4以西现存残长约6米的卵石路面，道路内侧被农田田坎侵占，压边石外侧被现代修建卵石路面加宽，外用水泥包边。靠近桥3处的步石路面用红色砂岩石块平铺而成，石料表面粗糙，没有加工痕迹，道路中部采用直径0.5~0.7米不规则的大块石平铺在垫土间，块石间距0.01~0.1、路宽约1米，道路被改建后，在块石之间以水泥为垫，插入鹅卵石，道路两边用水泥包边，现存路面宽1.4米；靠近桥4处的卵石路面长约20米，南高北低，呈斜坡状，路面用分布较为密集、直径0.1~0.2米的卵石南北向铺设在垫土上，高出垫土0.04~0.05米，垫土呈灰褐色，土质紧密，内含砾石、砂子等。道路外侧有压边石，用直径0.1~0.15米的卵石东西向立铺，较规整，路面宽0.96~2.12米，压边石外侧用水泥为垫，插入鹅卵石，道路外边侧用水泥包边。

　　第四段：自桥4开始至桥5（柏枝树桥），东西走向，沿大河沟北岸修建。道路长约200米，路面为卵石路面，破坏较为严重，道路形制和用材同L1第三段靠近桥4处的卵石路面。道路残长约30米，路面平坦，路面用分布较稀疏、直径0.1~0.2米的卵石陡立，东西向铺设在垫土上，高出垫土0.04~0.05米，垫土呈灰褐色，土质紧密，内含砾石、砂子等。道路内侧被田坎侵占，外侧边有压边石，用直径0.1~0.15米的卵石东西向立铺，较规整，路面宽0.45~1.28米，压边石外侧经过改建，用水泥为垫，插入鹅卵石，道路外边侧用水泥包边。

（二）L2

　　L2为南府通往大岩关（湖南石门）方向靠近南府的连接段道路，位于鹤峰县五里乡南村三组，南府遗址片区东部，现存341省道以北一段长约1.4千米的盘山蹬道路面，于341省道修建后废弃。其中心地理坐标为北纬29°54′16″，东经110°17′58″，海拔946米。L2为容美土司东南的重要通道，是通往五里坪、大岩关乃至湖南石门县的重要道路。道路依山修建，用打磨过的大小不一的灰白色石灰岩石块在垫土上铺制，修建成台阶状蹬道路面。路宽0.8~1.6、每级台阶高0.1~0.25、台阶间宽0.2~0.5米。垫土被林间落叶形成的腐殖土感染成灰褐色，土质紧密，内含砾石、砂子等，垫土在山体上铺制，较山体地表高0.08~0.15米（图一一四；彩版三九，2）。

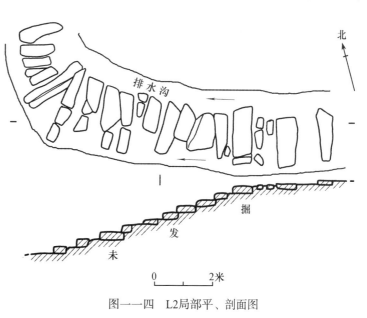

图一一四　L2局部平、剖面图

四、桥　　梁

L1在沿大河沟修建时有4座桥梁，编号为桥1～桥4。两条环壕上架设的有石板桥和石拱桥，编号为桥5和桥6，这些桥现仍在使用。按桥的结构可分为石拱桥、石板桥两种。

（一）石拱桥

2座。

1. 桥4

又称张爷桥，位于容美土司南府遗址片区西南部，横跨大河沟南北两岸，桥北东侧为L1第四段，西侧为通往张桓侯庙的现代道路。桥南为L1第三段，中心地理坐标北纬29°54′11″，东经110°17′50″，海拔929米。全桥由灰白色石灰岩制成，桥面石板打有麻点纹，桥体石块表面多打有斜向糙道，单孔券桥，桥体为南北走向，通长9.64、通宽2.84米，桥面距河底4.8米，桥面距南岸道路1米，距北岸道路1.4米（图一一五；彩版四〇，3）。

桥面：桥面由17块石板分东西四列铺设，桥心铺设两列，铺设方式为南北向直铺，东西向错缝平铺。石板棱角完整平直，表面打有麻点纹，踩踏、风化痕迹明显，部分石板变形，之间缝隙较大，凸起。石板宽度相同，但是长短不一，东侧一列6块，西侧一列7块，两侧栏杆下分别有一列南北向直铺的仰天石，每排均为3块条石铺设。北头的牙子石（台阶最上一级）由三块石条干砌成，南头的牙子石仅存一块石条，牙子石因内里塌陷而下凹变形。桥面总长4.16、宽2.8米。东侧一排桥心石板长0.58～0.92、宽0.94～0.98米，西侧一排桥心石板长0.42～0.92、宽1.04～1.06米，两边侧的仰天石长0.98～1.22、宽0.36～0.42米，北头的牙子石石条长0.24～2.12、宽0.44、厚0.18米，南头的牙子石石条长1.9、宽0.44、厚0.22米（彩版四〇，4）。

栏杆：桥面东西两侧上的栏杆部分遗失，现用水泥块修补，青石块垒砌，各用4块块石作支撑，上面分别横置2块条石形成护栏，兼具行人小坐休息的功能。东侧栏杆南端第一块块石及上端横置的条石和西侧栏杆北端第一块块石及上端横置的条石均为现代补配。东侧4块块石从南向北第二块（第一块为现代补配）开始尺寸分别为0.38米×0.52米×0.38米、0.38米×0.5米×0.36米、0.28米×0.54米×0.38米；上面横置的第二块条石（第一块为现代补配）尺寸为2.5米×0.38米×0.26米；西侧的3块块石（第4块为现代补配）从南向北尺寸分别为0.24米×0.34米×0.34米、0.46米×0.52米×0.38米、0.26米×0.56米×0.38米；上面横置的第一块条石（第二块为现代补配）尺寸为3.2米×0.4米×0.24米。

台阶：桥面南北两头含牙子石均为7级台阶，台阶下基石与L1第三段和L1第四段路面等高。台阶踏跺因内部塌陷而存在局部凹陷、变形，每级踏跺由1～3块石条错缝铺成，部分缺失。南面下基石台阶长2.58、宽0.46米，第二级长2.8、宽0.34、厚0.14米，第三级长2.64、宽

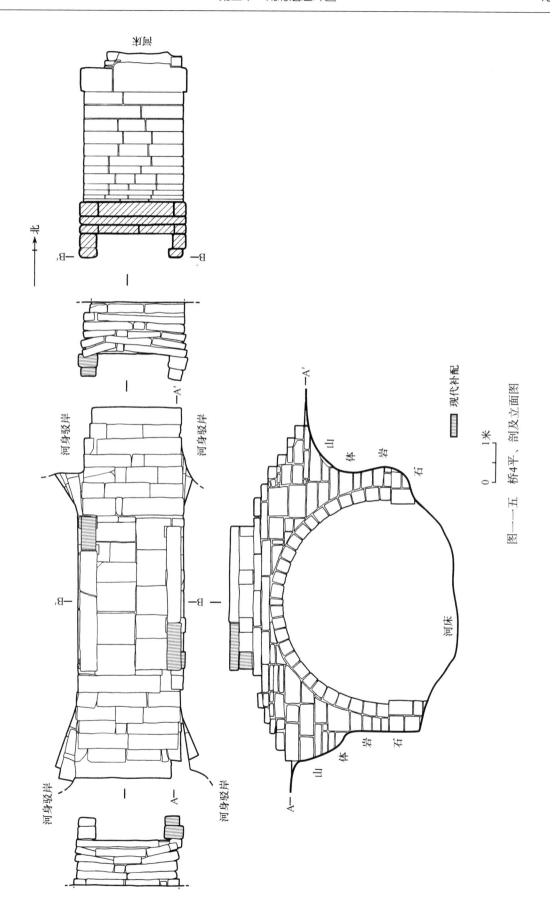

图一一五 桥4平、剖及立面图

0.4、厚0.22米，第四级长2.64、宽0.3、厚0.14米，第五级长2.76、宽0.4、厚0.14米，第六级长2.76、宽0.38、厚0.14米（彩版四〇，5）；北面下基石台阶长2.38、宽0.46米，第二级长2.44、宽0.34、厚0.22米，第三级长2.58、宽0.42、高0.2米，第四级长2.58、宽0.34、高0.2米，第五级长2.64、宽0.4、高0.2米，第六级长2.68、宽0.4、高0.14米。

桥洞：桥洞以龙门券为中心，南北各13组券脸石呈圆形排列，仰天石与龙门券中间仅有一层用长0.46～1.16、厚0.2～0.25米块石干砌的撞券石。撞券石间缝隙较大，缝隙间可见白灰，缝隙形式为平缝。拱宽5.16、高2.82、深2.84米。龙门石呈扇形，外径0.2、内径0.16、高0.34米。券脸石长0.2～1.2、宽0.26～0.4、高均为0.32米。桥洞南北两侧的金刚墙均由2块规整块石砌成，南侧金刚墙石块由西向东分别长2、0.86米，高0.75、0.56米；北侧金刚墙石块由西向东分别长1.36、1.22米，高0.63、0.62米。凤凰台较最后一层券脸石凸出0.18～0.2米。

河身驳岸：河身驳岸沿桥4南北两岸修建，用大块鹅卵石和块石干垒，与河岸等高，多为21世纪初维修新建。雁翅上驳岸用尺寸不等的青石条错缝垒砌，青石条之间缝隙较大，部分石条之间可见白灰，缝隙形式为平缝或者凹缝（可能有部分白灰剥落）。南侧雁翅上驳岸由7层条石干砌，雁翅上驳岸高2.26～3.16、宽0.36～2.36米，条石尺寸为长0.35～0.85、高0.17～0.6米。北侧雁翅上驳岸由8层条石干砌，石条尺寸为长0.35～1.1、高0.12～0.48米。雁翅石用青石条错缝砌建，青石条之间缝隙较大，部分石条之间可见白灰，缝隙形式为平缝。南岸东西两侧的雁翅石分别用2块和3块条石干砌，东侧从上至下尺寸分别为长0.8、高0.37米，长0.53、高0.37米。西侧从上到下尺寸分别为长0.8、高0.27米，长0.6、高0.2米，长0.56、高0.25米。北岸东西两侧雁翅石被21世纪初维修的河身驳岸包砌，未完全清理。

2. 桥6

桥6位于容美土司南府遗址片区中部，连接壕沟2东西两岸，桥西为覆盖在石街上的入户水泥道路，桥东为村村通水泥公路，方向110°，中心地理坐标为北纬29°54′15″，东经110°17′57″，海拔910米。单孔券桥，桥体为东西走向，该桥分别在20世纪80年代和21世纪初进行过改建，桥心用水泥板铺设，部分水泥板破碎遗失，可见下方含土量较高的水泥砂浆。桥面两侧仰天石处分别用两块灰白色石灰岩石铺制，条石长1.3～2.5、宽0.57～0.75、厚0.2～0.3米。仰天石叠压在券顶之上，之间的缝隙填充碎石片。桥洞以灰白色的龙门券为中心，东西两侧各9组券脸石垒砌成圆顶券。券脸石由灰白色、暗红色和褐黄色石灰岩制成，其中灰白色石灰岩上打有斜形糙道，较规整，其余尺寸形状较杂乱。券脸石之间缝隙较大，缝隙之间可见用碎石片做的楔子。拱宽3.42、高1.82、深1.68米，龙门石尺寸为0.38米×0.2米×0.34米，券脸石长0.2～0.34、宽0.16～0.24、高0.15～0.28米。金刚墙被山体岩石遮挡，宽度不详，高0.9、深1.9米。均由三层条石错缝顺砌，之间缝隙较大，不见灰浆，西侧金刚墙石块部分被现代修建的河身驳岸包砌，石条表面打有斜形糙道，较规整，石条长0.38～1.24、高0.25～0.4米。雁翅上驳岸高0.8～1.09、宽1.65～1.7米，用尺寸形状、材质不同的石块错缝垒砌，两端被现代修建的河身驳岸包砌，石块尺寸为长0.35～1.1、高0.22～0.65米。雁翅石被现代修建的河身驳岸包砌，尺寸不详（图一一六）。

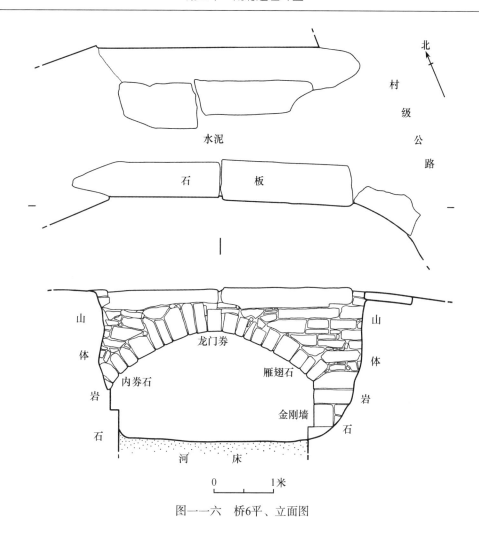

图一一六　桥6平、立面图

（二）石板桥

4座。

1. 桥1

桥1又名高家桥，位于容美土司南府遗址片区西南部，东西向，横跨大河沟两岸，桥东为L1第一段，桥西为341省道，方向89°，其中心地理坐标为北纬29°54′8″，东经110°17′48″，海拔926米。桥面通长5.2、通宽1.5、厚0.2～0.56米，距河底2.45～2.75米，单孔平桥，未见护栏。桥面由三块平行的长条石架设在大河沟东西两侧岸上，长条石由经过粗加工的灰白色石灰岩制成，正面较平整，上有打制的麻点，两侧及底部打有糙道，整体打制较为粗糙，宽厚不平。三块条石的尺寸分别为（从南到北）第一块长5.33、宽0.47～0.6、厚0.12～0.56米，第二块长5.46、宽0.4～0.5米、厚0.15～0.6米，第三块长4.41米、宽0.32～0.48米、厚0.37～0.55米。大河沟两岸为基岩，桥台在两岸岩壁的槽缝上修建，用打制的不规则大块块石错缝干垒，桥台受挤压，外鼓错位现象明显（图一一七；图版五八，1）。

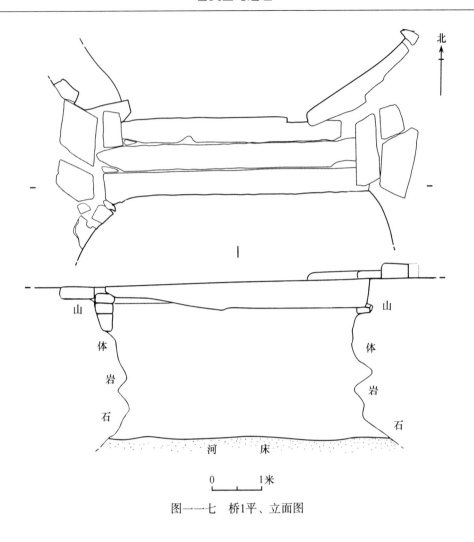

图一一七　桥1平、立面图

2. 桥2

桥2又名独石桥,位于容美土司南府遗址片区西南部,东西向,横跨大河沟两岸,桥北为L1第一段,桥南为L1第二段,被341省道破坏,方向160°,其中心地理坐标为北纬29°54′9″,东经110°17′48″,海拔930米。桥面通长4.3、残宽0.43～0.47、厚0.38米,距河底3.65～3.73米,单孔平桥,未见护栏。桥面现仅存一块长条石架设在大河沟东西两侧岸上,长条石由经过粗加工的灰白色石灰岩制成,正面较平整,上有打制的麻点,两侧及底部打有糙道,整体打制较为粗糙,宽厚不平。大河沟两岸为基岩,桥台在两岸岩壁的槽缝上修建,用打制的不规则的大块块石干砌,垫平河岸,与桥面等高(图一一八)。

3. 桥3

桥3又名上马凳桥,位于容美土司南府遗址片区西南部,东西向,连接一条南北向天然冲沟东西两岸,桥西为L1第二段,桥东为L1第三段,方向90°,其中心地理坐标为北纬29°54′10″,东经110°17′49″,海拔930米。单孔平桥,东西长2.36、南北宽2.04、石板厚0.24米,距沟底深1.13米。桥面由青砂岩铺制,其中北侧石板保存较好,南侧破碎后,现代使用水

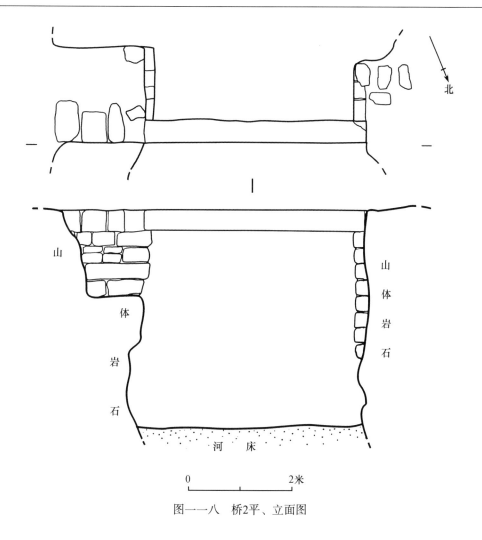

图一一八　桥2平、立面图

泥黏接修复，北侧青砂岩石板尺寸为0.7米。有栏杆，北侧栏杆保存较好，南侧栏杆遗失。北
侧栏杆整体用灰白色石灰岩打制，表面较平整，共有三根立柱，以榫卯结构插立在桥面上石
板榫眼内，护栏东西长2.04、残高0.76～0.88、最厚处0.2米。立柱高0.74、宽0.22、厚0.2米，
间距均为1.56米，柱头残高0.06～0.14米。两端立柱上有柱头，柱头残损，形制不明。立柱之
间为两块栏板，栏板上雕有两个长方形池子，池子内浮雕缠枝花纹，池子呈长方形，长0.68、
高0.34、深0.04米。两侧桥台由不规则石块包边干砌，石块大致呈长方形，长0.1～0.4米、厚
0.08～0.20米，较为规整，大小基本一致，石块部分缺失或被淤沙掩埋，立面略呈上小下大的
梯形，桥台与冲沟壁之间为土芯。桥台高1.1～1.2米，东西两侧分别宽0.95、0.9米，南北长2.2
米，桥台之间宽1.1～1.2米，高1.14米（图一一九；彩版四〇，1、2）。

4. 桥5

桥5又名柏枝树桥，位于容美土司南府遗址片区中部，连接壕沟1东西两岸，桥西为现
代改建的L1第四段道路，桥东为覆盖在石街上的现代道路，方向83°，中心地理坐标为北纬
29°54′15″，东经110°17′57″，海拔910米。单孔平桥，桥体为南北走向，桥面长2.7、宽2.3、

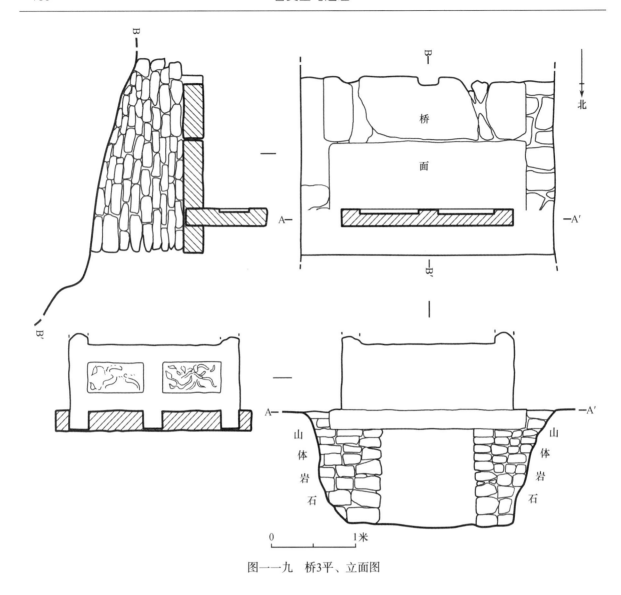

图一一九　桥3平、立面图

厚0.22～0.3米，桥面较沟底高1.6～1.8米。桥面由三块经过粗加工的青砂岩石板铺制，分别长
2.3、2.6、2.4米，宽0.57～0.62、0.55～0.6、0.83～0.98米，厚0.25～0.3米，架在壕沟1两壁包
边石块上。桥面平整，两侧及底部粗糙，凹凸不平，石块之间用被现代水泥黏接，水泥部分脱
落，桥面两端亦被现代水泥遮盖（图一二〇；图版五八，2）。

五、赑屃碑

　　1座。位于桥4以西河岸南侧，L1第三段以北的台地上，隔大河沟与燕喜洞、张桓侯庙遗
址相望。灰白色石灰岩雕成，表面风化严重，整体开裂，方向343°。赑屃碑现存碑身、赑屃碑
座，碑身碎裂，大部遗失，底部残块覆倒在碑座前方，无文字，仅在碑身与碑榫相交处浮雕
一周卷草纹。碑座赑屃头部、前身损毁至须弥座，背面榫槽后部保存较好，可见后肢及尾部，
地表采集的左前肢可复位。赑屃下的须弥座自下而上由土衬、下枋、束腰、上枋组成。束腰

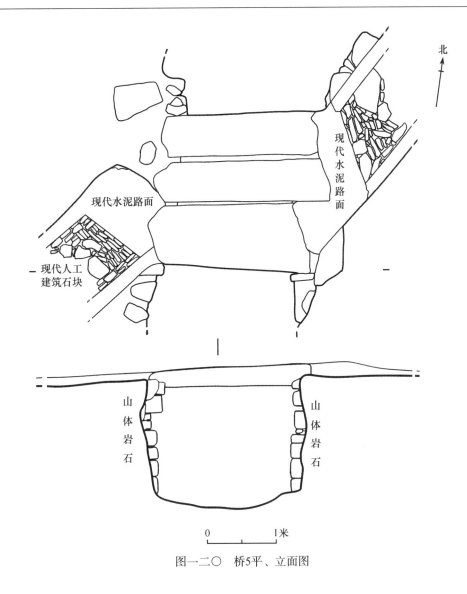

图一二○　桥5平、立面图

正面及左右两面浮雕有卷草纹，背面素面，其东南角处有金刚柱，上有三道凸棱纹。残存屃屃碑长1.78、宽1.44、残高0.96米，屃屃长1.75、宽1.32、高0.55米，背部榫槽长0.3、宽0.9、高0.7米，土衬长1.78、宽1.44、高0.04～0.09米，下枋长1.72、宽1.32、高0.05米，束腰长1.6、宽1.25、高0.17米，玛瑙柱外径0.05、高0.17米，上枋残长1.72、宽1.32、高0.07米。距屃屃前1.64米处是覆倒的碑身，残长1.42、残宽1.14、厚0.2米，榫头尺寸为0.9米×0.44米×0.2米（图一二一；图版五八，3）。

六、小　结

南府遗址片区的道路和桥梁多为依山就势、就地取材修建。清初顾彩游历容美土司时，这些道路就可正常通，并作为当地唯一的道路使用数百年，直至20世纪末341省道和村村通公路建好后，才逐渐荒废。20世纪80年代和21世纪初，当地为发展旅游，对南府遗址片区周边的古

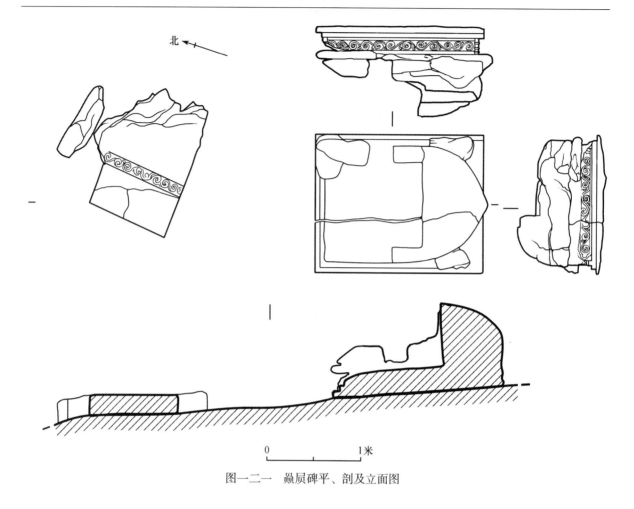

图一二一　赑屃碑平、剖及立面图

道和桥梁进行了维修和改建，破坏极大。考古调查清理前，道路和桥梁多暴露在地表，部分仍在使用，但缺乏维护。《容美纪游》明确记载，"石街"为土司时期通行的道路，当地村民也留下了土司时期修建桥3和桥4的传说，但未发现其余道路和桥梁修建或者改建的记载。从道路和桥梁清理后的现状来看，除被现代道路覆盖的"石街"和桥1和桥2外，其余道路和桥梁皆有被维修和改建的痕迹。

　　通过考古调查发现，南府处于一个重要交通节点上，在341省道通行之前，往来南府的道路仅有一条，即编号为LI的由南府通往中府（鹤峰县城）方向的道路，编号为L2的由南府通往湖南石门方向的道路。这条道路可能不论在容美土司时期，还是在后来改土归流后的鹤峰州管辖时期，都是当地唯一一条通行的官道，并使用至20世纪末。

　　受地形、环境、经济等多方面因素制约，山区修筑道路是一项非常耗费物力、人力、财力的工程，尤其在经济不发达的古代社会更是如此。因此，山区的道路一旦修建完成，如无大的变故，轻易不会更改道路路线。目前发现的由L1和L2组成的官道以及南府遗址片区内的核心道路"石街"，可能于麻寮土司营建南府时期就已经形成基本轮廓，后在容美土司统治时期不断完善，至清初顾彩到容美土司拜访前夕，这条官道已经形成可供骡马通行的官道，并有大量湖南的茶商往来。在"改土归流"后，土司政权不复存在，但是这条官道可能由鹤峰州政府、当地士绅、百姓及往来的茶商等使用人员不断进行局部维修和整体维护，始终保持着道路的正常使用和畅通。

道路依山沿河修建，就地取材，修建有不同的类型的道路路面。目前发现的路面有卵石路面、汀步路面、基岩路面、蹬道路面等。其中前三类路面靠近河边，道路平坦，多利用河边卵石和开凿的山体碎石块修建；后一类路面依山而建，路面多用开凿的山体大块块石建成台阶状的蹬道，为便于骡马驮载货物行走，道路多修建成较平坦的"之"字形。

桥梁分为单孔券桥和单孔平板桥两种类型，主要分布于南府环壕和大河沟沿岸。其中单孔平板桥的桥1和桥2用打制的长条石直接搭建在河岸桥台两侧，未见改建与维修迹象；桥3是平板桥中唯一有望柱、栏板和雕花纹饰的桥梁，工艺较复杂，虽经现代化维修，但并未改变其原有结构、工艺；桥5用石板搭建在环壕包边石上，部分经现代改建；桥4和桥6是工艺相对复杂的单孔券桥，桥6经现代改动较大，缺乏相关的判研信息。不论从材质还是工艺来看，桥4都较其他桥梁等级要高，并在附近出土了赑屃碑，碑体较大，也说明桥4较为重要。

结合本次考古工作与文献记载来看，桥1和桥2的初建年代暂不能确定，桥3和桥4可能修建于顾彩离开容美土司后。顾彩在《容美纪游》中对中府、爵府等地及沿途所遇到的桥梁都有所提及，对南府也进行了详细介绍，但未提及比较有特色的桥3和桥4，推测桥3和桥4可能是容美土司司主田舜年重新营建南府时修建，但是在清康熙四十二年顾彩游历容美土司南府时尚未建好，而是在顾彩离开南府后才建好。桥5和桥6修建于环壕之上，有可能在麻寮土司营建南府环壕时就已修建，现存桥5和桥6有较大幅度的改建，其改建年代则无法判断。

第五节　结　　语

通过对南府遗址片区的考古发掘、调查清理工作，发现官署、寺庙、道路与桥梁、环壕、洞府等不同类型的遗迹单位，与顾彩在《容美纪游》中记载基本相符，但《容美纪游》中记载的"九峰读书台"和大河沟南侧的亭台未曾发现。受发掘面积和现代村庄叠压的影响，本次也未发现土司时期的民居建筑基址和墓葬。

一、南府的营建与废弃

（一）营建

据传南府为麻寮土司唐涌在元末明初时所建，同治七年（1868）麻寮土司后人唐氏编著的《唐氏族谱》记载："唐涌，政长子，字南泉，号宁宇，别号景平，生于元泰定二年（1325），于至正二十四年（1364），系吴元甲辰岁袭，已四十矣，……又居舍於大路滩，翼日游览属境，创立衙署，名曰'南府'，周围数十余里，筑堑掘濠，副员军丁守汛防御，以大岩关之内设靖安隘把总把守。"元末明初，容美土司向外扩张，麻寮土司辖境多次被容美土司侵吞，其管辖范围逐渐向东、向南退至大岩关外，南府被纳入容美土司辖境，并逐渐成为容美土司境内东南行政、交通重镇。清雍正十二年容美土司"改土归流"后，南府日渐衰落，但在清中晚期，随着"茶马古道"的兴起，南府又成为万里茶道上的一个重要节点。

南府最初建于海拔1400多米的麻寮山上，后搬迁至阳坡山脚下，面对一条山间小溪（大河沟），东西两侧为连绵不断的无名山峰，地形险要，交通不便，但是易守难攻，利于防御。为进一步加强防御和排水，在阳坡东西两侧、山峰之间修建环壕，并与山间小溪相连接，形成一个三面环水，一面背山的封闭型城寨。麻寮土司初建南府时的建筑规模无法得知，但在封闭的环壕内可能修建有军营、衙署等军政管理设施。

明初，容美土司夺取南府后，随着明中央政权的稳定与强大，容美土司由元末明初对外扩张的军事政策转变为对外和平的朝贡贸易政策，加上与麻寮土司和亲政策[①]的开展，南府的军事地位和行政地位开始逐步下降，可能逐渐衰败成为一个土司境内的普通村落，环壕内开始出现民用住房。

随着对外交流和贸易的兴起，南府开始重新兴盛起来。至清康熙四十三年初，顾彩前来容美土司时，南府正在经历一个新的营建时期。此时的南府，正如《容美纪游》中记载："南府署极雄敞，倚山面溪，前有石街。居民栉比，尽石林山脚，皆同阛阓也。溪外有亭台数处可眺。"此时的南府营建规模极为宏大，府署建筑已经修建至山脚下，并在大河沟外修建有数处亭台。可能是因为环壕内空间不足，南府开始向环壕外围扩展，新建了桥3、桥4、张桓侯庙等各类型建筑。

《容美纪游》在张桓侯庙的介绍中有"庙有楼，极弘敞，八窗洞达，清流襟其前，高峰峙其后……"的记载，丝毫未提及在半山腰可见的燕喜洞前洞口，对燕喜洞的记载为："其北有岩洞，名燕喜，深十余里，外窄内宽。土人避寇，常聚居其中，今则空洞无物……"与燕喜洞前洞口位置不符，其记载的燕喜洞的位置基本符合燕喜洞后洞口与南府行署区的位置关系。由此推测，顾彩游历南府时，燕喜洞的前洞口尚未发现，可能是后来修建张爷桥时，在朝阳山采石，山体垮塌，发现了燕喜洞前洞口，并开始营建，但是不久后，随着田舜年突然去世[②]，包括燕喜洞在内的整个南府的大规模营建开始停止。

（二）废弃

从目前的资料来看，南府的废弃有两次，但这两次废弃都不是真正意义上对南府的全面废弃，只是政治方面废弃。第一次废弃为末代土司田旻如统治期间，听从五行术士的[③]建议，对

---

① 详见《刚一帅夫妇石匾》："明诰封宣武将军麻寮所巡捕千户刚一帅、庶宜人郑氏，湖广容美骠骑将军婿田舜季，掌印夫人女刚氏。"

② （清）吉钟颖等：《鹤峰州志·卷之一·沿革》，鹤峰土家族自治县档案馆影印本，1980年。载"康熙四十五年在武昌卒，年六十有七。"

③ 详见《容美土司石刻》内《保善楼记》碑文记载："自承绪来，所毁者难以枚举，细柳城、平山、云来庄、万全洞、万人洞，此数处俱紧要地尚且毁之，他如南府、帅府、北府、天泉等处，则不必过问矣。"

包含南府在内的众多府署进行废弃，这次可能是对南府军事防御、行政机构的裁剪废弃，但并没有废止容美土司田氏的统治。第二次是清雍正十二年"改土归流"后，随着容美土司田氏的覆灭，南府彻底结束容美土司东南行政中心的历史使命。

这两次的废弃为政治意义的废弃，可能只是对少量的军事防御设施和行政官署等标志性建筑设施进行拆除或者停止使用，以及有土司印记的建筑进行改名，如张桓侯庙改名为朝阳观。道路、桥梁、寺庙等不涉及政治的民生建筑设施仍有所保留，而且由于贸易、民生的需求，在使用过程中不断地对这些民生建筑设施进行维修和重建，直至20世纪末才逐渐废弃。

二、南府的功能

南府是容美土司东南重镇，是自湖南省进入土司境内的第一个重要政治、经济、军事中心。麻寮土司始建南府，作为一个防御容美土司等洞蛮侵略的重要军事要塞。明初容美土司侵占南府后，可能将其作为容美土司继续东征的桥头堡。明朝中央政权稳定后，六次征讨容美土司，迫使其转变向外扩张的军事掠夺的政策。

明永乐五年后，容美土司由向外扩张的军事掠夺政策转为开始向明中央政府进贡贸易的和平政策，南府作为军事要塞的地位开始转变，这种转变是随着对外商贸经济的发展而逐步转变的。南府作为和平地区的边境军事要塞地位是逐步衰落的。汉土贸易的发展，尤其以"峒茶"①为代表的容美土司特产的畅销，吸引了大批来自湖南汉地的商贾，南府作为面向湖南方向的对外战争前沿的军事要塞，自然而然地转变成为重要的商贸集结点，区域经济中心的作用日渐突出。南府逐渐成为容美土司东南地区的经济政治中心，在清初第二十二任土司田舜年时期达到顶峰，开始大规模重新营建南府，修建了包括张桓侯庙在内的寺庙、阛阓等建筑，并被顾彩在《容美纪游》中所记载。

末代土司田旻如统治时期，作为区域政治中心的南府被有意识的废弃。至清雍正十二年（1734）改土归流后，南府作为一个区域政治中心被彻底废弃，但仍然是茶贸易的重要集结点。即使至改土归流后，仍然是鹤峰州与湖南石门等地的重要贸易中心。从张桓侯庙（朝阳观）出土的碑刻内容可知，在清乾隆至咸丰年间仍有大量外地客人来此朝拜，该庙宇的维护、修建也从未间断。

随着19世纪对外茶贸易的兴起，鹤峰县作为宜红茶的源产地，新的万里茶道在原容美土司修建的道路网和集镇的基础上兴起。虽然南府是容美土司道路系统上的重要节点，但功能和地理位置的限制，使其无法得到进一步的发展。因此，作为区域贸易中心的南府最终被地理环境条件更好的五里坪代替，逐渐衰败成一个普通的乡村。

---

① （清）顾彩著，吴柏森校注：《容美纪游》，湖北人民出版社，1998年，第352页。记载："诸山产茶，利最薄，统名峒茶。上品者每斤钱一贯，中品者楚省之所通用，亦曰湘潭茶。故茶客来往无虚日。"

三、小　结

　　受修建之初的条件影响，南府建设规模较小，人口发展受限，加上位于容美土司统治的边缘区域，其行政地位无法同中府、爵府等核心统治区域相比，其军事地位也无法同为向长阳等地扩张而修建的北府相提并论。但是，经过数百年的经营，尤其在明末清初整体战乱的大环境下，南府未曾遭受过任何战乱和洗劫，加上其作为容美土司对湖南的贸易中转中心和管辖数百平方千米的区域行政中心，也是容美土司东南区域的经济、行政重镇。

　　虽然是容美土司的经济重镇，但南府区域本身并不是容美境内主要的产茶区，每年的茶叶贸易开始前，对外经济交流较少。当地居民生活方式仍以自给自足的传统农业种植和畜牧为主，以葛粉、药材、桑竹、高粱、牛马、鸡、狗、猪等农牧产品及加工后的酒等为日常生活用品，本身无法生产的油盐酰酱等日常生活用品则缺乏[①]。没有课税，社会安定，百姓尚能在此安居乐业，并一直延续至今。

---

① 　《容美纪游》记载："惜司中无油盐酰酱，不善烹饪耳。"

第四章　中府遗址片区

　　容美土司中府遗址片区位于鹤峰县县城及周边地区，与东北爵府遗址片区直线距离约6.7千米，与西府遗址片区直线距离约7千米，与南府遗址片区直线距离约41千米。中府遗址片区面积约30平方千米，地理坐标范围北纬29°53′07″~29°54′55″，东经110°01′30″~110°19′23″，海拔449~590米（图一二二）。

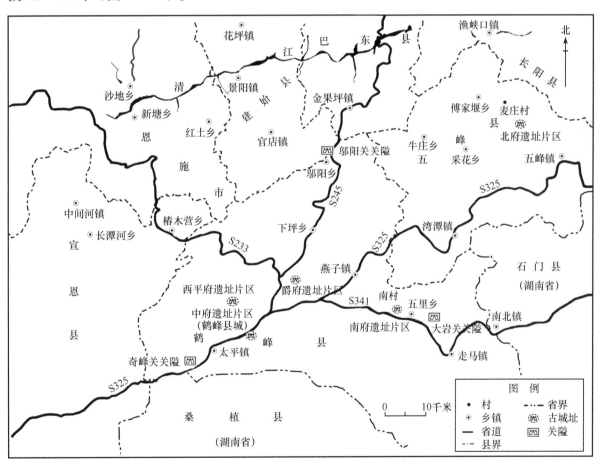

图一二二　中府遗址片区地理位置图

　　2006年，中府遗址片区的细柳城遗址、九峰桥、奉天诰命碑、土司王家族墓地、水寨遗址、万人洞遗址等六处遗存被评为第六批全国重点文物保护单位。2015年12月以及2016年4月至2017年10月，容美土司遗址考古队两次在中府遗址片区开展考古工作。在查找《容美纪游》

《鹤峰县志》等文献资料的基础上，对中府遗址片区内属于容美土司第六批全国文物保护单位的文物点开展了复查工作，并对中府遗址片区周边区域进行了考古调查，寻找容美土司新的相关遗存，随后通过重点勘探、定向解剖与细致清理相结合的方式，对这些遗存全面地开展相关工作。

　　本次考古调查总面积约25平方千米，普探总面积约4.8万平方米，重点勘探约1200平方米，解剖32平方米，清理约3000平方米。中府遗址片区目前发现并确认的遗存有中府遗址、细柳城遗址、万人洞洞府遗址、九峰桥、官坟园墓地、土司家族墓地、刘民安夫妇墓等遗存。调查勘探过程中发现奉天诰命碑为官坟园墓地内的碑刻，水寨遗址是土司家族墓地的一个组成部分，并将它们各自合并为一处遗存。除已知文物点外，新发现了刘民安夫妇墓，并根据文献记载，找到了数处被现代城市叠压的遗存点相对位置，由于无法开展工作，在这里只做简单介绍（图一二三）。

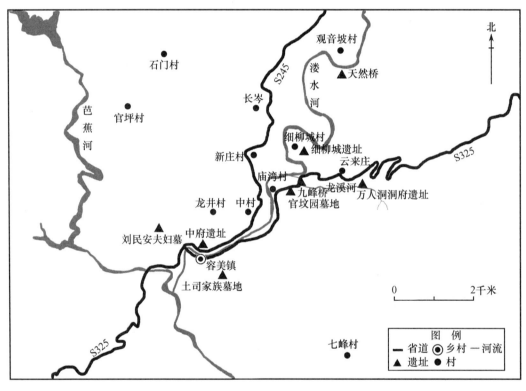

图一二三　中府遗址片区遗存分布图

第一节　中府遗址

一、位置与概况

　　中府遗址位于鹤峰县容美镇，坐落在芙蓉山上，前为溇水河，与八峰山隔河相望，为鹤峰县政府所在地。遗址中心地理坐标北纬29°89′260″，东经110°02′904″，海拔514米。

　　中府又名芙蓉城，是容美土司宣慰使司署所驻地，也是容美土司统治中心。清雍正十二年四月"改土归流"后，容美土司司治中府被改成新建立的鹤峰州州治。据顾彩《容美纪游》及乾隆、道光、同治、光绪版本的《鹤峰州志》等文献及《宝善楼记》等碑刻的记载，现鹤峰县城原为容美土司行政统治中心，城内建有宣慰司署、城门、安抚司衙门、文庙、城隍庙、关圣庙、真武庙、法华寺、得胜桥、斗姆阁及百斯庵等建筑。改土归流后，一部分建筑被拆毁，一部分改作他用。至20世纪末，县城内容美土司时期的遗存全部被损毁或叠压（图版五九，1）。

二、工作经过

2016年4月至2016年10月，容美土司遗址考古队对县城所在的中府遗址开展全面调查工作。受城区环境影响，无法开展考古勘探与清理工作，本次调查工作以文献资料为主，在当地史志机关单位所藏典籍中寻找容美土司中府部分建筑遗存地理位置的相关记载，结合不同时期的地理、历史资料内的地标建筑方位比对，基本复原出中府建筑格局的大致轮廓，并对鹤峰县博物馆和恩施州博物馆保存的部分遗物做了文字、绘图、拍照等工作。

三、建 筑 遗 存

由于中府遗址全部被鹤峰县城的现代建筑所覆盖，其建筑遗迹位置存无法得知，因此，我们罗列出《容美纪游》中所描述的宣慰司署相关建筑的分布位置。

宣慰司署在芙蓉山之南麓，其前列八峰，左峰则右倚，右峰则左倚，轩然如凤凰晒翅形势，朝拱司署。

中府为宣慰司治城，环城皆山。

宣慰司行署在南门内八峰街，君常移驻于此。

宣慰司行署在北坡，以山为形，其案山即八峰之尾也。

环署有安抚司衙门四：一水浕，二椒山，三五峰，四石梁，皆容美属邑也。向俱外姓，今君使其子婿遥领。

文庙在芙蓉山西麓。

城隍庙在西门大街土山上。

关圣庙在南门内龙脊上，甚壮丽。下坡即余所寓百斯庵。

真武庙在龙溪桥北高埠上，有沈道士住持。

法华寺在行署西，琳宇宏丽，山僧智靖守之。

改土归流后不久，乾隆版本的《鹤峰州志》对容美土司时期的相关遗存记载（图一二四）如下。

文庙在州东门内。

武庙在州南门外。

城隍庙在州西门内。

先农坛在州东门外。

社稷坛在州东门外。

山川风云雷雨坛在州南门外。

邑厉坛在州北门外。

图一二四　乾隆版鹤峰州地图临摹

道光版本《鹤峰州志》对容美土司时期的相关遗存记载如下。

　　百斯庵在州城南门外，土司旧建。嘉庆初年间，邑人喻文太、洪继信等，倡首劝捐重修。

　　福田寺在州城西门外。土司旧建，乾隆五十年间，邑人洪继周、喻文奇、李林安等，倡首劝捐重修（福田寺遗址出土有一块《于万斯年》碑，现存鹤峰县博物馆，详见《容美土司石刻》）。

　　斗姆阁在州城北门内，土司旧建，今废。

　　常平仓、分贮山、羊隘仓在巡检署左。

常平仓一座，原为土司田舜年南藩近日楼，至田明如改建宝善楼。其刊墙碑记俱存。乾隆元年，知州毛俊德改为仓（宝善楼遗址出土有一块《宝善楼记》碑，现存鹤峰县博物馆，详见《容美土司石刻》《容美土司遗址集影》）。

游击署在西门内，原为土司旧署，红梅阁地，雍正十三年，知州毛俊德改建。

龙溪桥在东街口，即前云桂花桥，有桂花二株，今无，桥系土司旧建，惟屋宇系监生郑安智、生员徐承寿同建。

《同治续修鹤峰州志》记载（图一二五）："斗姆阁在州内，武庙右，毁塌日久，州牧程捐廉产建职员陈应诏李相臣监修阁后附建。"

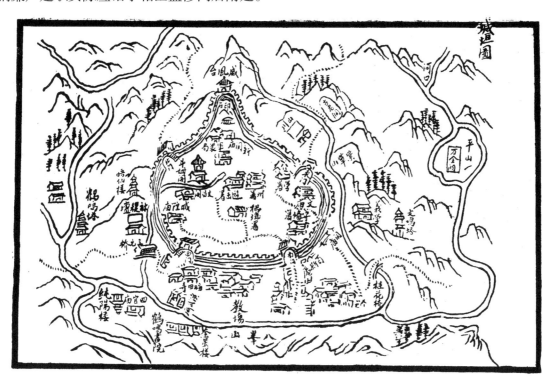

图一二五　同治版鹤峰州地图临摹

《光绪续修鹤峰州志》记载："游击署旧在大东堂首，幽深宏敞，即土司红梅阁故址，年久朽坏，由大堂直进，新修过厅花厅三大间，三堂三大间，头门鼓楼同治七年守备胡永发领修。"

经过对鹤峰县城实地调查，再结合2001年的《鹤峰县民族志》《鹤峰县地图》，以及全国第三次文物调查资料，发现鹤峰州城南门位于今鹤峰县中心医院大门的东南侧，西门位于鹤峰县人民检察院办公大楼的西侧，北门位于鹤峰县人民武装部办公楼的北侧，东门位于现鹤峰县安监局的北侧，根据不同版本的史籍文献地图记载，以及定位后的鹤峰县城城门的大体位置，初步绘制出各遗址的相对位置图（图一二六）。

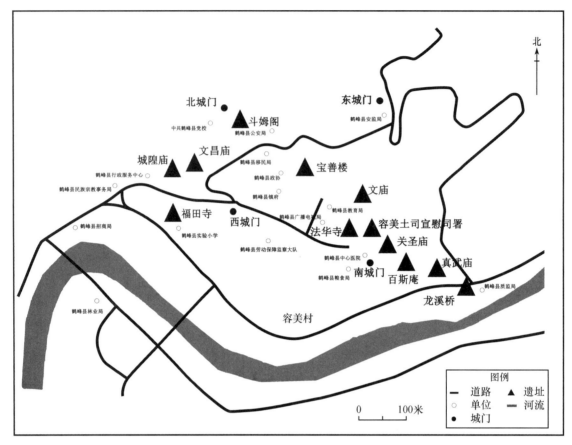

图一二六　中府遗址遗迹单位地理位置示意图

四、遗　物

　　中府遗址采集的遗物极少，恩施州博物馆收藏了1件铜像，鹤峰县博物馆收藏了1枚土司铜印。

　　大日如来铜像　1件。恩施州博藏：06661，微残。黄铜铸造。佛像头戴宝冠，面庭丰满慈祥，双耳齐肩。胸前戴有璎珞，身披饰祥云纹、乳钉纹等纹饰的贴体纱衣，双臂及手腕处戴金刚圈，飘带下垂，双手掐法诀合于胸前，双腿盘膝趺坐于莲花台上，莲花叶瓣下有铜柱与金刚台相连。金刚台底部为外鼓的案几式支角，八边形的台身栏板被串状立柱分隔，栏板上透雕几何形图案，浮雕花卉、乳钉纹。顶部设有围栏，部分缺失。围栏内涌起的波浪将铜柱底端包裹。铜像背部与臀部雕刻简写行书，字迹已锈蚀模糊，可释读文字共计104字。背部刻有"明天启元年十二月二十四日造"，后腰左侧纱衣上刻有"容美宣抚司同宣抚使信官田楚产施铜一千斤铸造，应袭、田玄（立）、田圭、田瞻、和尚官元（光）"。左股上刻有"本卫印官□墓周、□□□、李一凤、国□院、光□"。右侧纱衣上刻有"本卫掌印指挥使唐符、周历久、陶玉（汇）英、冯时元、指挥使耿艮（良）将、林（杜）宗牧、孙成□、石美中"。右股上刻有"□□一□□大空生£龙□□高大德、□□□，生员陈□大□……"，佛像通高183、通宽72、厚62厘米，重364千克（图一二七、图一二八；彩版四一、彩版四二）。

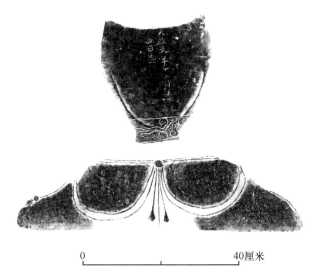

0　　　　　　　　　　40厘米

图一二七　大日如来铜像文字拓片（恩施州博藏：06661）

0　　　　　　40厘米

图一二八　大日如来铜像（恩施州博藏：06661）

　　容美宣慰司元帅府经历司印　　1枚。鹤博藏：3016，完整，黄铜制造。该印直纽长方形，印面阳刻叠篆"容美宣慰司元帅府经历司印"，背面及两侧面分别楷书阴刻"容美宣慰司元帅府经历司印，洪武二十二年二月某日造"及"信字五十二号"字样。印面边长5.85厘米，通高8.2、厚1.9厘米，纽长6.4、宽3.4厘米，重1.1千克（图一二九；彩版四三）。

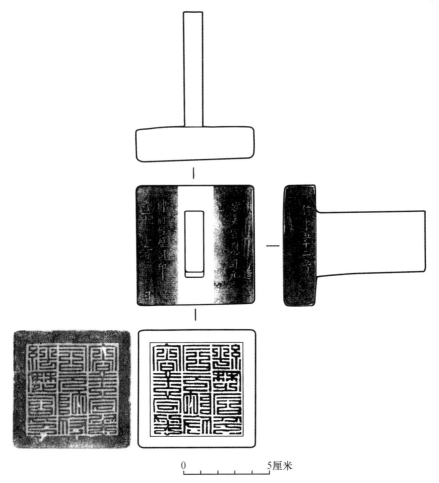

图一二九　容美宣慰司元帅府经历司印（鹤博藏：3016）

五、小　　结

随着城市的发展和变迁，容美土司中府的地理信息已经越来越模糊，相关遗存的具体位置随着知情人的减少也不再为人所知。本次调查所获取的信息，虽然仅对被叠压在县城下的容美土司中府相关遗存的相对位置有了初步的认识，但也能为容美土司的相关研究以及避免城市基础建设破坏相关文物提供基本信息。

第二节　细柳城遗址

一、位置与概况

细柳城遗址位于鹤峰县容美镇细柳城村三组，位于县城东北约4.5千米，东靠小岭山，往西400米为溇水河，南距九峰桥约1.5千米。遗址中心地理坐标为北纬29°54′55″，东经110°3′53″，海拔522米（图版五九，2）。

细柳城遗址地处一东西向二级台地上，遗址北、西、南三面被村村通公路环绕。据当地百姓陈述，南、北两面原有水沟，后将水沟填平，修建了南、北两条公路。小岭山上的泉水汇入遗址东部形成一大一小两个水塘（原为一个水塘），水塘以东为一条人工河道，其河身驳岸用块石错缝垒砌，河道向西通往涝水河，部分河道段被现代建筑叠压，变为暗河。遗址总面积约13000平方米。东部的第一台地东西长约105、南北宽约115米，面积约11000平方米，地表较为平坦，东西高差0.2~0.5米。遗址西部的第二台地东西长约30、南北宽约70米，面积约2000平方米，地表较为平坦，较第一台地低1.2~1.6米。台地外侧建有村村通公路，并与北、南两面公路相交。遗址内约有3000平方米的区域被当地居民的房屋所叠压，中、南部部分区域为果园和玉米地。20世纪80年代和2009年均对细柳城进行过调查，并发现一些遗存，待本次调查勘探时，当年发现的遗存多数被现代房屋、道路所叠压。

二、工作经过

2016年7月至2016年8月，采取全面调查、重点勘探、定向解剖相结合的工作方式对细柳城遗址开考古工作，本次考古工作调查总面积约2平方千米，普探总面积约10000平方米，重点勘探面积约1150平方米，解剖18平方米。调查工作结束后，以遗址西南角为基点，使用RTK对整个遗址进行测绘。勘探的探孔间距为10米，按象限法编号，编号为IKN01E00~IKN17E08，勘探过程中发现文化层则加密细探。根据勘探的结果，分别在第一台地、第二台地上布设正南北向的TG1、TG2进行解剖（图一三〇）。

三、地层堆积

（一）第一台地堆积

通过勘探发现，遗址第一台地有规律地分布有大量文化堆积层，堆积层内含有大量陶片、瓷片等遗物。以石拱桥为中轴线，向东延伸3米处，勘探发现建筑废弃堆积层，堆积南北长约4、东西宽约2.6米，可能是当时城门。桥向东9.6米处发现建筑废弃堆积层，再向南北横向重探，中轴线向南10.6米处发现近长方形废弃建筑堆积层，南北长约8.4、东西宽约4.2米。向北10.6米处发现近长方形废弃建筑堆积层，南北长8.4、东西宽4.2米，两处文化堆积层南北对称，间距为21.2米。桥向东21.6米处勘探发现建筑废弃层后，再向南北横向重探，发现一处南北长约21、东西宽约8.8米的废弃堆积层，废弃堆积层南北两侧间隔约1米，分别有对称的南北宽8.3、东西长8.8米的废弃堆层。桥向东38.7米处勘探发现建筑废弃层后，再向南北横向重探，发现一处南北长约21、东西宽约8米的废弃堆积层。废弃堆积层南北两侧间隔约1米，分别有对称的南北长8.3、东西宽8米的废弃堆积层。桥东21.6米处，南北两端20.2米处发现对称的东西长约25.8、南北宽约4米的废弃堆积层，与桥东38.7米发现的废弃堆积层及两侧的废弃堆积

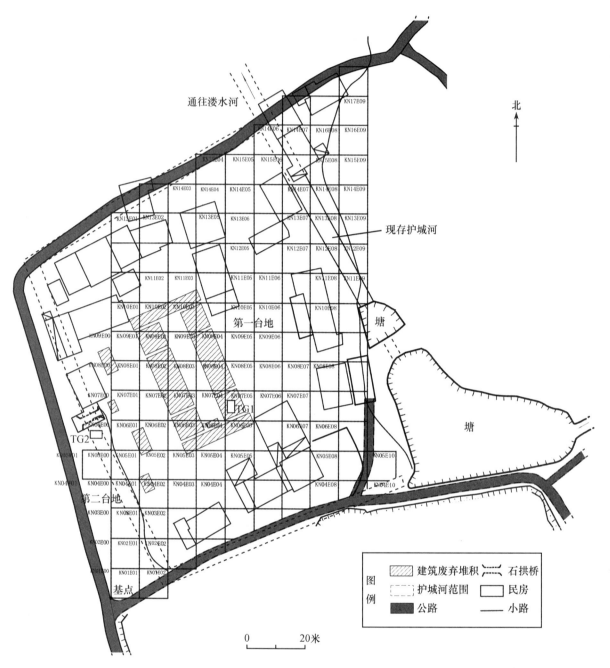

图一三〇 细柳城遗址探孔、探沟及文化层分布图

层基本呈平行状。

XLC-TG1地层堆积如下。

整个废弃堆积层形成一个两进四合院的样式，为验证勘探结果，在废弃堆积层内布设规格为2米×4米的XLC-TG1进行解剖（图一三一）。

第1层：表土层。灰褐色。厚0.1~0.25米。土质疏松，呈细小颗粒状，内部杂有大量植物根茎、现代垃圾，文化包含物有少量青花瓷片和砖瓦残片，破损严重。

第2层：扰乱层。黄褐色。厚0.16~0.32、深0.28~0.48米。土质较紧密。内部夹有褐色土

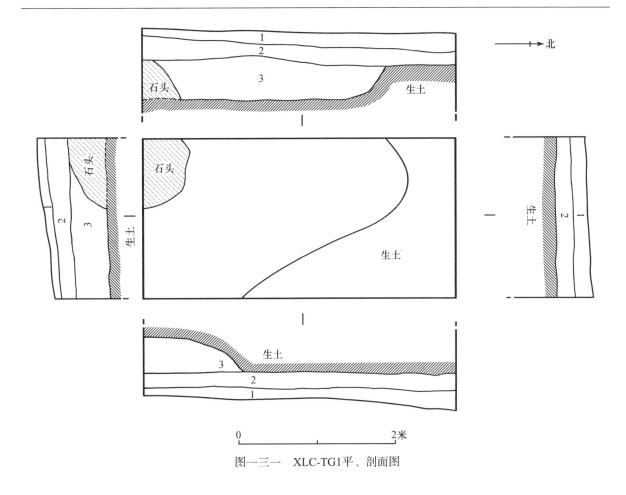

图一三一 XLC-TG1平、剖面图

块。文化包含物有少量灰色和红色陶颗粒，可能是搬运至此形成的堆积。

第3层：废弃堆积层。灰黑色。厚0～0.56、距地表0.41～0.9米。土质较疏松，夹杂较多碎砖块、建筑构件、白灰渣、青花瓷片等。是建筑废弃后被填埋形成的堆积。

废弃堆积层下是较为紧密、黏结的黄褐色生土。

从勘探、解剖及出土遗物来看，第一台地上原有大量明清时期建筑，建筑废弃后形成的大量废弃堆积不均匀地分布在第一台地上。勘探仅发现文化层的大致分布范围，未发现建筑基址。在第一台地东部靠近桥梁的位置进行勘探时，发现表土层下即为第2层，但土质坚硬，内部包含少量灰色和红色陶颗粒，推测为当时的建筑垫土。台地建筑的修建方式同南府、爵府一样，较高处直接在生土上修建，较低处铺垫夯土修建。建筑废弃堆积层内含有的砖瓦块石对耕种有较大影响，当地百姓可能将台基上的部分废弃堆积及垫土搬运至此，形成第2层堆积，第2层堆积上部被近现代农田耕种扰动以及生活垃圾感染后形成表土层。

（二）第二台地堆积

第二次全国文物普查时，曾在遗址第二台地公路内侧发现一座石拱桥，石拱桥呈东西走向，长5.5、宽2.6米，本次调查时，拱桥已被叠压在现代房屋建筑下（图版五九，3）。

XLC-TG2地层堆积如下。

在第二台地进行勘探时,发现台地表土层下有一条南北向带状文化层和淤积层,淤积层内夹有大量块石,淤积层两侧表土层下即为生土层。为对淤积层进行验证,大体沿着与石拱桥平行的方向布设了东西向2米×5米的TG2进行解剖(图一三二;图版六〇,1)。

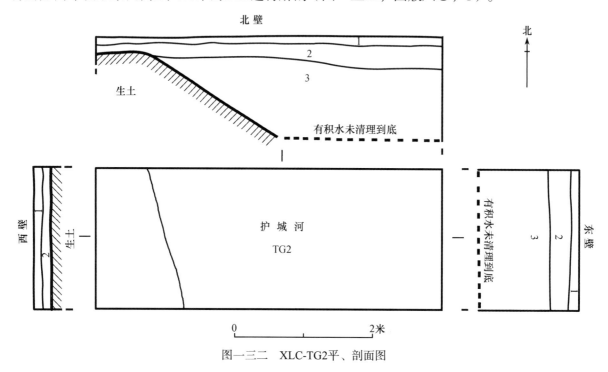

图一三二　XLC-TG2平、剖面图

第1层:表土层。灰褐色。厚0.1～0.25米。土质疏松,呈细小颗粒状,内部杂有大量植物根茎、现代垃圾,文化包含物有少量青花瓷片和砖瓦残片。

第2层:扰乱层。黄褐色。厚0.16～0.32、深0.28～0.48米。土质较紧密。内部夹有褐色土层。文化包含物有少量灰色和红色陶颗粒。可能是他处搬运至此形成的堆积。

第3层:废弃堆积层。灰黑色。厚0～0.56、距地表0.41～0.9米。土质较疏松,夹杂较多碎砖块、建筑构件、白灰渣、青花瓷片等。是建筑废弃后被填埋形成的堆积。

废弃堆积层下是较为紧密、黏结的黄褐色生土。

从勘探、解剖以及出土遗物来看,第二台地上有一条人工挖成的河道,河道外护坡大体呈50°向外倾斜。河道内有较厚实的淤积层,淤积层内发现大量块石和卵石,可能为垒砌河身驳岸的块石,垮塌后陷进淤积层。扰乱层可能是从第一台地上搬运而来的,其内部夹有少量废弃的建筑构件、破碎的瓷片,为填实河道所用。第2层堆积上部被近现代农田耕种扰动以及生活垃圾感染后形成表土层。

四、遗　物

共5件,陶器1件,瓷器4件。

（一）陶 器

1件。

陶走兽　1件。XLC·TG1③：2，走兽，残。灰陶，模制。双眼圆鼓，扁塌鼻朝天，阔口，露出上下两排牙齿。面部环绕一周戳刻短须发。背部有凸起的脊线，身上戳刻鱼鳞纹，残高10.7、宽8.6、残长13.8厘米（图一三三，1；图版六〇，2、3）。

（二）瓷 器

4件。

瓷碗　4件。XLC·TG1③：1，灰白胎，透明釉泛青灰，青花呈色蓝中泛黑灰。敞口，圆唇，弧腹，内底圜，外底微鼓，矮圈足内收，足跟外缘斜削一周，与圈足内壁及外底皆无釉呈黄褐色，外底中心有乳突，并有一周辐射状跳刀痕。口沿内壁饰一周弦纹，晕散，内底纹饰残，下腹近底处绕一周弦纹，口沿外壁饰一周粗弦纹。复原口径13.6、足径5.1、高5.7厘米

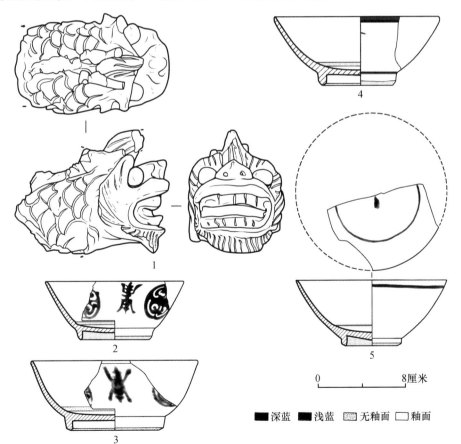

■深蓝　■浅蓝　▦无釉面　□釉面

图一三三　细柳城遗址出土器物

1. 陶走兽（XLC·TG1③：2）　　2～5. 瓷碗（XLC·TG2②：1、XLC·TG2②：3、XLC·TG2②：2、XLC·TG1③：1）

（图一三三，5）。XLC·TG2②：1，灰白胎，透明釉泛青绿，青花呈色蓝中泛浅灰，内底有一圈刮釉，釉面可见少许开片和气孔。敞口，圆唇，弧腹，平底，圈足内收，挖足较深，圈足外壁近足跟处斜削一周，与足跟皆无釉露胎。腹外壁饰一周变体"寿"字纹和几何开光图案。复原口径12.5、足径6.6、高5.1厘米（图一三三，2）。XLC·TG2②：2，灰白胎，透明釉泛青绿，青花呈色蓝艳，内底有一圈刮釉，釉面可见少许黑斑和气孔。敞口，圆唇，斜直腹，平底，圈足内收，挖足较深，圈足外壁近足跟处斜削一周，与足跟皆无釉露胎。唇部晕染一周弦纹，晕散至外口沿处。圈足与外底交接处有一周弦纹。复原口径15、足径7、高5.8厘米（图一三三，4）。XLC·TG2②：3，灰白胎，透明釉泛青绿，青花呈色蓝艳，内底有一圈刮釉，釉面可见少许黑斑和气孔。敞口，圆唇，斜直腹，平底，圈足内收，挖足较深，足跟内外缘斜削一周，窄尖状，无釉露胎。外底部分失釉，呈橘红色（火石红）。复原口径15、足径8.5、高6厘米（图一三三，3）。

五、小　　结

　　《容美纪游》与《细柳城官堰记》碑刻里均对细柳城遗址有所提及。《容美纪游》对细柳城有详细的描述："初四日，雨。发细柳城，徒有城名，实无城也。其中平而山远，可试骑射。君有园曰'众春'，……在焉五月初一日，雨，移寓细柳城之大慈阁。其邻众春园也。亭池花木，楚楚可人。"根据勘探以及XLC-TG1的解剖结果，第一台地上分布着大量明清废弃建筑堆积，与顾彩当年游细柳城时所记城内有"大慈阁""公馆"等建筑相印证。遗址大部被民房叠压，无法开展下一步的工作，该遗址建筑遗迹的相关信息无法进一步获取。遗址南北两侧道路原为河道，结合本次勘探结果及清理的河道可推知细柳城外有一周人工护城河环绕，遗址东南角的荷花池（现被隔成两个水池）与护城河相通。护城河周长约380米，西侧河道的宽度不超过石拱桥的宽度（5.5米），勘探结果显示为5.2米。

　　据现藏鹤峰县博物馆的清乾隆三十四年（1769）细柳城官堰记碑碑文中的"苦竹故坝，细柳新名。因二主建立城池，挑提此堰以配风水，相传一十九代土司，以前无论耳……"可知，曾有两位土司在此建城，而位于细柳城西南约1千米的官坟园墓地内有两块奉天诰命碑，内容为朝廷对容美土司司主田楚产（容美土司第十七任土司，号郢阳）和田玄（容美土司第十八任土司，字太初）的封赏。《平山万全洞记》[①]记载："创自先曾祖郢阳公，今东关古城，是其经始遗堞，先祖太初公造厅事数楹于桥之东偏。至大伯父双云公，时值闯、献肆讧，不信文相国之谋，以致张惶远避。及至事后，始痛定思痛，而大修其城，即今东关之新城也。双云公即世，二伯父夏云公仅遵成事，迨先少傅公始稍修理之。"因此推测细柳城为容美土司第十七任土司田楚产和第十八任土司田玄在明万历至明天启年间修建，命名为东关古城。第十九任土司

---

① 此处引用（清）吉钟颖等：《鹤峰州志·卷13·艺文志》中《平山万全洞记》，道光版。

田霈霖①（号双云）因农民军刘体纯侵袭而躲避于天泉山，此后东关旧城逐渐荒废，第二十二任土司田舜年继位后，容美土司重新强盛，可能再次营建细柳城，并使细柳城成为由中府至爵府的驿站。末代土司田旻如在位期间听从术士五行家建议，对包含细柳城在内的众多府署建筑进行拆除。容美土司末期，细柳城内的整体建筑逐渐被废弃，部分单体建筑沿用至近现代，当地村民在原建筑基址上修建了现代建筑，将早期建筑遗迹叠压。

第三节　万人洞洞府遗址

一、位置与概况

　　万人洞洞府遗址位于鹤峰县容美镇庙湾村二组，西南距县城约6千米。遗址位于山底河谷的天然溶洞内，上方约100米为东西向鸦来公路（G351）。其中心地理坐标为北纬29°54′24″，东经110°19′23″，海拔为573米（彩版四四，1）。万人洞为一天然石灰岩洞穴，位于山谷底部，河谷两侧山峰林立，植被分布茂密，龙溪河（上游修建水坝）沿河谷呈东西向从洞前流过，河流与洞内流出的暗河在洞口前近似三角形的河滩上交汇后，经九峰桥在细柳城西北汇入溇水河。万人洞洞口向南约50米处建有横在河道上的通往县城的自来水管道，管道在河道上垫高后形成拦水坝（图一三四）。

二、工作经过

　　鹤峰县博物馆曾在1985年组织人员进行调查，在万人洞洞府遗址内发现铁灯盏、铁剪刀、铁镢等遗物。2004年4月，鹤峰县博物馆对万人洞洞口遗迹进行了初步的勘察测绘。2015年12月至2016年3月，容美土司遗址考古队再次对万人洞遗址进行了全面考古勘察、清理及测绘工作。本次洞内外调查面积约2万平方米，清理洞口面积约300平方米，并采用三维激光扫描仪对洞内外进行了测绘。

三、洞内结构

　　万人洞有左右两处相隔约50米的天然洞口，两洞口通过支洞连通。其中左侧洞口为主洞口，洞口呈竖立的长椭圆形，高27.02、宽15.92米，西南向，方向227°。洞口的地表从中部断

---

①　（清）齐祖望等：康熙版《巴东县志·卷之三·事变志》："体纯、天保遣其将刘应昌等四人，将锐卒二千渡江（过清江），昼伏夜行，不四日抵容美，掳田甘霖及其妻子以归，遂尽逐江南民北渡，时顺治十四年正月也。容美以金银数万赎甘霖，乃复遣还。"

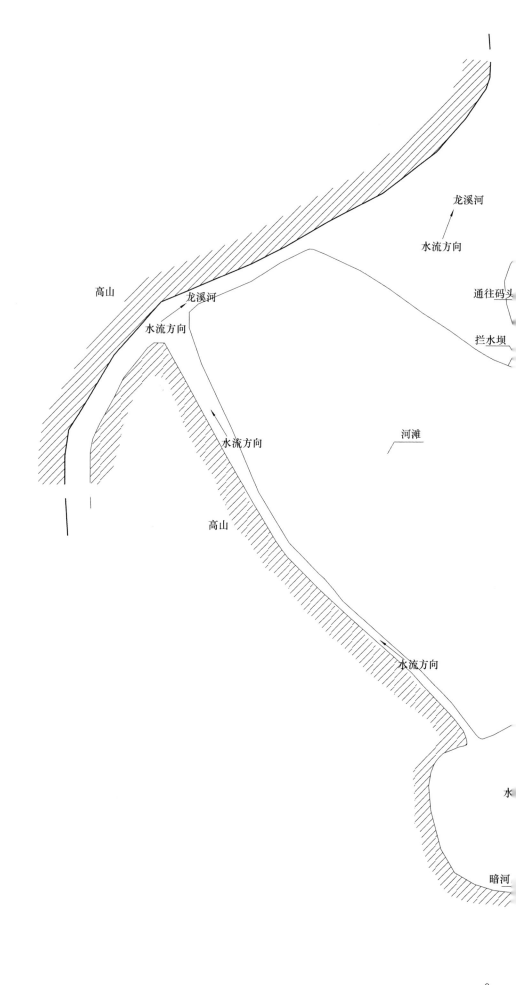

龙溪河

水流方向

高山

龙溪河

水流方向

通往码头

拦水坝

水流方向

河滩

高山

水流方向

水

暗河

0

图一三四

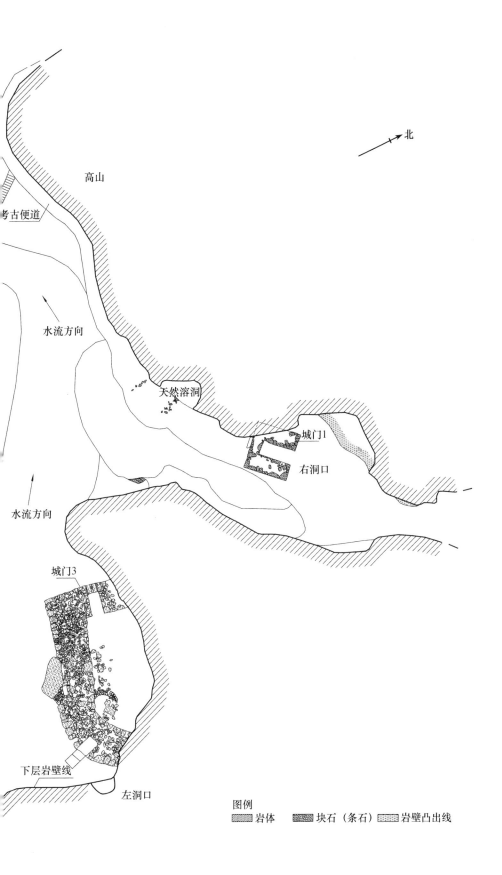

北

高山

考古便道

水流方向

天然溶洞

城门1

右洞口

水流方向

城门3

下层岩壁线

左洞口

图例

岩体　块石（条石）　岩壁凸出线

10米

洞口地形图

裂成南北两块，北块高于南块约3.5米。北块呈坡状向上延伸，南块呈陡崖状垂直上升，部分位置可见人工开凿痕迹，下为干涸的深洞。洞外北侧有一经过人工平整的天然平台，平台下侧为陡壁，高出河流约13.7米。南侧分两个平台呈陡崖式下斜至河面。右侧洞口为支洞口，洞口呈长椭圆形，洞口高9.58、宽3.5米，西南向，方向260°，洞外为陡壁，洞口下方约15米处有暗河从洞内流出（图一三五；彩版四四，2）。

万人洞左右两洞口处地表和洞壁结构松散，上有大量水滴溶蚀和风化侵蚀形成孔洞，洞壁表面呈灰白色。洞内为一大型多层溶洞，洞体高10.38～35.09、宽3.5～16.8米，主洞口内部大体呈条形向东北方向延伸，当地百姓传说深可达数千米。洞口向内182米处有一处被暗河侵蚀垮塌后而形成的漏斗，下层溶洞内的暗河在此形成水潭，顾彩在《容美纪游》中将该水潭命名为龙湫，未对水潭后方进行勘查。主洞口向内约110米处有一南拐的支洞，支洞向前38米的拐角处部分塌空形成溶沟，透过溶沟可见溶洞下层的地下暗河，暗河从右侧洞口下方缓缓流出，通过拐角处再向前约100米可通往右洞口（图一三五）。

洞内大量垮塌的石块将地表大部覆盖，仅洞内左右两洞洞口附近地表上堆积的垮塌石块较少，可见岩石地表。洞内深处有水滴从洞顶不断渗落，在地表上形成乳黄色的碳酸钙结晶体，部分地段存有大小不一的钟乳石。洞壁也因不断渗水形成乳黄色的层状石幔。洞内冬暖夏凉，空气流通较好，适宜长期留驻。万人洞洞府遗址地处河谷底部，交通极为不便。万人洞城门碑刻记载："后城细柳，乃再来观。"顾彩《容美纪游》中也记载："二十七日，游万人洞。洞在坡下，磴道一里，渡水一重。"说明万人洞处在河谷底部，古代交通极为不便，需步行一段道路，再乘船经水道至万人洞。现河流上游蓄水，通往万人洞的河道水流量减少，时常断流，原水道已不可通行。现行至万人洞遗址的道路为考古队在鸦来公路（G351）距洞口最近的位置沿着原自来水管道开辟的小道。由于小道地势陡峭，人迹罕至，洞内遗存人为破坏较少，多直接暴露在地表和岩壁上，部分遗存被少量浮土和植被覆盖。受天气、河流等自然因素的影响，以及年久失修，洞内外部分建筑遗存垮塌，修建水坝导致水位改变，部分建筑遗存半陷于暗河水中。

四、遗　　迹

本次调查、清理工作在万人洞洞府遗址内共发现遗迹单位15处，其中城门3座、瓮城1座、瞭望台1座、房址4座、道路4条、桥1座、采石场1处（图一三六）。

（一）城门

3座。

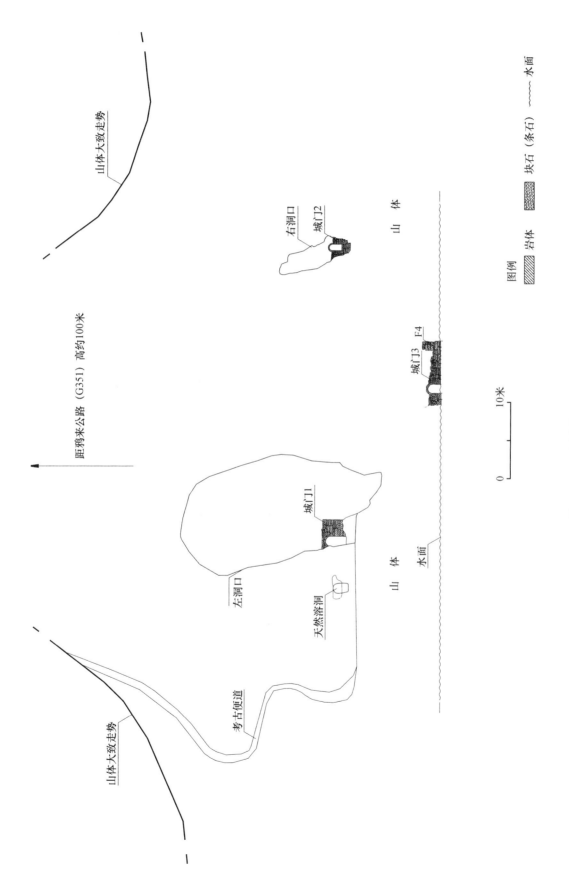

图一三五　万人洞洞口立面图

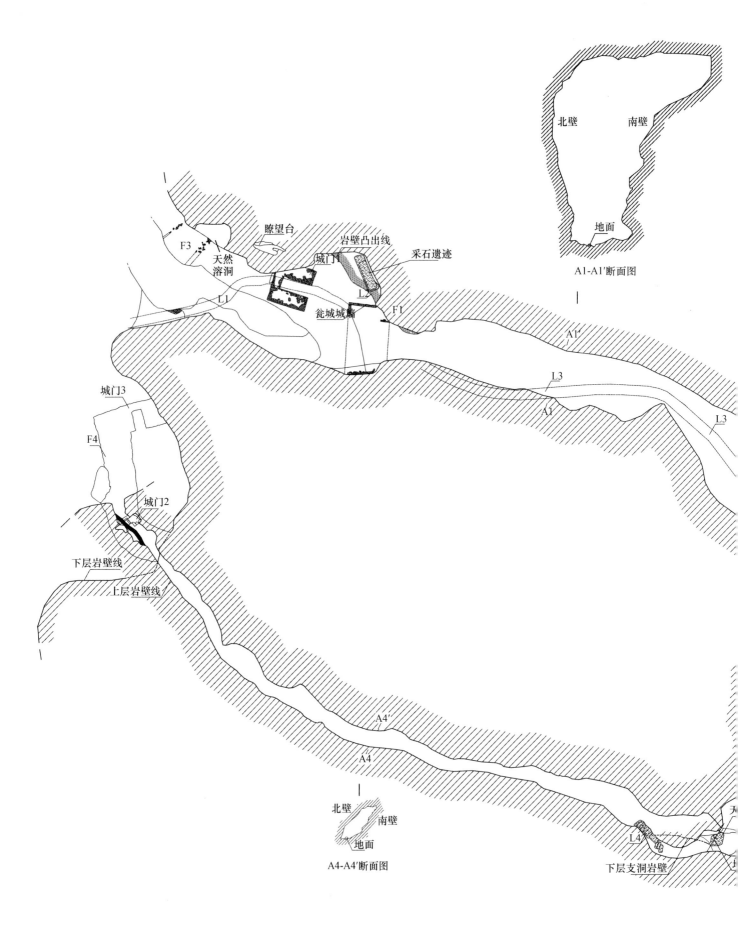

北壁　南壁

地面

A1-A1'断面图

F3

瞭望台　岩壁凸出线　采石遗迹

天然
溶洞　城门1

L2

L1　瓮城城墙　F1

A1'

L3

A1

L3

城门3

F4

城门2

下层岩壁线

上层岩壁线

A4'

A4

北壁　南壁

地面

A4-A4'断面图

L4

下层支洞岩壁

0

图一三六　万

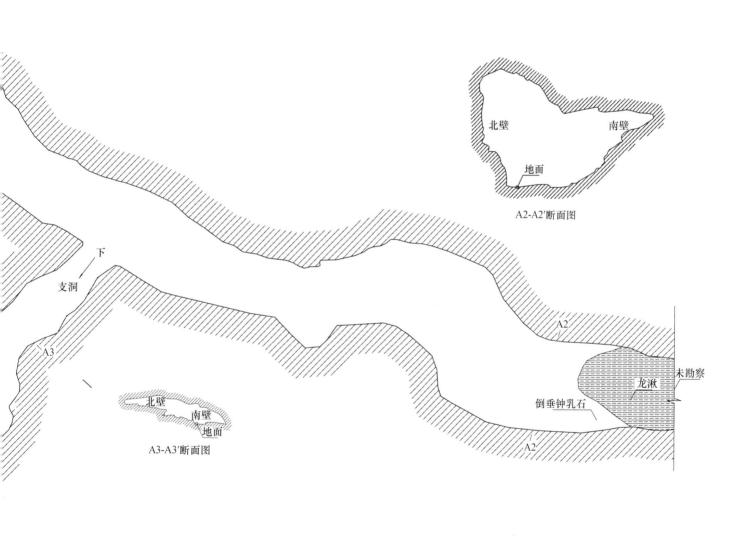

北

A2-A2'断面图

北壁　　　　南壁

地面

北壁

南壁

地面

A3-A3'断面图

下

支洞

A3

A2

龙湫

倒垂钟乳石

A2

未勘察

图例

岩体　　　块石（条石）

龙湫　　　岩壁凸出线

20米

与遗迹平面图

1. 城门1

城门1修建于主洞口右侧（左侧为水沟），坐东北朝西南，方向227°，由南北两侧墩台和城门构成，L1从门道穿过，右侧墩台洞壁上建有瞭望台，墩台左侧下方为断崖，平面呈"凹"字形，总面积27.6平方米。台基内填充用生石灰灌浆的黄土和不规则块石，表面凹凸不平，台基表面所用石材皆为灰白色石灰岩。（图一三七；彩版四五，1）。

墩台：墩台正面宽3.9、高 2.6～3.2米。右侧墩台利用天然基岩修建，北侧面紧贴岩石体，岩石体外残存长4.07、宽0.8～2.07米的墙体，用石条在洞壁基础上进行修补，平齐；南侧面长5.45、宽2.1、高0.9～2.9米。左侧墩台正立面墙体长2.23、残高2.6～3.2米，可见9～11层经过打

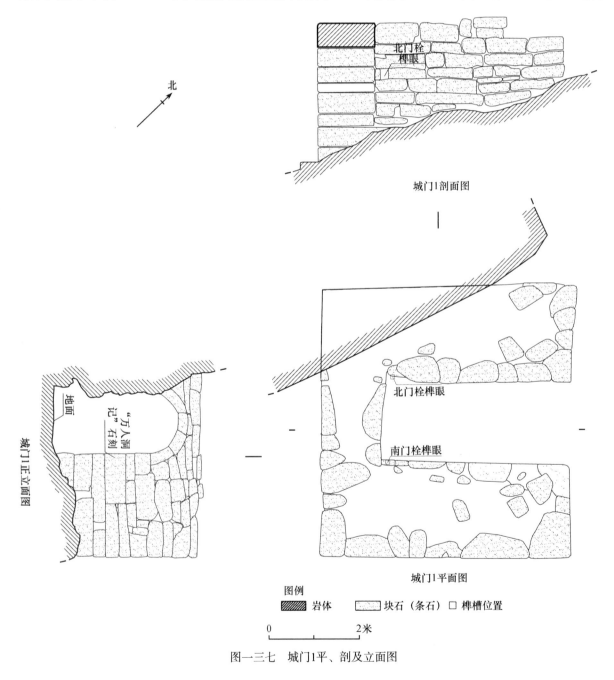

城门1剖面图

北门栓榫眼

北门栓榫眼

南门栓榫眼

城门1正立面图

地面

"万人洞记"石刻

城门1平面图

图例

▨ 岩体　▭ 块石（条石）　▫ 榫槽位置

0　　　　　2米

图一三七　城门1平、剖及立面图

磨的灰白色石灰岩错缝顺砌，缝隙为凹缝，可见少许白灰。南侧墩台外侧用打磨过表面有糙道的石条包边，包边石长0.3~1.52、宽0.15~0.58、厚0.20~0.48米，内里不平齐，石条表面打有糙道，之间缝隙极细。墩台顶部可见少量破坏的灰砖，有厚0.06米和0.035米两种，长度不详，宽度均为0.14米。墙体中部上镶嵌《万人洞记》石刻。石刻距地面高1.05、长1.03、高0.43、厚0.25米。石刻内容详见《容美土司石刻》（图版六三，1）。

城门：墩台正面券门北侧利用平整过的洞壁为墙体及券门的金刚墙，平台北侧券门的金刚墙和券脸及台基皆用打磨过的石条错缝干砌。券形拱门通高2.7米，金刚墙高2、券顶高0.6米。门通宽1.33、进深1.3米，券顶龙门石高0.21米。在进门0.1、南北两侧墩台距地表高1.3米处，有对称的两处椭圆形门闩榫眼，南侧榫眼长0.22、宽0.19、深0.28米，北侧榫眼长0.16、宽0.16、深0.19米。除券门处有顶部外，余皆损毁。门道长4.07、宽1.7米，由外向内向上呈倾斜状，坡度约17°，门道南侧为打磨过的石条错缝干砌而成的墩台，局部垮塌，外长5.44、内长4.07、宽2.1米，背部残高0.9米，前部残高2.6~3.2米，石块上均打有斜形糙道。台基背面门道左右两侧因地势增高，门道高度仅有0.9米，但与墩台平齐（彩版四五，2）。

2. 城门2

城门2位于右支洞尽头，右支洞高1.36~6.45、宽1.17~7.52米，其下12米为洞内伏流（龙溪河）出口及房屋基址F4。坐东朝西，方向260°，由券形拱门、墩台和城楼组成，券门、墩台保存较好，城楼已损毁，仅存原建在洞壁两侧的城楼榫槽（图一三八；彩版四五，3）。

券门：券形拱门以龙门石为中心，两侧各一块券脸石呈圆形排列。金刚墙南侧由7层块石干砌铺制，北侧有6层块石干砌铺制。块石之间为平缝，缝隙之间可见灰浆。块石表面打有斜形糙道，现部分磨损。通高1.85、通宽1.12、深0.75米，金刚墙高1.07、券高0.65米，扇形龙门石外径0.59、内径0.36、高0.25米，南北两侧弧形券脸石外径长0.61~0.64、内径长0.40~0.46、厚0.24~0.26米，金刚墙上的块石长0.23~0.68、高0.06~0.25、宽0.72~0.78米。门内地表正中设门槛石，门槛石下置槛垫石，槛垫石与洞内地表平齐，门槛做法为"通槛垫"。门外侧洞口岩壁上凿有两节石台阶，台阶以下悬空12.53米为F4，根据文献记载[1]，此处可能建有软梯，以供攀爬。门槛石尺寸为0.8米×0.21米×0.23米，垫槛石长1.7、宽0.6米，石台阶第一级尺寸0.98米×0.25米×0.27米，第二级尺寸1.57米×0.44米×0.27米。

墩台：券门南北两侧墩台皆紧贴洞壁修建，外用块石包边干垒，块石间缝隙较大，可见小片石填充，块石表面打有斜形糙道，部分磨损。南侧墩台残高1.61、宽0.29~0.35、厚1.38米，块石现存11层，块石长0.33~0.62、厚0.12~0.22米；北侧墩台残高1.33、宽0.76~1.22、厚1.41米，块石现存8层，块石长0.23~0.68、厚0.06~0.25米。

3. 城门3

城门3位于右支洞尽头下端，洞内伏流将城门局部淹没，坐东朝西，方向283°。现存券形

---

[1]　《容美纪游》记载："最高处有砦楼，梯悬十仞，攀之惴惴。砦上亦有人居，其道由石壁中曲盘而上。"

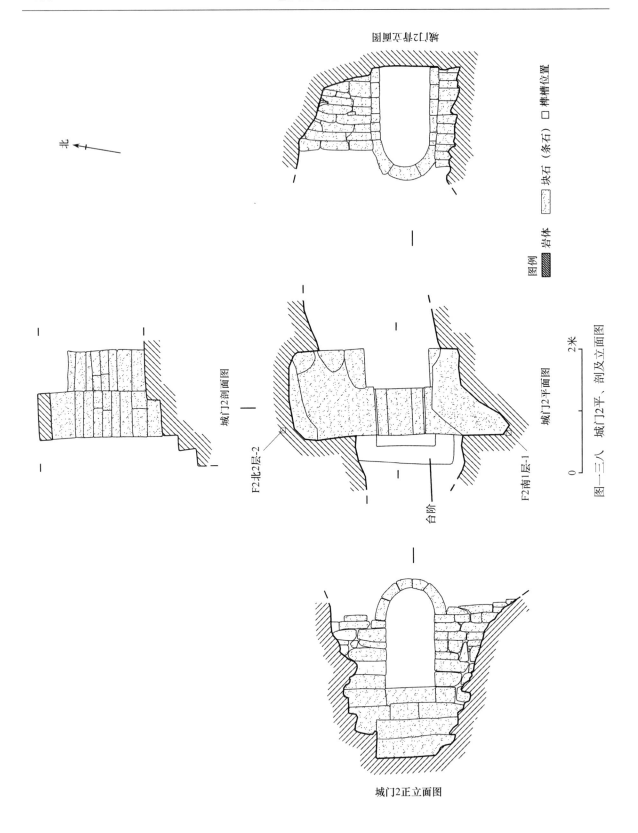

北

城门2后立面图

图例 岩体 ▨ 块石（条石） □ 榫槽位置

城门2剖面图

F2北2层-2

城门2平面图

F2南1层-1

台阶

0 ⸺⸺⸺⸺ 2米

图一三八 城门2平、剖及立面图

城门2正立面图

拱门、门道和南北两侧墩台，平面呈"凹"字形，城门通长9.86、通宽3.91米，面积 32平方米（图一三九；彩版四六，1）。

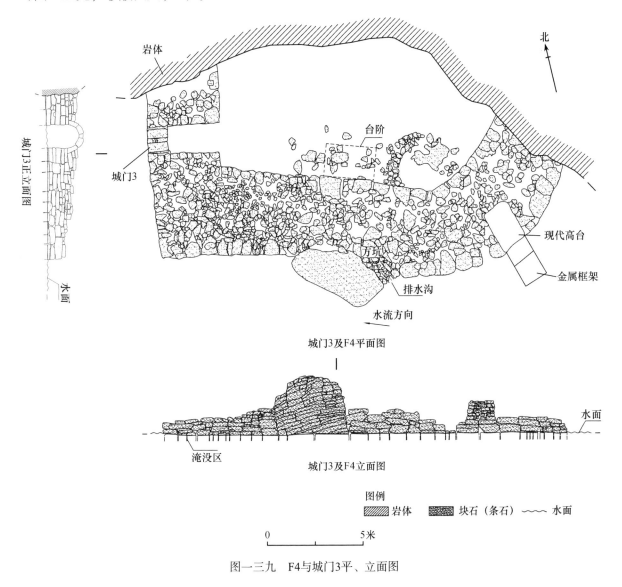

图一三九　F4与城门3平、立面图

　　券门：券形拱门以龙门石为中心，两侧各有2块券脸石呈圆形排列。金刚墙南侧由6层块石干砌铺制（水面上），北侧有5层块石干砌铺制（水面上）。块石之间缝隙较大，缝隙之间可见灰浆，缝隙为平缝，块石表面打有斜形糙道，部分磨损。拱门通高1.93、通宽1.65、深 1.08米。金刚墙高于水面1.04米（水面高度受洞内水流影响变化），券高0.83米。扇形龙门石外径0.24、内径0.17、高0.21米。南北两侧券脸石外弧长0.53～0.63、内弧长0.36～0.44、厚0.23～0.3米。金刚墙上的块石长0.4～1.08、高0.15～0.3、宽0.72～1.05米。拱门后侧除券门处有顶部外，余皆损毁。门道长3.77、宽1.44米。

　　墩台：墩台外用块石包边干垒，半沉于水下。北侧墩台紧靠洞壁修建，现高于水面1.64、宽 1.61、厚3.77米。表面堆积满块石，块石现存7～9层，长0.21～1.08、厚0.08～0.28米；南侧墩台高于水面1.62、宽5.69、厚3.87米。表面堆积满块石，现存4~9层，长0.21~0.9、厚0.05~0.45米。

（二）瓮城

1座。瓮城城墙、城门及南北两侧洞壁围合，形成不规则的瓮城，其东西长10.39~15.45、南北宽5.23~6.52米，面积约86平方米。瓮城城墙平面呈不规则长方形，中部垮塌，仅两端尚存，方向31.5°，墙体中部可见地表由内向外倾斜的基岩。据现存遗迹判断，城墙南北宽5.95、东西长9.74、距地表高2.26~2.96米，城墙不设城门，自L1第三段至城墙后，沿城墙北端至L2，自城墙南端岩壁上至L3。城墙底部可能设有拱形开口，便于洞内流水通过，现因水流量较大，将城墙中部冲垮（图一四〇；图版六三，2）。

城墙北端修建在洞内地表基岩上，正面与L1第三段相连接，背面与洞壁相贴靠，顶部可通往L2，其北侧面保存完整，正面与背面均垮塌，仅存局部，从垮塌面可见城墙内芯用碎石块和含有少量白灰的黄褐色杂土填充。城墙外用打有斜形糙道的条石错缝干砌包边，条石之间缝隙为平缝，可见少许灰浆。墙体北端东西残长3.82、高2.95米，用10~12层条石干砌，每层条石长0.18~1.2、宽0.27~0.35、厚0.1~0.4米。墙体正面残长1.6、高2.93米，用11层条石干砌，每层条石长0.4~1.5、宽0.32、厚0.17~0.42米。墙体背面残长1.28、高2.26米。用13层条石干砌，每层条石长0.3~0.8、宽0.15~0.2、厚0.10~0.35米（图版六四，1）。

城墙南端底部现已垮塌，仅在距地表2.96米的洞壁上的凹缝内残存填充的块石堆积，凹缝处可见人工砍凿的痕迹，块石堆积长3.96、宽0.6~1.4、残高0.6~1.33米。块石堆积顶端距洞内地表4.62米，与城墙北侧面间距8米，并与L3相连接（图版六四，2）。

（三）瞭望台

1座。瞭望台位于北侧城门墩台上方的洞壁上，利用洞壁天然伸出的一块岩石修建，岩石表面较平整，站在瞭望台上可俯瞰整个洞外。在墩台与瞭望台之间的洞壁上有平行凿刻的2个立柱的榫槽，为放置梯子的榫槽，在瞭望台上方凿刻有放置横梁的2个榫槽，放置横梁的榫槽与位于城墙端的L2处于同一高度上。瞭望台表面呈不规则形，经过打磨，较平整，但风化破碎严重。瞭望台通长4.7、通宽1.5、厚0.25米~0.3米，面积约4.45平方米，较城门1北墩台高4.9米。城门北墩台及瞭望台之间洞壁上的立柱榫槽编号为瞭望台1层-1、瞭望台-1层-2，瞭望台上方的横梁榫槽编号为瞭望台-2层-1、瞭望台2层-2（附表六；图一四一）。

（四）房址

4座。

1. F3

F3位于洞口西侧的天然台地上，考古便道的必经之处，南侧为陡峭的崖壁，北侧为岩壁（图一四二；图版六二，3）。吊脚楼建筑，建立在岩壁上的平台上，现地表天然台地宽4.78米，平台地表覆盖一层厚0.04~0.1米的垫土，下为基岩。垫土现被感染成灰黑色，在台地上有于凸出的基岩上打凿的石臼，石臼口部与现垫土地表平齐，底部呈圜形，口径0.28、深0.25米（图版六二，4）。房屋两侧有用不规则块石铺垫的包边石，块石长0.2~0.64、宽0.11~0.3米。台地东侧包边石上距地表高2米处有一椭圆天然溶洞，洞内两侧有榫槽，榫槽分别编号F3-5层-1和F3-5层-2，洞内向下延伸3米至尽头，洞内未发现人工开凿的痕迹。台地上发现一个近圆形柱洞，编号F3-4层-1。台地下方的岩壁上分别发现不规则分布的3个立柱的柱洞，柱洞在向外凸出的岩壁上打磨凿刻，形状不规则，表面上打有防滑的斜形糙道。柱洞分别编号F3-1层-1、F3-2层-1、F3-3层-1。清理F3-3层-1柱洞时，发现一枚康熙通宝（附表七；图版六二，5）。

2. F1

F1建于洞内北壁上，L2以东，洞底地表高低不平，仅残存洞壁上保留的构成房屋梁架和支柱的6层共10个榫槽，未发现洞壁外侧的立柱柱础或榫槽。第1层1个榫槽，推测为F1立柱的榫槽，编号为F1-1层-1；第2层1个榫槽，与F1-1层-1处于同一位置上，内收0.7米，推测为F1立柱的榫槽，编号为F1-2层-1；第3层2个榫槽平行分布，位于L2与F1之间，但较L2和F1均略低，推测为进入F1门前地板的榫槽，编号为F1-3层-1、F1-3层-2；第4层3个榫槽平行分布，并与L2等高，推测为铺设F1室内地板的横梁榫槽，编号为F1-4层-1~F1-4层-3；第5层3个榫槽平行分布，推测为F1屋顶横梁榫槽，编号为F1-5层-1~F1-5层-3（附表八）。根据洞壁上的榫槽布局结合当地独特的土家族建筑风格推测，F1为木质结构的吊脚楼建筑，一侧横梁与立柱在洞壁上修建，一侧横梁与立柱可能用榫卯结构悬空修建，洞底地表为置放立柱的柱础（图一四三；图版六五，2）。

3. F2

F2为城门2的城楼，已损毁，仅在洞内南北两洞壁上发现了立柱和横梁榫槽，并在城楼下方的地表周边采集了铁剪刀、铁灯盏、铁钉、青花瓷碎片等遗物（图一四四）。

南洞壁榫槽：皆位于城门外侧洞壁上，共有3层13个。其中第一层5个榫槽，位于城门上方0.37米，编号为F2南1层-1~F2南1层-5；第二层1个榫槽，编号为F2南2层-1；第三层7个榫槽，编号为F2南3层-1~F2南3层-7（图版六五，5；附表九）。

北洞壁榫槽：北壁上共发现6层18个榫槽。北壁第一层榫槽共1个，编号为F2北1层-1；北壁第二层榫槽共6个，呈线状向洞内分布延伸，编号为F2北2层-1~F2北2层-6；北壁第三层榫槽共1个，编号为F2北3层-1；北壁第四层榫槽共4个，编号为F2北4层-1~F2北4层-4；北壁第五层榫槽共5个，编号F2北5层-1~F2北5层-5；北壁第六层榫槽共1个，编号为F2北6层-1（附表一〇）。

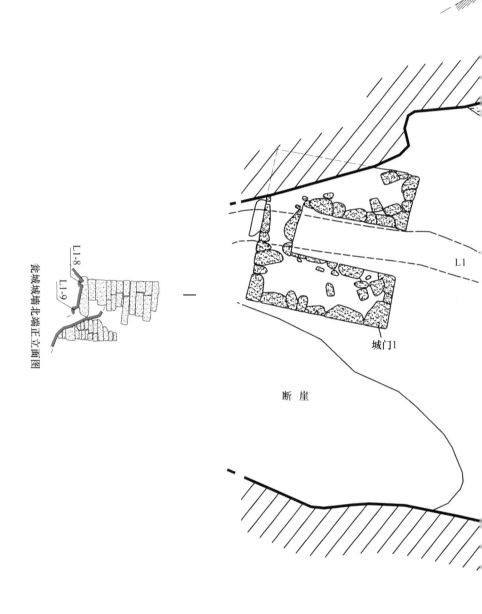

瓮城城墙北端正立面图

L1-8

L1-9

L1

城门1

断 崖

图例

岩体　　　块石（条石）　　　岩壁凸出线

0

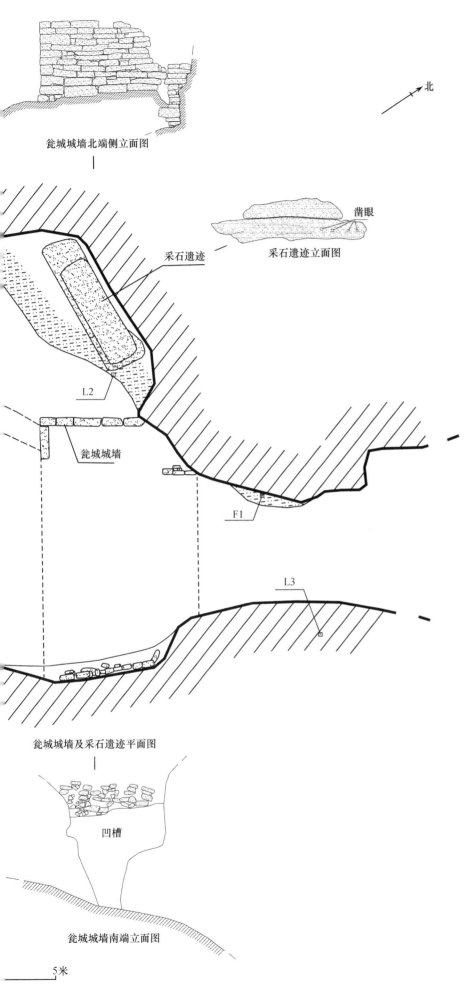

瓮城城墙北端侧立面图

北

凿眼

采石遗迹

采石遗迹立面图

L2

瓮城城墙

F1

L3

瓮城城墙及采石遗迹平面图

凹槽

瓮城城墙南端立面图

5米

石遗迹平、立面图

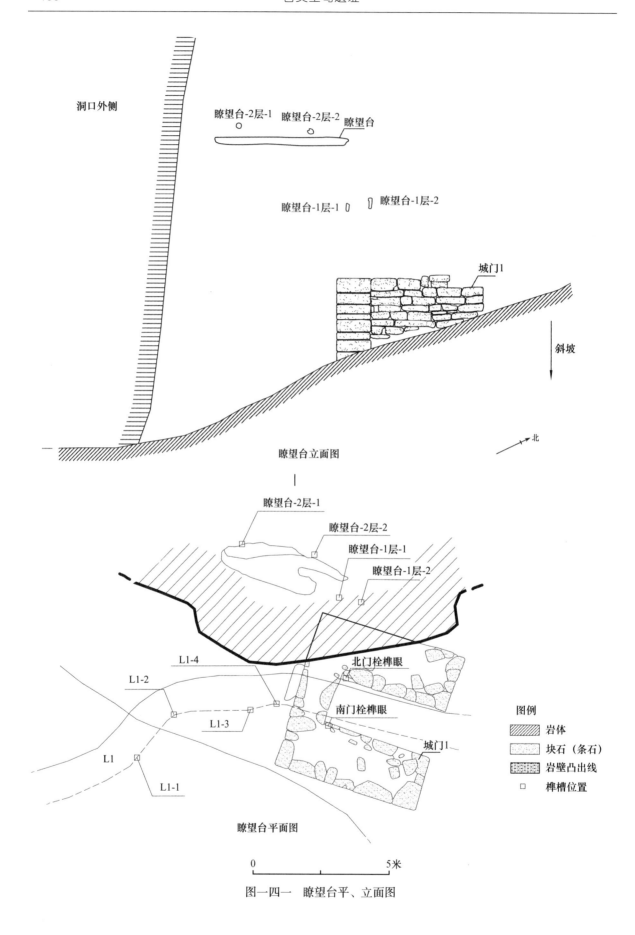

图一四一　瞭望台平、立面图

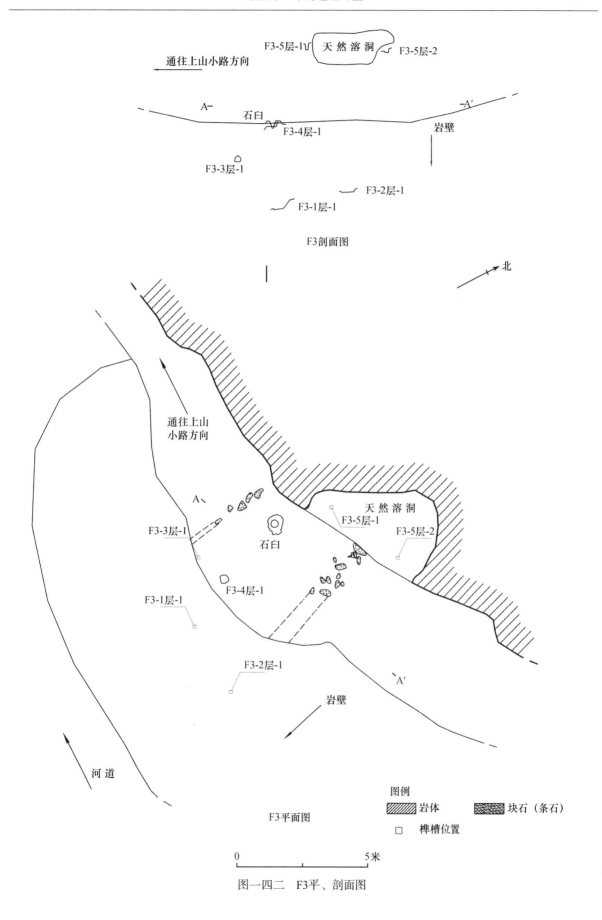

图一四二　F3平、剖面图

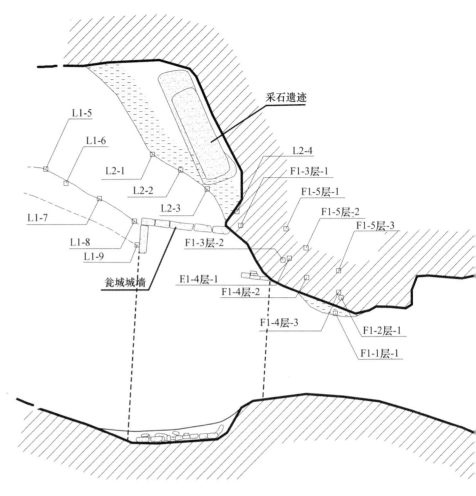

采石遗迹

L1-5
L1-6
L2-1
L2-2
L2-3
L1-7
L1-8
L1-9
瓮城城墙
L2-4
F1-3层-1
F1-5层-1
F1-5层-2
F1-5层-3
F1-3层-2
F1-4层-1
F1-4层-2
F1-4层-3
F1-2层-1
F1-1层-1

L2及F1平面图

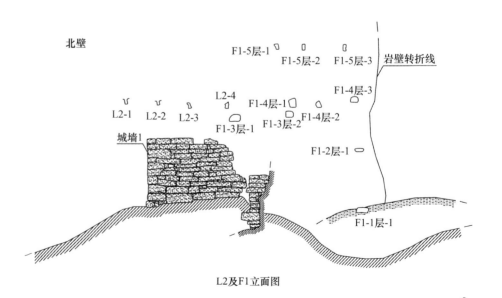

北壁

F1-5层-1
F1-5层-2 F1-5层-3 岩壁转折线

L2-4
F1-4层-3
L2-1 L2-2 L2-3 F1-4层-1
F1-3层-1 F1-3层-2 F1-4层-2
城墙1
F1-2层-1

F1-1层-1

L2及F1立面图

0

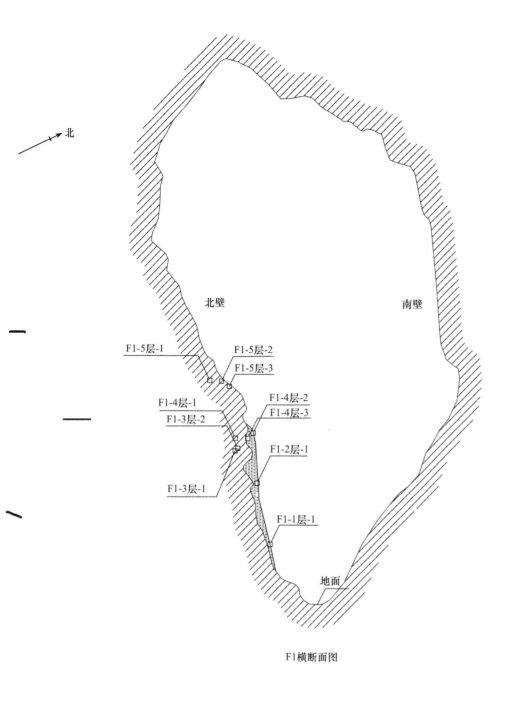

北

北壁 南壁

F1-5层-1
F1-5层-2
F1-5层-3

F1-4层-1
F1-4层-2
F1-3层-2
F1-4层-3

F1-2层-1

F1-3层-1

F1-1层-1

地面

F1横断面图

图例

岩体　　块石（条石）　　岩壁凸出线　□ 榫槽位置

5米

、立及断面图

北

北壁

洞口外侧

F2北6层-1号
F2北5层-1号
F2北5层-3号
F2北4层-1号
F2北5层-2号
F2北5层-4号
F2北5层-5号
F2北4层-2号
F2北3层-1号
F2北2层-1号
F2北2层-2号
F2北2层-3号
F2北2层-4号
F2北4层-3号
F2北4层-4号
F2北2层-5号
F2北4层-6号
F2南1层-1号

城门T3

F2北立面图

北壁

F2北6层-1
F2北5层-1
F2北4层-1
F2北3层-1
F2北2层-1
F2北2层-2
F2北5层-2
F2北5层-3
F2北5层-4
F2北2层-3
F2北4层-2
F2北2层-4
F2北5层-5
F2北2层-5
F2北2层-6
F2北4层-3
F2北4层-4
F2北1层-1
F2北3层-3
城门T2

南壁

F2南3层-7
F2南3层-6
F2南3层-2
F2南3层-1
F2北3层-5
F2南3层-3
F2北3层-3
F2北3层-4
F2北4层-3
F2北4层-4
F2南2层-1
F2北6层-1
F2北5层-1
F2北5层-2
F2北5层-3
F2北5层-4
F2北5层-5
F2北4层-2

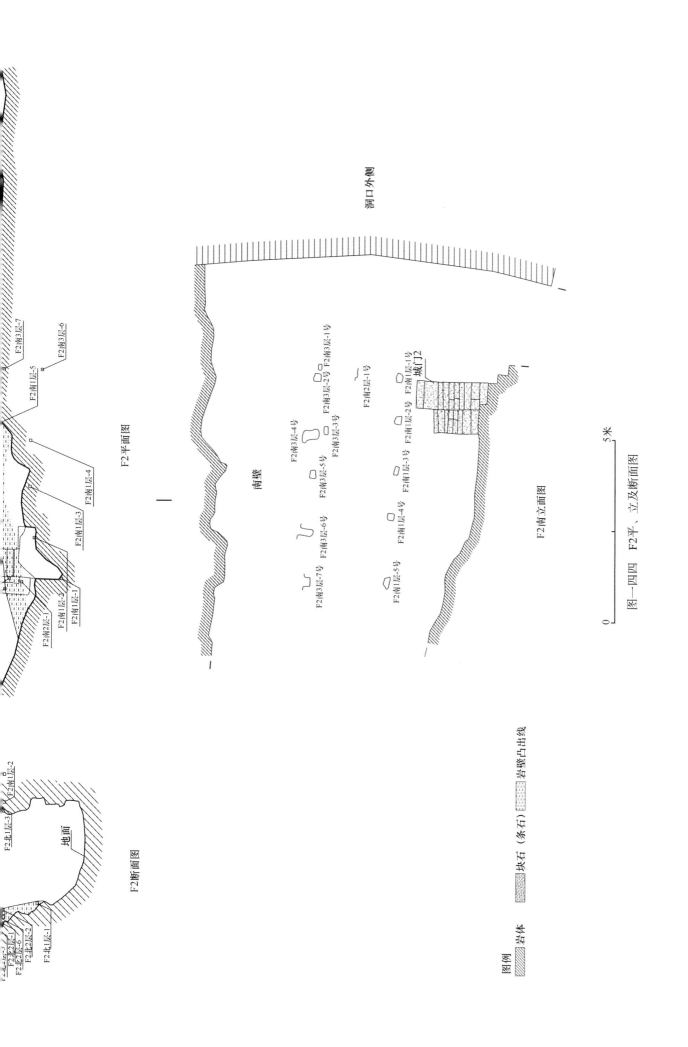

洞口外侧

F2平面图

南壁

F2南3层-4号
F2南3层-6号 F2南3层-2号 F2南3层-1号
F2南3层-5号 F2南3层-3号
F2南2层-1号
F2南1层-1号
F2南1层-2号
F2南1层-3号 F2南1层-1号
F2南1层-4号 城门2
F2南3层-7号
F2南1层-5号

F2南立面图

F2南3层-7
F2南3层-6
F2南1层-5
F2南1层-4
F2南1层-3
F2南2层-1
F2南1层-2 F2南1层-1

F2断面图

地面

F2北1层-3 F2南1层-2
F2北1层-1

F2北2层-1
F2北2层-2
F2北2层-6
F2北1层-1

0   5米

图一四四　F2平、立及断面图

图例

岩体　　块石（条石）　　岩壁凸出线

F2北1层-1，位于洞口内侧，较城门略低。F2北2层-1、F2北2层-2位于城门外侧洞壁上，榫槽与南壁第一层榫槽高度相同。除F2北2层-2外，北壁其余5个榫槽同南壁5个榫槽相互对称，但角度向东（洞内）偏斜8°～10°。第三层1个榫槽、第四层4个榫槽，自洞口呈线状向洞内分布延伸。第五层5个榫槽，北壁F2北5层-1与F2南3层-2相对，其后南北壁各榫槽向东偏斜8°～10°，并分别相对。F2南3层-5榫槽，正对北壁一天然凸出的基岩平台。F2北6层-1榫槽位于城门外侧的岩壁上。第二至六层的第一个榫槽呈线状由下到上，间距0～0.43米，可相互连接。

4. F4

F4位于城内自然内凹之处城门3南侧，可与城门2（砦楼）通过软梯相连，暗水水量大时台基顶部可被淹没，暗河水量少时，半沉于河下。修建水坝时对台基进行过改建，台基上发现大量由水泥黏结在一起的块石，台基东南角上发现水泥黏合的红砖、块石高台，高台外侧建有通至水下的金属框架。F4坐南朝北，方向13°，高出水面0.35～2.83米（测图时）。台基平面呈弧形，弧长16.3、宽4.5米，面积约77.4平方米，表面杂乱堆积有大量不规则块石，部分块石之间被水泥黏结，块石下为黑灰色的淤泥，未清理。F4南面中部设有一块石堆积的台阶，被暗河和淤泥淹没，受水流和淤泥限制，无法清理，台阶通长约2.56、通宽约1.58米。墙体中部有一个用块石包边的方坑，坑内设有暗沟，可通往室外，方坑长1.12、宽0.54、深0.33米。水沟东西走向，位于方坑底部，沟壁用片石垒砌，沟口宽0.3、长1.5米，距台基边0.26米，台基边外侧水下可见暗沟排水口。室内台基后檐中部有一凸起的天然基岩，高于室内0.97米，高台长4.35、宽2.26米，高于水面2.83米，可能为当年搭建软梯通往砦楼的台基（图一三九；彩版四六，1）。

（五）道路

4条。

1. L1

L1位于主洞口南侧，是当时进入万人洞的唯一道路，道路利用岩壁和洞内地势走向修建，没有过多的人工打磨痕迹，仅在道路一侧留有栏杆立柱榫眼痕迹。道路下端现被河水淹没，上端在岩壁上穿城门1至洞内城墙处。L1整体大致呈东西走向，全长30.85、宽0.85～1.3米，由低到高，跨越洞外两层陡壁后向南进入洞口斜坡，整体高差跨度在17米。道路清理前整体暴露在外，仅局部位置被泥沙覆盖，根据其走势和位置将L1分为三段（图一四五；图版六一，1）。

第一段：自洞外陡壁下的河流处至陡壁尽头。道路修建在洞外南侧陡壁上天然形成的小型凹槽内，长约7.1、宽1～1.2米，陡壁度为33°～39°。凹槽内有天然形成的凹凸不平状石坎，局部有人工打磨的台阶。调查时可不借助工具上下通行，但有一定危险性。推测当时可能建有木梯，方便行走。

第二段：自陡壁上两个天然台地至洞口右侧缓坡处的城门1处。道路在陡壁上方的平台处延伸跨越洞外侧的两层天然台地后，向右转入洞口北侧的坡地上，直至洞口城门1处。道路较为曲折，全长约13.24、宽约1.1～1.3米（图版六一，2）。平台及天然台地皆呈凹凸不平状，局部有人工打磨的痕迹，但不见明显的道路修建迹象。在第一台地和第二台地上分别发现一个扶手栏杆榫眼，榫眼分别编号为L1-1和L1-2，在洞口北侧的坡上也存有两个扶手栏杆榫眼，分别编号为L1-3和L1-4（附表一一；图版六二，1）。

第三段：自洞口城门1处向洞内延伸至城墙墙体处。道路在洞内北侧的斜坡处经城门、门道向上一直延伸至城墙处，整体呈直线，向上倾斜21°，道路全长约10.61、宽约0.85～1.3米（图版六一，3）。洞内石灰岩地表没有经过加工，表面有天然褶皱，但是在道路北侧设有栏杆榫眼，直至城墙处，榫眼呈线状排列，编号为L1-5～L1-8（图版六二，2）。在城墙下方有与L1-8沿城墙平行分布的一个榫眼，编号为L1-9（附表一二）。

2. L2

L2是修建在洞内北壁上的一条栈道，位于瓮城城墙上方，通往F1，整体呈东西走向，由城墙处向洞内延伸。该道路仅残存一排4个在洞壁上凿刻的栈道横梁榫槽，大致处于同一水平面，榫槽由洞外向洞内方向编号为L2-1～L2-4（附表一三）。根据榫槽的位置推测，城墙上方有木梯可达L2，并可能以城墙为基础，设置道路支撑立柱。道路长约4.73米，宽度不详，距城墙顶部高3.85～4.54米（图一四三；彩版四六，2；图版六五，1）。

3. L3

L3是在洞内南壁上修建的一条栈道，自城墙南端通行至洞内深处，整体呈东西走向，该道路仅存洞壁上的两层榫槽，以及在洞内深处地表岩石上凿刻的两排立柱榫眼。下层榫槽为栈道内侧立柱榫槽，L3第1层共10个，间距0.75～1.12米，编号为L3-1层-1～L3-1层-10，其中前4个榫槽呈线状排列位于洞壁同一高度，后6个榫槽较前4个榫槽高0.15～0.2米，也呈线状排列位于洞壁同一高度（图版六五，3）；上层榫槽为铺设栈道路面的横梁，L3第2层共11个，洞内地势不平，榫槽之间高差较大，最大高差达2.64米，最大间距15.74米，榫槽编号L3-2层-1～L3-2层-11。其中L3-2层-1修建在距城墙南端6.42米凸出的洞壁上，前5个横梁榫槽与南端城墙顶部高度相同，也和第一排榫槽位于同一高度。自L3-2层-6开始向上抬升至平行的L3-2层-7、L3-2层-8后，开始微微下降至平行的L3-2层-9～L3-2层-11。其中第L3-2层-7～L3-2层-11这5个横梁榫槽分别位于L3-1层-1、L3-1层-3、L3-1层-5、L3-1层-6、L3-1层-10这5个立柱榫槽正上方（图版六五，4）。距L3-1层-10和L3-2层-11两个榫槽40米（距洞口78.5米）处地表凸起的岩石上发现了不规则的东西向两列三排共6个榫眼，编号L3-1～L3-6，与L3第一排榫槽基本处于同一高度、直线上，其中L3-1～L3-5靠近洞北壁一侧，为道路外侧立柱榫眼，L3-3、L3-6靠近洞南壁，为道路内侧立柱榫眼，两者间距0.64米，即原L3宽度不小于0.64米（附表一四；图一四六；彩版四六，3）。

L1第一段剖面图

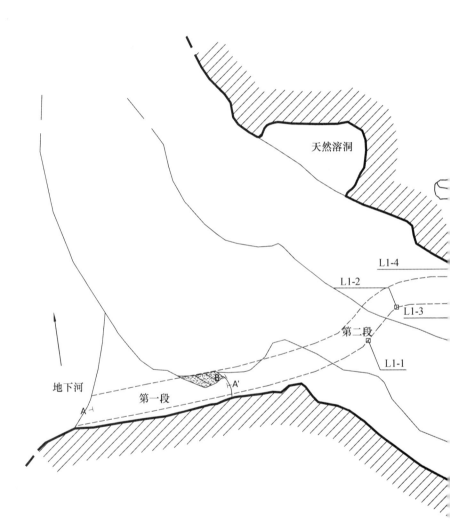

图例

0

图一四五

L1-4
L1-3
—B′

C—
L1-5
L1-6
L1-7
L1-8
—C′

二段剖面图

L1第三段剖面图

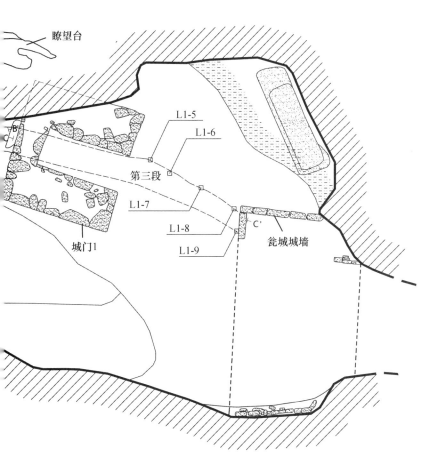

瞭望台

北

L1-5

L1-6

第三段

L1-7

城门1

L1-8

L1-9

瓮城城墙

C′

块石（条石）　岩壁凸出线　——————复原建筑/道路　□ 榫槽位置

5米

、剖面图

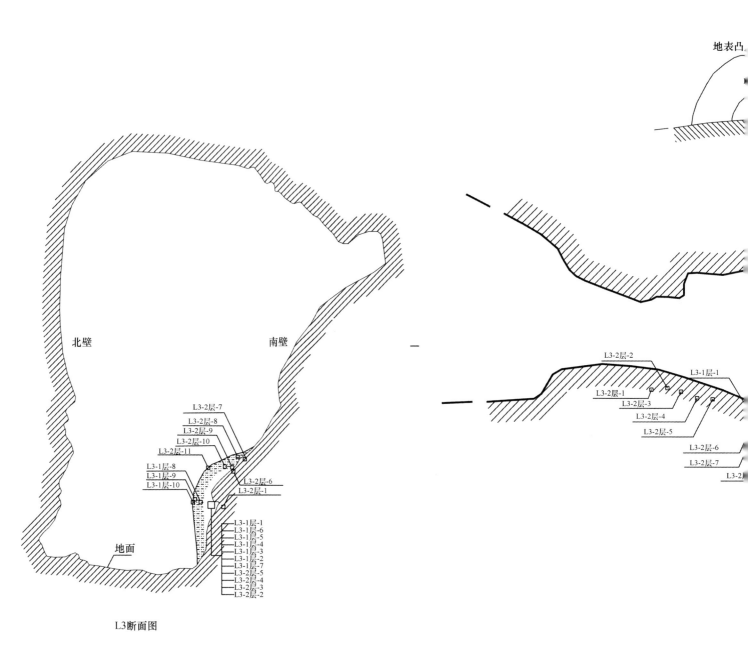

地表凸

北壁　　　　　南壁

L3-2层-7
L3-2层-8
L3-2层-9
L3-2层-10
L3-2层-11
L3-1层-8
L3-1层-9
L3-1层-10
L3-2层-6
L3-2层-1

L3-1层-1
L3-1层-6
L3-1层-5
L3-1层-4
L3-1层-3
L3-1层-2
L3-1层-7
L3-2层-5
L3-2层-4
L3-2层-3
L3-2层-2

地面

L3断面图

L3-2层-2
L3-1层-1
L3-2层-1
L3-2层-3
L3-2层-4
L3-2层-5
L3-2层-6
L3-2层-7
L3-2

0

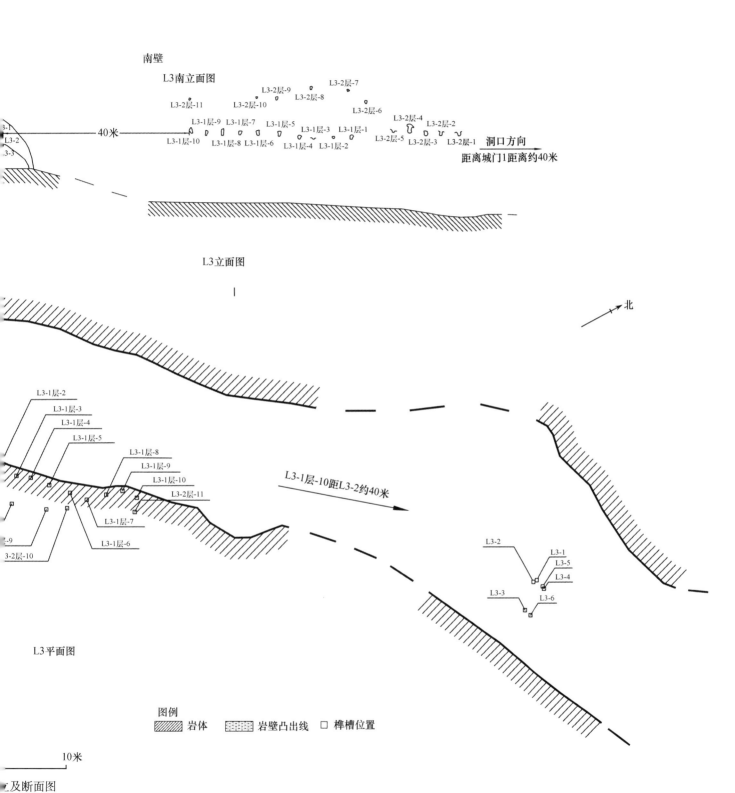

南壁

L3南立面图

L3-2层-9　　　　L3-2层-7
L3-2层-11　　L3-2层-10　　L3-2层-8
　　　　　　　　　　　　　　　L3-2层-6
40米
L3-1层-9　L3-1层-7　　L3-1层-5　L3-1层-3　L3-1层-1
L3-2　　　　　　　　　　　　　　　　　　　　　　L3-2层-4　L3-2层-2
L3-3
L3-1层-10　L3-1层-8　L3-1层-6　　L3-1层-4　L3-1层-2　　L3-2层-5　L3-2层-3　L3-2层-1　洞口方向

距离城门1距离约40米

L3立面图

北

L3-1层-2
L3-1层-3
L3-1层-4
L3-1层-5
L3-1层-8
L3-1层-9
L3-1层-10
L3-2层-11

L3-1层-10距L3-2约40米

L3-1层-7
3-2层-10
L3-1层-6

L3-2
L3-1
L3-5
L3-4
L3-3
L3-6

L3平面图

图例
岩体　　岩壁凸出线　□ 榫槽位置

10米

工及断面图

4. L4

L4为过天心桥以南6.5米人工搭建的如意台阶，可通往支洞尽头。台阶共11阶，长6.02、宽0.74~1.25、垂直高3.03米，每级台阶和内里的踏跺均由较厚的大块不规则块石自下向上错缝叠压堆积，台阶每阶宽0.2~1.32、高0.25~0.35米。经过阶梯再向前约85米便可抵达砦楼，该路段与其他洞内道路相比略显平坦，部分路段平铺有不规则石板（图一四七）。

（六）天心桥

过L3-6榫眼后，前行约10米进入右支洞，前行38米，有天然溶沟，透过溶沟可见溶洞下层地下暗河，溶沟上底部铺设人工石板，命名为天心桥。桥为一整块岩石，呈不规则的三角形，两直角边长1.6、斜边长2.2、厚0.08~0.25米，卡在溶沟两侧岩壁上（彩版四七，1）。

（七）采石场

在瓮城以北发现了当时的采石痕迹，在剥落的一大块洞岩上发现一排4个方形凿眼，凿眼宽0.08~0.12、高0.03~0.05、深0.04~0.06米，间距0.26~0.5米（图版六六）。

五、遗　物

在万人洞先后三次的调查清理过程中，采集到的遗物有铁器和铜器。

（一）铁器

7件。分为生活器皿、兵器两类。

1. 生活器皿

5件。器形有灯盏、剪刀、钉等。

灯盏　1件。鹤馆藏：00818，圆形，圜底。表面锈痕严重。口径5.4、深2厘米（图一四八，1；彩版四七，2）。

剪刀　1件。鹤馆藏：00824，两刃之间锈合，刀把一端弯曲呈椭圆形，一端呈S形。通长13.5、通宽5、刃长5.4、把长8.1厘米（图一四八，2；彩版四七，3）。

钉　3件。WRD·采：1，一端尖锐，一端较钝，表面锈痕严重。通长4.8、直径0.6厘米（图一四八，4）。WRD·采：2，一端尖锐，一端较钝，表面锈痕严重。通长5.1、直径0.9厘

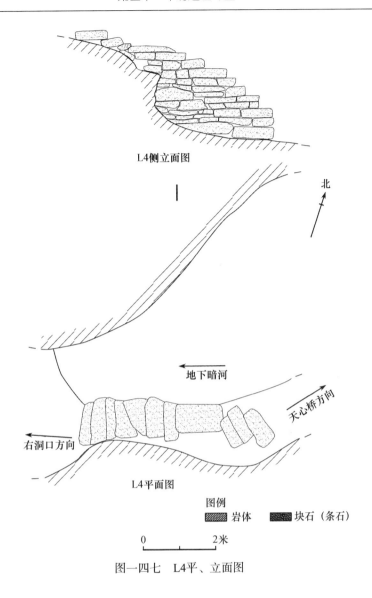

图一四七　L4平、立面图

米（图一四八，5）。WRD·采：4，一端尖锐，一端较钝，中部锈结。表面锈痕严重。通长6.7、直径1厘米（图一四八，6）。

2. 兵器

2件。仅见铁镞。

镞　鹤馆藏：00823-1，一端尖锐，一端呈三角形。表面锈痕严重。通长6.8、直径0.4厘米（图一四八，7）。鹤馆藏：00823-2，一端尖锐，一端呈三角形。表面锈痕严重。通长5.1、直径0.4厘米（图一四八，8）。

（二）铜器

1枚。仅见铜钱。

铜钱　WRD·采：3，外郭宽粗均匀，内郭较细，穿方正。正面楷书"康熙通宝"，四字对读，背面右为汉字纪地"昌"，左为对应的满文纪地。直径2.5、穿径0.5、肉厚0.1厘米（图一四八，3）。

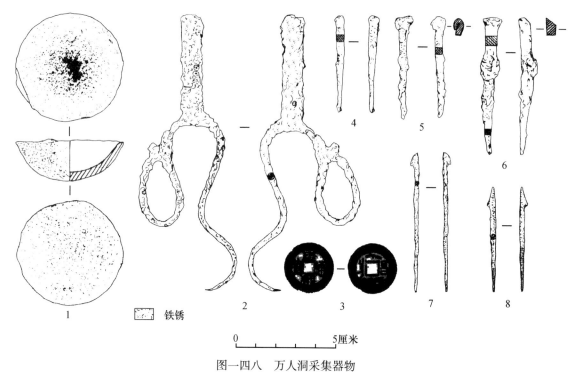

铁锈

0　　　　　　　5厘米

图一四八　万人洞采集器物

1.铁灯盏（鹤馆藏：00818）　　2.铁剪刀（鹤馆藏：00824）　　3.铜钱（WRD·采：3）
4~6.铁钉（WRD·采：1、WRD·采：2、WRD·采：4）　　7、8.铁镞（鹤馆藏：00823-1、鹤馆藏：00823-2）

六、小　结

根据万人洞洞口城门1处碑文记载可知，万人洞由第二十一任土司田甘霖始建，第二十二任土司田舜年继位后扩建，至清康熙三十七年建成，并在万人洞洞口城门1处立碑作记。清康熙四十三年，顾彩游万人洞后，在《容美纪游》中对万人洞洞内景观、建筑布局做了详细描述。据宝善楼碑碑文记载，万人洞洞府在末代土司田旻如统治期间废弃。

万人洞是容美土司修建的重要洞府，主要用于躲避兵灾。末代土司田旻如统治时期听信术士所言，万人洞的部分建筑可能被拆除。改土归流后，万人洞彻底废弃。由于道路不畅，环境封闭，该遗址受人为干扰和自然破坏较少，洞内外遗存整体上保存得较好。而到近现代的水坝和S325建好后，周边环境变得不再封闭，受到人为干扰，万人洞部分遗存和周边环境被破坏。

顾彩在游历容美土司时曾游历万人洞，并在《容美纪游》中介绍了万人洞内的概貌："二十七日，游万人洞。洞在坡下，磴道一里，渡水一重。洞口有街，有门楼，守洞者家焉。客至具酒果，食毕登洞。其石如古铜色，多孔窍。处处可坐，游人高下憩其间，如仙人屏障。

最高处有砦楼，梯悬十仞，攀之惴惴。砦上亦有人居，其道由石壁中曲盘而上。甚幽黑，莫之敢蹑。正中有挹泉轩，甚爽垲。四壁多题咏。轩后即龙湫，水纯碧，上有桥可渡。今桥圮，游止于此，后洞不可复到也。水浅时出白骨如牛髑，洁白坚刚，散布沙间。或曰此龙骨也。天旱取投湫中，瀹然鸣，天乃雨。"根据《容美纪游》的记载，洞内有"街道""门楼""砦楼"等建筑，除挹泉轩外，万人洞洞府遗址内发现的遗迹单位基本可与顾彩记录的建筑相对应，其中门楼为城门1，街道为L2，砦楼为F2和城门2。本次调查未在水潭（龙湫）前发现任何建筑遗迹，推测挹泉轩为木质结构，现已损毁，挹泉轩四壁题咏也随之消失。从目前调查的情况来看，万人洞内的建筑以木、石为主要原材料。洞口处包含城门在内的台基的建筑材料以石材为主。洞内的道路和房屋建筑以木质结构为主，这些木制建筑依托洞壁修建，高悬在洞内上方，可能是以本地区的吊脚楼建筑为原型，结合洞内特殊环境修建的一侧紧贴洞壁，一侧悬空的建筑。

万人洞位于峡谷下方，在S325修建好前，是中府的最后退守之地。《顾彩记游》载："……二十七日，游万人洞。洞在坡下，磴道一里，渡水一重。……"据此描述，自中府容美宣慰司司署出南门后至溇水，沿逆龙溪河而行，渡过龙溪河可达万人洞。洞内平日安排专人值守，并建有大量的防御设施和少量的房屋建筑，可供躲避兵灾，易守难攻，因此，《万人洞记》称此洞为"盘石重城"。

第四节　九　峰　桥

一、位置与概况

九峰桥位于鹤峰县容美镇张家村，位于县城东北约3.5千米。其往西约300米为容美土司官坟园遗址，北、南、东三面被九峰大道环绕，东距新修的九峰大道上的跃进桥7.5米，桥下龙溪河流过，并汇入溇水河。其中心地理坐标为北纬29°54′5″，东经110°3′30″，海拔449米。

九峰桥南北向横跨龙溪河，桥北立"九峰桥"和"彪炳千秋"石碑2通，碑文详见《容美土司石刻》《容美土司遗址集影》。据碑文记载，清康熙二十五年，容美土司第二十二任土司田舜年修建了九峰桥。乾隆十二年，对垮塌的右（南）岸进行修补。民国十六年，当地对九峰桥再次进行了维修。2005年，鹤峰县人民政府对该桥进行了保护性修缮，在原桥面上铺设水泥桥面和设立栏杆，并将桥北的石碑迁移至鹤峰县博物馆。

二、工 作 经 过

2016年8月，容美土司遗址考古队对九峰桥进行了考古清理，清理面积约70平方米。清理前桥身块石风化严重，长满了大量灌木和草本植物（图版六七，2；彩版四七，4）。该桥清理难度较大，清理时在桥的两侧架设梯子，工作人员着救生衣对桥身进行了清理，并对九峰桥进行记录、测量、拍照（图版六七，1）。

三、遗　　迹

九峰桥为单孔石券桥，南北走向，方向33°，通长17.86、通宽4.57米（水泥桥面），桥面距水面约6.82米，桥面比九峰大道低7～7.25米。桥梁两侧修有水泥台阶通往公路（图一四九；彩版四七，4；图版六七，2）。

桥面与桥洞：桥面铺有现代水泥，设立栏杆，原始桥面保存情况不详。原始桥面与龙门券中间有一两层长0.3～1.64、厚0.29～0.46米的长块石错缝干砌的撞券石。龙门石以北的部分撞券石表面打有斜形糙道，龙门石以南的撞券石表面皆为素面，撞券石之间缝隙较大，缝隙之间可见黄土含量较高的灰浆，缝隙形式为凹缝。桥拱呈圆形，以龙门石为中心，龙门石以北有12块券脸石排列，龙门石以南有13块券脸石排列。券脸石表面素面，之间缝隙较大，缝隙之间可见少量白灰，缝隙形式为平缝。拱最大径宽7.7、高4.4～5.13米，龙门石呈扇形，外径0.52、内径0.28、高0.24米，券脸石长0.29～0.64、宽0.54～1.93、高0.24～0.34米。

金刚墙：桥洞南北两侧的金刚墙均修建在河道凸出的基岩上，北侧金刚墙由2块块石砌成，南侧金刚墙由多块块石错缝干垒。南侧金刚墙宽0.32～0.68、深4、高0.83～1.45米，北侧金刚墙宽0.57～0.65、深4、高0.68～0.74米，凤凰台较最后一层券脸石凸出0.16～0.2米。

雁翅石与驳岸：雁翅石修建于两岸经过人工打平的基岩上，基岩现高出水面1.07～1.52米。南岸雁翅石由3层块石错缝垒砌，通长5.9、通高1米，块石长0.24～1.14、高0.14～0.5米；北岸雁翅石由多层块石错缝干垒，通长0.73、通高0.77米，块石长0.31～0.71、高0.18～0.4米。雁翅上驳岸用尺寸不等的块石错缝干砌，之间缝隙较大，缝隙之间可见夹有碎石子的灰浆，灰浆内黄土含量较高，缝隙形式为平缝或凹缝，北侧雁翅上驳岸上块石打有斜形糙道，南侧为素面。南侧雁翅上泊岸高4.47～4.74、宽5.7～6米，块石长0.35～1.1、高0.22～0.65米，由13～15层块石和条石错缝干砌，底层干砌的块石和条石，尺寸大于上层块石和条石；北侧雁翅上驳岸高4.69～4.75、宽1～1.5米，用12～14层块石干砌，块石长0.32～0.9、高0.22～0.65米。

河身驳岸：内部为土芯，外用不规则的块石错缝垒砌，桥身以东表面覆盖水泥，桥身以西表面仍可见内部填充的杂有碎石的灰褐色土。南侧河身驳岸与桥面呈134°相交，通长1、通高5.3米。河身驳岸下部用大小不等的经过粗加工的块石错缝垒砌，上部用杂乱的片石、块石随意堆砌，块石长0.11～1、宽1.6～2.2、高5～5.5米；北侧河身驳岸与桥面呈115°相交，通长2.43、通高5.5米。河身驳岸用大小不等的经过粗加工的块石错缝垒砌，缝隙较大，缝隙之间可见夹有碎石子的灰浆，灰浆内黄土含量较高，缝隙形式为平缝。块石长0.11～1、宽1.6～2.2、高5～5.5米。

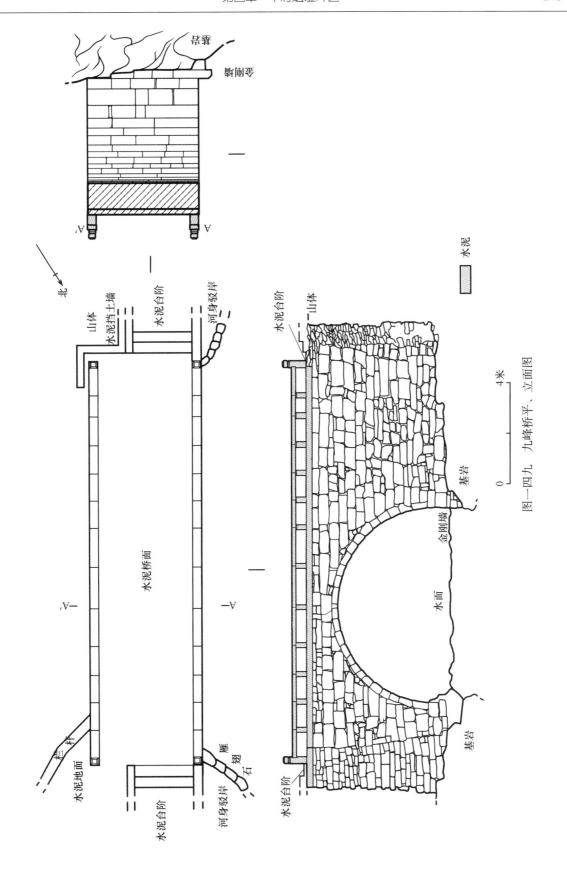

图一四九　九峰桥平、立面图

四、小　结

九峰桥为容美土司田舜年在位期间修建，是中府（鹤峰县城）通往爵府（屏山）的唯一一座桥梁，至21世纪初九峰公路上的跃进桥修建好投入使用后，该桥才停止使用。在300余年的使用过程中，九峰桥经多次维修，其所使用的建筑材料虽发生了一定的变化，但整体仍保存着修建时的建筑形制，是研究清初鄂西南地区桥梁形制的重要标尺。

第五节　官坟园墓地

一、位置与概况

官坟园墓地位于容美镇张家村三组，九峰桥以西约300米。墓地现被张家村民居和九峰公路叠压，墓地中心地理坐标为东经110°3′2″，北纬29°54′15″，海拔490米（图一五〇；图版六八，1）。

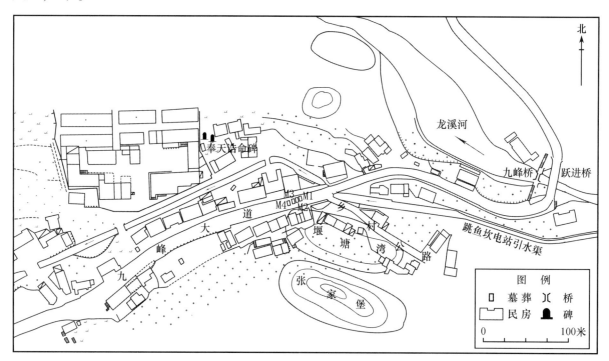

图一五〇　官坟园墓地地形图

20世纪50年代，鹤峰县修建鸦（鸦雀岭）来（凤）公路时，在此处发现两座奉天诰命碑、残损的华表、田楚产恭人向氏石匾（现均藏于鹤峰县博物馆）等遗物。奉天诰命碑为功德叙事碑，记载了明崇祯二年（1629）表彰容美土司司主田楚产和清康熙二十三年（1684）表彰容美土司司主田玄的相关内容。碑刻、华表、田楚产恭人向氏石匾的内容详见《容美土司石刻》《容美土司遗址集影》。

二、工作经过

2016年，容美土司遗址考古队对官坟园墓地进行了调查。经了解，2006年，鸦来公路扩宽并改名为九峰大道时，在奉天诰命碑以东南约30米公路正下方发现4座被破坏的砖室墓，后由恩施州博物馆会同鹤峰县博物馆联合进行抢救性发掘，项目负责人为恩施州博物馆副馆长王晓宁，参加发掘人员有戴德明、罗建峰、陈拥军、张培芳、徐吉红、戴奎等。经王晓宁先生同意，本报告在此公布发掘的原始资料，对原文仅做了格式和部分的文字调整。

三、墓葬形制与遗物

4座墓葬东北—西南向一字排列，编号依次为M1~M4，皆为砖室墓，墓向基本一致，近南北向（M2偏西），20世纪50年代修建鸦来公路时，将墓顶及以上封土破坏，改造九峰大道时又对墓葬造成了部分破坏（图版六八，2）。

（一）M1

1. 墓葬形制

M1位于整个墓地的东北端，西南与M2为邻。平面为长方形，墓室残长2.48、宽2.27、深0.95米，墓向345°。墓的西北端及墓顶被破坏，残存三面墓壁。墓壁垂直，皆用青砖砌成，砖长30、宽16、厚3厘米，墓壁的砌法是平铺累砌。墓底泥土夯实，距地面1.75~1.8米，墓底长宽与墓口一致。夫妻合葬墓，葬具为木质棺，并列安放，西南边的棺木大部腐烂，仅剩南端一块残件，东北边的棺木基本完整，弧棺，棺墙板与盖板外鼓，头端较高，足端较小，整个棺木用铁质棺钉钉合。东北棺内发现了头盖骨（图版六九，1）。

2. 遗物

彩绘砖　1块。GFY·M1∶1，灰陶砖，模制，略残。略呈方形，表面用朱砂绘有图案，由于朱砂脱落较严重，图形不明。砖长36、宽32.4、厚5.4厘米（图一五一，1；图版六九，3）。

（二）M2

1. 墓葬形制

M2位于整个墓地的中偏东北部，东北靠M1，西南与M3为邻。平面为长方形，墓室残长

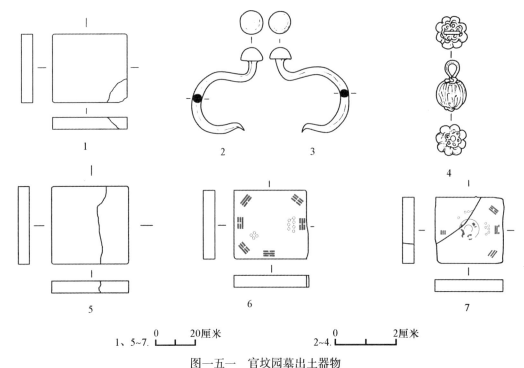

图一五一　官坟园墓出土器物

1、5～7.彩绘砖（GFY·M1：1、GFY·M2：4、GFY·M3：1、GFY·M4：1）

2、3.金耳环（GFY·M2：1、GFY·M2：2）　4.金坠子（GFY·M2：3）

1.9、宽1.32、深1米，墓向为332°。墓室西北端和上部被破坏，残存三面墓壁。墓壁垂直，皆用青砖砌成，青砖有两种，一为厚砖，长26.5、宽16、厚7～8厘米；一为薄砖，长30、宽16、厚3厘米，墓壁的砌法是平铺累砌，厚、薄砖相间。墓底泥土夯实，距地面1.5～1.55米，墓地长宽与墓口一致。葬具为木质棺，大部腐烂，残存棺盖一块，中间厚，两边薄。在腐朽的棺木痕迹处发现了较多的铁质棺钉。骨架大部腐烂，仅存右侧上肢骨（残长0.19米）（图版六九，2）。

2. 遗物

墓内出土金器3件，彩绘砖1块。

金耳环　2件。鱼钩状，头部磨尖。GFY·M2：1，通长2.3、最大径0.7、通高2.7厘米。重5.8克（图一五一，2；彩版四八，1）。GFY·M2：2，通长2.6、最大径0.7、通高2.7厘米。重5.73克（图一五一，3；彩版四八，1）。

金坠子　1件。GFY·M2：3，瓜棱状，中空。最大径1、通高1.6厘米。重1.4克（图一五一，4；彩版四八，1）。

彩绘砖　1件。GFY·M2：4，灰陶砖，模制，略残。近方形，表面用朱砂绘有图案，由于朱砂落脱落较严重，图形不明。砖长37.2、宽37、厚5.5厘米（图一五一，5；图版六九，4）。

（三）M3

1. 墓葬形制

M3位于整个墓地的中偏西南部，东北靠M2，西南与M4为邻。平面长方形，墓室残长2.2、宽1.66、深1米，墓向为340°。墓的西北角和墓顶皆被破坏，现存三面残壁。墓壁垂直，皆用青砖砌成，砖可分为两种，一为厚砖，长26.5、宽16、厚7～8厘米；一为薄砖，长3、宽16、厚3厘米。墓壁的砌法是平铺累砌，墓口一圈皆为薄砖，其余皆为厚砖。墓底泥土夯实，距地面1.6～1.65米，墓底长宽与墓口一致。墓底中部用三合泥围筑成一个长方形浅坑，与墓室方向一致，坑残长1.76、宽1.04、高0.09米，棺木置于该坑内。棺木大部腐烂，仅存头侧和边侧的几块小残片，棺木上发现较多的铁质棺钉。骨架尚存下肢骨和大部分头骨，其余均已腐烂。从发现的头骨、肢骨的位置看，其头向应与墓向相反，葬式为仰身直肢葬。

2. 遗物

彩绘砖　1件。GFY·M3：1，灰陶砖，模制，略残。近方形，表面用朱砂绘制有八卦、星象等。砖长36、宽32.4、厚5.4厘米（图一五一，6；彩版四八，2）。

（四）M4

1. 墓葬形制

M4位于整个墓地的西南端，东北与M3为邻。平面长方形，墓室残长1.84、宽1.14、深0.8米，墓向为345°。墓的西北端和墓的上部被破坏，现存三面残壁。墓壁垂直，皆用青砖砌成，砖长26、宽16、厚3厘米，墓壁的砌法是先铺一块砖，在靠内壁的一边竖砌一块砖，然后再铺一块砖，再竖砌一块砖，如此往复，直至墓口。从剖面上看，墓壁呈一个个的"匚"字。墓底泥土夯实，距地表1.4～1.48米，墓底长宽与墓口一致。葬具为木质棺，基本完整，弧棺，棺墙板与盖板外鼓，头端较高，足端较小，整个棺木用铁质棺钉钉合。从葬具摆放的位置看，墓主的头向应与墓向相反，棺木的西北段已被挖掘机铲断，棺内破坏十分严重，仅发现一个头骨。

2. 遗物

彩绘砖　1件。GFY·M4：1，灰陶砖，模制，略残。近方形，表面用朱砂绘有八卦、河图洛书等图案。砖长33.5、宽31.4、厚5.5厘米（图一五一，7；彩版四八，3）。

四、小　　结

据百顺桥碑碑文记载，"三月初十始回平山，而九峰桥祖茔之华表因旧而坏久矣"，说明官坟园为容美土司祖茔。官坟园墓地的地表发现的两座奉天诰命碑，碑文为表彰容美土司第十七任土司司主田楚产和第十八任土司司主田玄的功绩，说明官坟园墓地应是容美土司司主在明末清初的家族墓地。官坟园墓地发现的这4座墓排列较整齐、集中，应是家族墓地的排列方式，但规模较小，等级不高，明显不是土司司主之墓，可能为土司司主亲属或者容美土司贵族的陪葬墓。墓地被严重破坏，仅能从这些墓葬得到少许土司贵族的葬俗信息，如墓地葬在较为平坦的山底，靠山面河，棺外放有彩绘的八卦星象及河图洛书方砖，墓内同汉地明清墓葬习俗相同，陪葬少许金首饰，但没有明清墓葬常见的买地券及墓志等。

第六节　东阳湾土司家族墓地

一、位置与概况

东阳湾土司家族墓地（国保单位名称为"土司家族墓地"）位于鹤峰县容美镇容美村三组东阳湾，满山红山东面坡上。坡上有大量现代村庄的房屋建筑，分布较为密集，山脚有一条现代引水渠和小型公路，水渠和公路以东为原水寨遗址。墓地中心地理坐标为北纬29°52'58"，东经110°2'32"，海拔521米（图一五二；图版七〇，1）。

二、工作经过

2014年，容美土司遗址考古队对水寨遗址进行普探后，发现表土层下多为铁锈色淤积层，淤积层下为黄褐色生土，因此断定水寨遗址并不存在，早年发现的两个破损石狮垒砌在田坎上，应为东阳湾土司家族墓地内的石狮被当地百姓搬运至此。2016年6月，对东阳湾土司家族墓地进行调查和勘探，发现墓地核心区域已被现代村庄叠压，仅在部分区域进行勘探。两次考古调查约6万平方米，普探约37000平方米（原水寨遗址约28000平方米、东阳湾土司家族墓地约9000平方米），重点勘探约100平方米（图一五三；图版七〇，2、3；图版七一，1）。

三、遗　　物

采集到石狮2件，石像2件。

石狮　2件。DYW·采：1，残，灰白色石灰岩打磨制成。昂首蹲立状，双眼圆鼓，尖

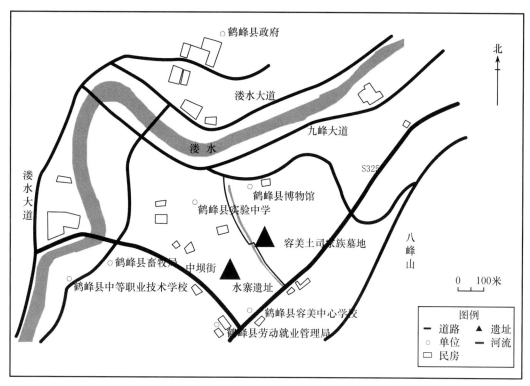

图一五二　东阳湾土司家族墓地地形图

鼻，阔口，上肢残，下肢蹲踞在方形底座上，尾巴上扬，紧贴臀后，脑后刻划凸起的卷毛，胸前右侧饰一葫芦形铃铛。通高118、宽38、厚82厘米，石狮高104、宽 38、厚 79厘米，底座残长45、宽36、厚14厘米（图一五四，1；图版七一，2）。DYW·采：2，灰白色石岩石打磨制成。身首分离，上肢残损，下肢及底座遗失，双眼圆鼓，阔口，口两侧有缰带向身下延伸，脑后刻划凸起的卷毛，身后有突起的脊柱，脊柱两侧对称分布三对肋骨。通高115、通宽50、厚64厘米（图一五四，2；图版七一，3）。

石像　2件。DYW·采：3，残，胸部以上缺失，身上有磕痕。长衫，腰束带，袖袍下垂，长衫有折痕，衫下露靴，左靴残。双手合抱一方匣于胸前，袖袍下垂。匣残，表面浮雕活结。方匣左上方衫上浮雕半截如意图案。束带中间雕三朵梅花，梅花两边各刻一朵栀子花。石像通高116、通宽83、厚43厘米，底座长74、宽37、高13厘米，匣长24、宽21、厚10厘米。（图一五四，3；彩版四八，4）。DYW·采：4，残，颈部以上缺失，身上有磕痕。身穿官服，圆领襕衫，腰中束带，腰下挂坠饰。衫下露靴，靴残。双手左低右高合抱一长匣于胸前，袖袍下垂。匣残，表面浮雕活结。左胸口衣衫处浮雕飞禽类文官官服补子。通高121、通宽69、厚41厘米，底座长62.8、宽39、高14.8厘米，匣长41、宽12、厚8厘米，束带宽4.7、坠饰长32厘米（图一五四，4；彩版四八，5）。

四、小　　结

顾彩《容美纪游》记载："少傅墓（田甘霖），在八峰之阴。前临大坪，水田如绣。其墓

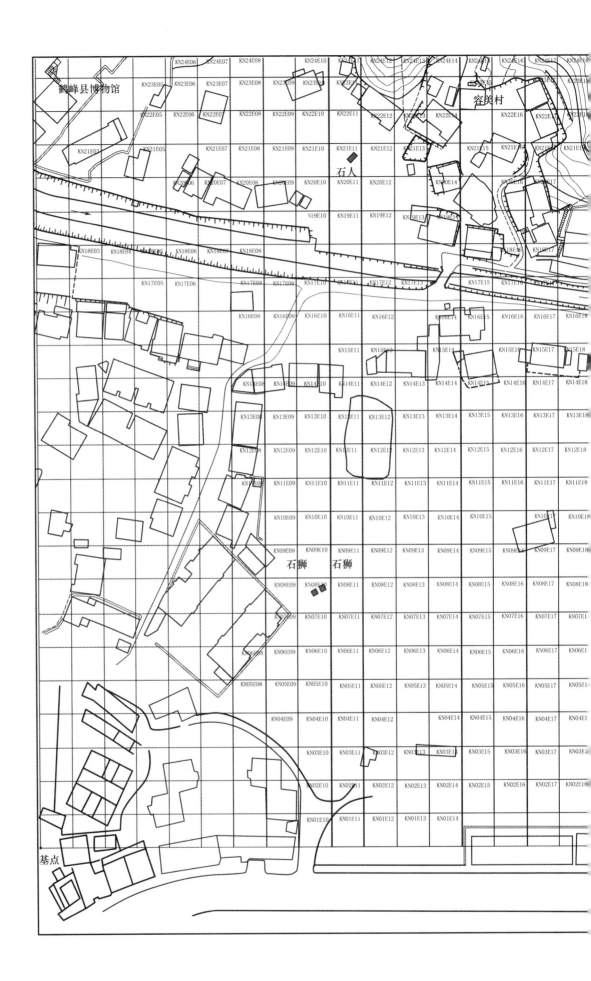

图一五三　东阳湾土司家族

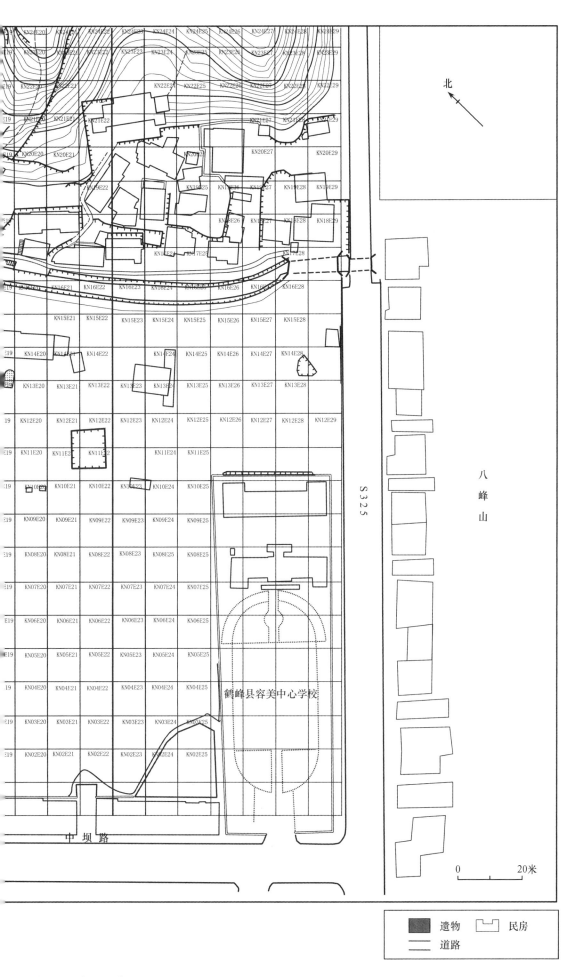

北

八峰山

S325

鹤峰县容美中心学校

中坝路

| 0 | | 20米 |

遗物　　民房
道路

孔分布图及遗物出土位置图

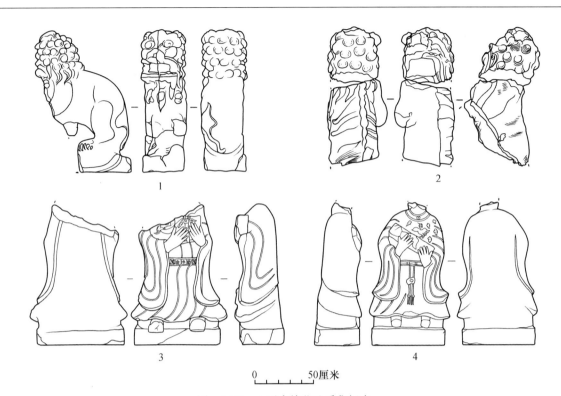

图一五四　土司家族墓地采集标本
1、2.石狮（DYW·采：1、DYW·采：2）　　3、4.石像（DYW·采：3、DYW·采：4）

石人石马，入夜俱活。石人能就民家吃烟，叱之化为石"。由此可知，容美土司第十四任土司田九龙[①]、第二十一任土司田甘霖（字铁峰）、第二十二任土司田舜年[②]均葬于东阳湾土司家族墓地。20世纪70年代，在农业生产活动中，东阳湾土司家族墓葬遭到破坏。田九龙墓中出土了长形金簪花一枚，田将军墓志铭一块，田甘霖墓中出土了铜壶碎片、金银首饰等，田舜年墓中出土了金银首饰、铁剑等，墓前石人石马被人为埋入地下。该墓地应是容美土司重要的家族墓地之一，考古队清理前，土司王墓皆被盗挖和破坏，鹤峰县博物馆仅收存了田九龙墓志铭一块、田甘霖墓碑一块，内容详见《容美土司石刻》。

在东阳湾土司家族墓地的此次勘探过程中，并未发现墓葬，推测其可能同官坟园墓地一样，修建于山脚下较为平坦的区域，被现代水渠和公路叠压，无法进行下一步工作，加上墓地被严重破坏，因此，既无法获知墓地的整体布局，也不能获知墓葬的形制。根据文献及碑文的记载可以确定，东阳湾土司家族墓地埋葬有容美土司第十四任土司田九龙、第二十一土任土司

① 田九龙为容美土司第十四任土司。明嘉靖年间出生，曾随其兄田九霄于明嘉靖三十五年参与东南沿海抗倭战争，明万历年间任土司。明万历三十七年去世。

② 钟以耕等：《鹤峰县民族志·第八章民族文物古迹·第二节民族历史遗址、遗迹》，国际文化出版公司，2001年。书中载："东阳湾墓群系容美土司祖坟之地……，土司司主田舜年墓，当年曾气势恢宏，主墓碑前矗立有四柱三门的巨石碑楼，奉天诰命龟碑，台阶两旁石人石马石狮，中间为拜台。此墓于1932年被国民党周清部捣毁，1956年、1963年该墓2次被人盗挖，出土有少量金银首饰、铁剑、铜甲等，'文革'中，残存的石人石马以及牌楼石柱、墓葬，均遭毁坏。"

田甘霖、第二十二任土司田舜年，该墓地是容美土司在官坟园墓地废弃后，新修建的土司司主家族墓地。官坟园墓地在短暂的使用后废弃，其主要原因可能是刘体纯与李过先后掠夺原容美土司东关旧城（细柳城），导致容美土司司主不得不在天泉山内躲避十数年。直至夔东十三家被消灭后，才从天泉山内出来，而东关旧城（细柳城）及祖茔早已废弃，在新建中府的同时，开始新建东阳湾土司家族墓地。但该墓地使用的时间并不长，随着改土归流的到来，最后一任容美土司田旻如在万全洞自杀后，田氏土司司主家人被放逐陕西而废弃。

第七节　刘安民夫妇墓地

一、位置与概况

墓葬位于鹤峰县容美镇龙井村四组，毛竹山的半山腰上，山下为鹤峰县城。墓葬封土不存，墓碑半埋在田坎中。

二、工作经过

本次调查仅对墓碑进行清理和拓片，未对其清理和发掘。

三、墓　　碑

1通。青砂石制成，碑首略残。墓碑通高1.47、通宽0.52、厚0.2米。碑首顶角斜切，上浮雕双龙戏珠纹。碑身正楷阴刻，正中大字书"清故待赠内中营副将刘民安、儒人唐氏之墓"，小字书送葬人、时间等内容。碑身两侧阳刻祥云纹，碑文内容详见《容美土司石刻》。根据碑文可知，墓主身份为容美土司待赠内中营副将刘民安，下葬年代为清雍正十三年。

四、小　　结

刘民安是容美土司重要将领，清康熙二十九年（1690）立的百顺桥碑碑文中记载其官职为"领纛游击刘民安"，后可能因功升为待赠内中营副将。

第八节　结　　语

虽然受城市、村庄等现代建筑叠压等不利因素的影响，包括容美土司宣慰司署在内的中府遗址核心区均未能确定具体位置，其整体建筑布局和重要单体建筑的分布及特征不详。但通过中府遗址片区的本次考古调查与清理工作，结合文献资料以及历年来考古工作所获得的信息，对遗址片区内分布的土司时期的墓葬、洞府、桥梁、遗址在内的相关遗存进行了调查、勘探及清理，依然取得了一定的考古成果。

　　从目前的考古成果及查找的文献信息来看，中府与略晚营建的爵府遗址片区（爵府初建可能在明天启年间，但大规模修建还是在田舜年统治时期）、南府遗址片区相同，都选址在三面环河（壕沟）、一面靠山的盆地内。遗址内除都建有官署外，也大量分布着民居、庙宇、墓地、洞府等不同类型的遗址。与南府、爵府等都不同的是，容美土司以中府为正都，中府重要建筑的等级应该为容美土司辖境内最高，其规模也应最大。然而，依照现有资料来看，作为统治中心的土司宣慰司署并不同于明清时期中原城市分布在城北或者中心，也不同于爵府行署或者南府行署修建在三面环河、背靠大山的中心位置，而是在中府边缘的南门（溇水河边）附近。参照《万全洞记》，中府旧城被夔东十三家农民军攻破，新城是在之前的基础上重新修建的，其设计时可能并没有过多地考虑经济、政治方面的因素，甚至从军事角度上来看，中府并不利于防守，《顾彩记游》载："司治五门，无城有基。……"说明中府并无城墙。中府所处的位置比较适合撤离，此处乘船向北可至屏山（爵府），向东可至万人洞。这种遇到军事打击，不考虑守土而是迅速撤离的现象，一方面与明末清初战争的惨烈，逼得容美土司不得不以防御躲避为主有关；另一方面也说明容美土司在明末清初时期，虽然经济、军事实力都达到了巅峰，统治中心也开始有固定的城镇、官署，并要求其直属的下属土司来此办公或居住，但其统治理念与农耕民族略有不同，其对都邑的重要性或许并不看重。这说明容美土司虽然已经开始定居，但其习俗与北方少数民族有些类似，不把都邑当作唯一的统治中心，如辽金蒙早期的游牧或渔猎民族统治者有"随地之宜，行逐水草"的习俗。南府、爵府等府署的设置与辽代的五京制也有些类似。这些现象说明，在明末清初时期，容美土司可能正由以采集渔猎为主的半定居的经济生活方式开始过渡到农耕民族的定居生活方式。

第五章　北府遗址片区

　　容美土司北府遗址片区位于湖北省宜昌市五峰土家族自治县采花乡白溢坪村。该遗址片区面积约12平方千米，处于三面环山一面断崖的大型盆地及山体上。遗址片区与鹤峰县城（容美土司中府）直线距离约65千米，距鹤峰县五里乡南村（容美土司南府）约45千米，距五峰县老县城（原五峰长官司驻地，现五峰镇）约12千米，距五峰县新县城驻地渔洋关约50千米。北府遗址片区地理坐标为北纬30°14′06″～30°14′34″，东经110°32′58″～110°34′33″，海拔1100～2230米（图一五五；彩版四九）。

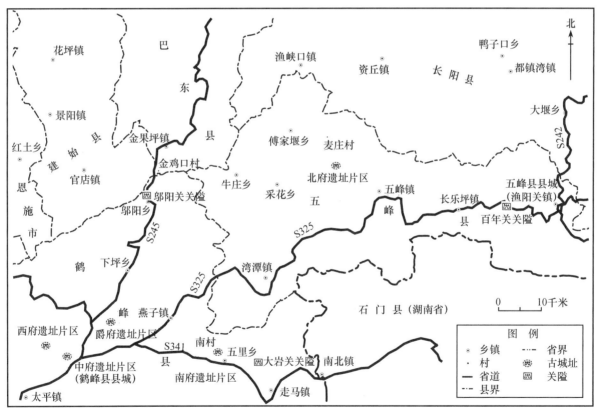

图一五五　北府遗址片区地理位置图

　　据光绪版《长乐县志》①记载，明末容美土司下属水泥源长官司唐振邦（唐振邦后因明末

---

① （清）郭敦祐等：《长乐县志·卷4·沿革志》，光绪版，第167页。

崇祯年间参与了讨伐张献忠农民军战争，升职为安抚使司）为容美土司司主田霈霖（第十九任土司，字厚生，号双云），修帅府于百溢大寨。其次子唐继勋继承土司司主后，于清初投靠吴三桂并纠众谋反。清康熙十八年，容美土司司主田舜年领兵将其平定后，将水浔源安抚使职位收回，由田舜年之孙田图南承袭，帅府或于此时改名为北府，并成为容美土司东北重镇。田舜年所撰写的《百顺桥》（康熙二十九年，1690）、《新改荒路记》（康熙三十二年，1693）等碑刻里多次记载了田舜年携带家眷前往百溢大寨居住之事。顾彩《容美纪游》里也有"初三日，二旗长留饮，邀登第三峰。望北府白溢砦"的记载。清雍正十二年容美土司"改土归流"后，百溢大寨由中央政府新设置的长乐县管辖。清乾隆六十年（1795）至嘉庆三年（1798），在白莲教起义的过程中，百溢寨毁于兵灾。现百溢寨改名为白溢寨，行政区划为五峰县（1914年长乐县改为五峰县）采花乡白溢坪村。

白溢寨遗址处于黑峰山上，上山的道路已被损毁，长年无人通行。2016年9～10月，容美土司遗址考古队首先对通往白溢寨遗址的道路进行了考古调查及清理。2017年10～11月，对北府遗址进行了考古调查及勘探。

整个北府遗址片区的调查面积约12平方千米，清理约800平方米。根据相关文献和现场调查、解剖，确定了北府遗址片区由北府遗址、白溢寨洞府遗址、关帝庙遗址、桂崇皋墓地、覃光极墓碑等5处遗存组成（图一五六）。

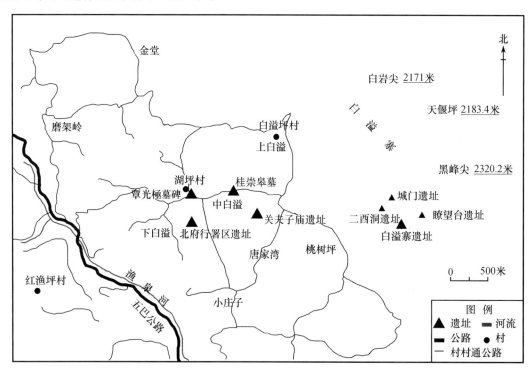

图一五六　北府遗址片区遗存位置分布图

第一节 北府遗址

一、位置与概况

北府遗址位于白溢坪村二组，地处白溢坪中部，地势较平坦，东北为白溢寨，西南为断崖，崖下建有五巴公路，断崖对面为红渔坪。该遗址北、西、东三面为农田和当地居民民房，南为坡地，坡地中心为村委会广场，地表现满铺水泥，坡地边缘建有村委会办公大楼、村医疗合作社及废弃的小学教室，坡地外侧为21世纪初修建的村村通公路。遗址中心地理坐标为北纬30°14′15″，东经110°32′35″，海拔1075米（图版七二，1）。

二、工作经过

2017年10~11月，容美土司遗址考古队对北府遗址进行了考古调查及勘探，调查面积约8平方千米，清理面积约80平方米。遗址所在坡地南北长约60、东西宽约50米，地表被现代建筑完全覆盖，无法开展工作。在坡地西侧地表散落有平整房屋时移动至此的水缸[①]（图版七二，2）、门鼓石。

三、采集遗物

北府遗址区域内仅采集到少量生活器皿、建筑材料、墓碑等。

（一）生活器皿

石质水缸1件。

水缸　1件。BF·采：1，灰白色石灰岩。口大底小，近梯形。外壁四面开光，前后两壁刻划长方形开光纹，底部饰浮雕卷云纹，左右两侧壁刻划方形倭角开光纹。水缸通长1.76、通宽1.4、通高0.97、四壁厚0.17米，内口径长1.42、宽1.05米，内底径长1.26、宽0.92米（图一五六，1；彩版五四，1）。

---

① （清）李焕春光绪版《长乐县志·卷之五·古迹志》记载："盛水缸，在白溢寨上有石凿大水缸，周围刻花草，中可容水百石，唐土司镇邦建帅府时制也，今帅府已废，缸大半陷入土中"。

（二）建筑材料

门鼓石2件。

门鼓石　2件。方形。BF·采：2，仅存门枕和下槛部分。门枕中部凿有半圆形门窝。下槛石表面素面，正立面及外侧面雕琢倭角开光纹，内分别饰浮雕麒麟、天马，背侧面饰浮雕如意云头纹，正立面及背立面倭角开光纹下饰变形波浪纹。残长86、通宽44、残高46厘米，门窝直径13、深8厘米（图一五七，2）。BF·采：3，仅存下槛部分。下槛石表面素面，正立面及内侧面雕琢倭角开光纹，外侧面素面，表面较粗糙。内侧面倭角开光纹内饰卧鹿，正立面背侧面倭角开光纹下饰变形波浪纹。残长63、通宽44、残高46厘米（图一五七，3）。

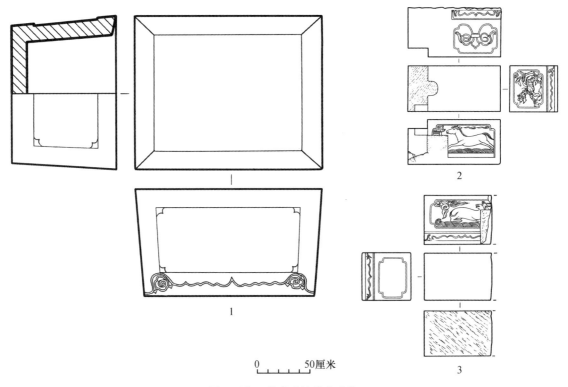

图一五七　北府遗址采集遗物
1.水缸（BF·采：1）　2、3.门鼓石（BF·采：2、BF·采：3）

（三）墓碑

墓碑　1通。该墓碑作为小桥，被铺设在现代水沟上，碑文名称为"容美军民府摽下授劄经历覃光及"。留取资料后，该墓碑被五峰县博物馆收藏，碑文资料详见《容美土司石刻》（图版七三，1）。

第二节　关帝庙遗址

百顺桥碑碑文中有关于白溢寨关帝庙的记载："二月之望，舜复由红土至百益，始立百益之关夫子庙。……是月五峰之关庙亦成……二十铸关夫子金相，成相，重五千斤。"

根据调查，关帝庙遗址位于五峰县采花乡白溢坪三组的岗地上，遗址地表现为农田，中心地理坐标为北纬30°14′16″、东经110°32′30″，海拔1090米。据当地老人介绍，20世纪50年代"破四旧"和农田改造时，遗址上的寺庙被焚毁，庙里构件被搬走。遗址地表上未发现任何遗存，对其进行普探后，也未发现任何遗迹现象。开设了10米×2米的探沟一条，发现表土层下即为生土层，说明该遗址可能已被彻底破坏，无法获知遗址分布范围、面积大小、建筑布局等信息。

第三节　桂崇皋墓

北府遗址东北约400米处发现桂崇皋墓，该墓坐东北朝西南，墓向213°。青砂岩制成的墓碑镶嵌在墓围正前方，墓碑通高1.1、宽0.58、厚0.15米，由碑首、碑身、碑座组成。碑首饰高浮雕龙纹，顶角斜切。碑身正楷阳刻"清故容美标原任亲丁营副总兵官桂公讳崇皋号民治府君之墓"。墓葬封土略高于地表0.1~0.35米。封土外围有一周石围，多残缺。碑文资料详见《容美土司石刻》（图版七三，2）。

第四节　白溢寨遗址

一、位置与概况

白溢寨遗址位于白溢坪村六组，地处东北—西南走向的山脉上，全山最高峰黑峰尖海拔2320米，距山下白溢坪垂直高度1000米以上，为五峰县第一高峰，宜昌市第二高峰（仅次于仙女山，海拔2427米）。整个山体由下而上形成两级陡壁，气势雄伟壮观。第一级绝壁为向北倾斜的山峰，山峰上长满高山植物。第二级为白色石灰岩形成的白色山体，山壁陡直，绝壁高300~500、长约5000米。山顶天堰坪面积近8平方千米，树木繁密，无人居住（彩版五〇，1）。

二、工作经过

2016年9~10月，容美土司遗址考古队首先对通往白溢寨遗址的道路进行考古调查及清理。由于登山的时间长达4个小时，为使调查工作能顺利进行，调查清理期间，全体队员露营驻扎白溢寨（图版七四）。

三、遗　　迹

白溢寨遗址由城门、二酉洞洞府、瞭望台三处遗迹组成。

（一）城门

城门位于五峰县采花乡白溢坪村六组，地处白溢寨东北山腰斜坡向外凸出的部分，三面临陡崖。城门位于上山必经之处，可俯视山下白溢坪和对面红渔坪，与东南向的二酉洞洞府遗址、瞭望台遗址的距离分别为700、1000米。其中心地理坐标为北纬30°14′07″，东经110°34′15″，海拔1786米，与山脚垂直高差400余米（彩版五〇，2）。

清理前，城门暴露在斜坡状的山体地表上，城楼建筑不存，可见门道和南北两侧墩台。门道内堆积大量垮塌的石块和淤土，两侧墩台顶部覆盖着一层腐殖土层，其上长满乔木及灌木等，植被之间散落大量成型的条石和不规则石块。墩台外侧面有条石包边，条石部分垮塌，露出内部的垫土和基岩（图版七五，2）。清理后，发现城门坐东南向西北，门道方向275°。城门前方残存一段盘山蹬道路面通往门道，门道尽头附近有一块未完工的石碑。城门南北通长9.4、东西宽3～3.55、高1.4～3.17米，占地面积约63.6平方米（图一五八；彩版五一，1）。

1. 门道及道路

门道整体成弧形，靠近山体处向东南转角。长6、宽1.1、高1.87～2.2米。门道两侧用打磨过的不规整条石干垒包边，条石之间的缝隙插入石块填充，条石长0.4～1.33、厚0.2～0.5米，部分条石垮塌堵塞门道。门道入口处平铺垫槛石，长0.9、残宽0.4米。垫槛石内侧0.55米处设门槛石，长1.2、宽0.23、高0.25米，塌陷变形，高出门道地面0.12～0.25米。门槛石内侧地面用黄褐色土铺垫，内部添加小片石作为骨料。距门槛石1.2米处有台阶，台阶可见9级，前3级在基岩上凿刻，后6级用不规则的石块堆砌，形成如意台阶，直至墩台与山体交接处。基岩上凿刻的台阶形状不规整，高低不平，表面较粗糙，与廊道等宽。铺制如意台阶的石块多遗失或错位。城门前方1.88米处有台阶状道路，台阶残存6级，多垮塌、倾斜变形，其下为灰褐色的粉状垫土，内含砾石等包含物。道路沿山体蜿蜒而上，残长4.5、宽1.1～1.59米，用长0.3～0.7、宽0.2～0.4米的石块在垫土上铺制路面，石块多遗失，仅局部保存。

2. 墩台

北侧墩台修建在山体上，正立面用灰白色石灰岩条石错缝干砌包边，条石现存10～12

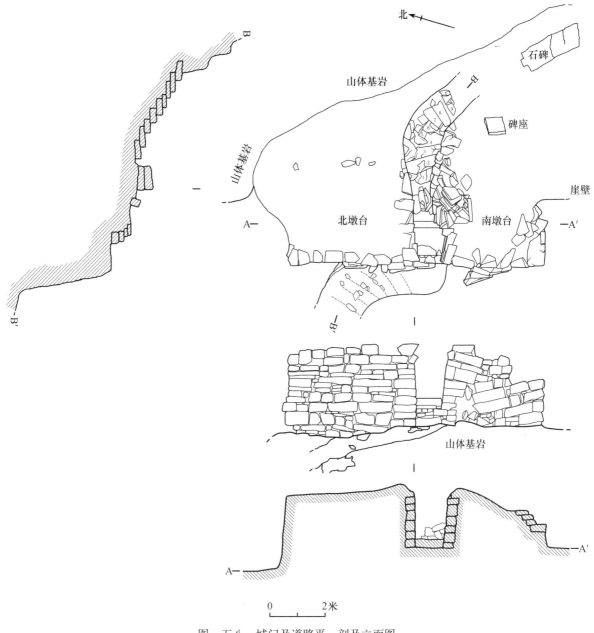

图一五八　城门及道路平、剖及立面图

层，缝隙之间以石块填充。包边条石受挤压外鼓变形，表面打有斜形糙道，风化严重，多已模糊。侧立面包边条石因山溪冲刷而垮塌，露出内部的垫土和基岩。垫土呈灰褐色，内部杂有碎石。墩台残长4.6、高2.7～3.17米，包边石长0.5～1.25、厚0.15～0.35米，填充的石块长0.12～0.25、厚0.1～0.25米。南侧墩台修建在山体上，正立面用灰白色石灰岩条石错缝干砌包边，条石现存4～11层，缝隙之间填充石块。包边条石受挤压，形成一个高0.95、宽0.2～0.7米的空洞，内部填充的黄褐色垫土和碎石片溢出。条石表面打有斜形糙道，风化严重，多已模糊。侧立面利用山体基岩包边，呈不规则状。墩台长3.7、高1.4～2.83米，包边条石长0.45～1.3、厚0.15～0.45米，填充的石块长0.1～0.22、厚0.16～0.25米。

（二）二酉洞洞府遗址

二酉洞现名藏军洞，本地村民称之为寨洞。根据《情田洞记》石刻的记载，命名为二酉洞。位于五峰县采花乡白溢坪村六组，白溢寨山体东北的黑峰尖西侧二级山体陡壁底部。二酉洞洞府是一个经过人工改造的天然石灰岩溶洞，共有前后两个洞口。从前洞口可俯视山下白溢坪和对面的红渔坪，其西北约700米为城门，城门处有一条紧贴一级山峰顶部的山间土路，宽0.2~0.5米，可通往二酉洞前洞口。二酉洞洞府东南约1000米为瞭望台。前洞口中心地理坐标为北纬30°11′25″，东经110°27′15″，海拔1955米，与山脚垂直高差900余米（图版七五，1）。

洞内整体呈"瓶"状，口小腹大，空气较为畅通，洞顶岩缝有水流滴下。洞内地表平坦，略有坑洼。洞内中部地表现为黑色淤土，清理前，地表上堆积大量碎石和少量现代垃圾。洞内北部修建有尚未完工的2级人工平台，南部有大量坍塌的碎石堆积，在碎石堆积上有如意踏跺，用石料堆积而成，可通往洞顶东南角的支洞。支洞可通往后洞口，出后洞口有道路可通往峰顶天堰坪。前洞口至洞内壁最深21.2米，南北两壁之间最深34.5米，整体略呈不规则长方形。洞顶四面呈弧状，前洞口洞顶距地表最高16.5米。支洞距洞内地表高约12米，弯曲状，洞深约25、宽0.5~2.5、高2~2.5米。洞内总面积约574平方米（图一五九）。

1. 前洞口

前洞口分内外两个洞口，洞口整体高11、宽6.06~9.5米，方向245°。洞口处修建有城门，通过云步踏跺与洞外小道连接。云步踏跺用大小不一的片石垒成，通高2.45、宽0.86~1.03米，共建有9级踏跺，在第7级处转角，向上2级到达外洞口城门门道（图一六〇；彩版五一，2）。

（1）外洞口及城门

外洞口呈"凵"状，建有城门。城门由门道和门道南北两侧的墩台组成，未见墩台以上建筑。城门残长2.9、通高2.45、宽3.2米。门道为台阶式，台阶共设有11级踏跺，踏跺用条石错缝铺设，部分被挤压，错位变形。台阶通高2.45、宽0.86~1.03、长2.81~2.86米，踏跺每级宽0.25~0.37、高0.17~0.26米，最后一级台阶与墩台顶部平齐。台阶两侧为墩台包边条石，墩台顶部较平坦，表面有感染成黑色的垫土。地表放置数块未完工的大石块，以及第二道城门墩台墙上垮塌的包边条石。门道南侧墩台用打有斜形糙道的石灰岩条石包边，直至外洞口南壁。包边石墙整体保存较好，其上长有少量苔藓，墙体受挤压变形，微外鼓。墩台宽1.1~1.5、高2.45米，由8~10层条石错缝干垒，条石之间缝隙较大，用石块填充，条石长0.3~1.1、厚0.25~0.5米；门道北侧墩台已垮塌，露出内部填充的碎石料和黄土。北洞壁上可见人工打制的小平台，用以置放条石，上有斜形糙道。墩台残宽0.58~1.9、高2.4米，由8层条石错缝干垒，条石长0.51~1.23、厚0.2~0.46米（图版七五，3）。

（2）内洞口及城门

内洞口整体呈半圆形，与外洞口方向一致。在洞口处修建城门，城门由门道和门道南北两

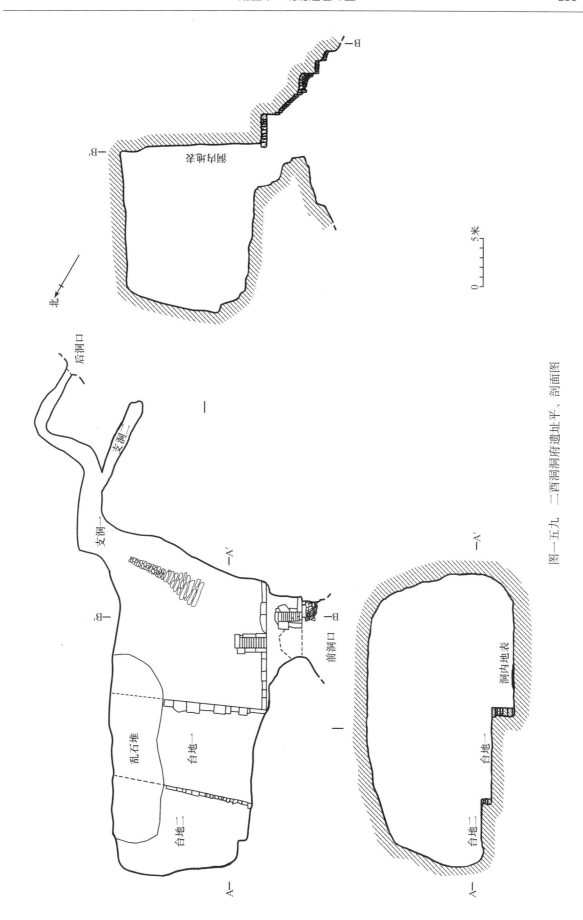

图一五九　二西洞洞府遗址平、剖面图

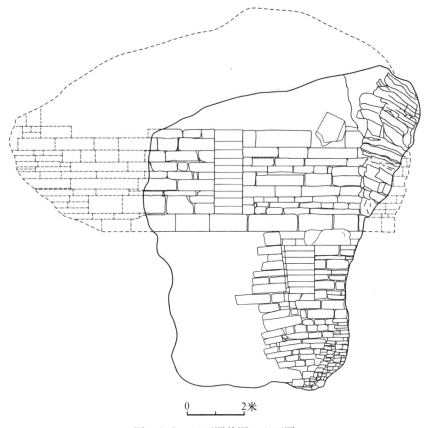

0　　　2米

图一六〇　二酉洞前洞口立面图

侧的墩台组成，未见墩台以上建筑。城门墩台距内洞口顶部0～4米，宽14.5米。城门长3.33、通宽14.5、通高3.25米。门道位于城门正中，为台阶式，台阶通长2.84、宽0.96～1.03、高2.83米。台阶踏跺共有11级，用条石错缝铺设，部分受挤压，错位变形。踏跺每级宽0.25～0.33、高0.22～0.4米，最后一级台阶与墩台顶部平齐。门道南北两侧墩台用打有斜形糙道的石灰岩条石包边，直至内洞口洞壁。洞壁上可见人工打制的小型平台，用以放置条石。包边石墙整体保存较好，上面长有少量苔藓，墙体受挤压变形，微外鼓。墩台顶部的部分条石翻滚至第一道城门墩台上。门道南侧墩台长5.26～5.8、高2.7～2.9米，由8～10层条石干垒包边，条石之间缝隙较大，不见白灰，条石长0.33～1.96、厚0.12～0.57米；门道北侧墙体长3.9～7.25、宽0.5、高3.55米，由八九层条石干垒包边，条石长0.6～2.36、厚0.3～0.5米（图版七六，1）。

2. 洞内平台

洞内北部修建了两层台地，台地外侧用条石包边，部分条石垮塌至洞内地表上。靠近洞口一侧平台的外侧包边条石已完工，地表堆积了大量的碎石。靠近洞内一侧尚未完工，地表堆满未完工的石材，部分石材已经打制成条石形状，其上可见开凿留下的榫眼。

（1）台地一

南北长8.35～9.6、东西宽14.86～16.75米，比洞内地表高2.25～2.34米。台地挡土墙由五六层条石错缝干砌铺制，挡土墙残长11、高1.9～2.4米，顶层条石宽0.3～0.4米。台地中部有一块较平整的基岩，周围填有大量黄褐色垫土。台地东侧堆积有大量未完工的石材，一直延续到台地二中部（图一六一；彩版五二，1）。

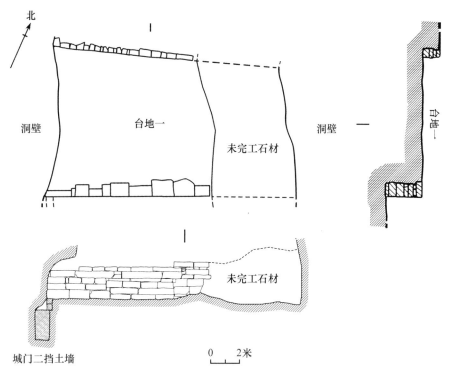

图一六一　台地一平、剖面及挡土墙立面图

（2）台地二

南北长3.77～9.52、东西宽12.6～14.83米，比台地一地表高1.07～1.15米，台地三面的尽头皆为洞壁。台地挡土墙由4层块石错缝干砌铺制，部分块石上可见凿痕。块石长0.6～1.5、厚0.12～0.5米，顶层块石宽0.2～0.4米。台地表面铺垫有大量黄褐色垫土，台地东南部堆积了大量未完工的石材（图一六二；彩版五二，2）。

3. 支洞口

有左右两个支洞，分别编为支洞1和支洞2。台地一东边有一条用不规则石板修建的台阶，通往支洞。部分垮塌处不易通行，则用不规则石块垒砌。支洞2高1.2～2.5、宽1.22～2.43米，前行8米至洞壁。支洞1内较宽敞，高1.45～6.8、宽1.6～3.6米，前行24米后，至后洞口（图版七六，2）。

4. 后洞口

后洞口呈梯形，下宽上窄，仅容一人侧身通过。岩壁上有人工打制的痕迹，推测通过凿刻岩缝使其扩大，形成了后洞口。洞口方向182°，宽0.56～0.9、高1.6米（图版七六，3）。

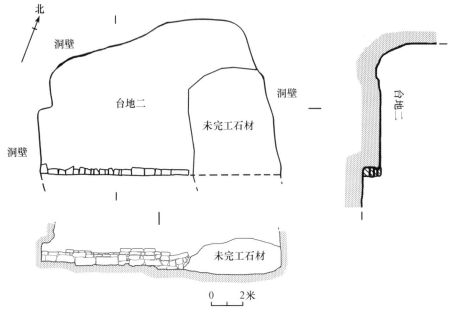

图一六二　台地二平、剖面及挡土墙立面图

（三）瞭望台

位于五峰县采花乡白溢坪村六组，白溢寨东南凸出的山咀上，山咀东、南、西三面为悬崖，仅北部有一条小路可通往西北约1000米的藏军洞。瞭望台向东可见长阳县通往白溢坪的官道（曾家凹段），向西可俯视整个白溢坪及略远的红渔坪，向南可见由采花乡通往五峰县城的公路。其中心地理坐标为北纬30°8′41″，东经110°43′42″，海拔1968米，距山脚垂直高差900余米（图版七六，4）。清理前，瞭望台顶部覆盖了一层腐殖土，地表长满乔木及灌木等植被，植被之间散落大量成型的条石和不规则块石。清理后，发现瞭望台以山体基岩为基础，用条石在其上错缝铺设成方正的石台基，台基外侧用灰白色石灰岩制成的条石错缝干彻包边。部分条石垮塌在台基周边，露出内部的黄褐色垫土和基岩（彩版五三，1）。

台基平面长方形，大致呈南北向，方向10°，南北长12.95、东西宽8.8米，面积约114平方米。台基中部有一条东西走向的排水沟，将台基分为南北两部分。其中北侧部分东西长8.8、南北宽8.44米，面积74.64平方米，南侧部分东西长8.85、南北宽4.3米，面积约38平方米（图一六三）。

台基原始地面高低不平，所铺设的条石层数也有所不同。台基北壁距地表1米，顶层条石已损毁，用长0.6～1、厚0.25～0.45米的条石错缝干彻，多数已经垮塌变形。台基中部垮塌的不规则的条石和石块应为其损毁的台阶，条石长1.2～1.55、厚0.13～0.3、宽0.28～0.39米。台基东壁比基岩高2.1米，由基岩和条石混合包边，中部垮塌，露出内部夹有小石片的黄褐色垫土，中部的包边条石损毁，仅台基的边角尚存，条石共铺设12层，长0.42～1.25、厚0.13～0.25、宽0.22～32米。台基南壁下为悬崖，由基岩和条石混合包边，比基岩高0.5米，包边条石垮塌后，台基内部垫土外溢将部分条石覆盖，台基东南角局部和西南角已垮塌，垫土和

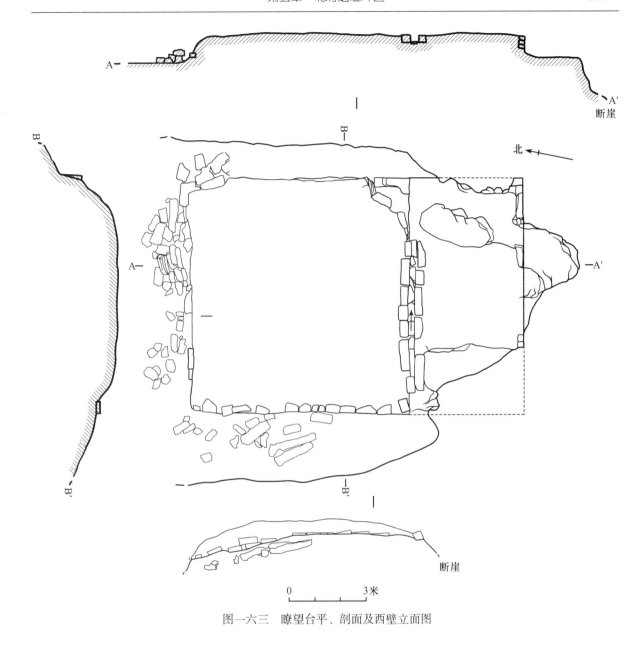

图一六三　瞭望台平、剖面及西壁立面图

条石易掉落，未详细清理和绘图。台基西壁比崖壁高0.6米，整体保存较好，但顶层包边条石翻转垮塌在崖壁上，台基内部垫土外溢将部分条石覆盖，条石形制与北侧和东侧的条石相同，现存一两层，长0.4～0.82、厚0.1～0.25、宽0.2～0.51米。

排水沟东西两端垮塌残损，露出垫土下方的山体基岩。水沟西高东低，由三块青条石一下两上砌筑，断面呈"凹"形。水沟口与底等宽，残长5.78、宽0.28米、深0.2～0.3米（彩版五三，2）。

四、采 集 遗 物

在城门、瞭望台附近及周边区域采集了少量遗物，有生活器皿、建筑材料、石碑等。

（一）生活器皿

瓷碗　2件。BYZ·采：3，灰白胎，胎质细腻。透明釉微泛青，青花呈色蓝黑。撇口，尖唇，沿微折，弧腹，下腹微垂，平底，高圈足内收，挖足过肩，足跟外缘斜削一周。口沿内壁上饰一周粗弦纹，内底饰海水姜牙纹，外绕青花双圈，口沿外壁饰一周弦纹，腹外壁饰写意折枝花。口径10.7、足径4.3、高4.6厘米（图一六四，3；彩版五四，2、3）。BYZ·采：4，灰白胎，透明釉泛青灰，青花呈色蓝中泛黑灰，釉面可见大量黑斑和气孔。撇口，圆唇，沿微上折，弧腹，平底，矮圈足内收，外底中心有乳突，圈足足根与外底皆无釉露胎，外底有一周辐射状跳刀痕。口沿内壁饰一周弦纹，内底及腹壁上满饰兰草纹。复原口径12.6、足径5.6、高4.3厘米（图一六四，4；彩版五四，4、5）。

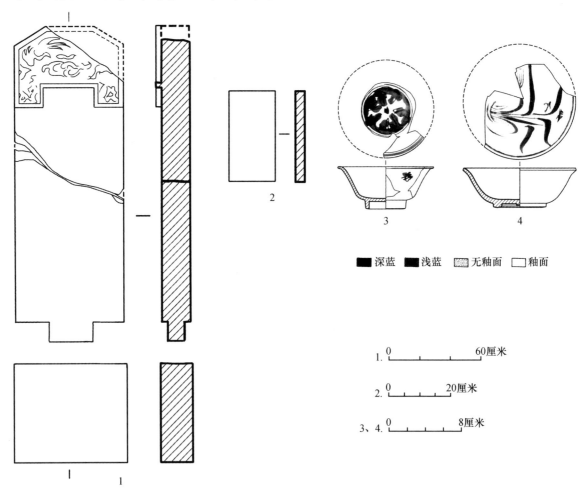

图一六四　白溢寨采集器物
1. 石碑（BYZ·采：1）　2. 灰砖（BYZ·采：2）　3、4. 瓷碗（BYZ·采：3、BYZ·采：4）

（二）建筑材料

灰砖　1件。BYZ·采：2，完整。平面呈长方形，素面。长28、宽15、厚3厘米（图一六四，2）。

（三）石碑

石碑　1件。BYZ·采：1，残。方形凸碑首，顶角斜切。碑首浮雕卷云纹，碑身素面，碑身下端有榫头。碑旁放有碑座，碑座近方形，略宽于碑身，但尚未制作榫眼。碑长200、宽70、厚18厘米，榫长28、宽12、厚10厘米，碑座长73、宽62、厚21厘米（图一六四，1）。

五、小　　结

白溢寨遗址海拔较高，地势险要，易守难攻。遗址内遗存多为警戒性和防御性建筑设施。从考古清理结果来看，城门处有未完工的无字碑，二酉洞有未完工的台地包边石，都说明整个白溢寨在完工前便已废弃。根据保善楼记碑碑文的记载，这可能与末代土司田旻如大规模放弃土司的防御设施有关。

第五节　结　　语

一、北府遗址片区营建与废弃年代

以往文献对北府遗址片区记载不详，并多有混淆之处。在结合文献的基础上，本次对整个北府遗址片区进行了详细的调查及清理，得到了较为详细的资料，发现了官署、碑刻、城门、洞府等不同类型的遗存。从目前的考古工作结果来看，除山上白溢寨遗址的遗存废弃后，部分遗存被自然地层堆积所覆盖外，山下白溢坪及周边区域的各类遗存多暴露在地表，或浅埋于表土层下。北府遗址片区及其周边区域自然条件较好，适宜居住，人类活动一直在延续，期间并未中断，部分遗存被人为破坏或被晚期建筑叠压。

（一）营建年代

北府所在的白溢坪海拔高，易守难攻，地势较平坦，居住条件好，又可遥望长阳、五峰县等方向，是一个是兵家必争的战略要地。北府由容美土司的下属唐振邦于清顺治年间初创，不久后，容美土司便先后遭受农民军李过①及刘体纯②的侵袭，导致其无力顾及帅府的营建。直至容美土司第二十二任司主田舜年统治时期，容美土司的实力才有所恢复，开始苦心经营北府。据百顺桥碑、新改荒路记碑的碑文记载，容美土司司主田舜年多次前往北府视察，但原容美土司（鹤峰境内）与白溢坪之间多为无人的高山和沼泽地，道路十分艰难。为保障交通，容美土司修建了由鹤峰通往白溢坪的道路，并延伸至长阳。同时扩大了北府片区的规模，新建了府署、洞府、庙宇等建筑，并在周边地区通过购置长阳、枝江等地的土地③，来扩大领土范围，保障北府作为容美土司东北方向的政治、军事重镇的功能。北府处于容美土司势力范围的边缘，其行政地位无法同容美土司核心区域的中府、爵府等相比较，其建筑数量、等级、规模与中府、爵府也不可同日而语。

（二）废弃年代

北府共有三次废弃。第一次废弃为末代土司田旻如统治期间，他听从术士五行家建议，对包含北府在内的众多府署进行废弃，这次的废弃可能是对北府整体的军事防御、行政机构的裁剪废弃，将山上白溢寨内未修建完的工程，如二酉洞、城门停工，但并没有废止容美土司田氏的统治；第二次是清雍正十二年"改土归流"后，北府随着容美土司田氏的覆灭，而彻底结束作为容美土司境内东北行政中心的历史使命；第三次则是人为毁灭性的破坏，《长乐县志》记载："十月，各路清兵云集白溢寨，湖广总督福宁下令：'凡生擒义军一人者，赏钱五千。'于是，兵勇相率捉平民以邀功，凡至清兵营地，皂白不问即杀之。"

这三次的废弃，第一次仅对白溢寨山上的军事防御设施拆除或者废弃；第二次则对整个北府的行政机关进行废弃；第三次则是人为的大规模破坏，对整个北府遗址造成了严重的破坏。

二、意　义

北（帅）府是容美土司东北重镇，是自湖北荆州府进入土司境内的第一个重要政治、经济、军事中心。北府所在采花乡白溢坪，在明清时属荆州府长阳县（现五峰县和长阳县）管

---

① （清）松林等同治版《施南府志·卷之十七·武备志·兵事》记载："丁亥（顺治四年，永历元年，公元1647）五月，一只虎即李过，闯贼爱将，后降福王赐名赤心者，始率十三家余烬入卫地，肆屠掠，与土司战于城南，大破之，遂移营容美。戊子，自容美转屯施南司。"

② （清）齐祖望等康熙版《巴东县志·卷之三·事变志》，顺治十五年（永历十二年，公元1658)记载："体纯、天保遣其将刘应昌等四人，将锐卒二千渡江（过清江），昼伏夜行，不四日抵容美，掳田甘霖及其妻子以归，遂尽逐江南民北渡，时顺治十四年正月也。容美以金银数万赎甘霖，乃复遣还。"

③ 《汉土疆界》碑记载："兹奉宪檄，据容美土司呈请价买枝柘坪、柑子园等处田地验 契退赎，至白益、麦庄原属土境，……□柑子园及渔翅滩等处，并江南一十四契田地，容美既称系价买，其为长阳内地可知。"

辖，是由贫瘠的武陵山脉高山区域向经济、文化发达的江汉平原过渡地带，也是容美土司扩张的重点区域。元末明初时期，容美土司就向巴东、长阳方向进行数次扩张与掠夺，至明永乐后，摄于明中央政府的强大，容美土司开始停止向外扩张。但明嘉靖后的"平播战争""抗倭战争"中，容美土司被明中央政府抽调，派兵参战，开始大量蓄养兵丁，而此时地方兵力空虚，容美土司重新开始扩张。

明嘉靖末年时，容美土司再次开始向巴东、长阳方向扩张[①]。大约在崇祯末年，容美土司下属五峰司土司甚至占领了长阳县城（龙舟坪）[②]达20年，导致五任长阳县知县不得不在荆州遥署办公。清顺治年间，容美土司才逐渐退出所侵占的部分地域，但还是在白溢坪修建了帅府，使其和平时期作为对外（荆州地区）交流的重心，战时作为对外扩张的桥头堡。

随着清初动荡时局的结束，容美土司开始收缩自己的势力，不断把明末清初侵占的土地退还。雍正三年（1725），为结束与地方不断的纠纷，容美土司与地方政府立"汉土疆界"碑，即使做出了大量的让步，仍确保了北府的白溢坪等地为容美土司的祖地，可见北府对容美土司具有重大的军事、政治意义。容美土司借"三藩之乱"之机，兼并了本属于其下的水浕源等土司后[③]，就无法利用北府进行进一步的扩张，反而在"改土归流"之后遭到五峰土司的反戈一击，加速结束了容美土司的统治。

---

① （清）齐祖望等康熙版《巴东县志·卷之二·兵防志》记载："嘉靖四十年，容美□□出没长巴二县，恣行掳掠。"

② （清）周来贺撰：《桑植县志·卷3·武备》，同治版，第281页。

③ 顾彩《容美纪游》记载："环署有安抚司衙门四：一水浕，二椒山，三五峰，四石梁，皆容美属邑也。向俱外姓，今君使其子婿遥领。虽有地方，不之本任，四司之人日来候焉。"

第六章 西平府遗址片区

西平府遗址片区位于鹤峰县中营镇和容美镇交界处,与鹤峰县城(中府遗址片区)直线距离约8千米,与爵府遗址片区直线距离约11千米。西平府遗址片区面积约10万平方米,中心地理坐标为北纬29°55′~29°58′,东经109°58′~109°59′,海拔650~870米(图一六五)。

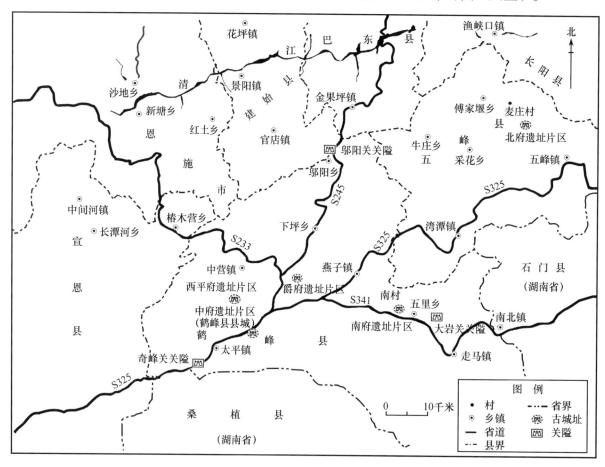

图一六五 西平府遗址片区地理位置图

以往对容美土司的史学研究过程中未发现西平府,有关西平府的文献记载,也仅是《容美纪游》、《情田洞记》和《保善楼记》石刻略有提及。遗址片区所在区域地形地貌十分复杂,以往的文物工作开展得也较少,早年在该区域发现了容美土司第十一任土司田世爵第六子、容美土司著名诗人田九龄墓(墓已损毁,墓碑存放在鹤峰县博物馆)。

　　2017年4～5月，容美土司遗址考古队在田九龄墓周边寻找容美土司相关遗存时，在田九龄墓以南约1.5千米的西府山上发现了官式建筑台基、城门、道路等遗迹单位。在田九龄墓西北约1千米处发现了天星寨遗址。通过天星寨摩崖石刻的记载，确定天星寨为容美土司遗址。从地理位置、地名以及《容美纪游》和《情田洞记》的记载来看，西府山遗址应为容美土司西平府遗址。同年6～8月，容美土司遗址考古队对调查发现的各类遗存采取重点调查、定向解剖及细致清理相结合的工作方式开展考古工作。本次调查面积约15万平方米，清理面积约4000平方米。经调查清理得知，西平府遗址片区由西平府遗址、天星寨遗址及墓葬等遗存构成（图一六六）。

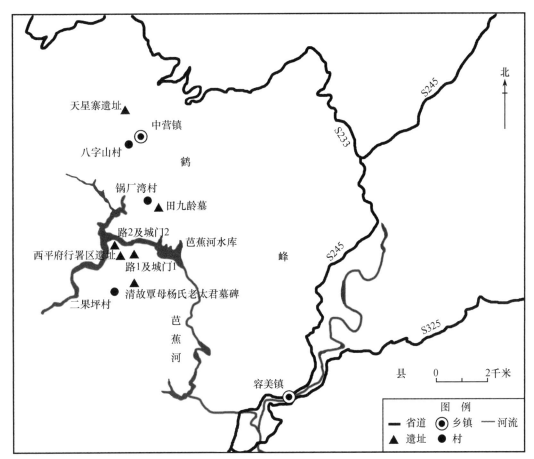

图一六六　西平府遗址片区遗存位置分布图

第一节　西平府遗址

一、位置与概况

　　西平府遗址位于鹤峰县容美镇二果坪村六组，处于西府山顶部两峰之间"U"字形坡地内，坡地北、东、南三面环山，西为断崖，崖下为芭蕉河水库，山体近三角锥状。山壁斜直，树木繁密，无居民长住。遗址中心地理坐标为北纬29°56′28″，东经109°58′03″，海拔854米（彩版五五、彩版五六）。

二、工 作 经 过

2017年6～8月，容美土司遗址考古队采用调查与清理相结合的方法对西平府遗址进行考古工作。前后两次调查总调查面积约15万平方米，清理面积约4000平方米。西平府遗址遗迹多暴露在地表或浅埋在表土层下，本次考古工作未进行勘探，对调查发现的遗存直接进行清理。清理前，西平府遗址地表可见大量的条石和块石垒砌的平台挡土墙（图版七七；图版七九，1）。清理后，发现遗址由下往上共建有十层平台，每层平台边缘建有挡土墙（图版七九，2），按照由低到高，由西到东的顺序将平台编号为第一～十平台。平台总面积约2650平方米，南北两端为山体岩石，岩石上多有凿痕（图一六七）。

三、遗 迹

据当地百姓介绍，20世纪50年代"农业学大寨"建梯田时，曾对垮塌的平台挡土墙进行补修，并新建第一和第十平台。其中第一平台下方为陡坡，陡坡下为垂直的断崖。因平台近年来无人管理，挡土墙变形垮塌情况较为严重，导致平台表土大量滑落流失。为防止平台将来出现垮塌现象，本次清理未对包括现代挡土墙在内的挡土墙做细致清理。平台上原有的柱础、条石等遗物，或掀翻至断崖下，或搬回村民家。本次清理未发现任何遗物，目前仅第七、八平台挡土墙上存有土司时期建筑台基包边迹象。第二～五及第七平台挡土墙多为20世纪50年代进行的修补。但对第二～九平台挡土墙垮塌后暴露的断面进行清理后发现，平台为人工修建，平台在山体基岩上铺设垫土，垫土呈黄褐色，土质较紧密，里面夹杂大量红烧土颗粒、草木灰及灰陶颗粒（彩版五七，1）。遗址上有建筑平台、城门与道路等遗迹。

（一）平台

西平府遗址共有10个平台，除第一和第十平台为现代修建外，其余平台均为土司时期修建。因此，在此只介绍土司时期的第二～九平台。

1. 第二平台

挡土墙垮塌，表土向下滑落，地表呈坡状倾斜。清理掉厚0.05～0.15米的灰褐色表土后，露出下部黄褐色垫土。平台南北长18.72～22.46、东西宽6.2～8.32米，面积约140平方米。平台东西两端高差3.67米，西端最低处比第一平台东端最高处高0.44米，东端最高处比第三平台西

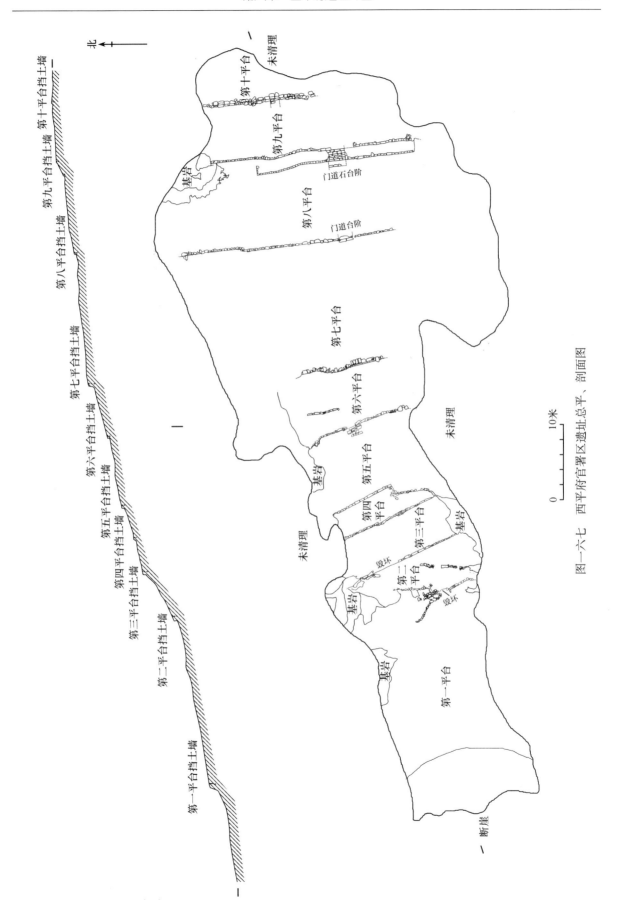

第一平台挡土墙

第二平台挡土墙
第三平台挡土墙

第四平台挡土墙
第五平台挡土墙
第六平台挡土墙
第七平台挡土墙

第八平台挡土墙
第九平台挡土墙　第十平台挡土墙

北

未清理

第十平台

第九平台

基岩

门道石台阶

第八平台

门道台阶

第七平台

第六平台

基岩

第五平台

未清理

第四平台

第三平台

基岩

第二平台

毁坏

毁坏

基岩

基岩

第一平台

断崖

未清理

0　　　　　　　10米

图一六七　西平府官署区遗址总平、剖面图

端最低处低0.49米。20世纪50年代，用块石在平台南侧中部修建了一个小挡土墙，多垮塌。平台挡土墙利用基岩和不规则石块错缝干垒而成，块石干垒的南侧挡土墙整体变形下沉，部分垮塌。挡土墙中部被拆除，利用垮塌的垫土修成坡状道路，通往第三平台。挡土墙南北残长9.6、高1.6~2.5、宽0.1~0.45米，块石长0.4~1.13、厚0.1~0.3米。

2. 第三平台

面积较小，挡土墙垮塌，表土向下滑落，呈坡状倾斜，东高西低。清理掉厚0.05~0.1米的灰褐色表土后，露出黄褐色垫土。平台南北长13.47~16.27、东西宽5.24~5.52米，面积约78平方米。平台东西两端整体高差0.92米，西端最低处比第二平台东端最高处高0.49米，东端最高处比第四平台西端最低处低0.35米。平台挡土墙用不规则块石错缝干垒而成，两端尽头皆为基岩。挡土墙中部被拆除，利用垮塌的垫土修成坡状道路，通往第四平台。挡土墙南北残长14.17、高0.25~1.49、宽0.1~0.55米，块石长0.16~0.96、厚0.1~0.39米。

3. 第四平台

面积较小，地表呈坡状倾斜，东高西低。第五平台中部挡土墙垮塌后，新修建的挡土墙导致第四平台南侧部分被第五平台垮塌的垫土叠压。清理掉厚0.05~0.1米的灰褐色表土后，露出黄褐色的平台垫土。平台南北长8.9~13.8、东西宽1.15~3.69米，面积约42.7平方米。平台东西两端整体高差1.22米，西端最低处比第三平台东端最高处高0.35米，东端最高处比第五平台西端最低处低0.31米。平台挡土墙用不规则块石和部分打有斜形糙道的条石错缝干垒而成，两端尽头皆为基岩。挡土墙南北长13.8、宽0.18~0.57、高0.2~0.9米，块石长0.15~1.03、厚0.05~0.5米。

4. 第五平台

面积较大，地表呈倾斜状，东高西低。清理掉厚0.05~0.2米的灰褐色表土后，露出黄褐色垫土。平台南北长12.8~17.2、东西宽9.56~13.9米，面积约166平方米。平台东西两端整体高差1.64米，西端最低处比第四平台东端最高处高0.31米，东端最高处比第六平台西端最低处低0.25米（图版七九，2）。平台挡土墙用不规则块石和部分打有斜形糙道的条石错缝干垒而成，两端尽头皆为基岩。挡土墙中部偏南垮塌后，在原挡土墙向西1.25米处修建了新的挡土墙，直至基岩。两侧挡土墙之间，用块石叠放有如意台阶，通往第四平台。挡土墙南北通长13.6、北侧挡土墙长8.84、南侧挡土墙长5.41、通高0.18~1.26米，块石长0.2~0.95、厚0.11~0.49米。

5. 第六平台

面积较大，平台东高西低，至中段后呈陡坡状下降，陡坡边缘处有一段现代挡土墙。清理掉厚0.05~0.1米的灰褐色表土后，露出黄褐色垫土。平台南北长15.81~20.55、东西宽6.65~8.33米，面积约145平方米。平台东西两端整体高差1.98米，西端最低处比第五平台东端最高处高0.25米，东端最高处比第七平台西端最低处低0.72米。平台挡土墙用不规则块石和部分打有斜形糙道的条石错缝干垒，两端尽头皆为基岩。平台挡土墙中部有第六平台通往第七平台的台阶，台阶由块石错缝平铺，残存三级。挡土墙南北通长14.98米，台阶每级长2.2、宽0.28~0.37、高0.1~0.14米。台阶以北挡土墙长5.14米，台阶以南挡土墙长7.65米，挡土墙通高0.25~1.05米，块石长0.23~0.9、厚0.11~0.48米。

6. 第七平台

面积较大，平台东高西低，至中段后开始呈坡状下降。清理掉厚0.05~0.2米的灰褐色表土后，露出黄褐色垫土。平台南北长27~44.9、东西宽12.47~27.8米，面积约790平方米。平台东西两端整体高差1.54米，西端最低处比第六平台东端最高处高0.72米，东端最高处比第八平台西端最低处低0.3米。平台挡土墙两端残断，台阶北侧挡土墙用块石和条石错缝干垒，台阶以南挡土墙垮塌，残存数块歪斜的条石。台阶现存燕窝石及其外侧的如意石，燕窝石上有翻滚叠压其上的条石。台阶缺失处，可见内部的踏跺胆由大量卵石块填充铺制。台阶南北通长3.56、宽0.43、高0.32米，用三块打有斜形糙道的条石错缝干砌。南侧条石上有垂带窝，条石长1.13~1.21、宽0.43~0.51米。垂带窝呈长方形，南北长0.35、东西宽0.25、深0.03米。台阶外侧残存如意石，用五块打有斜形糙道的条石错缝干砌，条石长0.4~1.18、通宽0.2米，厚不详（图一六八；图版七九，3）。

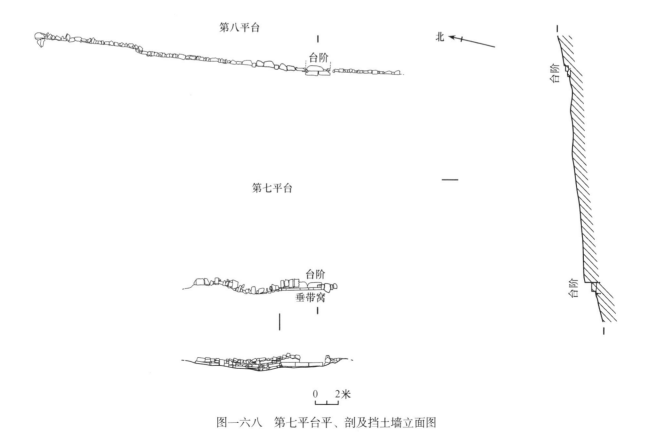

图一六八 第七平台平、剖及挡土墙立面图

7. 第八平台

面积较大，平台东高西低，地表呈坡状倾斜。清理掉厚0.05～0.1米的灰褐色表土后，露出黄褐色垫土。平台南北长31.2～44.86、东西宽9.5～11.5米，面积约416平方米。平台东西两端整体高差1.25米，西端最低处比第七平台东端最高处高0.3米，东端最高处比第九平台西端最低处低0.2米（图一六九）。平台中部挡土墙用打有斜道的条石错缝干砌，条石之间缝隙较大，形式为平缝，缝隙之间可见含少量白灰的黄土黏合剂。条石现存两三层，最下一层的土衬石较上面的条石凸出，金边宽0.05～0.08米。部分土衬石上有凹槽，为挡土墙外侧地墁的卡槽。挡土墙下沉变形，现土衬石高于第七平台0.06～0.12米。挡土墙南北两侧条石缺失，用块石随意干垒修补。挡土墙南北通长30米，其中条石垒砌的挡土墙长13.28、高0.16～1.43米，条石长0.46～1.07、宽0.29～0.45、厚0.16～0.35米（图版八〇，1）。挡土墙中部建有台阶，与第七平台挡土墙台阶处于同一轴线上。台阶仅存底部燕窝石及其外侧的如意石，皆用打有斜形糙道的条石错缝平铺，条石部分变形错位。台阶南北长2.02、东西宽0.76、高0.35米，台阶燕窝石宽0.3～0.36、高0.15米。如意石宽0.4米，与现地表等高。台阶所用条石长0.94～1.34、宽0.3～0.4、厚0.1～0.18米。

8. 第九平台

靠近山顶，平台地表平坦，有大量凸起的基岩，南北长25.1～36.25、东西宽1.75～10.9米，面积约282平方米。平台东西两端整体高差0.74米，西端最低处比第八平台东端最高处高0.2米，东端最高处比第十平台西端最低处低0.17米。平台挡土墙中部靠南建有外置台阶，台阶用块石错缝平铺，共9级，其中第1、2级部分残损，第8级缺失。台阶表面和外侧面用平整打磨的块石铺成，每层台阶用三四块石条错缝平铺，石条之间缝隙较大，可见缝隙间的黄土和垫衬的小石片。台阶两侧建有挡土墙围护，形成前后两道挡土墙，挡土墙皆受力挤压，外鼓变形，用块石随意干垒修建。第一道挡土墙南北通长21.4、高0.11～1.55米，第二道挡土墙南北通长27.4、高0.51～1.95米，与第一道挡土墙间距1.36～2米。台阶南北长2.13～2.37、东西宽2.29～2.36、通高1.97米，每级台阶高0.13～0.18米。台阶块石长0.41～0.73、宽0.17～0.3、厚0.13～0.18米。

（二）城门与道路

在西平府官署区遗址西南下山的道路发现两座城门，城门均与道路相连，两条道路在遗址下方西南约200米处交汇。

1. 城门

2座。

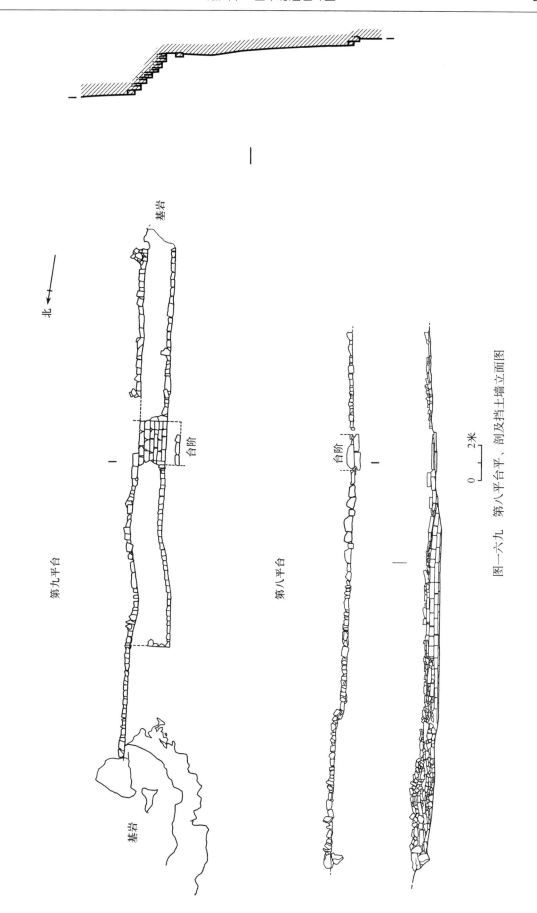

图一六九　第八平台平、剖及挡土墙立面图

　　城门1　位于鹤峰县容美镇二果坪村六组，西平府山西南面山腰中部，三面临陡崖，距东北的官署区遗址约600米。中心地理坐标为北纬29°56′16″，东经109°57′54″，海拔766米。城门清理前暴露在道路两旁的山体地表上，城楼建筑不存，可见门道和东西两侧墩台。墩台顶部覆盖一层腐殖土层，其上长满乔木及灌木等。墩台用不规则块石包边，条石表面生长有大量苔藓，缝隙间长有小型灌木。条石部分垮塌，露出内部的垫土和基岩，城台周边散落大量垮塌的块石。清理后发现城门坐东南朝西北，门道方向315°。城门门道前方为盘山蹬道L1，门道两侧为块石错缝干垒的护墙。城门东西宽6.11、南北进深约8、高0.35～1.74米，占地面积约49平方米（图一七〇；彩版五八）。

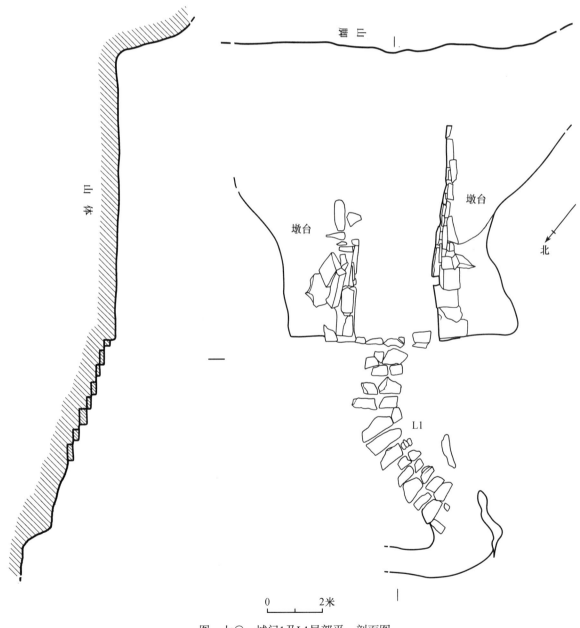

0　　　　　2米

图一七〇　城门1及L1局部平、剖面图

门道：整体呈笔直状，靠近山体处向西南转角，门道内为黄褐色垫土地面，平坦，微微向上抬升，黄褐色垫土内添加小片石作为骨料。门道两侧护墙用不规整的打磨过的条石干垒包边，西侧护墙至5米处向西南转角。包边条石受力挤压，外鼓变形，石条表面打有斜形糙道，风化严重。门道通长7.53、通宽3.05米。东侧护墙残缺，残长3.3、残高0.6~1.4米，由5层条石错缝铺设，条石长0.37~1.72、厚0.15~0.5米。西侧的护墙通长7.53、残高0.35~1.74米，由8层条石错缝铺设，条石长0.33~1.6、厚0.12~0.55米。

墩台：两侧墩台均已垮塌，包边条石皆已遗失。西侧墩台现仅存廊道及正立面局部护墙，内部的垫土裸露在外，土质疏松，呈坡状向外倾斜垮塌。墩台东西残宽0.65~1.86、南北残长1.05~5、残高0.6~1.4米；东侧墩台现仅存廊道及正立面局部护墙，内部的填土裸露在外，土质疏松，向外侧呈弧形倾斜。墩台东西残宽0.67~1.5、南北长7.53、残高0.35~1.74米。

城门2　位于鹤峰县容美镇二果坪村六组，中心地理坐标为北纬29°56′15″，东经109°57′51″，海拔798米。城门处于西平府山西北凸出的山咀中部，西侧是崖壁，东侧是陡壁，L2从中经过，距东南的官署区遗址约600米。城门清理前暴露在道路两旁的山体地表上，城楼建筑不存，可见门道和东侧墩台。城门东西宽4.8~5.5、南北进深6.2~7.25、高1.18~1.68米，占地面积约31.2平方米（图一七一；图版八〇，2、3）。

门道：坐西北朝东南，方向202°，城门前方为盘山蹬道L2。门道内用块石铺设有台阶，现因块石遗失，台阶不规整。门道内台阶现存3级，台阶至门道中部后，路面呈坡状缓慢抬升，地表铺设用块石铺制的汀步路面，块石多遗失或错位。台阶西侧至崖壁之间，略低矮，为当时道路附属排水沟。台阶块石变形，水沟宽窄不均。块石下面铺垫黄褐色垫土，内部添加小片石作为骨料。门道通长6.2、宽1.16~1.78米，台阶通长2.2、通高0.66、通宽1.37米，每级台阶长1~1.37、宽0.23~0.54、高0.06~0.22米，水沟宽0.15~0.23米。

墩台：西侧墩台利用天然崖壁修建，在崖壁距地表高4.55米处经过人工加工后的天然平台上搭建城楼（疑为木制），在崖壁墩台前后两端凿刻有支撑立柱用的2个柱形榫槽。平台距地表高2.81~4.55、长4.71~5.9、宽0~0.9米。西侧墩台榫槽1距地表0.85米，深0.11~0.16、宽0.15~0.22米，距榫槽2直线距离3.29米，榫槽2距地表1.95米，深0.12~0.14、宽0.15~0.24米；东侧墩台部分利用基岩，部分堆砌黄土，南部紧接被打通的岩壁，外边侧用打磨过的表面有糙道的块石包边。包边块石受力挤压，外鼓垮塌变形，填土流失严重，墩台周边散落大量垮塌的块石，其中南端垫土流失近底部。墩台下方崖壁处用块石垒砌墩台护坡，块石现存7层，保存较好。东侧墩台南端宽2.71、北端宽2.97、长7.25米，面积约20平方米。护坡高0.96~1.89、长3.17米，块石长0.3~0.5、宽0.15~0.2、厚0.22~0.4米。

2. 道路

2条。

L1　绕西府山修建，整体呈西北至东南走向。可由官署区通往天星寨，途径芭蕉河水库，目前仅存芭蕉河水库以上至官署区下方的长约750米的道路。道路多在山腰缓坡上修建，曲折

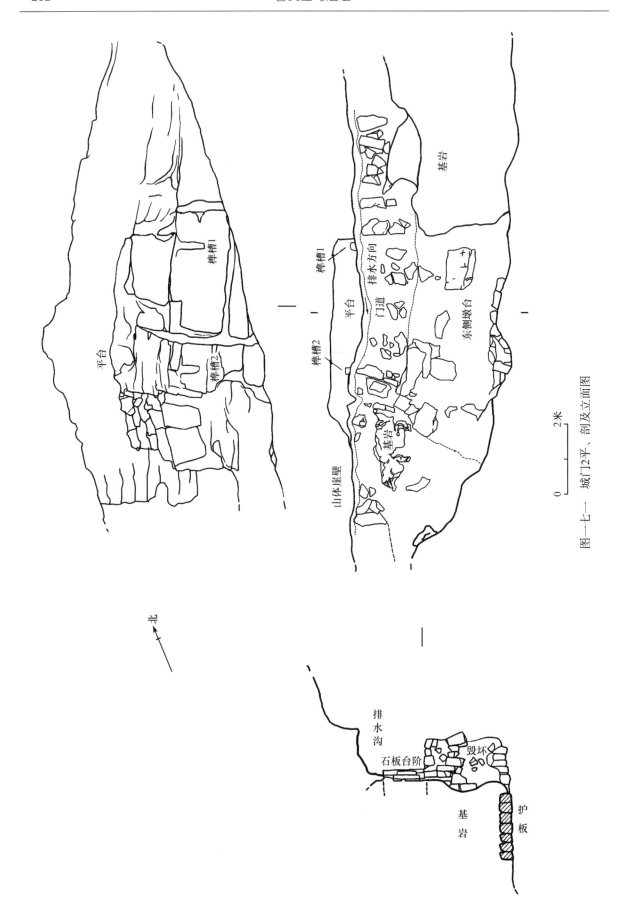

图一七一 城门2平、剖及立面图

状蜿蜒。在道路两侧修建有土质排水沟，排水沟依地势修建，宽窄、深浅不一。目前断续分布有长约200米、800多级的蹬道路面，道路中段地理坐标为北纬29°56′17″，东经109°57′53″，海拔680米。路面用打磨过的灰白色石灰岩块石在垫土上铺制，修建成台阶状的蹬道路面。路宽0.6～1.7米，每级台阶高0.15～0.3、台阶间宽0.3～0.57米，块石长0.33～1.27、宽0.3～0.58米。道路垫土被林间落叶形成的腐殖土感染成灰褐色，垫土土质紧密，内含砾石、砂粒等，在山体上铺置，较山体地表高0.08～0.15米（图一七〇；彩版五七，2；彩版五八，1、2）。

L2　沿西府山山脊修建，道路中段地理坐标为北纬 29°56′15″，东经109°57′51″，海拔680米。整体呈东西走向，由官署区通往芭蕉河水库对面的锅厂湾村，目前仅存由芭蕉河水库以上至衙署区下方的长约1.2千米的道路。道路多在崖壁上开凿，一侧为崖壁，另外一侧为悬崖。靠近崖壁侧多修建护坡，外用不规则块石包边。道路靠近崖壁侧微高，可供水流趟过路面，排至悬崖下。整体保存较好，目前尚存长约400米、1000多级台阶的蹬道路面。道路用打磨过的灰白色石灰岩块石在垫土上铺制，修建成台阶状，路宽0.75～1.4米，每级台阶高0.15～0.25米，台阶间宽0.2～0.5米。块石长0.25～1.4、宽0.2～0.74米。垫土被林间落叶形成的腐殖土感染成灰褐色，土质紧密，内含砾石、砂粒等，在山体上铺置，较山体地表高0.08～0.15米（图一七二；彩版五七，3；图版八一，1、2）。

四、小　　结

容美土司西平府官署区遗址破坏较严重，目前的十个平台，除第一平台外，含在第九平台上改建的第十平台都为土司时期修建。其中第七、八两个平台台阶、挡土墙用条石打制，同南府和爵府府署的官式建筑特征相同。推测第二平台为官署区第一重建筑，第四平台面积较小，可能为建筑大殿的月台外，其余均为当时房屋建筑或院落台基，但整个官署区破坏较为严重，难以复原其整体建筑布局。从平台周边的地理位置及平台南北四端的基岩来看，整个官署区应是一个封闭的建筑群，类似于"内城"。城门1和城门2在西府山险要必经之处修建，将整个西府山完全封闭，形成一个以西府山体为墙的不规则城镇。

道路、城门为依山就势，就地取材修建，其形制、尺寸并不工整，美观，但实用性较强，至今数百年仍未完全损毁。修建道路、城门及建筑基址的大量石材与山体本身石质相同，同时在山上发现大量开凿痕迹，因此推断遗址修建的石材多为就地取材。在衙署区使用的大量垒砌挡土墙的块石，不大可能为当地百姓在20世纪50年代短期内开采并打制而成，参考容美土司爵府遗址司署遗址的建筑材料来看，这些块石来源很可能为土司时期的建筑材料，在建筑废弃垮塌后，杂乱堆积的块石就成为新的垒砌挡土墙的材料。

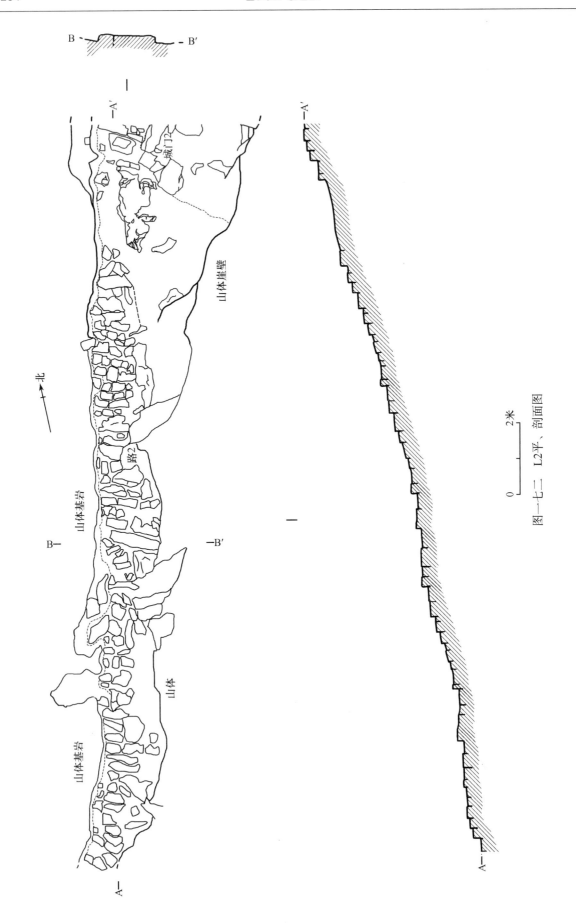

图一七三　L2平、剖面图

第二节　天星寨遗址

一、位置与概况

　　天星寨遗址位于鹤峰县中营镇八字山村七组，天泉山的山顶，西平府遗址东北约2千米，中营镇西北约1千米，向南可望见芭蕉河水库。遗址中心地理坐标为北纬29°58′51″，东经109°57′24″，海拔1210米，与山脚垂直高差600多米。天泉山与周边群山连绵相接，四面皆陡壁，山上长满高山植物，树木繁密，现为无人区（彩版五九，1）。

二、工作经过

　　2017年4～5月，容美土司遗址考古队在田九龄墓周边寻找容美土司相关遗存时发现了天星寨遗址。土司时期在天泉山阳面修建了通往山顶的道路，现大面积垮塌，极难攀登。调查之初，在天泉山阴面搭建了一条便道。便道沿途严重垮塌，野生动物出没，山顶缺水，为更好地完成本次调查工作以及符合林业保护政策，考古调查期间，全体队员露营山顶。于山顶露营时，曾遇山洪暴发，道路损毁，匆忙撤离，仅对遗址做了简单清理，而通往第四平台的道路垮塌无法通行，并未开展工作（图版七八）。经清理，遗址地表可见房址、石柱础、浮雕画像、摩崖石刻，以及条石和块石垒砌的建筑平台。

三、遗　　迹

　　仅见建筑平台，共4个，按照由高到低，由西到东将平台分别编号为第一～四平台，第四平台未做清理。

1. 第一平台

　　位于天泉山山顶，北、西、南三面垮塌，现形状为不规则长方形。东西长8.36、南北宽15.42米，面积84.47平方米（图一七三）。

　　平台上发现了房屋的相关迹象，其具体尺寸、形制不详，仅在平台东南方向留下一排墙基石和2个柱础、碎砖。墙基石外侧有两层台阶，台阶下方为凸出的岩壁，岩壁上有浮雕壁龛。墙基石用灰白色石灰岩打凿的条石南北向错缝平铺，长7.2、宽0.36～0.77、高0.18～0.3米。条石长0.4～1.11、宽0.25～0.45、厚0.15～0.3米。墙基石外侧凸出的岩壁上用不规则块石铺制有两级台阶。第一级台阶的踏步用三块灰白色石灰岩打凿的条石南北向错缝平铺，台阶通长2.4米，通宽0.42米，较下一级台阶高0.2～0.38米。第二级台阶铺制在平台下方凸起的基岩上，用五块灰白色石灰岩打凿的条石南北向错缝平铺，通长2.11、通宽0.45米。两级台阶所用块石长

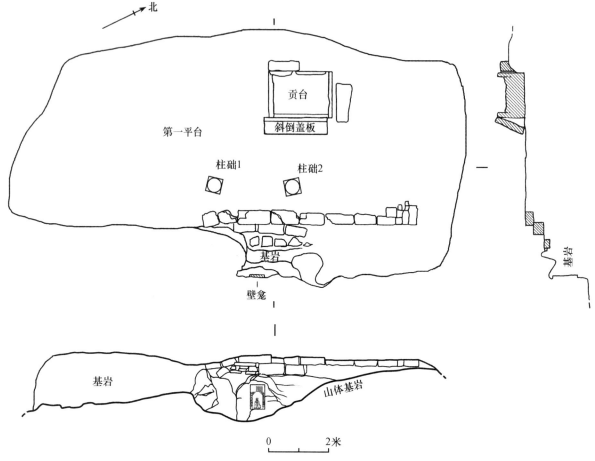

图一七三　天星寨遗址第一平台平、剖面及东岩壁立面图

0.3～0.84、宽0.2～0.33、厚0.11～0.36米（彩版五九，2）。

平台中部偏北建有一长方形贡台，贡台内有杂乱的块石堆积，外用灰白色石灰岩打凿的平滑石板围砌，顶部石板垮落，斜搭在东壁石板上。贡台呈长方形，东西长2.1、南北宽1.5米。东壁由两块石板构成，分别长0.8、1.1米，厚0.18、0.1米，高均为0.9米；西壁由一块石板构成，长1.78、厚0.13、高0.9米；南北两壁均由一块石板构成，石板长分别为1.47、1.48米，厚分别为0.17、0.13米，高均为0.9米，顶部石板长2.1、宽0.9、厚0.15～0.25米。

2. 第二平台

位于第一平台东南，比第一平台低1.5～2米，比第三平台高0.91～2.1米。平台北、东、西三面均为基岩，呈不规整的南北向长方形。平台地表为经过修整的基岩，较平整，未发现遗迹现象。平台下方为陡直的基岩，上有摩崖石刻。平台东西长5.2、南北宽4.1米，面积约19平方米。平台北侧的山体岩壁上凿有壁龛一座，壁龛中部浮雕一头戴儒巾，颚下长须，身穿直裰，双手环抱袖中的坐立儒者，壁龛通高0.85、通宽0.51、深0.09米。壁龛两壁有篆书对联，壁龛上额有行书题字，刻文内容详见《容美土司石刻》（图一七四；彩版五九，3；彩版六〇，1）。

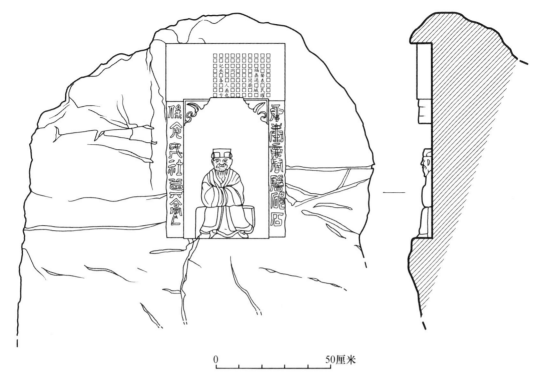

0　　　　　　　　50厘米

图一七四　天星寨岩壁壁龛石刻立、剖面图

3. 第三平台

位于第二平台东南，平台北、西两面为岩壁，东、南两侧砌有挡土墙。平台内用夹有碎石子的黄褐色土作垫土，未清理。平台东西长约15、南北宽约8.5米，面积约140平方米。平台下方山体垮塌，致使平台由中间向东南垮塌。平台外侧挡土墙用大小不等的条石和块石包边，条石和块石长0.5～1.1、宽0.2～0.7、厚0.2～0.45米（图一七五）。平台北侧山体岩壁上有人工打凿的摩崖石刻，石刻距地表0.7米，东西长2、高1.4、深0.1米。刻文较模糊，刻文内容详见《容美土司石刻》（彩版六〇，2）。

四、遗　　物

第一平台东部采集到两块石柱础。

石柱础　2件。灰白色，石灰岩，打凿。柱盘方形，柱盆圆形。TXZ·采：1，盆身外侧浮雕一周祥云和仙鹤纹。柱盘尺寸0.41米×0.41米×0.08米，柱盆底径0.34、口径0.42、盆身高0.12米（图一七六，1；彩版六〇，3）。TXZ·采：2，盆身外侧雕刻一周缠枝花纹。柱盘尺寸0.41米×0.41米×0.1米，柱盆底径0.36、口径0.44、盆身高0.13米（图一七六，2；彩版六〇，4）。

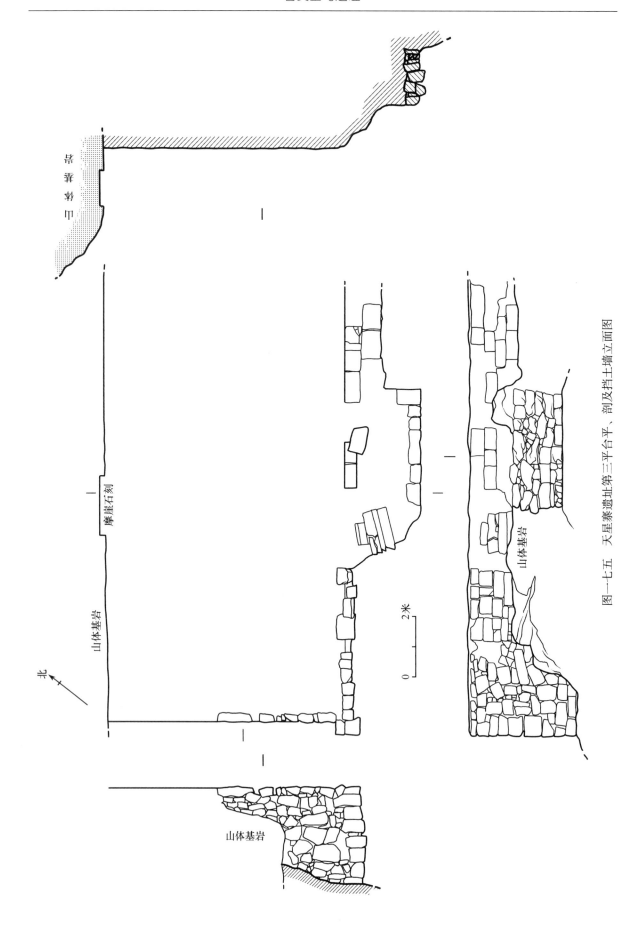

图一七五　天星寨遗址第三平台平、剖及挡土墙立面图

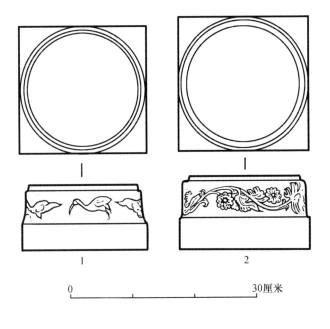

图一七六　石柱础
1. TXZ·采：1　2. TXZ·采：2

五、小　　结

　　天星寨摩崖石刻碑碑文记载："创始于□夏云仲伯□……至又六月初七舜亲来山。"天星寨为容美土司第二十任土司田既霖（字夏云）修建，后第二十二任土司田舜年维修和扩建。该遗址损毁较为严重，自然环境恶劣，本次未能对遗址进行全面勘察。摩崖石刻风化严重，文字漫漶不清。天星寨遗址建立在西府官署区遗址北侧，从遗址内发现的贡台和所浮雕的儒生人物图像等遗存来看，该遗址可能为一处宗教设施。土司司主田舜年在《情田洞记》碑文中记载："余自嗣守先绪以来，经营创造，曰南府北府，曰西平天泉，其间□仙宫佛寺……西平则有保田三□。目之所见，无非土木要之。"天星寨遗址与爵府的紫云宫遗址、南府的张桓侯庙遗址类似，均是宗教类设施，既具备宗教性质，又具有瞭望、观察及预警的功能。

第三节　其他遗存

　　芭蕉河水库的修建导致西平府遗址片区大量遗存淹于水下，并导致部分区域道路不通。本次调查除原发现并已损毁的田九龄墓外，仅新发现一通墓碑。

一、田九龄^①墓

　　原墓位于鹤峰县中营镇锅厂湾村四组（小地名二锅厂），西平府官署区遗址东北约800米。该墓已被损毁，共发现墓碑两通，分别是田九龄墓碑和明诗人田九龄墓碑，现存于鹤峰县博物馆，碑刻形制及内容详见《容美土司石刻》报告。

二、覃母杨氏老太君墓碑

　　墓地不存，墓碑发现于鹤峰县容美镇二果坪村四组（小地名火哨溪）的无名小溪边，充当小桥使用，碑刻形制及内容详见《容美土司石刻》报告（图版八一，3）。

第四节　结　　语

　　目前未发现有关西平府营建年代的文献记载，本次考古工作也未发现可以明确西平府修建年代的实物证据。西平府遗址是容美土司从兴起之地容米洞迁徙后，至明天启以前的行政统治中心，推测其修建的年代可能为明代正德至嘉靖年间，后在清初进行扩建，其依据如下。

　　第一，西平府遗址的建筑布局与其他四座府署遗址的建筑布局略有不同。其一，自然地理环境的选择不同。西平府营建于群山之中、地形复杂的山顶之上，其余四处皆营建在平原、盆地或高坪等地势较为宽阔、平坦的地方。其二，北、中、南、爵四府基本形成了功能齐全、以土司官署为中心的城镇，城镇外围利用河流、山脉、壕沟等天然屏障形成外围防御屏障。官署周边至外围屏障之间分布着街道、民居、戏楼、部分寺庙、墓葬等不同类型的民用设施。而西平府的寺庙、墓葬等遗存与官署并不集中分布，官署至城门内也未发现任何遗存，由此推断，西平府的营建理念与明末清初土司城镇的营建理念略有不同。在清康熙十九年刻录的《情田洞记》就提及了西平府，故西平府的修建年代应在清康熙十九年之前，而其营建理念又与明天启至清康熙年间修建的府署有所不同，因此推断其修建年代应早于明天启年间。

　　第二，西平府官署不远的山下发现了田九龄墓碑。从东关古城（细柳城）附近的官坟园墓地和中府东阳湾土司家族墓地的分布位置来看，作为土司贵族的田九龄很可能葬于祖坟或祖坟附近，也就是官署周边区域，其下葬年代为明万历十九年，因此推测西平府官署的修建年代应早于明万历十九年。

---

　① 田九龄，明中晚期著名诗人。是容美土司第十一任司主田世爵之第六子，其人多才，是容美土司田氏诗人世家的开山鼻祖。田世爵在明朝平荡倭寇的战争中病逝于芜湖。后容美土司第十二任司主田九霄继位，因嫉田九龄之才，先将其软禁在五峰山下（鹤峰县容美镇境内），后流放出土司境外。至第十四任土司田九龙上位前后才返回容美土司，死于明万历十九年（1591）。

　　第三，西平府位于容美土司起源地容米洞与明天启年间开始兴建的中府之间，此区域原归五峰长官司所辖。明嘉靖年间，五峰长官司辖地整体迁移至今五峰县城。这次迁移，可能是因为明弘治至明正德年间容美土司第十任土司司主百俚俾杀父杀兄篡位内乱期间，五峰长官司支持了百俚俾，至正德年间第十一任土司司主田世爵上位后，五峰长官司迫于容美土司的压力而迁移至长阳（今宜昌市五峰县城五峰镇）①。这次迁移，表面看是因为容美土司对五峰长官司支持百俚俾的报复，实际上也可以看成容美土司对下属五峰土司领土的兼并，自此以后，容美土司开始向西南扩张直属领土。很有可能是为了加强新扩张区域的统治，容美土司开始在西平府修建官署。

　　明天启年间，由第十七任土司司主田楚产营建的东关古城建成后，随着容美土司统治中心的转移，西平府开始逐步荒废。根据《天星寨摩崖石刻》的记载推测，清初容美土司司主田既霖和田舜年很可能对包括天星寨在内的整个西平府都进行过维修和扩建。末代土司田旻如统治时听从五行家术士的建议，对包含西平府在内的众多府署进行废弃。至清雍正十二年 "改土归流" 后，西平府随着容美土司田氏政权的覆灭彻底废弃。

---

① 　（清）郭敦祐等光绪版《长乐县志·卷4·沿革志》载：张昊袭长官，扶容美土司废长子白俚俾争袭，容美嫡长子田世爵并杀之。远族张世瑛袭长官，田世爵强横，弃旧居之北佳坪（今在鹤峰州），而买管长阳有粮之芝麻坪居焉，即今之县署地也。

第七章　线状遗址与点状遗址

在容美土司考古调查期间，除在爵府、南府、西府、中府、北府遗址片区内发现大量容美土司时期的遗址外，在今恩施州鹤峰县、巴东县，宜昌市五峰县、长阳县境内还发现一些较为分散的容美土司遗址，这些遗址或沿容美土司时期主要道路沿线分布，或零散孤立地分布。在以往的文物保护工作中，有些遗址已有所发现，因分布较零散，保存环境复杂，除情田洞遗址、百顺桥遗址、漂水岩汉土疆界碑、怀抱窝汉土疆界碑、新改荒路记摩崖石刻等少数遗址为人所知外，大量零散分布的其他容美土司遗址或不为人所知，或未归纳为容美土司时期的遗址。少数遗址作为文物保护单位受到保护，多数遗址被清晚期至现代建筑叠压或破坏，但仍保留部分不可移动文物，尤其是位于道路沿线、关隘上的石刻，记录了容美土司的相关历史事件、建筑营建过程、官职名称以及疆域划定等信息。这些信息在以往相关史籍文献资料中未曾发现，对这些信息的释读及研究，对研究容美土司明末清初时期道路交通、疆域等信息有着重要意义。

1993年，怀抱窝汉土疆界碑、漂水岩汉土疆界碑、百顺桥碑被湖北省人民政府公布为湖北省第三批文物保护单位；2006年，百顺桥碑、情田洞遗址作为容美土司遗址重要组成部分，被国务院公布为全国第六批重点文物保护单位。本报告中，依据石刻铭文记载，将百顺桥碑命名为百顺桥遗址。另外，除石刻铭文记载外，情田洞遗址统一使用"洞"标示。

2016～2018年，容美土司遗址考古队在对南府、北府等五府遗址片区进行考古调查、清理及发掘工作的间隙，也开展了原容美土司整个辖境的考古调查，尤其是对《容美纪游》中记载的顾彩进出容美土司的路线进行了重点调查，共确认遗址5处，除已知文物点外，新发现了大岩关遗址、红茅尖摩崖石刻等遗址。本次调查涉及恩施州鹤峰县、巴东县、建始县以及宜昌市五峰县、长阳县等县市，调查总面积约1000平方千米，勘探2000平方米，清理约1500平方米。为叙述方便，本报告根据遗址的空间位置分布，将容美土司时期疆域内的主要道路、道路沿线分布的遗址统一归纳为线状遗址，将容美土司时期疆域内零散分布的与周边区域并无关联的遗址统一命归纳为点状遗址。

第一节　线状遗址

线状遗址由道路及道路沿线的摩崖石刻、碑刻、桥梁、关隘、界碑等不同类型的遗址组成，特点是遗址面积不大，空间分布广，与各遗址片区紧密相连，是反映容美土司道路交通的重要标尺和节点。容美土司时期的道路多依山就势修建，形制多样，工艺不同，尺寸不一，目前多损毁，仅部分地区有少量残存。靠近遗址片区处保存较好，基本可以反映整个容美土司境内道路的形制与修筑方式，如南府遗址片区、西府遗址片区、红毛尖至百顺桥段等区域发现的零散道路。本报告仅对道路沿线发现的相关遗址、主干道走向等进行介绍。

目前确定的线状遗址共有5处，分别是大岩关关隘遗址、漂水岩关隘遗址、百顺桥遗址、红茅尖摩崖石刻、新改荒路记摩崖石刻（图一七七）。

一、大岩关关隘遗址

大岩关关隘位于恩施州鹤峰县五里乡三路口村一组的山口上。遗址中心地理坐标为北纬29°48′54″，东经110°26′26″，海拔1350米。2016年，遗址上修建了高压电线塔，将遗址叠压破坏，仅存半块碑刻，其上记载了清雍正年间末代容美土司田旻如与容美土司交界的岳州府、慈利县九溪协、宜都营、长阳县等地方官员，以及桂北藩司等行省级别官员代表，共同勘立的边界碑刻，碑刻形制及内容详见《容美土司石刻》（彩版六一，1）。

二、漂水岩关隘遗址

漂水岩关隘原为容美土司与长阳县之间的关隘，遗址位于湖北省宜昌市五峰土家族自治县采花乡苦竹坪村（原渔泉河村），中心地理坐标为北纬30°14′47.5″，东经110°32′25.3″，海拔795米。关隘现已损毁，仅存少量在基岩上凿刻的道路和天然岩壁形成的关墙。20世纪80年代，在关隘附近发现破损的汉土疆界碑，五峰县文物局将碑刻修复，并在关隘前重新立碑。碑文记录了清雍正三年末代容美土司田司主旻如与容美土司交界的荆州府、枝江县、长阳县、宜都营等地方官员，以及桂北藩司、湖广湖北等处承宣布政使司正堂等行省级别官员代表，共同勘立的边界碑刻，碑刻形制及内容详见《容美土司石刻》（图版八二，2）。

三、道路遗址

根据容美土司境内现存道路遗迹的分布位置，结合《清实录》《容美纪游》等文献记载，可初步还原清初康熙至雍正年间容美土司境内的五条主干线路。其中有三条主干路线比较明确，复原了一条主干线路及部分支线，另有一条路线只在文献中有所提及，本次调查没有发现相关的道路遗存，仅能推知其大致走向（图一七八）。

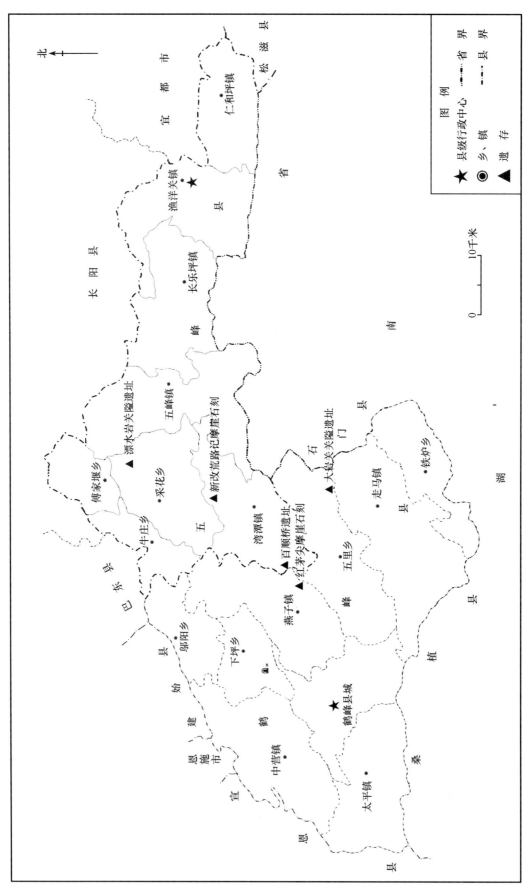

图一七七 线状遗存位置分布图

（一）第一条

自宜都经湖南石门方向进入容美土司的道路。道路自枝江东门（今宜都市枝城镇）开始，沿途经龙山坪（今宜都市龙山坪村）、官道坪（今宜都市松木坪镇）、苦竹坪（今宜都市古水坪村）、薛家坪（今松滋市卸甲坪村）、罗村（今石门县罗坪垭村）、南山坡（今石门县南山坡村）、三里坪（今石门县五里坪村）、渔阳隘（今石门县渔阳庙村）、宜沙（今石门县壶瓶山镇）、清官渡（今石门县清官渡村）、麻寮所（今鹤峰县走马镇）、白果树（今鹤峰县白果村）、大岩（隘）关（今鹤峰县三路口村，正式进入容美土司辖境）、三路口（今鹤峰县三路口村）、核桃荒（今鹤峰县青山坪村）、五里坪（今鹤峰县五里乡）、南府（容美土司南府所在地，今鹤峰县南村村）、难到江（南渡江渡口，位于今鹤峰县水泉村）、李虎坡（今鹤峰县楠木村）、东乡坪（今鹤峰县东乡村）、细柳城（今鹤峰县细柳城村）至鹤峰县中府（今鹤峰县容美镇）。

（二）第二条

容美土司中府至荆州府枝江县道路。道路自容美土司中府（今鹤峰县容美镇）开始，沿途经云来庄（今鹤峰县云南庄村）、过山坪（今鹤峰县唐家铺村）、细砂溪（今鹤峰县石龙村）、燕子坪（今鹤峰县燕子镇）、梅蓝坡、桦皮界（今鹤峰县桃山村）、红毛尖（今鹤峰县桃山村）、百顺桥（今五峰县锁金山村）、大面山（今五峰县锁金山村）、湾潭镇（今五峰县湾潭镇）、石梁荒（今今五峰县湾潭镇）、牛项岭（今五峰县茅庄村）、杜鹃坪（今五峰县茅庄村）、菩提界（今五峰县栗子坪村）、栗子坪（今五峰县栗子坪村）、东坪（今五峰县栗子坪村）、油溪（今五峰县小河村）、九返坡（今五峰县小河村）、五峰司（今五峰县五峰镇）、五峰关（容美土司东北边隘、今五峰镇五峰山）、谢家坪（今五峰县甘沟村）、长乐坪（今五峰县长乐坪镇）、三登坡（今五峰县汉马池村）、汉阳河（今五峰县曹家坪村汉阳河，容美土司与长阳县实控边界）、渔阳关（今五峰县渔洋关镇）、白马溪（今宜都市白马溪村）、钱村（今宜都市黎家坪村）、磉子坡（今宜都市黎家坪村）、九道河（今宜都市泉水河村）至荆州府枝江县（今宜都市枝城镇）。

（三）第三条

容美土司中府经北府至长阳县城的道路。道路自容美土司中府开始，沿线经今鹤峰县云南庄村、今鹤峰县唐家铺村、今鹤峰县石龙村、今鹤峰县燕子镇、今鹤峰县董家河村（调查发现有块石铺制蹬道路面）、今鹤峰县清湖村（调查发现有块石铺制蹬道路面）、今五峰县三板桥村、五峰县茅庄村（在茅庄村新改荒路记碑所在的向西和向东北十字路口，向东北经牛项

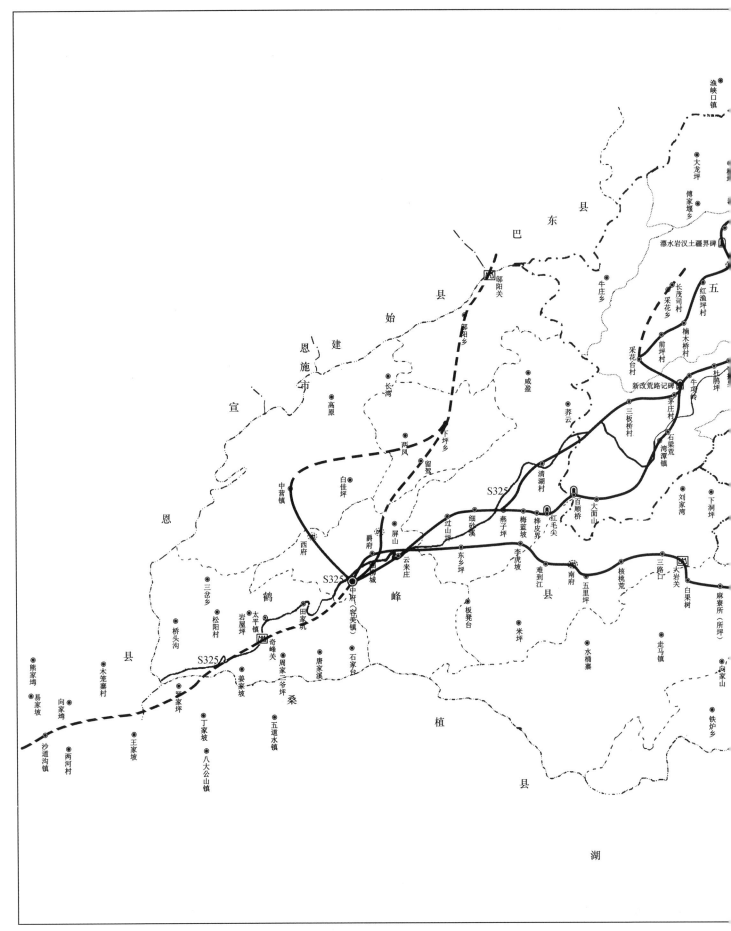

渔峡口镇
大龙坪
傅家堰乡
漂水岩汉土疆界碑

五
县
东
巴
县
始
建
恩施市
宣
长湾
高原
西凤
下坪乡
留驾
中营镇
白佳坪
西府
三岔乡
松阳村
田家坑
岩屋坪
太平镇
桥头沟
奇峰关
黑家坪
S325
熊家垴
易家坡
木笼寨村
向家垴
沙道沟镇
两河村
王家坡
丁家坡
姜家坡
周家二爷坪
唐家溪
五道水镇
石家台
八大公山镇
桑
植
县

邹阳关
邹阳乡
咸盈
荞云
牛庄乡
长茂司村
采花乡
红渔村
采花村
楠木桥村
前坪村
采花台村
牛坪岭
杜鹃坪
李庄村
石梁荒
湾潭镇
三板桥村
新改荒路记碑
清湖村
S325
百顺桥
大面山
刘家湾
下洞坪
细砂溪
红毛尖
梅蓝坡
燕子坪
桦皮界
过山坪
东乡坪
李虎坡
难到江
南府
五里坪
核桃荒
三路口
大岩关
白果树
麻寨所（所坪）
向家山
走马镇
铁炉乡
板凳台
米坪
水桶寨
屏山
云来庄
峰
S325
中府（容美镇）
爵府
容阳城

鹤
县

湖

图一七八 容

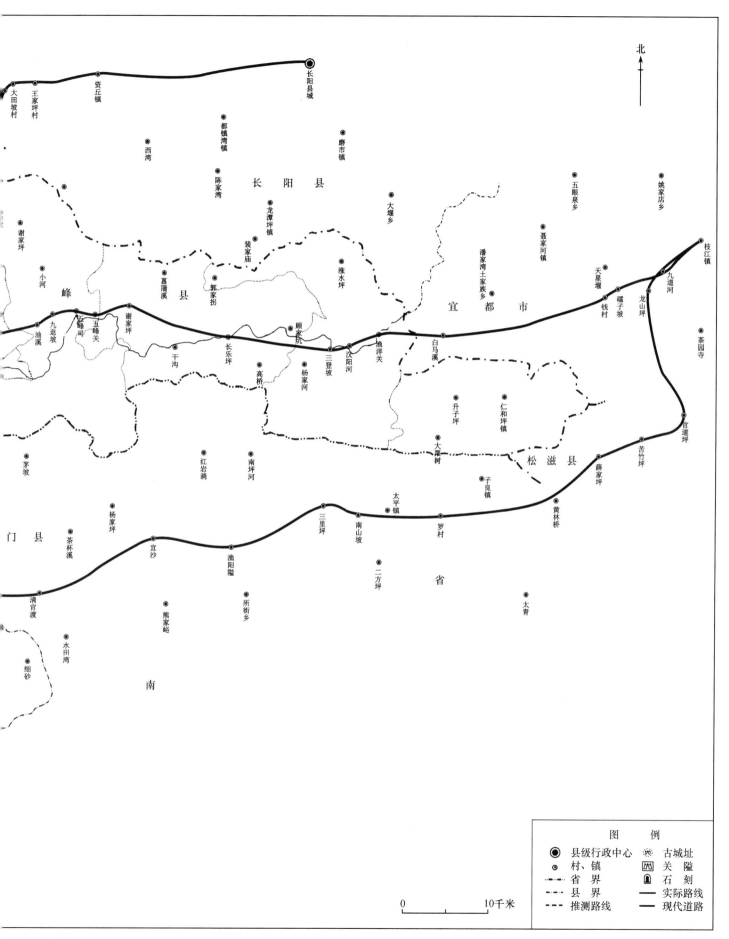

北

长阳县城

资丘镇

大田坡村
王家坪村

都镇湾镇

磨市镇

长 阳 县

西湾

陈家湾

五眼泉乡

姚家店乡

龙潭坪镇

大堰乡

聂家河镇

枝江镇

裴家庙

谢家坪

潘家湾土家族乡

天星堰

九道河

小河

涨水坪

钱村

龙山坪

碑子坪

茶园寺

峰

宜

都

市

县

菖蒲溪

郭家扔

顾家坝

油溪

九返坡

五峰关

谢家坪

白马溪

官道坪

长乐坪

三登坡

汉阳河

渔洋关

五峰司

干沟

高桥

杨家河

升子坪

仁和坪镇

苦竹坪

茅坡

红岩淌

南坪河

大栗树

子良镇

薛家坪

松 滋 县

黄林桥

门 县

杨家坪

太平镇

罗村

茶杯溪

三里坪

南山坡

省

宜沙

渔阳隘

二方坪

清官渡

所街乡

太青

熊家峪

南

水田湾

细砂

图　例

◉ 县级行政中心　　　 古城址
◎ 村、镇　　　　　　 关隘
-·-·- 省界　　　　　　 石刻
-··- 县界　　　　　　 实际路线
---- 推测路线　　　　 现代道路

0　　　　　　10千米

干道路分布图

岭、杜鹃坪至五峰镇方向的第二条道路）、五峰县采花台村、五峰县前坪村、五峰县楠木桥村（调查发现有块石铺制蹬道路面）、五峰县红渔坪村、五峰县白溢坪村（容美土司北府）、五峰县苦竹坪村（漂水岩汉土疆界碑）、五峰县麦庄村（漂水岩汉土疆界碑及新改荒路记碑文提及）、长阳县双古墓村（漂水岩汉土疆界碑碑文提及）、长阳县大田坡村（漂水岩汉土疆界碑碑文提及）、长阳县王家坡村（疑为漂水岩汉土疆界碑碑文提及的王家坪）、长阳县资丘镇至长阳县城。漂水岩汉土疆界碑中提及的柑子园、渔翅滩两处的地理位置不详。本次调查过程中，在五峰县采花台以北的采花乡、五峰县长茂司村（容美土司下属长茅关指挥使司，）也发现了残存的道路遗迹，可能是当时的一些支线道路，或通往北府，或通往五峰县付家堰乡、长阳县渔峡口镇。

（四）第四条

容美土司中府经西府、爵府至今恩施州巴东县道路。该道路分两段，一段自中府至西府，一段自中府至屏山爵府，两段路在今下坪乡会合后（原容美土司椒山、玛瑙安抚使驻地）经钨阳关直至今恩施州巴东县方向的道路。该道路现多损毁，或被芭蕉河水库和水布垭水库淹没，除西府遗址片区内和爵府遗址片区内尚保存完整道路外（详见第七章西府遗址片区），仅在鹤峰县中营镇、下坪乡、钨阳乡内发现了少量蹬道道路。道路的详细走向不详，整体方向为中府通往容美土司辖境西北方向。

（五）第五条

容美土司中府向南至奇峰关、恩施州宣恩县沙道沟（忠洞土司辖境），最后通往宣恩县西南铜鼓山（施南土司辖境）的道路。这条线路沿途暂未发现包含道路在内的遗存，但在《清世宗实录·卷143·雍正十二年五月己卯》中记载："五月四日，兵部议覆，湖广总督迈柱疏言，湖北施南宣抚司覃禹鼎与容美土司田旻如翁婿济恶，奸贪残暴，在施南铜鼓山私开路径，直抵容美，派夫运米，私藏碛位。"同时也在《世宗宪皇帝硃批谕旨卷·156》中记载："湖北彝陵镇总兵官臣冶大雄也曾上奏雍正皇帝，查该土弁（指容美土司田旻如）与施南司土弁覃禹鼎谊属翁壻，向日往来，悉由忠洞一带旧路行走，忽于上年十二月勾同禹鼎私开捷便新路，彼此来往不由旧道。"由此可知，清雍正十二年，容美土司原有一条向南经忠洞土司到施南土司的道路，后容美土司田旻如与其婿施南土司覃禹鼎新建了一条施南土司至容美土司的道路，这条线路避开了忠洞土司。

五条主干道，第一、二条道路是《容美纪游》内记载的顾彩游历容美土司时的路线，经考古调查，沿途发现多处包含道路在内的遗迹现象，可确定道路的整体方向和具体走向；第三条道路是根据考古调查所得知的线状遗址的分布信息，结合百顺桥碑、新改荒路记摩崖石刻、漂水岩汉土疆界碑的记载，以及残存的道路遗迹，来确定线路的整体方向和具体走向，包括一些支线道路；第四条道路是依据现存的道路遗迹，将之串接后形成的，只能推断道路的大体方向，不能确定其具体走向；第五条道路是依据文献记载而确定的，可知线路的大体走向，目前未发现相关的道路遗迹现象，不能确定其具体走向。

四、百顺桥遗址

百顺桥遗址位于宜昌市五峰县湾潭镇锁金山村二组与恩施州鹤峰县燕子镇百顺村三组交界处，遗址中心地理坐标为北纬29°57′52″，东经110°18′08″，海拔514米。该桥是建于百顺河上的石桥，于清康熙二十九年建成，清道光二十八年垮塌，现仅存位于河流南岸，纪念百顺桥落成的百顺桥石碑一通。碑文前半段详细地记载了百顺桥修建的原因及过程，后半段记录了容美土司政治、经济、交通、职官等内容，具有极高的史料价值。碑刻形制及内容详见《容美土司石刻》（图版八二，1）。

五、红茅尖摩崖石刻

红毛尖摩崖石刻位于恩施州鹤峰县燕子镇桃山村六组，中心地理坐标为北纬29°57′45″，东经110°16′34″，海拔845米。红茅尖摩崖石刻共两通，为容美土司"改土归流"后，新上任的鹤峰州知州毛俊德维修原容美土司时期红毛尖段道路时，在路旁岩壁上凿刻，石刻形制及内容详见《容美土司石刻》。

六、新改荒路记摩崖石刻

新改荒路记摩崖石刻位于宜昌市五峰县湾潭镇茅庄村五组，小地名树坪营，中心地理坐标为北纬30°7′9.3″，东经110°29′50.7″，海拔1648米。刻文前半段详细地记载了容美土司第二十二任司主田舜年修建湾潭镇至五峰安抚使司驻地（今五峰县五峰镇）道路的原因及过程，后半段记录了容美土司政治、经济、交通、职官等内容，具有极高的史料价值。碑刻形制及内容详见《容美土司石刻》（彩版六一，2）。

七、小　　结

本次调查过程中，通过查阅史籍文献，还寻找到部分被清中晚期或现代建筑、公路叠压或破坏，无法开展考古勘探与清理工作的遗址，考古队对这些遗址进行了登记，待日后开展工作。例如，五峰县长乐坪镇百年关村的百年关关隘遗址（容美土司东北边隘）、鹤峰县太平镇奇峰关村的奇峰关关隘遗址（容美土司南部边隘）、巴东县金果坪乡连天村的连天关关隘遗址、鹤峰县钨阳乡的钨阳关关隘遗址（连天关关隘为明末清初容美土司抢占的原明政府设置的巴东县连天关巡检司修建的西北边隘，钨阳关关隘遗址为改土归流前夕容美土司的西北边隘）。

以容美土司中府为中心，五条主干道路及沿线的相关遗址向周边地区呈放射状分布，连接南府、爵府、北府、西府等容美土司中心城镇，将容美土司东南、南、北、东北、西北五个方向紧密连接在一起，并与境外汉地的官道相互连通。这些线路最初可能是当地土民在日常生活中行走所形成的，后在容美土司历代司主尤其是第二十二任司主田舜年的主持下开始大规模修建，并在道路周边建有关隘、驿站（详见容美纪游）、摩崖石刻等军事、生活、纪念设施，保障了道路通畅。在地貌环境复杂的容美土司境内，完善的道路网及道路周边的设施对内促进了土司司主政令统一，对扼控疆土、提高土民生活水平具有重要作用，对外促进了以茶叶贸易为代表的汉土经济和文化交流，民族融合，为日后近乎和平的"改土归流"政策创造了有利条件。

第二节　点状遗址

点状遗址是零散分布、相对独立的容美土司遗址，数量不多，主要有洞府、墓葬、界碑等不同类型的遗址（图一七九）。

一、情田洞洞府遗址

（一）遗址位置

情田洞洞府遗址位于鹤峰县太平镇唐家村七组的大寨峰内，鹤峰县城东南约12千米，太平镇以东约1.5千米。遗址北有数座连绵的乳状山峰，南有一条村村通公路，介于大寨峰和母山之间，东约900米为背岭荒，西为一条干涸的河道。遗址中心地理坐标为北纬29°49′52″，东经109°54′55″，海拔911米（图一八〇；彩版六二）。

（二）遗址概况

情田洞是容美土司与湖南桑植、永顺之间的重要军事要塞，《情田洞记》《捷音者序》摩崖石刻碑文记载："……因如二酉洞之例，创造小楼三间，生之生为卧，内中为拙才者述之所，左列兰钩申伏楼下，以中间为大仓，可贮立五六百，顾左右皆侍卫宿值之用，其洞中之干窟万派，或藏兵仗，或火药，或火炮、石具，不必悉举。用颜其洞中，则名情田……"从情田

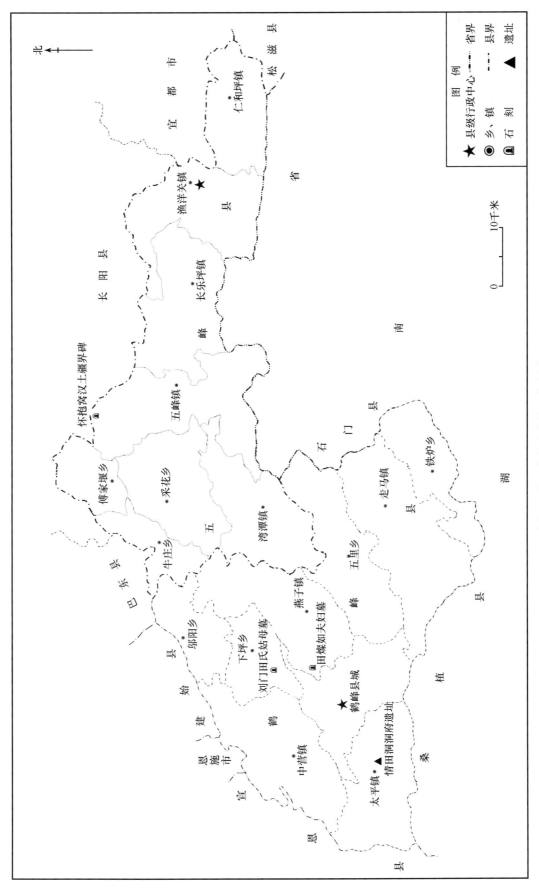

图一七九　点状遗存位置分布图

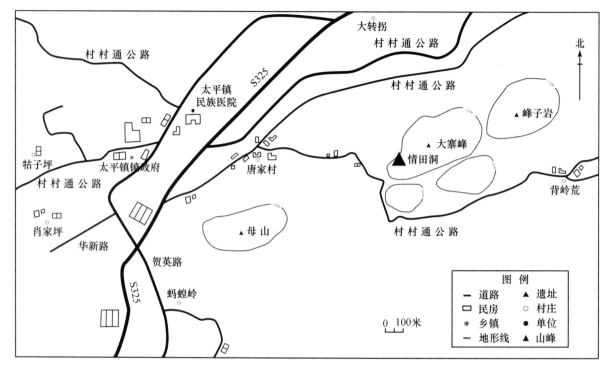

图一八〇　情田洞洞府遗址地形图

洞所处地理位置和环境分析，情田洞位于悬崖峭壁之上，洞内可容纳上千人，洞内也可藏兵器、火药、火炮、石具，以及大量粮食，是容美土司西南部的重要军事要塞。《情田洞记》《捷音者序》记载："庚申予以修理，座太平镇。已闻永顺、散毛诸司牧浬，虽有相象之念，予静以待边俄。……□三十日巳时相遇，彼包三路严阵相待，我兵分哨卫突，邀天之兴，成此克捷，阵斩六十余名，带伤者莫悉，生擒三十余名。同捷报解回，兵犹候进止，是为又八月朔日事之也……"容美土司以情田洞为据点，在太平击败永顺和散毛土司的攻击。

（三）工作经过

2016年3～5月，容美土司考古队对情田洞遗址所在的大寨峰周边地区及洞穴开展了考古调查、勘察与清理工作。大寨峰周边区域调查面积约4万平方米，勘探面积1500平方米，未发现相关遗存。遗址洞内外调查面积约1250平方米，清理面积约500平方米，并采用三维激光扫描仪对整个遗址进行测绘。大寨峰北、东、南三壁近弧形，表面长满灌木及草本植物，西壁近垂直状，表面植物稀少，裸露出灰白色的石灰岩壁，岩壁上可见5个洞口及数处开裂的石缝和石洞。洞内为天然石灰岩溶洞，洞壁表面呈灰白色，结构松散，上有大量水滴溶蚀和风化侵蚀形成的孔洞和石穴，光线沿孔洞和石穴透过，使洞内大部分空间有采光。洞内冬暖夏凉，空气流通好，较为宜居。情田洞周边交通便利，多有当地村民或游客来洞内参观游玩，地表堆积了大量现代垃圾，洞壁上有少量现代涂鸦。洞内的遗迹多位于靠近洞口的地表或洞壁上，遗迹表面无文化层堆积，多暴露于地表，或表面覆盖一层浮土（图一八一；彩版六三）。

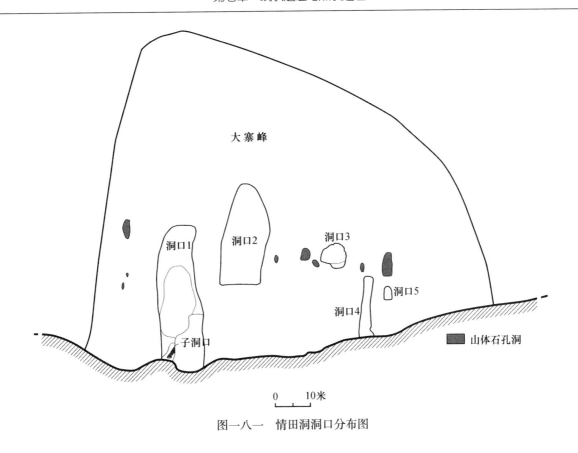

图一八一　情田洞洞口分布图

（四）洞口

洞口由北向南编号为洞口1～洞口5。洞口1、洞口2、洞口3之间可由洞内支洞穿行抵达，洞口4和洞口5洞内之间相互连通（图一八二）。

1. 洞口1

位于大寨峰西壁北侧，是情田洞的入口，方向272°，为内外子母洞口。子母洞口之间的空隙及两处天然通道里穿透过的自然光线使洞内大部分空间有采光。通道两侧洞壁呈灰白色，表面分布着大量流水溶蚀和风化侵蚀形成的孔洞。外洞口呈倒梯形，顶大底小，洞顶距地表41.13、宽6.9～12.85米。子洞口距母洞口洞内3.35米，呈不规则椭圆形，洞口高29.79、宽8.78～12.13、洞深3.43米，洞口底部距洞顶7.39米。洞内仅有一条较细窄的通道通往洞口2，并有两处天然通道可通往洞口1外壁。洞内通道长41.15、宽0.57～5.94、高1.62～33.96米。

2. 洞口2

位于大寨峰山体的中部，洞口下方上圆，底大顶小。洞口方向265°，洞口地面距洞外地表20.55米，与洞口1直线距离12.1米。洞口高28.47、宽1.55～13.06米，洞内高3.15～27.92、宽4.01～11.38米。洞内向东110米至天坑后无法前行，洞内总面积约867米（图版八三，1）。洞内光线较好，可见洞内两壁有数十个大小不一的石穴、支洞，北侧有一支洞与洞口1通道相

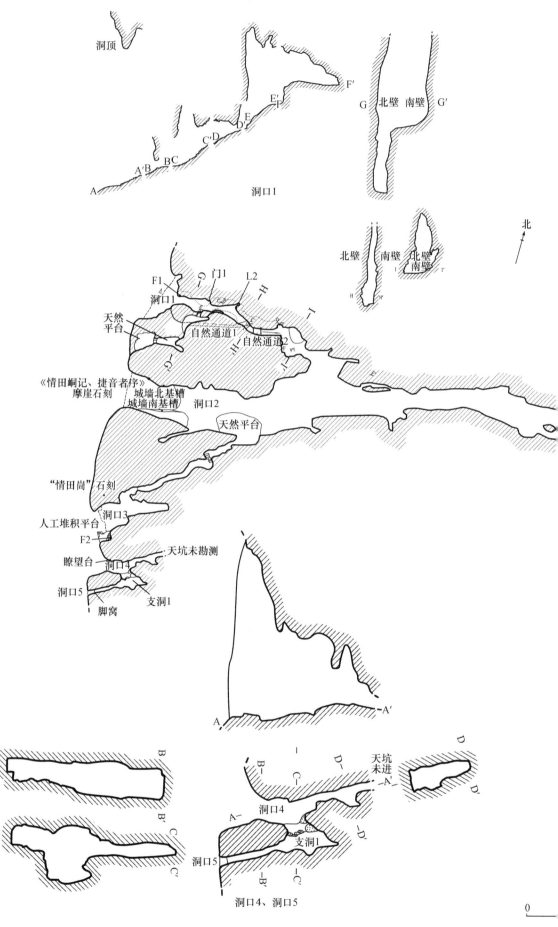

图一八二 情田

洞顶

F'

G 北壁 南壁 G'

洞口1

A'B BC C'D D' E E'F'

A

北壁 南壁 北壁
南壁

北

F1 G 门1 L2 H
洞口1

天然
平台 自然通道1 自然通道2 I

G'

《情田峒记、捷音者序》
摩崖石刻 城墙北基槽
城墙南基槽 洞口2

天然平台

"情田岗"石刻

人工堆积平台 洞口3

F2

瞭望台 洞口4 天坑未勘测

洞口5

脚窝 支洞1

A A'

B D

B C D 天坑
未进
A'

A
洞口4

B' C 支洞1 D'

洞口5

B' C'

洞口4、洞口5

0

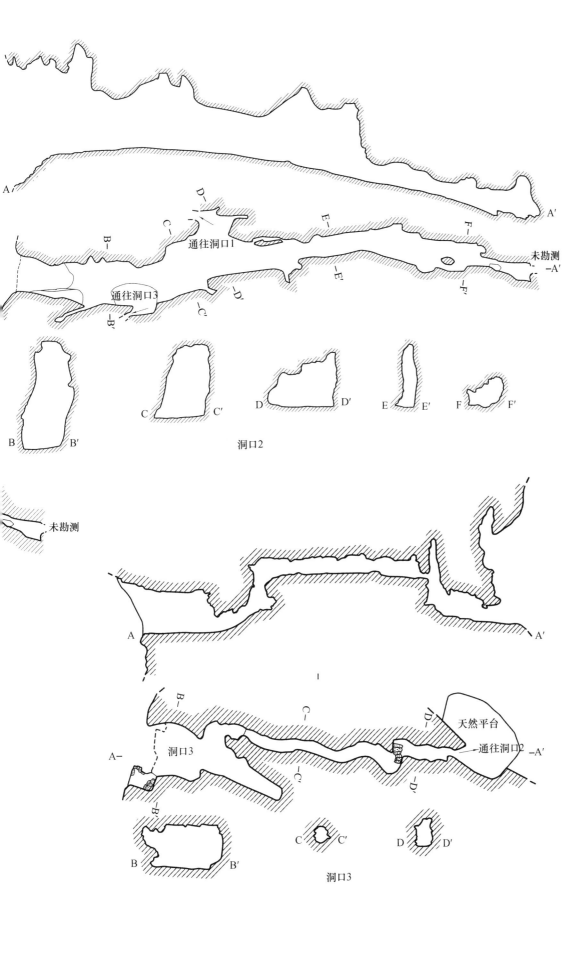

A

A'

D'

通往洞口1

C'

B'

E'

F'

未勘测

-A'

通往洞口3

D'

C'

E'

B'

C'

D'

E'

F'

B

B'

C

C'

D

D'

E

E'

F

F'

洞口2

未勘测

A

A'

B'

C'

D'

天然平台

A'

A'

洞口3

通往洞口2

-A'

C'

D'

B'

B

B'

C

C'

D

D'

洞口3

石头　岩体　洞口线　●石刻

20米

平、剖及断面图

连，南侧有一支洞与洞口3相连。洞内地表较平坦，部分地表有凸出的灰白色石灰岩或洞顶滴水形成的不规则水坑。洞口处有城墙，用杂有碎石块的黄褐色垫土修筑，城墙垫土现已垮塌至山脚，沿垮塌的城墙垫土可由洞底通行至洞口2。洞口2北壁上有《情田洞记》《捷音者序》摩崖石刻（图版八四，1）。

3. 洞口3

位于情田洞西壁靠南的崖壁上，洞口呈不规则圆形，高2.23~7.05、宽 3.21~7.33米，洞口方向228°。与洞口2直线距离22.3米，距洞外地表高20.8米。洞内平面近刀状，长5.62~15.59、宽1.55~5.92、高1.48~5.73米（图版八三，2）。洞内光线较好，洞内地表为黄褐色黏性土壤，少许地方暴露出凸起的岩石。洞内北侧有一条长32.84、宽0.81~2.38、高1.48~7.41米的支洞通往洞口2，支洞内蜿蜒曲折，阴暗潮湿。支洞内未发现人工痕迹，部分难以通行的位置有现代人搭建的木梯。洞口3下方约12.85、距地表9.45米的岩壁上有"情田洞"三个楷书大字，字体左下方有"张阿云"三个小字（图版八四，2）。

4. 洞口4

位于情田洞西壁南侧崖壁上，洞口呈不规则椭圆形，宽2.34~4.31、高17.04~17.22米，洞口方向250°。洞内空间由口向内逐渐变得窄小，高1.93~19.78、宽1.67~6.42米，向前10米有一天坑，未继续探察。距洞口3.97、地表3.85米的南洞壁上有1个支洞，编号支洞1，长3.18~4.94、宽2.54~3.95米，面积约13.2平方米。支洞以西有一长8.45、高3.78、宽0.58~1.25米的通道，通往洞口5（图版八四，3）。

5. 洞口5

位于情田洞山体南侧的崖壁上，洞口呈不规则椭圆形，中间宽，上下较窄，洞口高2.7~3.78、宽0.33~2.36米，方向240°。距洞外地表10.32、距洞口内地表3.78米。

（五）遗迹

遗址内共发现遗迹单位10处，其中洞口1内外发现遗迹4处，洞口2内外发现遗迹2处，洞口3内外发现遗迹2处，洞口4内发现遗迹1处，洞口5内发现遗迹1处，类型有门与道路、房址、城墙、瞭望台、脚窝等。

1. 门1

位于洞口1子洞口南北两壁上，仅发现凿刻的门闩榫眼。北壁一个，南壁两个，编号为门1北-1、门1南-1、门1南-2。门1南-1与门1北-1之间垂直夹角0°，门1南-2与门1北-1之间垂直夹角6°，推测门1南-1、门1南-2为早晚不同时期使用（附表一五；图一八三）。

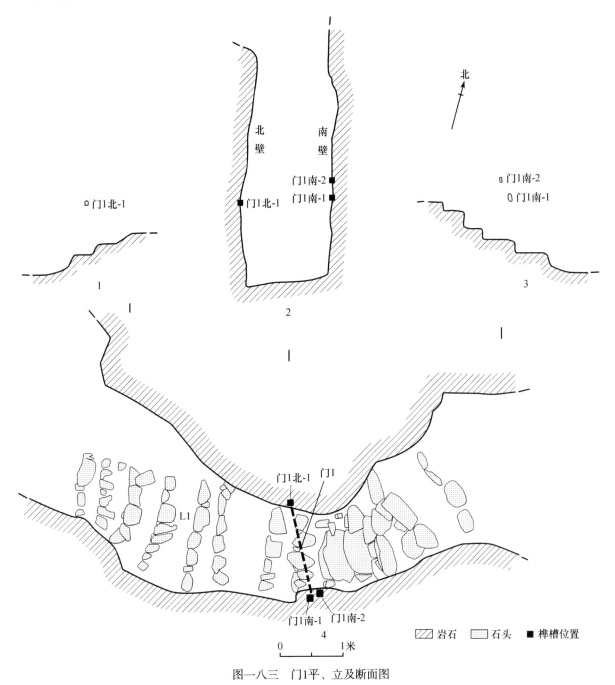

图一八三　门1平、立及断面图

1.门1门栓榫眼北立面图　2.门1门栓榫眼断面图　3.门1门栓榫眼南立面图　4.门1门栓榫眼平面图

2. 道路

（1）L1

L1位于洞口1外洞口入口处，沿洞口1洞内通道蜿蜒向上通往洞口2。道路全长36.45、宽0.35~1.95、高22.85米。整体保存较好，道路与通道之间用废弃的不规则石块垫高。道路从洞口1向洞内延伸5.78米至子洞口，过子洞口后，向上延伸2.8米至洞壁上凸出的平台，该平台东西长3.45、南北宽0.65米，用废弃石块堆积而成。道路过平台后向东延伸17米，转向南并向上延伸8.1米，转角再向东延伸5.2米至洞口2（图版八五，1、2）。该条道路有两种路面，第一种是用打磨过的灰白色石灰岩块石在基岩上铺垫黄土，错缝叠压修建的台阶状蹬道路面，台阶共92级，每级高0.05~0.54、宽0.35~1.95米，由3~5块块石错缝平铺，块石长0.35~1.38、宽0.21~1.25、厚0.05~0.54米；第二种分布在洞内局部区域及靠近洞口2向东转角处，为在壁岩上直接凿刻成的不规则蹬道路面（图一八四）。

（2）L2

L2为修建于洞口1中部洞壁上的一条栈道，东与F1相连接，西至洞口1天然通道与L1相连接。栈道已毁，南北两侧洞壁上各有一排呈线状分布、相互对应的榫槽。根据榫槽在洞壁南北两侧的分布位置，可推测L2整体为东西走向，长5.3、宽0.93~2.75米。洞口1北壁有5个榫槽，编号为L2北-1~L2北-5（附表一六；彩版六五，1）。南壁有6个榫槽，编号为L2南-1~L2南-6（附表一七），除L2南-5可能与崖壁石穴对称，未发现北壁有与其对应分布的榫槽外，其余榫槽与北壁五个榫槽向东（洞内）偏斜36°~69°对应分布（图一八五）。

3. 房址

（1）F1

F1位于洞口1外壁中部，以洞口1南北两壁为墙体，为横跨整个洞口1的悬空建筑，现已损毁，仅存洞口1南北两侧洞壁上人工开凿的用于支撑立柱和安放横梁与底板的榫槽（图一八六）。

F1北壁共有4层11个榫槽。第一层榫槽6个，整体处于同一水平高度，呈线状向洞内延伸，编号为F1北1层-1~F1北1层-6；第二层榫槽2个，呈线状向洞内分布，编号为F1北2层-1、F1北2层-2；第三层榫槽2个，呈线状向洞内分布，编号为F1北2层-1、F1北2层-2；第四层榫槽1个，编号为F1北4层-1（附表一八；图版八五，3）。

南壁上共有7层15个榫槽。第一层榫槽6个，基本处于同一水平高度，呈线状向洞内分布，榫槽编号为F1南1层-1~F1南1层-6，南壁第一层6个榫槽与北壁第一层6个榫槽之间间距不等，但大体处于同一高度，并相互对应；第二层榫槽1个，编号为F2南2层-1；第三层榫槽1个，编号为F1南3层-1；第四层榫槽3个，基本处于同一水平高度，呈线状向洞内分布，编号为F1南4层-1~F1南4层-3；第五层榫槽共2个，编号为F1南5层-1、F1南5层-2，南壁第五层2个榫槽与北壁第二层2个榫槽大体处于同一高度，并相互对应；第六层榫槽共1个，编号为F1南6层-1，与F1北3层-1榫槽大体处于同一高度，并相互对应；第七层榫槽共1个，编号为F1南7层-1，与F1北4层-1榫槽大体处于同一高度，并相互对应（附表一九；彩版六五，2、3）。

（2）F2

F2位于洞口3。据《情田洞记》《捷音者序》记载，F2原名申伏楼，已毁，现存洞内南北两壁架设横梁和立柱的榫槽，以及洞口下方用块石错缝垒砌的台基，台基底部还可见架设横梁的垫木。洞口3外侧有人工平台，用大小、薄厚不一的块石在凸出的岩壁上垒砌而成，平台与洞内地表等高，局部垮塌。平台底大顶小，自下而上大体呈阶梯状。平台底部还保存一根直径为0.22米的圆形垫木，一端暴露在外，长度约0.05米，另一部分则深入平台内部。块石之间

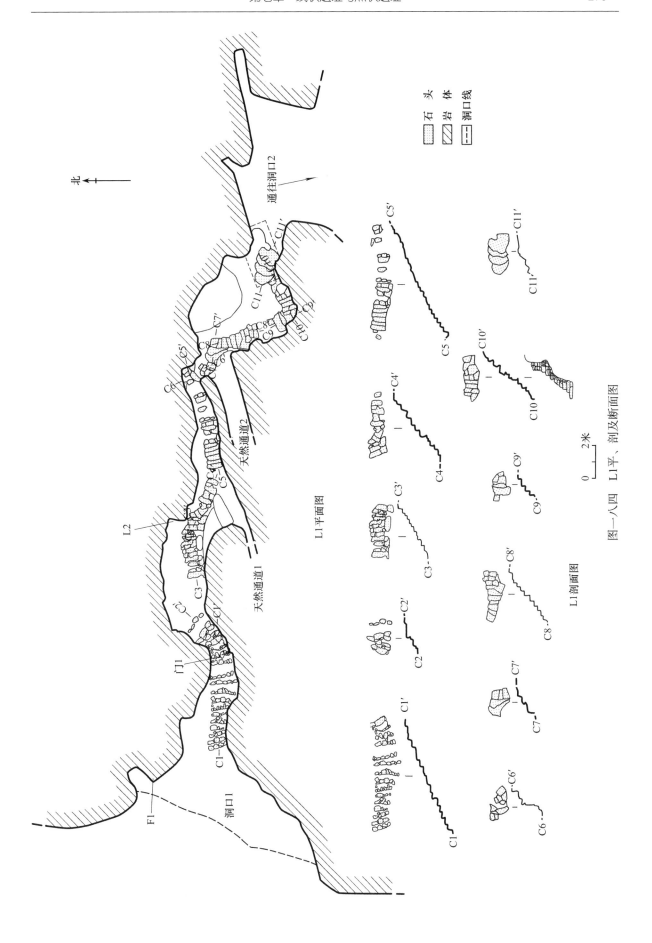

图一八四　L1平、剖及断面图

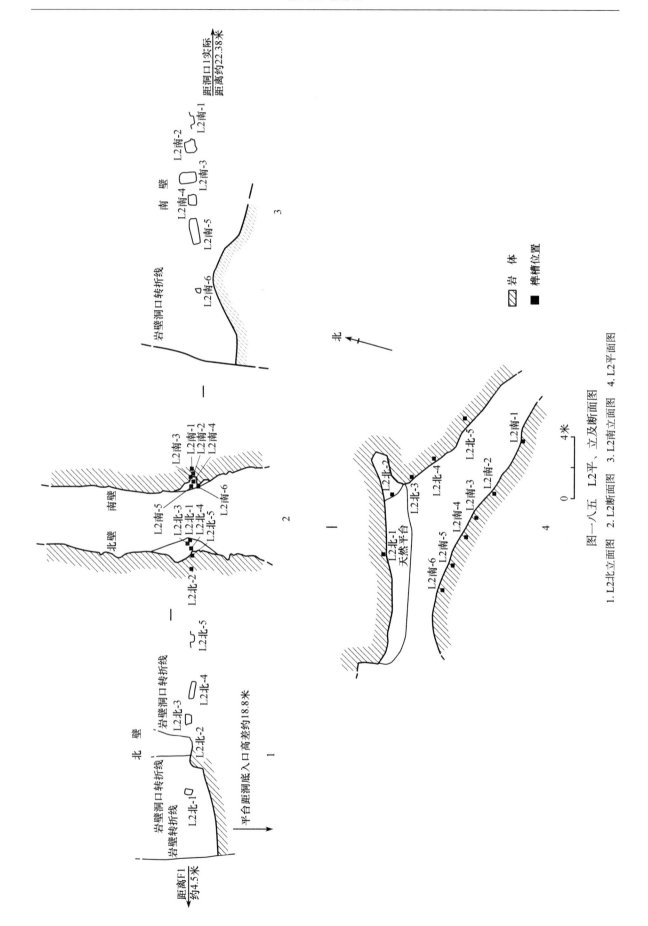

图一八五 L2平、立及断面图

1. L2北立面图　2. L2断面图　3. L2南立面图　4. L2平面图

用黄褐色土作黏结剂，厚0.02~0.08米。黏结剂土质板结，干燥，内部杂有等厚或略薄的不规则石片。平台顶部块石之间的黏结剂多干裂、破碎，块石已松动，处于塌落状态。平台残高1.54、残宽1.72~2.25、残长2.24~2.82米，块石长0.22~0.72、宽0.17~0.45、厚0.03~0.25米（图一八七）。

F2北壁上共有3层3个榫槽。第一层榫槽1个，编号为F2北1层-1；第二层榫槽1个，编号为F2北2层-1（彩版六五，5）；第三层榫槽1个，编号为F2北3层-1（附表二〇）。

F2南壁上共有3层5个榫槽。第一层榫槽1个，编号为F2南1层-1；第二层榫槽3个，编号为F2南2层-1~F2南2层-3；第三层榫槽1个，编号为F3南1层-1。其中F2南2层-2与F2北1层-1呈68°对应，F2南3层-1与F2北3层-1呈82°对应，南壁其余榫槽与北壁上天然石孔穴对应（附表二一；彩版六四，3）。

4. 城墙

洞口2处建有城墙，城墙内杂有小块石的黄褐色垫土，城墙外侧包边的块石已垮塌至山脚下。城墙南北两端包边的挡土墙卡在洞口两壁凿刻的墙槽内，墙槽内外两侧尚存修建城墙及城墙顶部建筑所用的榫槽（图一八八）。北壁上凿刻的墙槽整体呈垂直线状，略弧，边廓内外不齐，内底凹凸不平，尚存少量碎石块，墙槽长5.61、宽0.11~0.48、均深0.15米，距洞口6.31米（彩版六四，1、2）。南壁上凿刻的墙槽呈垂直线状，略弯曲，边廓内外不齐，内底凹凸不平，墙槽长4.01、宽0.08~0.25、均深0.13米，距洞口8.9米，与北壁基槽间距5.15米。北洞壁发现4个榫槽，编号城墙北-1~城墙北-4（附表二二）。南洞壁发现4个榫槽（彩版六五，4），编号为城墙南-1~城墙南-4，城墙南-1与城墙北-1呈84°对应，城墙南-4与城墙北-4呈75°对应（附表二三）。

5. 瞭望台

建于洞口4，现已损毁，仅存洞内南北两壁上架设瞭望台底板的榫槽，榫槽与洞口4支洞2洞口的高度一致，瞭望台与支洞1可互通（图一八九）。洞口4北壁发现瞭望台榫槽3个，由洞内向洞口处呈线状分布，编号为瞭望台北-1~瞭望台北-3（图版八六，1、2；附表二四）。洞口4南壁发现瞭望台榫槽2个，编号瞭望台南-1、瞭望台南-2，其中瞭望台南-1与瞭望台北-2呈86°对应，瞭望台南-2与瞭望台北-3呈87°对应（附表二五）。

6. 脚窝

洞口5通往洞内地表的洞壁上凿刻有脚窝，由下到上编号为脚窝-1号~脚窝-5号（附表二六；图一九〇；图版八六，5）。

（六）小结

据《情田洞记》《捷音者序》记载，情田洞洞府所在的太平镇（砦）原是容美土司军事要

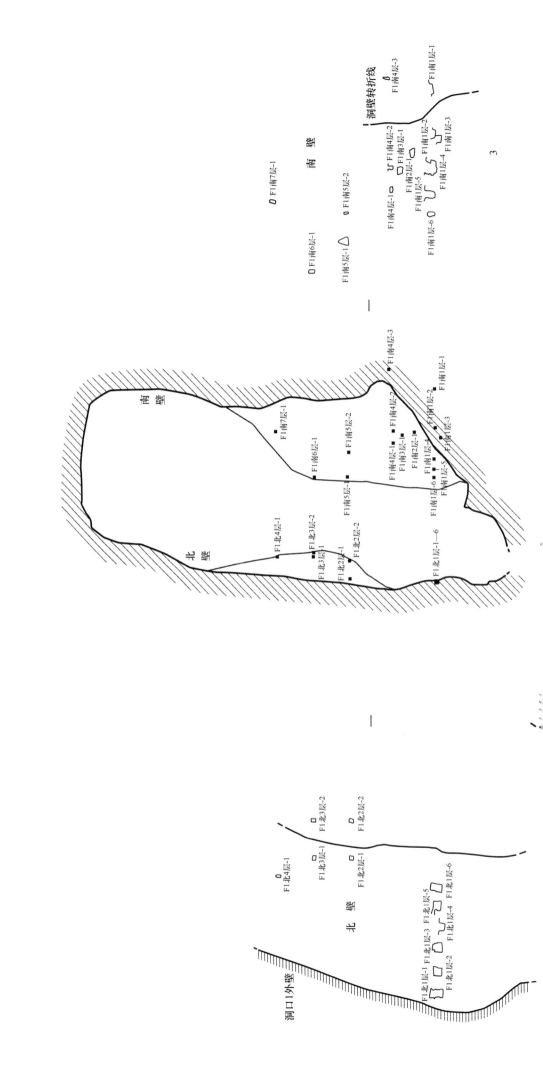

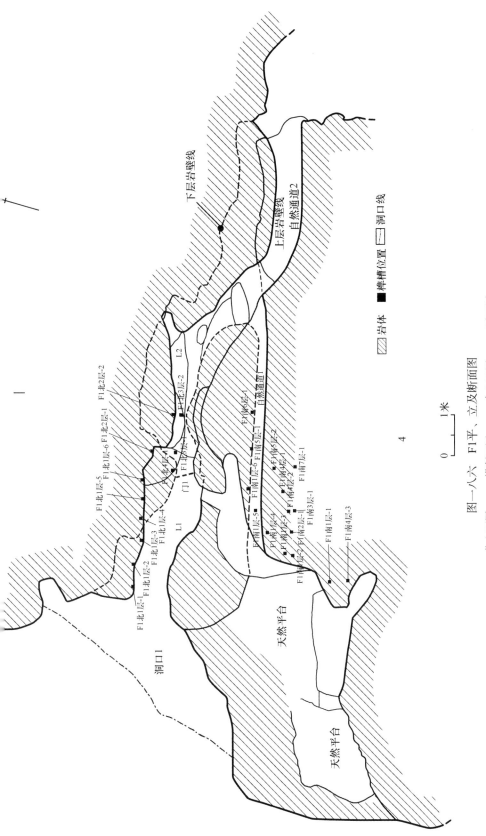

图一八六　F1平、立及断面图

1. F1北立面图　2. F1横断面图　3. F1南立面图　4. F1平面图

0　　　　1米

□岩体　■榫槽位置　□洞口线

下层岩壁线

上层岩壁线

自然通道2

F1北1层-5

F1北1层-6　F1北2层-1　F1北2层-2

F1北1层-1

F1北1层-3

F1北1层-2

F1北1层-4

L1

L2

F1北3层-2

F1像4层

门1

F1北5层-1

F1像4层

F1像4层

自然通道1

F1南5层-1

F1南1层-6

F1南6层-2

F1南6层-1

F1南7层-1

F1南1层-5

F1南1层-4

F1南1层-3

F1南2层-1

F1南4层-1

F1南2层-2

F1南3层-1

F1南4层-1

F1南4层-3

洞口1

天然平台

天然平台

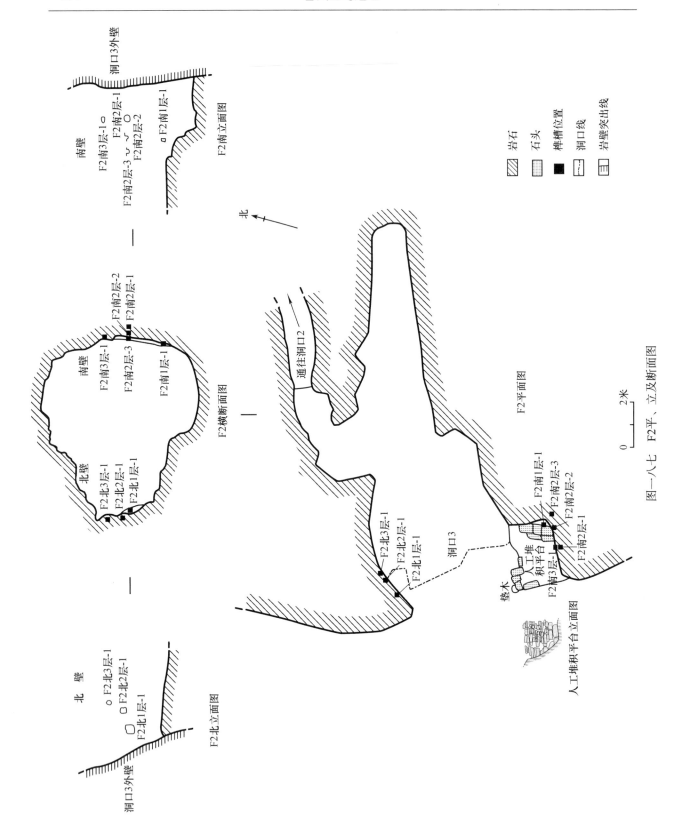

图一八七　F2平、立及断面图

地，康熙十四年，容美土司第二十二任土司司主田舜年继位后，以太平镇（砦）为出兵之地，于康熙丁巳年（1677）至康熙己未年（1679）对桑植土司（位于今湖南省张家界市桑植县）、忠洞土司（位于今湖北省恩施州宣恩县沙道沟镇）用兵。大获全胜后，于康熙十九年七月开始重修太平镇（砦）及情田洞，并作《情田洞记》纪念。重修太平镇（砦）及情田洞时，容美土司在先后两次大败永顺土司（位于今湖南省湘西苗族自治州永顺县）、散毛土司（位于今湖北省恩施州来凤县）的围攻后，作《捷音者序》以示庆贺。

情田洞洞府遗址内没有文化堆积，亦未发现遗物，仅发现摩崖石刻。摩崖石刻文字风化严重，字迹较为模糊，但仍将情田洞洞府遗址的整体修建年代、功能、大体建筑布局介绍得较为清楚。从《情田洞记》可知，清康熙庚申年（康熙十九年）七月，田舜年修建太平镇大砦和情田洞洞府遗址。其中太平镇（大砦）既有墙垣又有山洞，结合情田洞所在的大寨峰山名及周边地形推测，太平镇（大砦）作为对外战争后勤保障的军事寨堡，以大寨峰为核心，寨内有军营和山洞，寨外有寺庙帝君宫。根据考古调查得知的大寨峰山洞结构，结合《情田洞记》推知，情田洞为洞口3，大仓为洞口2，昭远楼为洞口1外侧建筑F1，申伏楼为洞口3内建筑F2。

《情田洞记》《捷音者序》中未提及太平镇（砦）的建筑及规模，无法断定其是否与今大寨峰附近鹤峰县太平镇地理坐标重合。调查过程中在大寨峰周边也未发现容美土司时期的遗存，可能是由于桑植、永顺土司在太平镇（砦）围攻容美土司司主田舜年时，大寨峰外的建筑遭兵燹之灾而损毁。末代土司田旻如统治时期，大寨峰内包括情田洞洞府部分相关建筑可能被拆除。改土归流后，当地村民及往来游客可能将情田洞洞府遗址彻底破坏，使得该遗址除L1外仅存崖壁上的建筑榫槽。

目前情田洞洞府遗址发现的遗迹单位，除城墙、L1及门1以石材、夯土为建筑材料，直接修建在地表上外，其余建筑多以木材为主要建筑材料，结合石材、夯土等材料，依托洞壁修建。该遗址的建筑结合洞壁的特殊环境，一侧与洞壁以榫卯结构固定，一侧地板以下立柱，形成了悬空式的建筑，与今土家族地区较有特色的吊脚楼建筑方式类似。

二、怀抱窝汉土疆界碑

怀抱窝汉土疆界碑位于湖北省宜昌市五峰土家族自治县五峰镇怀抱窝村二组，中心地理坐标为北纬$30°19'54.2''$，东经$110°36'55.9''$。界碑原遗落在怀抱窝村地表，20世纪80年代，五峰县文物局发现后，选了一处平地重新立碑，并建碑厅一座加以保护。碑刻记录了清雍正三年，容美土司末代司主田旻如与容美土司交界的荆州府、枝江县、长阳县、宜都营等地方官员，以及桂北藩司、湖广湖北等处承宣布政使司正堂等行省级别官员代表，共同勘立边界碑刻。碑刻形制及内容详见《容美土司石刻》（图版八二，3）。

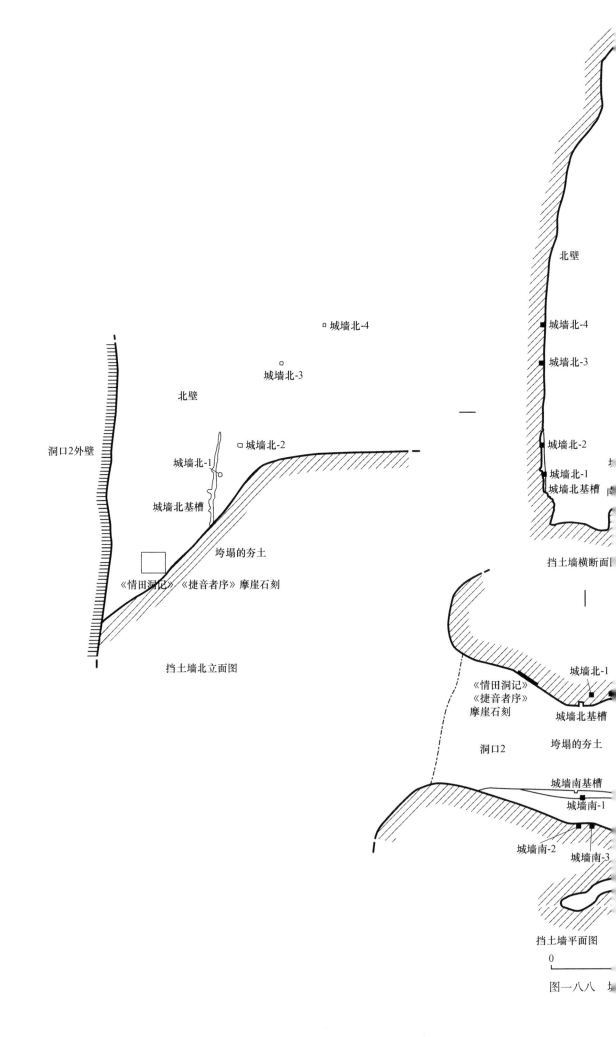

城墙北-4

城墙北-3

北壁

城墙北-2

洞口2外壁

城墙北-1

城墙北基槽

垮塌的夯土

《情田洞记》《捷音者序》摩崖石刻

挡土墙北立面图

北壁

城墙北-4

城墙北-3

城墙北-2

城墙北-1

城墙北基槽

挡土墙横断面图

《情田洞记》
《捷音者序》
摩崖石刻

城墙北-1

城墙北基槽

洞口2

垮塌的夯土

城墙南基槽

城墙南-1

城墙南-2

城墙南-3

挡土墙平面图

0

图一八八

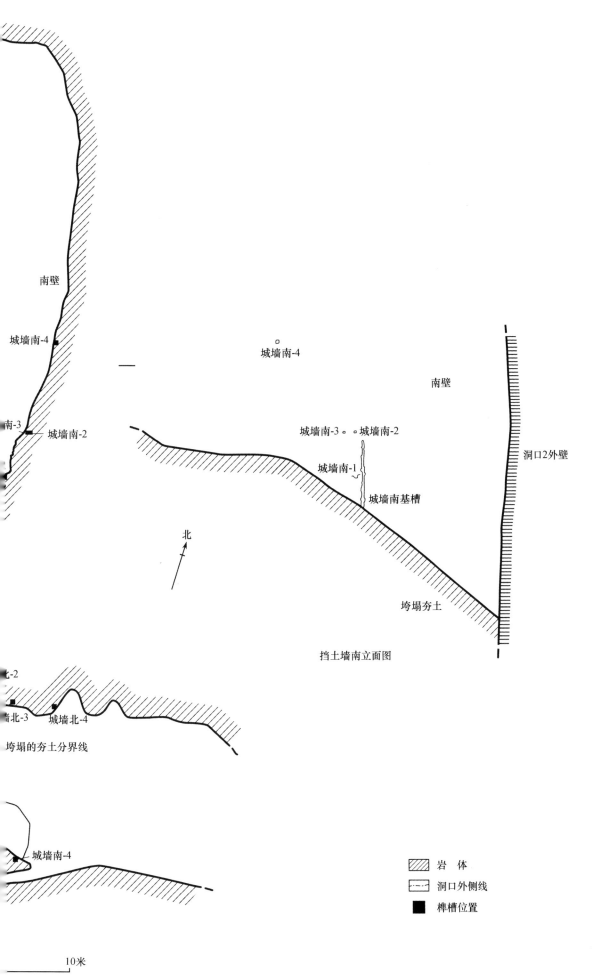

南壁

城墙南-4

城墙南-4

南壁

城墙南-3 。 。城墙南-2

南-3

城墙南-2

城墙南-1

洞口2外壁

城墙南基槽

北

垮塌夯土

挡土墙南立面图

北-2

南北-3   城墙北-4

垮塌的夯土分界线

城墙南-4

岩 体

洞口外侧线

榫槽位置

10米

立及断面图

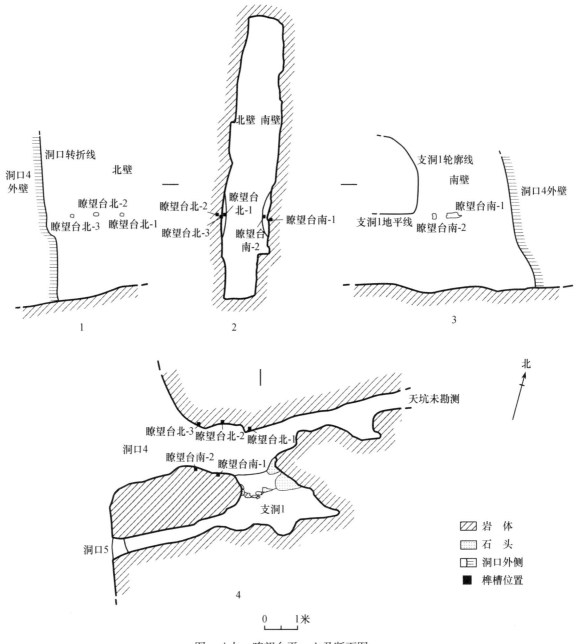

图一八九 瞭望台平、立及断面图
1. 瞭望台北立面图 2. 瞭望台横断面图 3. 瞭望台南立面图 4. 瞭望台平面图

三、刘门田氏姑母墓

位于鹤峰县下坪乡堰坪村七组的刘氏（容美土司下辖的椒山安抚司）墓地内，墓冢坐西朝东，长4.2、宽4、封土高0.5米，面积约17平方米。封土上长满杂草，墓前一棵大树生长的根茎将墓碑胀裂，造成碑体整体后倾。本次仅对墓碑进行了清理和拓片，未发掘墓葬（图版八二，4）。墓碑为灰白色砂岩所制，通高1.33、宽0.6、厚0.19米。碑首刻双龙戏珠图案，碑身两侧刻有缠枝草叶纹，碑文楷书阴刻，正中刻有"诰封待赠节夫人刘门田氏姑母之墓"，左侧小字

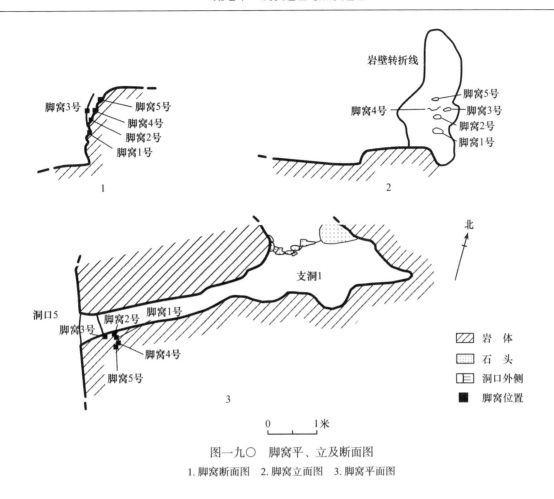

图一九〇　脚窝平、立及断面图

1.脚窝断面图　2.脚窝立面图　3.脚窝平面图

书"宣慰使司宣慰使诰封骠骑将军侄男田旻如立　雍正六年□□岁仲冬月二十八日孝男刘世□"。根据碑文可知，墓主身份为容美土司末代土司司主田旻如之姑母，第二十二任土司田舜年之妹。下葬年代为清雍正六年，碑文形制及内容详见《容美土司石刻》。

四、田灿如夫妇墓

位于鹤峰县燕子镇新寨村四组田氏墓地内，墓冢坐北朝南，长3.2、宽3.5、封土高1.2米，面积约10平方米。本次仅对墓碑进行清理和拓片，未发掘墓葬。墓碑为灰白色砂岩所制，通高1.54、宽0.62、厚0.19米。碑首刻双龙戏珠图案，碑身两侧刻缠枝草叶纹，碑文楷书阴刻，正中大字书"原任容美宣慰司标下备征百户所掌印百户显考田公灿如大人　妣田母唐氏安人"，两侧小字书送葬人、送葬时间等内容。根据碑文可知，墓主下葬年代为清乾隆十一年，碑文形制及内容详见《容美土司石刻》。

五、小　　结

从目前发现的点状遗址地理位置来看，点状遗址分布于容美土司境内片状遗址和线状遗址以外的旷野地区，相对容美土司境内其他类型的遗址而言，具有数量少，空间位置分布零散，相对孤立的特点。目前归纳的点状遗址大概可以分为以下三种。

第一种，因单个的历史事件而产生的遗址，如以田灿如夫妇墓为代表的墓地，其可能受姻亲、葬俗、亡地等多重因素的影响，而分布于不同区域。这种遗址是本次考古工作最难寻找的，也是将来最有可能有新发现的容美土司遗存，其数量也会随着对容美土司研究的深化而增加。

第二种，同类型的遗址，但是因为空间间距关系，加上与其他类型遗址有交叉关系，而将遗址进行不同分类。例如，怀抱窝汉土疆界碑，与线状遗址中的大岩关关隘遗址内的大岩关汉土疆界碑、漂水岩遗址内的漂水岩汉土疆界碑都属于界碑类遗址，但后者与道路类线状遗址紧密相连，因而并未归入点状遗址。

第三种，在遗址周边区域未发现相关的容美土司遗址，或者相关遗址已毁，只能暂时归纳为点状遗址。例如，情田洞洞府遗址附近原有军营、寺庙等建筑设施，但本次考古工作并未发现相关遗址，因此暂时只能将其作为单个遗址点归纳为点状遗址。

总的来看，点状遗址面积小，分布空间广，在调查工作中难免会有所遗漏。随着对容美土司研究的深入开展，如在点状遗址周边发现其他遗址，则有可能改变本报告中对点状遗址的归纳。

第三节　结　语

在本报告中，线状遗址与点状遗址的命名是相对于大量遗址集中在一定区域内形成的遗址片区而言的，是对呈线状分布或孤立存在的遗址的一种命名方式，这种方式或许并不能真实反映遗址之间的内在联系，但是也在一定程度上反映了容美土司的诸多历史文化信息。

线状遗址以道路为核心，通过修建关隘、驿站对道路进行轭控，保障道路的使用，进而为土司的政治、经济服务，遗址主体为道路，所有的遗迹单位皆与道路相关，因此其遗迹单位类型较少，以关隘、驿站、功德碑为主，部分道路及与道路相关的遗址点则位于遗址片区内。点状遗址点较单一、分散，主要类型有洞府、界碑、墓地等，与遗址片区内的遗址点不同，它与其他遗址交集较少。线状遗址为道路或者服务于道路的单一功能建筑设施，点状遗址的建筑设施也只需满足自身功能的建筑设施，因此不论线状遗址还是点状遗址，其周边都不需聚集起大量不同功能的建筑，仅需少量满足自身功能建筑单位即可，其单体规模并不大。遗址片区是线状遗址的重要节点，甚至是其起点或终点。点状遗址虽然与遗址片区在空间位置乃至具体功能上没有直接的交集，但是在一定程度上，点状遗址可补充遗址片区的功能，更好地为容美土司的政治、军事、管理、生活等方面服务。

随着容美土司的衰亡和时间的推移，这些线状遗址和点状遗址的相关设施开始衰败和废弃，其原有功能逐渐荒废。但这些已经废弃的建筑设施包含大量的信息，是研究容美土司的重要实物资料，对研究容美土司的疆域和道路交通都有着极其重要的作用。

第八章　爵府遗址片区数字化建设

第一节　项目背景

容美土司古称容米，又称柘溪，是容米部落的后裔。容美土司自元至大三年建立黄沙寨千户开始，到容美宣慰司改土归流之雍正十三年，历经425年15代24位司主，是当时西南诸土司最强大的土司之一，控制的疆域较广，鼎盛时期达7000平方千米，其地域包括现在的湖北恩施市鹤峰县和五峰县大部、长阳县的西南部、巴东、建始县清江以南及与湖南石门县、桑植县以之接壤的部分地区。东联江汉，西接渝黔，南通湘澧，北靠巴蜀，境内山岳连绵，沟壑纵横。容美土司文化遗存丰富，遗址点多，分布范围广，形成了独具特色的容美土司遗址片区，对于保护和传承我国少数民族的传统文化具有十分重要的意义。

2006年，国务院将容美土司遗址列入全国重点文物保护单位。2011年开始，为配合土司遗存的申遗及容美土司遗址大遗址保护工作，湖北省文物考古研究所对容美土司遗址爵府遗址片区开始了一系列的考古调查、勘探和发掘工作，基本弄清楚了爵府遗址片区的平面布局、建筑结构特点等重要信息，为爵府遗址片区的进一步保护与展示提供了科学的依据。

依照国家文物局、地方政府和文物保护单位的相关要求，紧密围绕《大遗址保护"十二五"专项规划》建设目标，针对容美土司遗址的保护项目，我们开展数字化考古、数字化保护工程的设想，为进一步建立容美土司遗址保护体系、研究与应用等方面提供信息化技术支撑。我国的文物考古工作经历数十年的发展，取得了丰硕的成果，积累了极为丰富的实物和资料，信息技术的发展，尤其是数字摄影、三维信息获取、虚拟现实、多媒体与宽带网络技术的研究与应用，为数字考古的研究和应用提供了坚实的技术基础。

数字考古是一门新技术，能为古代的城址、居住址、建筑、墓葬、桥梁及出土文物等所有文物提供数字化存储、展示与开发利用，它将提供更丰富的媒体信息，更安全的保存方式，更多样的展示手段，不仅为文化遗产的保护提供一种新的思路，而且对进一步提高文物保护研究深度和广度，实现文物的科学保护与合理开发，推动中国古代文明的研究向纵深发展，促进历史文化产业全面发展，传承中华文化，实现中华民族的伟大复兴都具有十分重大的意义。

第二节　三维扫描建模与数字化建设

一、技术背景及目标

三维扫描是集光、机、电和计算机技术于一体的高新技术，主要用于对物体空间外形和结构及色彩进行扫描，以获得物体表面的空间坐标。它的重要意义在于能够将实物的立体信息转换为计算机能直接处理的数字信号，为实物数字化提供相当方便快捷的手段。三维扫描技术能实现非接触测量，且具有速度快、精度高的优点。而且其测量结果能直接与多种软件接口，这使它在CAD、CAM、CIMS等技术应用日益普及的今天很受欢迎。在发达国家的制造业中，三维扫描仪作为一种快速的立体测量设备，因测量速度快、精度高、非接触、使用方便等优点而得到越来越多的应用。用三维扫描仪对手板、样品、模型进行扫描，可以得到其立体尺寸数据，这些数据能直接与CAD、CAM软件接口，在CAD系统中可以对数据进行调整、修补，再送到加工中心或快速成型设备上制造，可以极大地缩短产品制造周期。

三维数字化建设将采用地面三维激光扫描技术完成遗址区域历史文化信息的存储、处理、分析，以三维可视化的手段，将数字成果以更立体、更直观的3D形式展示，清晰还原出遗址环境及地形地貌特征，辅助后续的遗址分析和研究工作。地面三维激光扫描技术为遗址高精度1∶1尺寸还原提供了可靠的技术保障。与传统的全站仪、RTK单点测绘技术相比，地面三维激光扫描每秒上百万的激光发射频率，以面域式、非接触式的高效采集方式，360°全范围地获取遗址空间三维信息，测量精度可达毫米级。高自动化的作业模式仅需短短几分钟即可采集几十甚至上百平方米的遗址范围。

依据高密集、高精度的三维激光点云数据，可高效提取遗址三维实体模型、三维交互程序等多元化数字成果，其中逼真的遗址现状三维模型以可视化的展现方式，突破传统二维线图空间表达的局限性，更好地实现遗址数字化存档、分析、研究及展示利用等，深入满足考古领域的信息化需求。本项目拟采用地面三维激光扫描技术、高清纹理拍摄技术、计算机3D数字建模等高新技术，对容美土司爵府、小昆仑、鸣虎山、戏楼及登山小路等五处遗址遗存进行数字化采集、存储、三维处理及建模，为遗址的考古勘探、发掘研究、保护及展示宣传提供科学的数据支撑，以快速展示、弘扬土家族优秀传统文化，加强民族团结，振奋民族精神，提高人们的道德思想和科学、文化、艺术素养，促进文化交流和社会经济发展，推动民族文化遗产的积极保护与合理利用，使之成为世界人民了解土家族的优良传统和优秀文化的对外宣传窗口。

二、数字化建设内容

本次数字化建设范围包含爵府遗址片区的爵府遗址、小昆仑遗址、鸣虎山遗址、戏台遗址、登山小路共5处（图一九一），通过地面大场景三维激光技术对容美土司爵府、小昆仑、

鸣虎山、戏台、登山小路等遗址进行精细扫描，提取激光点云、三维模型、三维交互、三维动
画等多元化数据（表一）。为遗址数字化保护与可视化展示提供更为丰富的数据支撑。

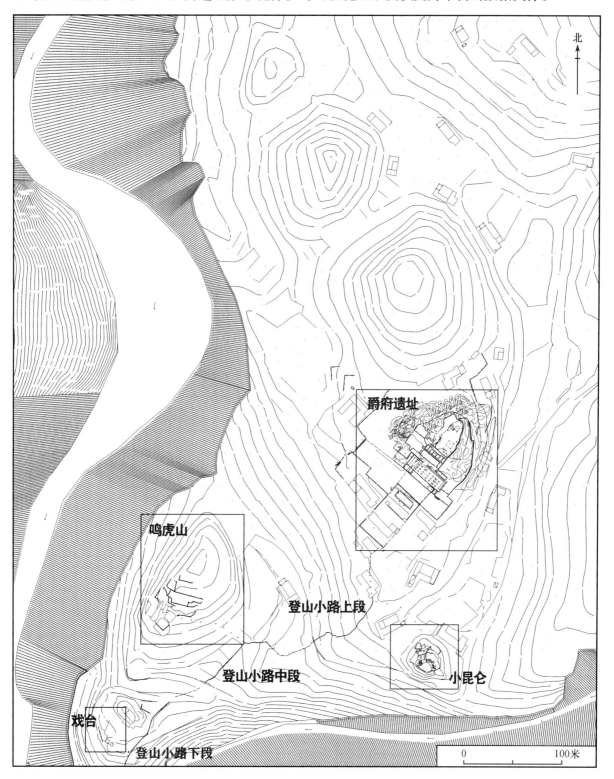

图一九一　容美土司遗址片区数字化建设范围

表一　容美土司遗址片区数字化建设内容

名称	数字化建设内容	面积
爵府遗址	三维激光点云数据采集存档	3000平方米
	现状三维建模	
	现状三维动画	
	现状三维交互	
小昆仑	三维激光点云数据采集存档	552平方米
	现状三维建模	
	现状三维动画	
	现状三维交互	
鸣虎山	三维激光点云数据采集存档	3500平方米
	现状三维建模	
	现状三维动画	
	现状三维交互	
戏台	三维激光点云数据采集存档	600平方米
	现状三维建模	
	现状三维动画	
	现状三维交互	
登山小道	三维激光点云数据采集存档	175平方米
	现状三维建模	
	现状三维动画	
	现状三维交互	

三、技术流程

数字化建设通过现场踏勘、采集计划、队伍组建、进场准备、设备调试等流程来实现（图一九二）。

三维扫描及建模主要分为外业数据采集和内业成果制作两部分。

（一）外业部分

主要是数据采集，数据采集可分为三维激光扫描和纹理拍摄两个阶段。

第一阶段工作人员通过现场踏勘、细化数据采集方案、试扫描等流程（图一九三），使用Faro Focus 3D地面三维激光扫描仪完成了爵府、小昆仑、鸣虎山、戏台、登山小道等五处遗存的三维激光扫描（图版八七，1、2），获得了这些遗址点原始的精细激光点云。

第二阶段则使用专业相机按流程要求进行原始纹理数据的采集（图一九四；图版八七，3；图版八八）。

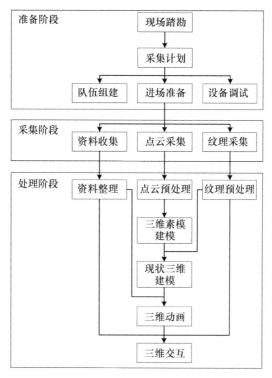

图一九二 数字化建设总体技术流程图

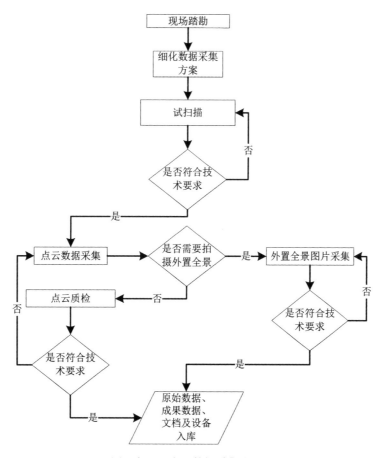

图一九三 点云数据采集流程图

（二）内业成果制作

主要分为以下三个阶段。

第一阶段利用逆向建模技术精准、高效拟合遗址三维素模。在本阶段，首先利用激光点云运行程序SCENE对原始激光点云数据进行预处理（图一九五；图版八九）。

经过激光点云运行程序SCENE预处理后，将相关点云数据导出文件。

第二阶段在三维素模基础上运用3D数字建模技术实现遗址现状的模型重构和纹理映射，以三维可视化的方式真实还原遗址原貌（图一九六；图版九〇）。

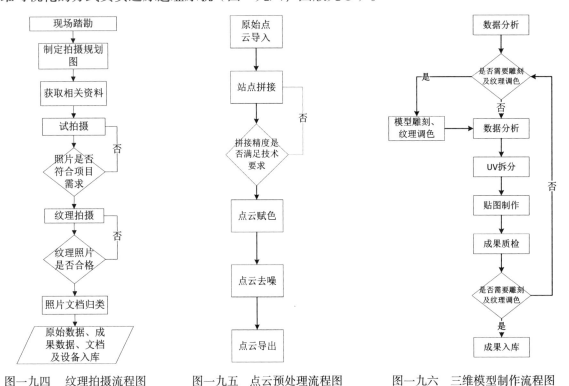

图一九四　纹理拍摄流程图　　　　图一九五　点云预处理流程图　　　　图一九六　三维模型制作流程图

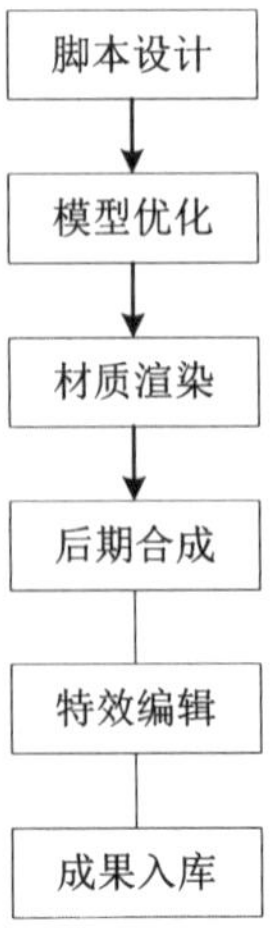

第三阶段在三维模型基础上，运用三维动画和三维交互技术流程（图一九七），制作出供大众欣赏、体验的爵府遗址三维展示视频和互动程序，形成三维动画与三维交互效果（图版九一、图版九二）。

图一九七　三维动画、交互制作流程图

第三节　三维虚拟复原①

一、技术背景及目标

随着三维数字化应用领域的拓宽，虚拟复原在保护和研究古代建筑文化遗产领域中已经越来越被人们重视，主要是通过三维建模技术对已经出现损毁或已经不存在的古建筑物进行虚拟重建，将整个修缮保护方案制作成一套全面、具体、准确、生动的修缮过程演示片呈现给观众。虚拟复原不仅可以将文化遗产的展示、保护提高到一个崭新的阶段，还可以推动文博行业更快地进入信息时代，实现文化遗产展示和保护的现代化。

三维虚拟复原采用计算机虚拟3D建模和三维动画制作等高新技术，对容美土司爵府遗址三维虚拟场景复原及展示，将该地区富有当地民族特色的文化资源以多种可视化形式展现出来，永久性记录下来，并不断在土家的物质文化、非物质文化等方面实现综合性的研究和深层次的发掘，寻求保护与开发的新发展模式，在坚持可持续发展的同时增加当地的旅游吸引力，提升土家族的文化魅力。

二、数字化建设内容

三维虚拟复原拟采用计算机虚拟3D建模和三维动画制作高新技术，三维虚拟复原的对象主要是容美土司爵府遗址片区的爵府、小昆仑、戏楼等遗址点（图一九八；表二），为遗址的考古研究、保护、展示宣传及规划提供科学严谨的数据支撑。

表二　容美土司遗址片区虚拟复原内容

名称	成果需求	建设面积
爵府遗址	虚拟三维场景模型	3000平方米
	三维动画	
小昆仑	虚拟三维场景模型	552平方米
	三维动画	
戏台	虚拟三维场景模型	600平方米
	三维动画	

---

① 本节是在武汉数文科技有限公司承担的"容美土司遗址群三维虚拟复原"项目实施方案的基础上修改而成。

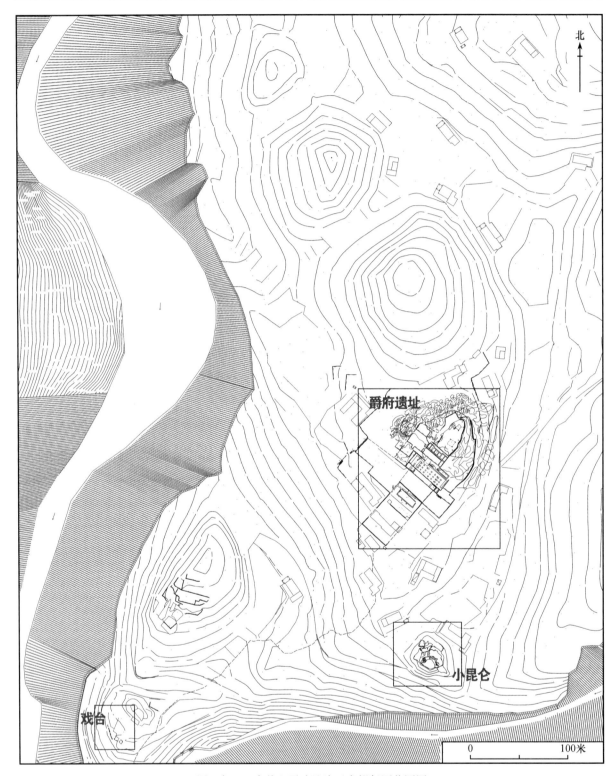

图一九八　容美土司遗址片区虚拟复原范围图

三、技 术 流 程

制定好三维虚拟复原技术流程（图一九九），按计划逐步完成三维虚拟复原。

三维扫描及建模主要分为复原场景设计、三维建模、三维动画制作三个阶段。

第一阶段为复原场景设计，主要工作为结合历史、考古资料，以及遗址扫描数据，对复原场景进行设计，制作出复原场景的草图和文档资料，为后期虚拟三维建模提供有力的数据支撑（图二〇〇）。

第二阶段为三维建模，以前期扫描的遗址数据为基础，结合复原图纸等资料，利用三维建模技术对爵府遗址进行三维模型、材质、贴图的制作，从而得到爵府、小昆仑、戏台等遗址的虚拟三维模型（图二〇一；图版九三；图版九四）。

第三阶段为三维动画制作，在上一阶段虚拟三维模型的基础上，利用多媒体数字技术制作出反映古代容美土司建筑特色及建造过程的虚拟复原动画（图二〇二；图版九一；图版九五）。

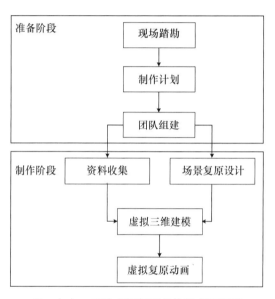

图一九九 三维虚拟复原总体技术流程图

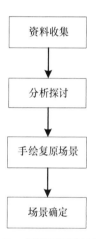

图二〇〇 复原场景设计流程图

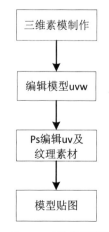

图二〇一 三维建模流程图

图二〇二 三维动画制作流程图

第四节 小 结

我国文物考古工作经历数十年的发展，取得了丰硕的成果，随着时代的发展，多学科不断进入考古领域，信息化技术也是其中之一，随着信息化发展，尤其是数字摄影、三维信息获取、虚拟现实、多媒体与宽带网络技术研究与应用，为数字考古的研究和应用提供了坚实的技术基础。

数字考古是一门新技术，能为古代的城址、居住址、建筑、墓葬、桥梁及出土文物等所有文物提供数字化存储、展示与开发利用的方式，它将提供更丰富的媒体信息，更安全的保存方式，更多样的展示手段，不仅为文化遗产的保护提供一种新的思路，而且对进一步提高文物保护研究深度和广度，实现文物的科学保护与合理开发，推动中国古代文明的研究向纵深发展，促进历史文化产业全面发展，传承中华文化，实现中华民族的伟大复兴梦都具有十分重大的意义。

三维激光扫描技术能够完成遗址区域历史文化信息的存储、处理、分析，以三维可视化的手段，将数字成果以更立体、更直观的3D形式展示，清晰还原出遗址环境及地形地貌特征，360°全范围地获取遗址空间三维信息。可高效提取遗址三维实体模型、三维交互程序等多元化数字成果，其中逼真的遗址现状三维模型以可视化的展现方式突破传统二维线图空间表达的局限性，更好地实现遗址数字化存档、分析、研究及展示利用等，深入满足考古领域的信息化需求。

容美土司遗址利用三维数字化技术，对爵府遗址片区的爵府、小昆仑、鸣虎山、戏楼、登山小道等五处遗存进行数字化采集、存储，并对遗址进行了三维建模。根据三维模型数据资料，先后对爵府、小昆仑、戏楼，以及万人洞、万全洞、情田洞等六处遗址的建筑进行了虚拟复原，形成了一套较完整的容美土司建筑结构效果视频，为容美土司遗址考古勘探、发掘、研究、保护及展示宣传提供科学的数据支撑，以快速展示、弘扬土家族优秀传统文化，加强民族团结，振奋民族精神，提高人们的道德思想和科学、文化、艺术素养，促进文化交流和社会经济发展，推动民族文化遗产的保护与合理利用。

第九章 结　　语

第一节　容美土司遗存文化特征

一、容美土司遗址类型与分布特征

由于容美土司疆域广阔，沟壑纵横，交通十分不便，为了加强统治，在多个地方修建行署或军事据点，形成了类型较为丰富、规模庞大的容美土司遗址群。从文献记载结合本次考古工作来看，容美土司遗址的类型与分布有以下几个特点。

（一）行署较多，但单体规模不宏大

容美土司行署较多，且常迁徙，以司治中府为中心，向四周扩展形成了以爵府、南府、北府、西平府为中心的五大遗址片区，遗址片区内发现的遗址类型有官署、洞府、城门、戏楼、寺庙、关隘、道路、桥梁、津渡、墓地、石刻等。这些行署区遗址群除西平府营建于山顶之外，其余四处皆营建在盆地或高坪等地势较为宽阔、平坦的地方，并以土司官署为中心，利用河流、山脉、溪沟等天然屏障，形成了各种功能设施较为齐全的小型城镇。容美土司的行署是土司巡政时的居所，官员及家眷随行，人员较多，平时基本闲置，如《容美纪游》中载："初八日，君移行署于沁雪园……皆中府居民，随其主来，君去，亦皆挈家而去……""后街长二里许，民居栉比，俱以作粉为业，有织纴者（多空宅，君在则诸将领居之，为牧马场）。"因此，容美土司行署的功能区虽然较为齐备，但单体规模并不宏大。

（二）各遗址片区通过道路、桥梁、关隘相连形成一个整体

容美土司各遗址片区之间通过道路、桥梁、关隘等相连，形成了联系较为紧密的整体。通过考古工作及查阅相关文献，基本摸清了联系各遗址片区的五条主干道路的走向，五条主干道路及沿线的相关遗址以容美土中府为中心向周边地区呈放射状分布，连接爵府、南府、北府、西平府等容美土司政治、经济、军事中心城镇，将容美土司境内东南、南、北、东北、西北五

个方向贯穿连接，并与境外汉地的官道相互连通。这些交通设施不但在容美土司时期发挥着重要的作用，"改土归流"后亦作为当地的重要交通通道继续发挥作用，有的道路及桥梁甚至一直沿用至今，如南府遗址片区的大部分桥梁至今仍在使用，其外部道路延续至现代341省道通行后才逐渐废弃。

（三）洞府遗址较多，主要用于防御，兼具仓储、游玩功能

洞府遗址是容美土司的一大特色，除西府外，容美土司各遗址片区均发现了洞府遗址，如中府之万人洞、爵府之万全洞、南府之燕喜洞、北府之二酉洞，另有处于容美土司辖境西南方的情田洞。这些洞府遗址多利用天然溶洞修筑而成。万人洞遗址现存城门及瓮城，并发现了瞭望台、房址、采石场等遗迹。《容美纪游》载："二十七日，游万人洞……磴道一里，渡水一重。洞口有街，有门楼，守备着家焉……"万全洞遗址洞内建筑遗迹保存尚好，《容美纪游》载："十五日，邀游万全洞……有石门、城墙、炮台，所以守也（洞为君藏书及先世衣冠之所，或曰银库在其内，管洞人尚守备家在焉）……"燕喜洞遗址洞口用条石、块石垒砌成弧形拱门，《容美纪游》载："南府署极雄敞……其北有岩洞，名燕喜……土人避寇，常聚居其中……"顾彩发出"千古未曾分昼夜，万家兼可避兵戎"的感慨。二酉洞现保存城门、台基、瞭望台等不同类型的遗存；情田洞遗址除发现房址、洞门、瞭望台等不同类型的遗存外，主洞外石壁上有容美土司田舜年撰写的《情天洞记》及《捷音者序》，记录了容美土司于康熙十九年修造洞内之经过及在此抗击永顺、桑植诸土司围攻之经过，表明该洞府遗址的修建与军事行动密切相关。从《容美纪游》的记载和各洞府保留的城墙、城门、瞭望台等防御设施来看，容美土司的洞府遗址主要用于军事防御，还兼具仓储、游玩功能。

（四）以关公庙为主的庙宇遗址较多

各类庙宇遗址齐全，但关公庙数量最多。现存和文献记载的庙宇遗存有紫宫山、文庙、城隍庙、真武庙、法华寺、关公庙等。关公庙有中府的关圣庙、爵府的关夫子庙、细柳城的庙楼、百顺桥之关公庙等，《容美纪游》载："……土人最重关公……""十三日，以关公诞，演戏于细柳城之庙楼，大会将吏宾客，君具朝服设祭。乡民有百里来赴会者，皆饮之酒，至十五日乃罢。"综合文献和现存关公庙的遗址，可以看出容美土司对关公极为推崇。

（五）文化教育设施丰富

文化、教育设施比较丰富。戏楼林立是容美土司遗址群的一大特色，这可能与孔尚任的《桃花扇》在土司中极为流行有关，如中府的戏厅、爵府的戏楼、戏房等。可能有的关公庙也

兼具戏楼的功能，如《容美纪游》中有"十三日，以关公诞，演戏于细柳城之庙楼，大会将吏宾客，君具朝服设祭"的记载。有多处读书台，如九峰读书台、小昆仑读书台（该读书台也有可能是哨所，或者两种功能兼具）。爵府遗址的槿树园则是容美贵族子女读书的场所。容美土司的很多建筑是专供土司贵族游玩的设施，如爵府之三十二峰草堂，细柳城之沁雪园、云来庄等。

二、容美土司遗址的建筑布局及构筑特点

本次考古工作多以调查、清理为主，除爵府和南府遗址外，发掘面积不多，仅对容美土司遗址的建筑布局及构筑特点有一个初步的了解。

（一）遗址群建筑方式

容美土司疆域内多为山地，沟壑纵横，地形较为复杂，其建筑多建于盆地或者山地较为平缓的高坪。由于建筑上部被毁，仅留下建筑基础遗迹，这些建筑遗迹大多表现为次第分布的平台，由石块垒砌而成，平台边缘多有堡坎。石块既有加工较为规整的条石，也有未加工的毛石块。在平台的垒砌中，几乎未发现有使用黏合料的迹象。例如，爵府遗址的十六个平台分布在一座由东北向西南倾斜的山坡上，其大部分平台的堡坎用毛石块砌成，由于堡坎较高，需要大量石料和土来填充，为了节约石料，在填充的过程中，将石块垒砌成一道一道不规则形的石墙，在石墙上再盖一层石板，形成一层层、一道道暗沟状空间。小昆仑遗址利用岩石山体的自然形状，在不同的自然平台周边较低的边缘地带，用石块砌出与内部平齐的堡坎，再在堡坎内用石块或土填平，形成可供使用的平台。南府行署区遗址则位于南北向七层台地上。中府遗址虽然损毁严重，但现残存的南墙仍然能看到墙体为条石垒砌，遗址内散存大量石础、砖石等建筑材料。西平府的天星寨遗址由峰顶向山东坡面的四层平台组成。甚至洞府类遗址内，也有石块垒砌的平台，如北府遗址片区的二酉洞内北部修建有尚未完工的二级人工平台等。

（二）行署布局

容美土司行署遗址的布局具有明清时期典型的官署布局的特点，即以中轴线布局，多形成了"前朝后寝"式格局。爵府遗址以大堂、二堂、三堂、延春园、槿树园及前街和后街形成"三堂二街"的布局，主体建筑分布在一条中轴线上，是一处具有总体规划、整体布局、设施完备的建筑群。容美土司时期的司治所在地为中府，虽然破坏严重，但是可以从顾彩的《容美纪游》等相关记载中获知其布局信息，其文载："中府为宣慰司治城，环城皆山。……宣慰司署在芙蓉山南麓，其前列八峰……司堂石坡五级，柱蟠金鳌，辕栋宏丽，君所莅以出治者……

堂后则楼，上多曲房深院，北窗外平步上山矣。楼之中为戏厅，四面皆轩敞，一览皆八峰之胜也……司治五门，无城有基。南门正临龙溪江，闾阎栉比，甃石为街。民家多以纺织为业，当明盛时，百货俱集，无不有之。流寇入扰，民遂流散，今六十年，元气未复……"从文献记载来看，中府仍然为坐北朝南、前朝后寝式格局；南行署区遗址位于一南北向七层平台上，东西有环壕，北高南低，为坐北朝南的布局；北府遗址位于一东西向台地上，东高西低，虽然难以开展工作，从地形来看，其应为坐东朝西的布局；西平府遗址处在一东西向十层台地上，东高西低，为坐东朝西的布局。综上不难看出，受地形影响，容美土司各行署的朝向虽有不同，但多采取中轴线的布局形式，具有典型明清官式建筑布局的特点。

（三）城镇格局

各遗址片区内以府署为核心，府署周边至外围防御屏障之间往往分布着民居、街道、戏楼、寺庙、洞府、仓库、墓葬等不同类型的建筑设施，满足了城镇的政治、经济、宗教、交通、居住、娱乐等不同方面的需求，基本形成了功能设施较为齐全的小型城镇。例如，爵府遗址片区内有衙署设施（大堂、二堂）、生活设施（三堂）、文化设施（槿树圆、小昆仑、戏楼）、娱乐设施（三十二峰草堂）、祭祀设施（紫云宫、关夫子庙）、军事及道路设施（围墙、石棚建筑、天心桥）等，山顶为防御区，功能较为齐全；北府遗址片区发现了行署、关帝庙、桂崇高墓、覃光极墓碑、二西洞洞府、城门、瞭望台等不同类型的遗存；南府遗址片区的设施也较为齐全，有南府署、张桓侯庙、燕喜洞等；西平府发现了官署、城门、碑刻等不同类型的遗存；中府遗址虽然破坏严重，但从《容美纪游》的记载可知其建筑包括宣慰司行署、安抚司四衙门、文庙、城隍庙、真武庙、法华寺等。各遗址片区的各种设施基本齐全，形成了以土司官署为中心的一座功能较为完备的小型城镇。

（四）建筑材料与方式

从本次考古发现的建筑材料结合当地传统来看，容美土司的房屋建筑方式多以土家族地区较有特色的吊脚楼为主，行署建筑则兼具汉地官式建筑的特征。由于木质建筑材料难以保存，仅有砖、石、陶等建筑材料保存下来，类型有柱础、槛垫石、门柱石、石券、抱鼓石、门墩石、刻花条石、砖、板瓦、筒瓦、瓦当、鸱吻等。容美土司的建筑充分地利用了自然条件，除了砖、石、陶等建筑构件外，在很多遗址（尤其是洞府）还发现了直接在自然岩壁上开凿的榫槽，应是辅以木质建筑材料，搭建房屋或道路栏杆等建筑，如万人洞L1两侧的栏杆榫眼，F1洞壁上保留的构成房屋梁架和支柱的6层10个榫槽均属此种现象。

（五）防御设施修筑方式

容美土司充分利用自然地理条件，就地取材，修筑了大量的城墙、城门、瞭望台等防御设施。各遗址片区多利用河流、山脉、溪沟等天然屏障而形成外围防御设施。城门（或寨门）多修筑在道路上有自然岩石体的位置，一般由墩台、门洞组成，少数还修筑有瓮城、城楼等设施。墩台一般紧靠天然基岩修建，在岩石体外用石条或者石块包边形成墙体，也有单独垒砌墙体的，基本与行署区建筑平台的修筑方式一致，用石块垒砌而成，边缘多用较为规整的条石包边，也有未修整的毛石块；门洞则多为券门，洞壁、金刚墙、券脸石大多用打磨过的石条错缝干砌，较为规整。城墙内芯一般用碎石块和含有少量白灰的黄褐色杂土填充，城墙外侧多用条石错缝干砌包边；瞭望台多位于方便观察周围的制高点上，一般以基岩为基座，用石块或者条石垒砌而成，台面较为平整。

（六）桥梁与道路类型与构筑方式

由于容美土司疆域较大，各遗址间较为分散，为联系这些遗址，修建了大量的桥梁及道路设施。桥梁既有仅以简易石板搭建的单孔平桥，亦有等级较高、制作较为精细的单孔拱桥。单孔平桥一般较为简单，用打制的长条石直接搭建在河岸桥台两侧，仅有极少数单孔平桥有工艺较复杂的雕花栏板；单孔拱桥不论材质还是工艺都较单孔平桥等级偏高，由桥面、栏杆、桥洞、金刚墙、驳岸等几部分组成，桥梁各部位多用打磨得较为规整的条石或者块石修筑，有的桥梁还立有记事碑；道路多依山沿河修建，路面有基岩路面、步石路面、卵石路面、蹬道路面及栈道等。基岩路面是在基岩上凿成的简易台阶或脚窝，台阶或脚窝大小、形状皆就地势制成，无明显规律。步石路面用不规则块石平铺于垫土之间，块石略高于垫土，垫土内含砂子、料姜石。卵石路面是用卵石铺设在垫土之上，比垫土略高，道路外侧边有用块石平铺的压边石。基岩路面、步石路面及卵石路面由于靠近河边，道路平坦，因此多利用河边卵石和开凿的山体碎石块修建。蹬道路面多依山修建，因此多用开凿的山体大块块石修建成台阶状的蹬道，由于山道较多，道路多修建成节省体力、较为平坦的"之"字形。栈道一般位于遗址内，这种道路多有榫槽，应是搭建木板使用。

三、容美土司遗物特点与年代

容美土司出土的遗物不多，质地有石、陶、瓷、铜、铁、金等不同种类，以建筑材料为主，另有少量生活器皿、饰品、碑刻等。

石质遗物多是建筑构件及碑刻，建筑构件的类型主要有柱础、抱鼓石、门墩石、刻花条石、雕花栏板、槛垫石、门柱石、券顶石等，北府遗址还发现1件石质水缸。碑刻以墓碑、记事碑、功德碑、界碑为主，墓碑一般标示了墓主姓名、送葬人、下葬年代等信息，记事及功德碑的内容多为某一历史事件或某一建筑设施修建及维护的相关记载，界碑则多是关于边界勘定的相关内容，这些碑刻都是容美土司重要的断代材料。有的石质遗物有雕刻得较为精美的花纹，主要有祥云纹、草纹、月华纹、白虎纹、龙纹等，绝大多数花纹以浮雕的方式雕刻而成，只有极少数花纹透雕而成。

陶质（含釉陶）遗物以建筑材料为主，极少量生活器物。建筑材料的类型有砖、板瓦、筒瓦、瓦当、鸱吻等，生活器物有罐、擂钵、烛台、器盖、饼、走兽等。砖是陶质遗物中最多的一种器物。灰砖，多为长方形，有厚、薄两种不同尺寸，厚砖的厚度大体是薄砖的2~3倍。另有一种表面用朱砂绘制八卦、星象、河图洛书等图案（大多数砖出土后，其图案脱落消失）的方形砖，这类砖数量较少，仅出土于墓葬。

容美土司遗址出土的瓷器不多，以青花瓷为主，有少量三彩、五彩瓷片，器形有碗、盘、盏、杯、碟、瓶等。从瓷器质地上可分两类。一类为精瓷器，有青花瓷和彩瓷两种，制作工艺较精细，纹样丰富而精细，彩瓷器的颜色有红、黄、绿、黑等，这类瓷器应属明代景德镇官窑产品；另一类粗瓷器釉质较粗糙，花纹较为简单，应属于龙泉窑产品。瓷器的主要装饰纹样可分为植物、动物、人物、自然风光、几何图案、文字纹等几类。植物纹有蕉叶纹、缠枝菊、荷花、牡丹、兰草、水藻、松竹梅、折枝花、茶花、灵芝、莲纹等，动物纹有龙、游鱼、飞鸟等，自然风光有池塘、山石、云纹、海浪等，几何图案有弦纹、点纹等，文字纹极少，主要为变体"寿"字纹。少部分器物外底有年款、青书诗词或针刻文字，或者器壁青书文字。容美土司遗址群中暂未发现瓷窑，《容美纪游》中记载："客司中者，江、浙、秦、鲁人俱有。或以贸易至，或以技艺来，皆仰膳官厨。有岁久不愿去者，即分田授室……"从中不难看出，容美土司比较开放，对司外人员的政策较为优厚，因此推测爵府遗址的瓷器来源可能有两个，一是中央政府赏赐的官窑瓷器，二是通过与外界贸易而来的民窑瓷器。

铜、铁、金等质地的遗物极少，器类有铜钱、铁灯盏、铁剪刀、铁镞、金耳环、金坠子等。其中，铜钱均为方孔圆钱，目前所见有康熙通宝、雍正通宝、乾隆通宝、嘉庆通宝、道光通宝、咸丰通宝等六种。

从容美土司的器物特征及器物上的文字纪年（碑刻、瓷器年款、铜钱）来看，容美土司出土遗物的年代基本集中在明代中晚期至清代前期。

第二节　容美土司遗址的兴衰

从容美土司自第一任土司（元至大三年）被元庭授予黄沙寨千户官职开始[①]，至清雍正十三年最后一任土司田旻如在万全洞内自缢身亡[②]，共有24位司主，历经425年的统治，因此，

---

① （明）宋濂等：《元史》卷二十三，中华书局，1976年，第529、530页；（清）屠寄：《蒙兀儿史记·海山可汗纪·本纪第八》至大三年十一月条，北京市中国书店，1984年，第129页中亦有类似记载，囿于篇幅，不再赘述。

② （清）吉钟颖等：《鹤峰州志·卷一·沿革志》，道光版，第356页。

容美土司遗址的营建、使用也应处于元末至清代"改土归流"之前这段时期内。从本次容美土司遗址考古工作中出土的遗物结合的文献记载来看，这些容美土司的遗址年代主要集中在明末天启至清雍正年间，明天启年间以前的遗址尚未发现，可能有以下两方面的原因：一方面是清康熙时期土司田舜年在位期间，对前代土司所营建的行署、寺庙、洞府等建筑进行了大规模的扩建和重修，导致早期建筑或被叠压，或被破坏，很难判断其具体年代与建筑布局。例如，《万人洞记》碑记载："自余承绪，首来阅视。见其颓城，拳石儿戏。别图营构，另载厥记。"另一方面，由于相关文献资料的遗散，没有关于容美土司早期活动范围的详细记载，只能根据容美土司起源地和发现相关遗存的位置进行推测。容美土司早期的活动范围大致位于今鹤峰县中营镇、下坪乡、邬阳乡一带，21世纪初修建的清江水布垭水库和芭蕉河水库导致水位抬升后，该区域地形地貌发生了较大的改变，部分遗址可能淹没于水下，无法开展调查工作，因而未能发现容美土司早期的遗址。

容美土司的兴起和强盛与重大的政治军事活动有着密切的关系，尤其是朝代交替、政局动荡（元末明初、明末清初）以及明嘉靖后的"平播战争""抗倭战争"时期，容美土司趁着中央政府无暇顾及、地方兵力空虚的时机大肆扩张，逐渐形成了中府、爵府、南府、西平府、北府五个行署中心。南府作为容美土司境内东南行政、交通重镇，据传为麻寮土司唐涌在元末明初时所建，随后容美土司向外扩张，麻寮土司辖境多次被容美土司侵吞，其管辖范围逐渐向东、向南退至大岩关外，南府被纳入容美土司辖境；西平府位于容美土司起源地容米洞与中府之间，此区域原归五峰长官司所辖，明嘉靖年间，容美土司向西南扩张，五峰长官司迫于压力迁移至长阳（今宜昌市五峰县老县城五峰镇），该区域成为容美土司辖境，为了加强对新扩张区域的统治，容美土司开始在西平府修建官署；兴建中府与爵府之前的明万历至明天启年间，容美土司第十七任土司田楚产和第十八任土司田玄修建了东关古城（细柳城），并以此作为容美土司的统治中心。第十九任土司田霈霖时，容美土司遭受农民军李过[①]侵袭，不得不在西平府的天泉山内躲避数年。后来田甘霖及其妻子又遭到农民军刘体纯掳劫，后以金银数万赎回，田甘霖才得以返回容美土司[②]。直至夔东十三家被消灭后，容美土司才从天泉山内迁出，鉴于细柳城毁于兵灾，容美土司不得不新建中府作为新的统治中心，并逐渐使其发展成为第一大行政中心。考虑到中府四面开阔，不利于军事防御，又耗费巨大的人力、物力营建了四周有天险可凭的第二大行政中心平山爵府。北府作为容美土司东北方向的政治、军事重镇，由容美土司的下属唐振邦于清顺治年间初创。明嘉靖末年时，容美土司再度向巴东、长阳方向扩张。清顺治年间，随着中央政权的稳定，容美土司迫于压力逐渐退出了所侵占的部分地域，但还是在白溢坪修建了帅府，使其和平时期作为对外（荆州地区）交流的重心，战时作为对外扩张的桥头

① （清）松林等同治版《施南府志·卷十七·武备志·兵事》记载："丁亥（顺治四年，永历元年，1647）五月，一只虎即李过，闯贼爱将，后降福王赐名赤心者，始率十三家余烬入卫地，肆屠掠，与土司战于城南，大破之，遂移营容美。戊子，自容美转屯施南司。"

② （清）齐祖望等康熙版《巴东县志·卷三·事变志》，顺治十五年（永历十二年，公元1658），记载："体纯、天保遣其将刘应昌等四人，将锐卒二千渡江（过清江），昼伏夜行，不四日抵容美，掳田甘霖及其妻子以归，遂尽逐江南民北渡，时顺治十四年正月也。容美以金银数万赎甘霖，乃复遣还。"

堡。至此，容美土司才基本形成了南府、西府、中府、爵府、北府五个行署中心的格局。至容美土司第二十二任司主田舜年统治时期，容美土司重新强盛，开始对各大行署区进行大规模的重修与扩建，而考古发现的大量遗存大多是这次重修与扩建所遗留下来的。

容美土司遗址经历过两次大规模的废弃。第一次为有选择性的主动废弃，这是政治意义上的废弃，名义上是末代土司田旻如统治期间听从术士五行家建议，对包含北府、南府、西府、细柳城在内的众多府署进行废弃，实际上可能是因为被朝廷指责"私造宫殿"①，迫于压力的无奈之举。这次的废弃可能是对这些府署的军事防御、行政机构的裁剪，并将一些未修建完的工程停工，如北府的二酉洞、城门等，但并没有真正废止容美土司田氏的统治；第二次是清雍正十三年"改土归流"后，随着容美土司田氏统治的覆灭，容美土司各行署彻底结束作为容美土司境内政治、经济中心的历史使命，除中府继续作为新成立的鹤峰州州治外，其余各行署逐渐荒废。

容美土司改土归流后，其统治期间修建的道路、集镇仍在继续使用。同时也有如三路口、五里坪等沿途新的集镇兴起，至19世纪清中期，随着宜红茶贸易的兴起，茶道上马帮托运队伍沿着当年容美土司修建的道路继续前行，并对道路及桥梁以及部分容美土司时期遗留下的建筑继续维护使用，如南府遗址前曾有大街集市，直至21世纪末仍存有形，但随着新时代兴建的341省道及各地乡村公路的兴起，容美土司时期修建的道路、集镇才开始衰败，并逐渐荒废。

第三节　容美土司遗存形成的历史背景与价值意义

一、历史背景

容美土司之所以能形成中府、爵府、南府、西平府、北府的五个行署的特殊格局，以及修建大量的军事防御、道路、界碑及文化设施，是有其特殊的政治、经济、军事及文化背景的。

从政治上来讲，一方面，容美土司作为当时西南诸土司最强大的土司之一，与当时中央王朝的关系时而缓和，时而紧张。在土司制度时期，中央王朝对容美土司既用且防。容美土司采取军政一体、兵农合一的政治体制，军事力量在西南诸土司中较强大，朝廷曾多次向容美调兵，如明嘉靖年间的抗倭战争②。但同时，为了防止容美土司过于强大，朝廷处处加以限制，如容美土司城址虽然"有基无城"，仍然被清朝指责"私造宫殿"。所以，容美土司无法集中于一处营建大规模的城址，只能选择在多处建设行署，来缓解中央朝廷对其施加的压力。另一方面，为进出西南地区，明末南明政权（夔东十三家）、清政权、吴周政权在湖广一带相互征伐，容美土司审时度势，四处扩张，修建了大量的府署及道路等基础设施，用于管理扩充的土

---

① 《清圣祖实录》卷二百二十六《康熙四十五年九月癸未》。

② 参见（明）焦竑：《国朝献征录·卷五十七·胡公宗宪剿徐海本末》，第43、44页；《明世宗实录》卷四百二十一《嘉靖三十四年四月辛巳》等文献。

地，才会形成中府、爵府、南府、西平府、北府五个行署中心。

从经济上来说，容美土司经济偏于外向，除了自己生产，还与外界通商。《容美纪游》记载："……民家多以纺织为业，当明盛时，百货俱集，无不有之……""……客司中者，江、浙、秦、鲁人俱有。或以贸易至，或以技艺来，皆仰膳官厨。有岁久不愿去者，即分田授室……"容美土司作为当时西南地区最为强大的土司之一，工商业发达，加上统治者重视，经济实力较强，才有能力修建规模庞大的容美土司遗址群。为了防止被朝廷指责为"私造宫殿"，容美土司修建的行署单体规模并不庞大。

从军事方面来看，容美常有兵事，并有流寇常扰，如农民军刘体纯和李过对容美土司两次大规模的掠夺，造成容美土司的惨重损失，使其不得不在险隘处甚至府署外围处修建大量的防御设施。容美土司所处武陵山腹地道路险恶，易守难攻，尤其是数量众多的天然洞穴，为其修建防御设施提供了极其优越的条件。容美土司田舜年撰写《情田洞记》及《捷音者序》，就记录了容美土司抗击永顺、桑植诸土司围攻的详细史实。容美土司并未在中府筑城，也有军事上的考虑。中府地势相对较为平坦，地势开阔，不利于防守，且有更为险要的地方（如爵府、洞府等）可供选择，如有外敌入侵，则迁徙至其他地方暂避。清中央政府稳定强势后，容美土司改变了四处扩张的战略，开始收缩领地，末代土司田旻如通过和代表中央政府的地方政府协商，建立大量的汉土疆界碑来处理土司与地方政府的领土纠纷。

从文化教育方面来说，容美土司文化底蕴浓厚，历代土司饱读诗书，自田九龄开始，到田舜年为止，历时200多年，连续6代，涌现出10位诗人，创作各类诗词3000多首，今存380题，524首，于清康熙年间汇成《田氏一家言》。土司亦与当时的文坛名流如孔尚任、顾彩等往来密切，常有诗文唱和。明中央政府规定，土司必须要学习汉文化，才能承袭职位[①]，田世爵袭职后，开始全面对外加强与汉族文化学习与交流，将自己的子女送出司外游学，"……请汉人给诸男当老师……"容美土司似乎是想把自己在政治上受到的压抑全部倾注到文化上，进而造就了容美土司在文学上的成就。文人雅士素来钟爱投身自然、寄情山水，作为司主既有权力又有经济实力，因此容美土司留下数量众多、与自然环境完美结合的文化教育设施也就不足为奇了。

二、价值意义

容美土司的文化遗存虽然受汉文化的影响也较为强烈，但自身的特点极其突出，如文化遗存分布范围广，文物点多，集群规模极其庞大，尤其是修建了一定数量的规模较大的行署，在西南诸土司中也极为少见。同时容美土司在文学上不菲的成就与留下的诸多文化设施交相辉映，具有极高的历史价值、文学价值和研究价值，特别是顾彩的《容美纪游》，按照其游历容

---

① （清）张廷玉等：《明史·卷三百·列传第一百九十八·湖广土司》，中华书局，1974年。其中有"以后土官应袭子弟，悉令入学，渐染风化，以格顽冥。如不入学者，不准承袭"的记载。

美土司的路线，详细描述了沿途的自然风光、人文景观以及容美土司政治、军事、外交、经济、文化、风俗等多方面的信息，为研究容美土司文化写上了浓墨重彩的一笔。可以说，对容美土司文化遗存的综合分析与研究，基本可以揭示出鄂西南甚至于整个西南地区的土司文化遗存全貌，为研究西南少数民族地区独具特色的土司文化提供重要的实物资料。

附　表

附表一　万全洞F1榫槽数据表

编号	口径/米	底径/米	深/米	形状	距F1高/米	与周边榫槽关系
F1-1	0.14×0.18	0.17×0.19	0.18	 0　　40厘米	6.3	
F1-2	0.21×0.25	0.16×0.17	0.18	 0　　40厘米	6.2	F1-1与F1-2之间间距为1.85米，F1-3、F1-4之间间距为0.72米，F1-1与F1-3之间间距为2.83米，F1-2与F1-4之间间距为2.82米
F1-3	0.17×0.19	0.14×0.18	0.17	 0　　40厘米	6.2	
F1-4	0.19×0.19	0.16×0.25	0.25	 0　　40厘米	9.1	

附表二　万全洞南壁临时榫槽数据表

编号	口径/米	底径/米	深/米	形状	距地表高/米	与周边榫槽关系
临-1	0.08 × 0.08	0.08 × 0.08	0.1	 0 ——— 40厘米	3.83	
临-2	0.11 × 0.14	0.12 × 0.4	0.34	 0 ——— 40厘米	4.4	临-1与临-3相邻，处于临-3左下方，临-2与临-3相距3.11米
临-3	0.12 × 0.16	0.12 × 0.39	0.4	遗迹点凿痕 0 ——— 40厘米	3.93	

附表三　万全洞F2榫槽数据表

编号	口径/米	底径/米	深/米	形状	距地表高/米	与周边榫槽关系
F2-1	0.02 × 0.16	0.11 × 0.15	0.05	 0 ——— 40厘米	位于地表	F2-1与F2-2相距1.61米
F2-2	0.14 × 0.25	0.21 × 0.24	0.06	 0 ——— 40厘米	近地表	

编号	口径/米	底径/米	深/米	形状	距地表高/米	与周边榫槽关系
F2-3	0.11 × 0.27	0.05 × 0.05	0.27		2.25	
F2-4	0.07 × 0.15	0.07 × 0.08	0.14		2.25	F2-3与F2-4相距1.91米，F2-5位于F2-3与F2-4之间，比F2-3、F2-4高0.33米
F2-5	0.09 × 0.16	0.07 × 0.16	0.25		2.8	

附表四　万全洞北壁临时榫槽数据表

编号	口径/米	底径/米	深/米	形状	距地表高/米	与周边榫槽关系
临-4	0.17 × 0.24	0.14 × 0.18	0.14 ~ 0.16		7.52	临-4与临-5相距2.6米
临-5	0.12 × 0.2	0.18 × 0.25	0.25 ~ 0.26		7.53	

附表五　万全洞L1榫槽数据表

编号	口径/米	底径/米	深/米	形状	距地表高/米	与周边遗迹关系
L1-1	0.08×0.09	0.07×0.16	0.08~0.16	0　40厘米	1.47	
L1-2	0.09×0.16	0.10×0.15	0.21~0.22	0　40厘米	1.6	两榫槽间距为3.23米

附表六　万人洞瞭望台榫槽数据表

编号	口径/米	底径/米	深/米	形状	距墩台高/米	与周边榫槽关系
瞭望台-1层-1	0.11×0.28	0.06×0.23	0.08~0.15	0　40厘米	2.35	与瞭望台-1层-2相距0.7米
瞭望台-1层-2	0.14×0.38	0.09×0.38	0.06~0.12	0　40厘米	2.47	与瞭望台-2层-2的高差为2.52米（墩台逐渐升高，因此尺寸有偏差）
瞭望台-2层-1	0.20×0.22	0.17×0.13	0.19	0　40厘米	5.2	与瞭望台-2层-2间距2.4米

编号	口径/米	底径/米	深/米	形状	距墩台高/米	与周边榫槽关系
瞭望台-2层-2	0.19×0.22	0.19×0.13	0.20~0.21	 0　　40厘米	5.1	—

附表七　万人洞F3榫槽数据表

编号	口径/米	底径/米	深/米	形状	距地表高/米	与周边榫槽关系
F3-1层-1	0.1×0.38	0.37×0.14	0.05~0.23	 0　　40厘米	-2.85	与F3-3层-1水平距离1.21、垂直距离1.41米
F3-2层-1	0.08×0.34	0.46×0.06	0.04~0.18	 0　　40厘米	-2.67	与F3-1层-1水平距离1.92、垂直距离0.27米
F3-3层-1	0.14×0.23	0.2×0.2	0.15~0.25	 0　　40厘米	-1.2	与F3-2层-1水平距离3.8、垂直距离1.1米
F3-4层-1	0.26×0.29	0.37×0.39	0.14	 0　　40厘米	0	—

续表

编号	口径/米	底径/米	深/米	形状	距地表高/米	与周边榫槽关系
F3-5层-1	0.19×0.22	0.1×0.24	0.08~0.11	0　　40厘米	2.68	与F3-5层-2相距2.9米
F3-5层-2	0.17×0.05	0.08×0.12	0.18~0.3	0　　40厘米	2.55	与F3-5层-1相距2.9米

附表八　万人洞F1榫槽数据表

编号	口径/米	底径/米	深/米	形状	距地表高/米	与周边榫槽关系
F1-1层-1	0.3×0.5	0.31×0.42	0.1~0.13	0　　40厘米	1.96	—
F1-2层-1	0.15×0.4	0.15×0.38	0.11~0.29	0　　40厘米	4.57	位于F1-1层-1正上方2.4米
F1-3层-1	0.23×0.55	0.45×0.2	0.23~0.35	0　　40厘米	3.28	与F1-2层-1水平距离5、垂直距离1.3米

编号	口径/米	底径/米	深/米	形状	距地表高/米	与周边榫槽关系
F1-3层-2	0.27 × 0.35	0.27 × 0.27	0.09 ~ 0.25		4.48	与F1-3层-1相距2米
F1-4层-1	0.31 × 0.33	0.27 × 0.25	0.16 ~ 0.17		5	与F1-3层-2垂直距离0.16米，与F1-4层-3相距2.4米，与F1-4层-2相距0.85米
F1-4层-2	0.16 × 0.28	0.21 × 0.14	0.10 ~ 0.19		5.85	与F1-4层-3相距1.27米
F1-4层-3	0.25 × 0.34	0.26 × 0.25	0.12 ~ 0.25		6.72	位于F1-5层-3下方2米
F1-5层-1	0.18 × 0.23	0.10 × 0.13	0.08 ~ 0.14		7.2	与F1-5层-2相距1米
F1-5层-2	0.14 × 0.26	0.13 × 0.26	0.09 ~ 0.12		7.73	与F1-5层-3相距1.68米

编号	口径/米	底径/米	深/米	形状	距地表高/米	与周边榫槽关系
F1-5层-3	0.14 × 0.28	0.11 × 0.13	0.11		8.9	—

附表九　万人洞F2南壁榫槽数据表

编号	口径/米	底径/米	深/米	形状	距地表高及距洞顶高/米	与周边榫槽关系
F2南1层-1	0.2 × 0.32	0.14 × 0.22	0.15 ~ 0.16		2.69、5.1	位于F2南2层-1正下方1.07米，与F2南1层-5相距5.3米
F2南1层-2	0.19 × 0.2	0.23 × 0.22	0.14 ~ 0.15		2.2、5.46	与F2南1层-1相距0.91米
F2南1层-3	0.12 × 0.22	0.16 × 0.23	0.09 ~ 0.2		2.23、4.82	与F2南1层-2相距1.13米
F2南1层-4	0.16 × 0.16	0.21 × 0.19	0.15 ~ 0.18		2.28、4.97	与F2南1层-3相距1.05米

编号	口径/米	底径/米	深/米	形状	距地表高及距洞顶高/米	与周边榫槽关系
F2南1层-5	0.17×0.2	0.16×0.25	0.06~0.13	0　　　　40厘米	1.53、4.59	与F2南1层-4相距1.54米
F2南2层-1	0.05×0.11	0.11×0.14	0.1~0.13	0　　　　40厘米	4.01、3.94	位于F2南3层-2正下方0.97米处
F2南3层-1	0.1×0.18	0.14×0.19	0.1~0.12	0　　　　40厘米	5.33、3.01	与F2南3层-7相距5.66米
F2南3层-2	0.21×0.22	0.17×0.21	0.1~0.13	0　　　　40厘米	5.03、2.75	与F2南3层-1相距0.09米,位于F2南1层-1正上方2.12米处
F2南3层-3	0.12×0.28	0.11×0.29	0.11~0.14	0　　　　40厘米	4.29、3.48	与F2南3层-2水平距离1.22米,位于F2南1层-2上方1.87米处
F2南3层-4	0.37×0.47	0.42×0.22	0.1~0.11	0　　　　40厘米	4.54、2.83	位于F2南3层-3上方0.13米处,位于F2南1层-2上方2.12米处

续表

编号	口径/米	底径/米	深/米	形状	距地表高 及距洞顶高/米	与周边榫槽关系
F2南3 层-5	0.18×0.19	0.15×0.22	0.1~0.12	0 40厘米	4.58、2.46	与F2南3层-4相距0.82 米，位于F2南1层-3上 方2.19米处
F2南3 层-6	0.18×0.45	0.33×0.15	0.09~0.11	0 40厘米	4.46、2.18	与F2南3层-5相距1.34 米，位于F2南1层-4上 方2.12米处
F2南3 层-7	0.21×0.23	0.21×0.19	0.06~0.09	0 40厘米	3.83、2.34	与F2南3层-6相距2.11 米，位于F2南1层-5上 方2.07米处

附表一〇　万人洞F2北壁榫槽数据表

编号	口径/米	底径/米	深/米	形状	距地表高及 到洞顶的距离/米	与周边榫槽关系
F2北1 层-1	0.14×0.2	0.14×0.21	0.13	0 40厘米	1.25、6.02	位于F2北2层-4下方 0.81米处
F2北2 层-1	0.3×0.55	0.24×0.54	0.19~0.34	0 40厘米	2.71、4.74	与F2北2层-6相距 5.2米

编号	口径/米	底径/米	深/米	形状	距地表高及到洞顶的距离/米	与周边榫槽关系
F2北2层-2	0.19×0.27	0.26×0.28	0.16~0.21	0　　40厘米	2.52、5	与F2北2层-1相连
F2北2层-3	0.19×0.23	0.23×0.15	0.22~0.26	0　　40厘米	2.26、5.43	与F2北2层-2相距0.81米
F2北2层-4	0.2×0.43	0.28×0.4	0.16~0.27	0　　40厘米	2.24、4.83	与F2北2层-3相距0.82米
F2北2层-5	0.04×0.48	0.15×0.34	0.14~0.21	0　　40厘米	2.06、4.45	与F2北2层-4相距1.63米
F2北2层-6	0.11×0.23	0.37×0.2	0.13~0.2	0　　40厘米	1.36、4.49	与F2北2层-5相距0.69米
F2北3层-1	0.17×0.28	0.15×0.32	0.18~0.19	0　　40厘米	3.04、4.4	位于F2北2层-2上方0.24米处

编号	口径/米	底径/米	深/米	形状	距地表高及到洞顶的距离/米	与周边榫槽关系
F2北4层-1	0.18 × 0.82	0.79 × 0.16	0.14 ~ 0.33	0　　40厘米	4.04、3.18	位于F2北3层-1上方0.42米,与F2-4层-4相距6.03米
F2北4层-2	0.47 × 1.07	1.07 × 0.22	0.16 ~ 0.26	0　　40厘米	3.84、3.28	与F2北4层-1相距1.53米,位于F2北2层-4上方1.3米
F2北4层-3	0.22 × 0.33	0.14 × 0.33	0.16 ~ 0.17	0　　40厘米	2.6、3.59	与F2北4层-2相距3.05米,位于F2北2层-6上方0.86米
F2北4层-4	0.13 × 0.14	0.21 × 0.17	0.09 ~ 0.29	0　　40厘米	2.44、3.81	与F2-4层-3相距0.11米
F2北5层-1	0.19 × 0.68	0.15 × 0.53	0.21 ~ 0.25	0　　40厘米	4.82、2.25	位于F2北4层-1上方0.23米,与F2北5层-5相距3.55米

编号	口径/米	底径/米	深/米	形状	距地表高及到洞顶的距离/米	与周边榫槽关系
F2北5层-2	0.15×0.57	0.14×0.48	0.14~0.16	0　　40厘米	4.6、2.7	与F2北5层-1相距0.96米，位于F2北2层-3上方2.15米
F2北5层-3	0.26×0.91	0.88×0.17	0.04~0.15	0　　40厘米	4.56、2.42	与F2北5层-2相邻，位于F2北2层-3上方2.15米
F2北5层-4	0.32×0.62	0.56×0.25	0.21~0.27	0　　40厘米	4.6、1.9	与F2北5层-3相距0.53米，位于F2北2层-4上方2.08米
F2北5层-5	0.19×0.33	0.3×0.18	0.14~0.15	0　　40厘米	4.53、2.55	与F2北5层-4相距1.27米，位于F2北2层-5上方1.95米

编号	口径/米	底径/米	深/米	形状	距地表高及到洞顶的距离/米	与周边榫槽关系
F2北6层-1	0.13 × 0.44	0.44 × 0.16	0.06 ~ 0.08		5.68、1.68	位于F2北5层-1上方0.18米

附表一一　万人洞L1第二段榫槽数据表

编号	口径/米	底径/米	深/米	形状	距地表高/米	与周边榫槽关系
L1-1	0.1 × 0.08	0.1 × 0.1	0.1 ~ 0.11		0	与L1-4水平距离5.3、垂直距离4.4米，与L1-2水平距离1.42、垂直距离2.1米
L1-2	0.1 × 0.1	0.09 × 0.08	0.08 ~ 0.09		0	与L1-3水平距离2.4、垂直距离2.3米
L1-3	0.15 × 0.13	0.09 × 0.08	0.14 ~ 0.17		0	与L1-4水平距离0.7、垂直距离0.06米
L1-4	0.1 × 0.1	0.07 × 0.07	0.12 ~ 0.22		0	与L1-5水平距离7.2、垂直距离2.3米

附表一二　万人洞L1第三段榫槽数据表

编号	口径/米	底径/米	深/米	形状	距地表高/米	与周边榫槽关系
L1-5	0.12×0.12	0.11×0.11	0.06~0.15		0	与城门1水平距离6.8米，与L1-8水平距离4.3、垂直距离2.3米，与L1-6水平距离0.94、垂直距离0.35米
L1-6	0.15×0.15	0.14×0.14	0.11~0.14		0	与L1-7水平距离1.6、垂直距离0.7米
L1-7	0.14×0.1	0.11×0.11	0.09~0.14		0	与L1-8水平距离1.8、垂直距离1.2米
L1-8	0.12×0.11	0.11×0.09	0.08~0.1		0	与L1-9水平距离0.8米
L1-9	0.15×0.09	0.08×0.1	0.07~0.08		0	—

附表一三　万人洞L2榫槽数据表

编号	口径/米	底径/米	深/米	形状	距城墙底部高/米	与周边榫槽关系
L2-1	0.13×0.21	0.13×0.19	0.12～0.15	 0　　40厘米	4.44	与L2-4距离4.33米，与L2-2距离1.33米
L2-2	0.13×0.17	0.16×0.19	0.13～0.23	 0　　40厘米	4.44	与L2-3距离1.27米
L2-3	0.13×0.24	0.25×0.13	0.1～0.11	 0　　40厘米	3.94	与L2-4距离1.5米
L2-4	0.17×0.18	0.12×0.22	0.15～0.2	 0　　40厘米	3.94	—

附表一四　万人洞L3榫槽（眼）数据表

编号	口径/米	底径/米	深/米	形状	距地表高/米	与周边榫槽关系
L3-1层-1	0.21×0.24	0.15×0.22	0.07～0.3	 0　　40厘米	3.78	与L3-1层-10相距9.1米

编号	口径/米	底径/米	深/米	形状	距地表高/米	与周边榫槽关系
L3-1层-2	0.11 × 0.15	0.1 × 0.1	0.09 ~ 0.16	0　　40厘米	3.78	与L3-1层-1相距0.88米
L3-1层-3	0.07 × 0.16	0.12 × 0.15	0.22	0　　40厘米	3.62	与L3-1层-2相距0.98米
L3-1层-4	0.22 × 0.22	0.14 × 0.19	0.22 ~ 0.24	0　　40厘米	3.62	与L3-1层-3相距0.6米
L3-1层-5	0.21 × 0.29	0.14 × 0.2	0.18 ~ 0.19	0　　40厘米	3.76	与L3-1层-4相距0.96米
L3-1层-6	0.19 × 0.3	0.16 × 0.27	0.21 ~ 0.25	0　　40厘米	3.78	与L3-1层-5相距1.06米

编号	口径/米	底径/米	深/米	形状	距地表高/米	与周边榫槽关系
L3-1层-7	0.21×0.22	0.08×0.22	0.15	 0　　40厘米	3.8	与L3-1层-6相距0.85米
L3-1层-8	0.16×0.38	0.12×0.4	0.14~0.19	 0　　40厘米	3.78	与L3-1层-7相距0.84米
L3-1层-9	0.17×0.28	0.1×0.28	0.23	 0　　40厘米	3.87	与L3-1层-8相距0.77米
L3-1层-10	0.17×0.31	0.1×0.28	0.12~0.18	 0　　40厘米	3.9	与L3-1层-9相距0.72米
L3-2层-1	0.22×0.24	0.21×0.23	0.61~0.66	 0　　40厘米	4.56	与L3-2层-11水平距离15.74、垂直距离1.89米

编号	口径/米	底径/米	深/米	形状	距地表高/米	与周边榫槽关系
L3-2层-2	0.14×0.21	0.16×0.15	0.37~0.42	0　　40厘米	4.49	与L3-2层-1相距0.7米
L3-2层-3	0.21×0.28	0.16×017	0.34~0.37	0　　40厘米	4.33	与L3-2层-2相距0.67米
L3-2层-4	0.41×0.5	0.18×0.43	0.41~0.54	0　　40厘米	4.37	与L3-2层-3相距0.72米
L3-2层-5	0.09×0.15	0.16×0.2	0.23~0.32	0　　40厘米	4.3	与L3-2层-4相距0.74米
L3-2层-6	0.14×0.18	0.09×0.16	0.12~0.13	0　　40厘米	5.86	与L3-2层-5水平距离1.47米，垂直距离1.47米

编号	口径/米	底径/米	深/米	形状	距地表高/米	与周边榫槽关系
L3-2层-7	0.12 × 0.16	0.12 × 0.11	0.13 ~ 0.14	 0　　40厘米	6.47	与L3-2层-6水平距离0.87、垂直距离0.52米；位于L3-1层-1上方2.45米
L3-2层-8	0.14 × 0.18	0.09 × 0.14	0.12 ~ 0.14	 0　　40厘米	6.46	与L3-2层-7相距2.03米，位于L3-1层-3上方2.75米
L3-2层-9	0.14 × 0.19	0.10 × 0.17	0.12 ~ 0.16	 0　　40厘米	5.77	与L3-2层-8水平距离1.85、垂直距离0.38米；位于L3-1层-5上方1.73米
L3-2层-10	0.1 × 0.11	0.08 × 0.07	0.11 ~ 0.15	 0　　40厘米	5.9	与L3-2层-9相距1.02米，位于L3-1层-6上方1.76米
L3-2层-11	0.13 × 0.13	0.09 × 0.1	0.08 ~ 0.15	 0　　40厘米	5.74	与L3-2层-10相距3.75米，位于L3-1层-10上方1.52米
L3-1	0.14 × 0.22	0.12 × 0.17	0.14	 0　　40厘米	1.93	与L3-4相距0.45米

编号	口径/米	底径/米	深/米	形状	距地表高/米	与周边榫槽关系
L3-2	0.18 × 0.2	0.09 × 0.2	0.13 ~ 0.15	 0 40厘米	1.55	与L3-1相距0.11米
L3-3	0.21 × 0.22	0.12 × 0.19	0.12 ~ 0.19	 0 40厘米	1.12	与L3-2相距0.19米
L3-4	0.09 × 0.13	0.14 × 0.09	0.13 ~ 0.14	 0 40厘米	2.07	与L3-5相邻，与L3-6相距0.8米
L3-5	0.16 × 0.18	0.07 × 0.09	0.06 ~ 0.1	 0 40厘米	1.98	与L3-4相距0.1米
L3-6	0.14 × 0.2	0.16 × 0.23	0.18 ~ 0.19	 0 40厘米	1.12	与L3-5相距0.68米

附表一五　情田洞门1门闩榫眼数据表

编号	口径/米	底径/米	深/米	形状	距地表高/米	与周边榫眼关系
门1北-1	0.05×0.06	0.03×0.04	0.06	0　　　40厘米	0.77	与门1南-1间距1.5米
门1南-1	0.05×0.12	0.03×0.09	0.07~0.08	0　　　40厘米	0.59	与门1南-2水平距离0.12、垂直距离0.18米
门1南-2	0.03×0.08	0.02×0.07	0.04	0　　　40厘米	0.88	—

附表一六　情田洞L2北壁榫槽数据表

编号	口径/米	底径/米	深/米	形状	距洞内地表高/米	与周边榫槽关系
L2北-1	0.21×0.24	0.2×0.2	0.12	0　　　40厘米	19.54（距凸出岩壁高0.54米）	与L2北-2相距1.33米
L2北-2	0.01×0.27	0.04×0.27	0.2~0.22	0　　　40厘米	19.55	与L2北-3相距0.54米
L2北-3	0.20×0.25	0.15×0.19	0.15~0.24	0　　　40厘米	19.57	与L2北-4相距0.54米

编号	口径/米	底径/米	深/米	形状	距洞内地表高/米	与周边榫槽关系
L2北-4	0.14×0.55	0.16×0.4	0.18~0.21	0 40厘米	19.43	与L2北-5相距1.27米
L2北-5	0.16×0.22	0.19×0.22	0.14~0.17	0 40厘米	19.47	—

附表一七　情田洞L2南壁榫槽数据表

编号	口径/米	底径/米	深/米	形状	距地表高/米	与周边垫槽关系
L2南-1	0.12×0.17	0.16×0.25	0.06~0.07	0 40厘米	19.87（距凸出岩壁高0.94米）	与L2南-2相距1.44米，与L2北-1相距2.19米
L2南-2	0.22×0.82	0.19×0.5	0.16~0.22	0 40厘米	19.89（距凸出岩壁高2.76米）	与L2南-3相距0.44米，与L2北-2相距2.75米
L2南-3	0.27×0.31	0.19×0.28	0.19~0.21	0 40厘米	20（距凸出岩壁高3.46米）	与L2南-4相距0.44米，与L2北-3相距2.49米

续表

编号	口径/米	底径/米	深/米	形状	距地表高/米	与周边垫槽关系
L2南-4	0.38×0.53	0.53×0.31	0.19~0.24	 0　　40厘米	20.2（距凸出岩壁高3.58米）	与L2南-5相距0.72米，与L2北-4相距2.28米
L2南-5	0.32×0.34	0.36×0.39	0.2~0.21	 0　　40厘米	20	与L2南-6相距0.51米
L2南-6	0.11×0.3	0.14×0.24	0.14~0.17	 0　　40厘米	20.07	与L2北-6相距1.93米

附表一八　情田洞F1北壁榫槽数据表

编号	口径/米	底径/米	深/米	形状	距地表高/米	与周边榫槽关系
F1北1层-1	0.44×0.67	0.32×0.62	0.2~0.33	 0　　40厘米	21.97	与F1北1层-2相距0.66米
F1北1层-2	0.44×0.46	0.47×0.33	0.21~0.22	 0　　40厘米	22	与F1北1层-3相距0.78米

编号	口径/米	底径/米	深/米	形状	距地表高/米	与周边榫槽关系
F1北1层-3	0.43×0.51	0.46×0.35	0.1~0.26	0　　40厘米	21.99	与F1北1层-4相距0.61米
F1北1层-4	0.3×0.41	0.43×0.29	0.18~0.19	0　　40厘米	21.85	与F1北1层-5相距0.65米
F1北1层-5	0.31×0.49	0.38×0.48	0.16~0.37	0　　40厘米	22.04	与F1北1层-6相距0.43米
F1北1层-6	0.38×0.57	0.6×0.43	0.34~0.35	0　　40厘米	21.97	—
F1北2层-1	0.18×0.21	0.19×0.18	0.1	0　　40厘米	26.48（距凸出岩壁高3.98米）	位于F1北3层-1下方1.71米，与F1北2层-2相距2.1米

续表

编号	口径/米	底径/米	深/米	形状	距地表高/米	与周边榫槽关系
F1北2层-2	0.16×0.23	0.17×0.1	0.08~0.12		26.48（距凸出岩壁高3.98米）	位于F1北3层-2下方1.7米
F1北3层-1	0.18×0.22	0.15×0.17	0.05~0.08		28.19（距凸出岩壁高3.98米）	位于F1北4层-1下方1.65米，与F1北3层-2相距1.66米
F1北3层-2	0.16×0.24	0.21×0.15	0.10~0.13		28.20（距凸出岩壁高5.69米）	—
F1北4层-1	0.1×0.26	0.23×0.09	0.07~0.08		29.84（距凸出岩壁高7.34米）	—

附表一九　情田洞F1南壁榫槽数据表

编号	口径/米	底径/米	深/米	形状	距地表高/米	与周边榫槽关系
F1南1层-1	0.1×0.49	0.3×0.21	0.34~0.52		22.24	与F1南1层-2相距1.77米，与F1北1层-1相距9.45米
F1南1层-2	0.22×0.41	0.2×0.31	0.26~0.27		22.15	与F1南1层-3相距0.28米，与F1北1层-2相距7.52米

编号	口径/米	底径/米	深/米	形状	距地表高/米	与周边榫槽关系
F1南1层-3	0.56×0.62	0.6×0.33	0.32~0.4	0　40厘米	21.85	与F1南1层-4相距0.93米，与F1北1层-3相距7.13米
F1南1层-4	0.29×0.34	0.16×0.18	0.24~0.33	0　40厘米	22.09	与F1南1层-5相距0.94米，与F1北1层-4相距6.04米
F1南1层-5	0.3×0.5	0.23×0.58	0.26~0.32	0　40厘米	22.17	与F1南1层-6相距0.75米，与F1北1层-5相距5.53米
F1南1层-6	0.25×0.33	0.33×0.18	0.07~0.09	0　40厘米	22.21	与F1北1层-4相距5.12米
F1南2层-1	0.16×0.42	0.24×0.43	0.18	0　40厘米	23.23	位于F1南1层-4上0.61米，位于F1南1层-3下0.44米

编号	口径/米	底径/米	深/米	形状	距地表高/米	与周边榫槽关系
F1南3层-1	0.25×0.35	0.18×0.33	0.14~0.18	 0　　40厘米	23.85	位于F1南4层-2下0.21米
F1南4层-1	0.11×0.27	0.16×0.3	0.12~0.16	 0　　40厘米	24.36	与F1南4层-2相距0.87米，位于F1南5层-2下方2.13米
F1南4层-2	0.16×0.25	0.26×0.11	0.05~0.08	 0　　40厘米	24.34	与F1南4层-3相距4.25米
F1南4层-3	0.12×0.3	0.05×0.3	0.08~0.09	 0　　40厘米	24.49	—
F1南5层-1	0.41×0.52	0.44×0.61	0.08~0.24	 0　　40厘米	26.59	与F1南5层-2相距1.15米，较F1南6层-1低1.22米
F1南5层-2	0.08×0.22	0.07×0.23	0.1~0.11	 0　　40厘米	26.6	—

编号	口径/米	底径/米	深/米	形状	距地表高/米	与周边榫槽关系
F1南6层-1	0.15×0.3	0.10×0.32	0.04~0.14	0　　40厘米	28.34	与F1北3层-1相距3.78米，较F1南7层-1低1.68米
F1南7层-1	0.17×0.31	0.15×0.26	0.09~0.1	0　　40厘米	30.46	与F1北4层-1相距6.11米

附表二〇　情田洞F2北壁榫槽数据表

编号	口径/米	底径/米	深/米	形状	距洞内地表高/米	与周边榫槽关系
F2北1层-1	0.4×0.41	0.38×0.37	0.21~0.26	0　　40厘米	1.22	与F2北2层-1相距0.53米
F2北2层-1	0.25×0.28	0.2×0.24	0.16~0.2	0　　40厘米	1.62	位于F2北3层-1下方0.4米
F2北3层-1	0.21×0.23	0.15×0.19	0.05~0.09	0　　40厘米	2.37	—

附表二一　情田洞F2南壁榫槽数据表

编号	口径/米	底径/米	深/米	形状	距洞内地表高/米	与周边榫槽关系
F2南1层-1	0.2×0.21	0.17×0.15	0.25		0.58	位于F2南2层-2下方1.46米
F2南2层-1	0.27×0.3	0.24×0.22	0.24~0.25		3	与F2南2层-2相距0.63米，位于F2南3层-1下方0.8米
F2南2层-2	0.11×0.15	0.10×0.08	0.06~0.07		2.25	与F2南2层-3相距0.47米，距F2北1层-1相距7.68米
F2南2层-3	0.13×0.18	0.13×0.14	0.07~0.13		1.96	与F2北2层-1相距8米
F2南3层-1	0.16×0.27	0.09×0.12	0.09~0.1		4.08	与F2北3层-1相距7.98米

附表二二　情田洞北洞壁城墙榫槽数据表

编号	口径/米	底径/米	深/米	形状	距地表高/米	与周边榫槽关系
城墙北-1	0.23×0.24	0.13×0.23	0.07~0.29		2.3	位于城墙北-2下方1.53米

编号	口径/米	底径/米	深/米	形状	距地表高/米	与周边榫槽关系
城墙北-2	0.23 × 0.32	0.21 × 0.2	0.12 ~ 0.16	0　40厘米	2.57	位于城墙北-3下方 4.71米
城墙北-3	0.19 × 0.21	0.16 × 0.2	0.13 ~ 0.2	0　40厘米	5.69	位于城墙北-4下方 2.1米
城墙北-4	0.18 × 0.19	0.15 × 0.14	0.11 ~ 0.12	0　40厘米	7.64	—

附表二三　情田洞南洞壁城墙榫槽数据表

编号	口径/米	底径/米	深/米	形状	距地表高/米	与周边榫槽关系
城墙南-1	0.15 × 0.25	0.14 × 0.19	0.1	0　40厘米	1.51	位于城墙南-2下方 2.55米
城墙南-2	0.13 × 0.15	0.11 × 0.11	0.05 ~ 0.08	0　40厘米	4.23	与城墙南-3相距 0.55米
城墙南-3	0.11 × 0.14	0.1 × 0.12	0.07 ~ 0.08	0　40厘米	3.82	位于城墙南-4下方 5.3米

编号	口径/米	底径/米	深/米	形状	距地表高/米	与周边榫槽关系
城墙南-4	0.2×0.21	0.15×0.26	0.12~0.14	0　40厘米	6.79	—

附表二四　情田洞瞭望台北壁榫槽数据表

编号	口径/米	底径/米	深/米	形状	距洞内地表高/米	与周边榫槽关系
瞭望台北-1	0.17×0.3	0.08×0.29	0.1~0.14	0　40厘米	4	与瞭望台北-2相距1.29米
瞭望台北-2	0.20×0.29	0.14×0.18	0.14~0.16	0　40厘米	4.56	与瞭望台北-3相距1.18米
瞭望台北-3	0.18×0.21	0.16×0.18	0.1	0　40厘米	4.73	—

附表二五　情田洞瞭望台南壁榫槽数据表

编号	口径/米	底径/米	深/米	形状	距洞内地表高/米	与周边榫槽关系
瞭望台南-1	0.35×1.09	0.31×0.58	0.18~0.36	0　40厘米	4.09	与瞭望台南-2相距0.56米，与瞭望台北-2间距3.07米

编号	口径/米	底径/米	深/米	形状	距洞内地表高/米	与周边榫槽关系
瞭望台南-2	0.27×0.32	0.35×0.23	0.12~0.2	0 40厘米	4.23	与瞭望台北-3间距2.53米

附表二六　情田洞脚窝数据表

编号	口径/米	底径/米	深/米	形状	距洞内地表/米	与周边脚窝关系
脚窝-1	0.23×0.43	0.11×0.36	0.2~0.21	0 40厘米	1.23	位于脚窝-2下方0.37米
脚窝-2	0.18×0.35	0.09×0.18	0.08~0.1	0 40厘米	1.82	位于脚窝-3下方0.2米，位于脚窝4左下方0.18米，距脚窝-4间距0.2米
脚窝-3	0.09×0.39	0.06×0.31	0.09	0 40厘米	2.1	位于脚窝-4右侧0.21米，低于脚窝-40.02米
脚窝-4	0.14×0.29	0.17×0.21	0.08~0.1	0 40厘米	2.12	位于脚窝-5下方0.29米
脚窝-5	0.1×0.27	0.11×0.15	0.02~0.08	0 40厘米	2.51	—

彩版　图版

彩版一

容美土司末期疆域示意图

彩版二

万全洞遗址▲

向氏家族基地▲
葡萄洞遗址▲

小尾仑遗址▲

紫云宫遗址▲

鸿庆市遗址▲

火烧溪遗址▲

天生桥遗址▲

蔺府遗址片区远景（南—北）

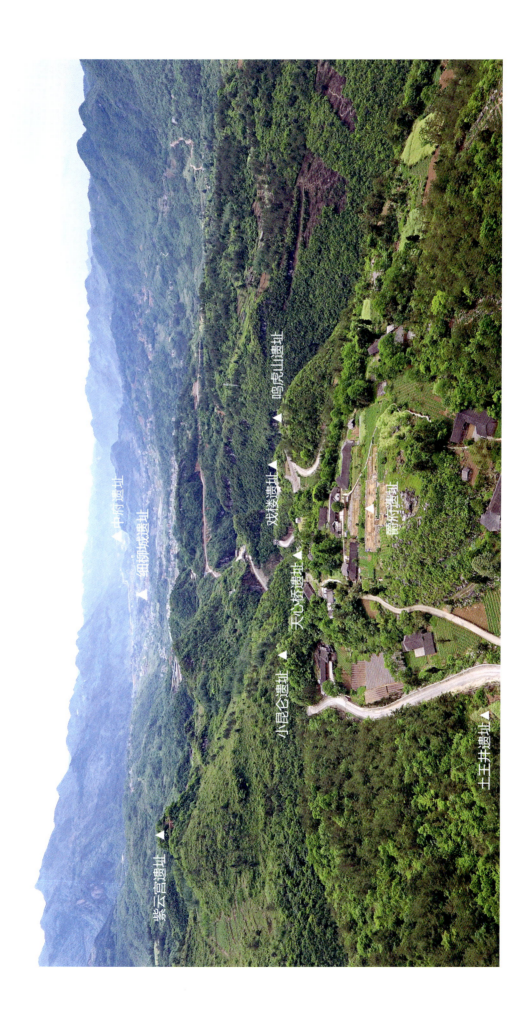

紫云宫遗址 ▲

土王井遗址 ▲

中府遗址 ▲

细卿城遗址 ▲

小昆仑遗址 ▲

戏楼遗址 ▲

天心桥遗址 ▲

鸣虎山遗址 ▲

爵府遗址 ▲

爵府遗址片区与中府遗址关系（北—南）

1. 2012年中国城市规划设计研究院历史名城研究所赵中枢教授考察容美土司遗址

2. 2013年国家文物局童明康副局长等领导一行来鹤峰调研容美土司遗址保护工作

领导和专家调研容美土司遗址保护工作

1. 2013年国家文物局童明康副局长等领导调研容美土司爵府遗址发掘现场

2. 2013年国家文物局童明康副局长等领导调研容美土司小昆仑遗址

领导调研容美土司遗址保护工作

1. 2013年湖北省文化厅副厅长沈海宁等领导考察容美土司爵府遗址发掘现场

2. 2013年湖北省发改委高新处蔡铂等领导考察容美土司爵府遗址发掘现场

3. 2015年湖北省文联主席沈虹光考察工地

领导调研容美土司遗址保护工作

1. 华中师范大学张良皋先生考察容美土司爵府遗址发掘现场

2. 2013年湖北省文物考古研究所副所长孟华平检查工地

3. 2013年湖北省文物考古研究所副所长孟华平检查工地资料

领导考察容美土司爵府行署遗址工地

1.鹤峰县副县长钱成玉与容美镇书记田宏考察爵府遗址发掘现场

2.恩施州博物馆副馆长燕道远等领导考察爵府遗址发掘现场

3.鹤峰县文体新局局长向宏艳等领导考察爵府遗址发掘现场

领导考察容美土司爵府行署遗址发掘现场

阙府行署遗址遗迹全景（西南—东北）

1. 爵府遗址全景（西北—东南）

2. 爵府遗址全景（东南—西北）

爵府遗址片区——爵府行署遗址遗迹

1. 爵府第四、五平台堡坎全景（西—东）

2. 爵府第四、五平台堡坎全景（东—西）

爵府遗址片区——爵府行署遗址堡坎

1. 爵府遗址第一平台条石堡坎

2. 爵府遗址第七平台堡坎

爵府遗址片区——爵府行署遗址堡坎

爵府遗址F1、F2、Q1（俯拍）

爵府遗址片区——爵府行署遗址遗迹

爵府遗址片区——爵府行署遗址遗迹

爵府遗址F3～F8全景（俯拍）

1. F3、F4清理现场

2. F6清理现场

爵府遗址片区——爵府行署遗址清理

1. F4、G1与L1

2. F3柱础石

爵府遗址片区——爵府行署遗址遗迹

1. F12全景（航拍）

2. F10柱洞（D1）

爵府遗址片区——爵府行署遗址遗迹

1. F11石棚建筑正视

2. F11侧视（南—北）

爵府遗址片区——爵府行署遗址遗迹

爵府遗址Q3、Q4（航拍）

爵府遗址片区——爵府行署遗址遗迹

爵府遗址片区——爵府行署遗址上山蹬道（北—南）

1. 爵府遗址L1石板路面

2. 爵府遗址L3石阶

爵府遗址片区——爵府行署遗址遗迹

1. 爵府遗址储水坑

2. 爵府遗址六孔遗迹

爵府遗址片区——爵府行署遗址遗迹

1. 1号景观石

2. 2号景观石

3. 3号景观

爵府遗址片区——爵府行署遗址遗迹

1. Ⅰ式碗（JF·TG3③：11）

2. Ⅰ式碗底落款"大明成化年制"（JF·TG3③：11）

3. Ⅰ式碗底（JF·TG3③：6）

4. 斗彩莲池荷花碟（JF·TN11W06②：1）

5. 斗彩莲池荷花盘（JF·TG3①：2）

6. 黄釉斗彩碗（JF·TG3③：14）

爵府遗址片区——爵府行署遗址遗物

1. 霁蓝釉碗（JF·G1①：4）

2. 斗彩杯（JF·TN11W07①：2）

3. B型柱础（JF·散：1）

4. 虎纹陶瓦当（JF·TN08W05①：22）

5. 抱鼓石正面（JF·散：8）

6. 抱鼓石侧视（JF·散：8）

爵府遗址片区——爵府行署遗址遗物

1. 紫云宫遗址远景（北—南）

2. 紫云宫遗址（俯视）

爵府遗址片区——紫云宫遗址遗迹

1. 第一台地房址（航拍）

2. L1局部（西—东）

爵府遗址片区——紫云宫遗址遗迹

1. 瓷杯（ZYG·TN02E03①：1）

2. 瓷杯内底花纹（ZYG·TN02E03①：1）

3. 瓷杯（ZYG·TN03E02①：3）

4. 墙面贴花（ZYG·TN02E01①：3）

5. 小昆仑遗址全景（南—北）

爵府遗址片区——紫云宫遗址遗物、小昆仑遗址

1. 小昆仑遗址上山蹬道（北—南）

2. 小昆仑遗址上山蹬道

爵府遗址片区——小昆仑遗址遗迹

1.小昆仑遗址曲廊与平台

2.鸣虎山遗址与环境（西南—东北）

爵府遗址片区——小昆仑与鸣虎山遗址

1. 戏楼遗址"二奇石"（东北—西南）

2. 万全洞遗址与环境（西北—东南）

爵府遗址片区——戏楼与万全洞遗址

1.万全洞遗址洞口全景（西北—东南）

2.万全洞遗址遗迹（西北—东南）

爵府遗址片区——万全洞遗址

1. 大屋场石碾全景（北—南）

2. 向文宪夫妻合葬墓（东南—西北）

爵府遗址片区——大屋场遗址与向文宪夫妻合葬墓

1. 向文宪夫妻合葬墓墓志铭盖

2. 向文宪夫妻合葬墓墓志铭

3. 向文宪夫妻合葬墓"河洛图书"砖

爵府遗址片区——向文宪夫妻合葬墓遗物

▲路2

▲桥6
▲蒋府邸遗址
▲桥5
▲黄鱼洞
▲桥4
▲张祖保庙
▲桥3
▲路1
▲桥2
▲桥1

甫府遗址片区全景鸟瞰图

1. 探方及遗迹全景

2. 水池1（南—北）

南府遗址片区——南府行署遗址遗迹

1. 张桓侯庙遗址台基全景

2. 燕喜洞前洞口（北—南）

南府遗址片区——张桓侯庙遗址与燕喜洞遗迹

1.L1基岩路面（西—东）

2.L1步石路面

3.L1卵石路面

南府遗址片区——道路遗迹

1. L1局部鸟瞰图

2. L2路面（南—北）

南府遗址片区——道路遗迹

1. 桥3（西—东）

2. 桥3（北—南）

3. 桥4侧立面（东—西）

4. 桥4桥面（北—南）

5. 桥4南面台阶（南—北）

南府遗址片区——桥梁

大日如来铜像（恩施州博藏：06661）

中府遗址片区——中府遗址采集遗物

1.后背铭文（恩施州博藏：06661）

2.后腰左侧铭文（恩施州博藏：06661）

3.后腰右侧铭文（恩施州博藏：06661）

中府遗址片区——中府遗址采集遗物

1. 容美宣慰司元帅府经历司印正面（鹤博藏：3016）

2. 容美宣慰司元帅府经历司印背面（鹤博藏：3016）

3. 容美宣慰司元帅府经历司印侧面（鹤博藏：3016）

中府遗址片区——中府遗址采集遗物

1.万人洞与龙溪河关系（西北—东南）

2.万人洞洞口

中府遗址片区——万人洞遗址

1.万人洞城门1（西—东）

2.万人洞城门1（东南—西北）

3.万人洞城门2（东—西）

中府遗址片区——万人洞遗址遗迹

1. 万人洞城门3和F4航拍

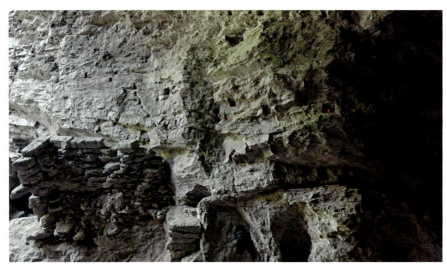

2. 万人洞L2及F1榫槽（东—西）

3. 万人洞L3榫槽（西—东）

中府遗址片区——万人洞遗址遗迹

1.万人洞天心桥

2.铁灯盏（鹤馆藏：00818）

3.铁剪刀（鹤馆藏：00824）

4.九峰桥全景（西北—东南）

中府遗址片区——万人洞遗存与九峰桥遗址

1.金耳环（GFY·M2：1、GFY·M2：2）与坠子（GFY·M2：3）

2.彩绘砖（GFY·M3：1）

3.彩绘砖（GFY·M4：1）

4.石像（DYW·采：3）

5.石像（DYW·采：4）

中府遗址片区——官坟园与东阳湾土司家族墓地遗物

北府遗址片区——北府遗址近景

北府遗址片区近景（西—东）

1.白溢寨遗址远景（西—东）

2.城门遗址远景（西—东）

北府遗址片区——白溢寨遗址远景

1. 城门遗迹

2. 二酉洞洞口全景（西南—东北）

北府遗址片区——白溢寨遗址遗迹

1.二酉洞台地一（南—北）

2.二酉洞台地二（南—北）

北府遗址片区——白溢寨二酉洞遗迹

1. 白溢寨遗址瞭望台

2. 白溢寨遗址排水沟（西—东）

北府遗址片区遗迹——白溢寨遗址遗迹

1.石水缸（BF·采：1）

2.瓷碗（BYZ·采：3）

3.瓷碗内底花纹（BYZ·采：3）

4.瓷碗（BYZ·采：4）

5.瓷碗内底花纹（BYZ·采：4）

北府遗址片区——北府与白溢寨遗址遗物

西平府遗址·鸟瞰图（东—西）

西平府遗址片区——西平府遗址远景

1.西平府遗址全景照（西—东）

2.西平府遗址鸟瞰图

西平府遗址片区——西平府遗址遗迹

1. 台地垫土断面（西—东）

2. L1局部照（北—南）

3. L2局部远景（北—南）

西平府遗址片区——西平府遗址遗迹

1. 城门1及L1局部俯拍

2. 城门1及L1正面局部（北—南）

西平府遗址片区——西平府遗址遗迹

1. 天星寨遗址远景（东—西）

2. 第一平台（东北—西南）

3. 壁龛石刻（东—西）

容美西平府遗址——天星寨遗址遗迹

1. 石刻人物特写（东—西）

2. 天星寨摩崖石刻（南—北）

3. 柱础（TXZ·采：1）

4. 柱础（TXZ·采：2）

西平府遗址片区——天星寨遗址遗迹

1. 大岩关汉土疆界碑（南—北）

2. 新改荒路记石刻（西南—东北）

线状遗址与点状遗址——石碑刻

彩版六二

情田洞远景（西—东）

线状遗址与点状遗址——情田洞遗址远景

1. 情田洞F2台基调查工作照

2. 情田洞外壁清理工作照

3. 情田洞外壁调查、清理工作照

线状遗址与点状遗址——情田洞遗址调查

1. 城墙北壁墙槽（南—北）

2. 城墙北壁墙槽（北—南）

3. F2南壁榫槽分布图（北—南）

线状遗址与点状遗址——情田洞遗址遗迹

1. L2北-3榫槽

2. F1南1层-2榫槽

3. F1南1层-5榫槽

4. 城墙南-1榫槽

5. F2北2层-1榫槽

线状遗址与点状遗址——情田洞遗址遗迹

蜀府遗址片区——蜀府行署遗址与环境（西南—东北）

爵府遗址片区——爵府行署遗址遗迹鸟瞰图

1. 架梯拍照

2. 氢气球航拍

爵府遗址片区——爵府行署遗址工作情况

1. 无人直升机航拍

2. 无人机航拍

爵府遗址片区——爵府行署遗址航拍

1. 全站仪测量

2. 绘图

爵府遗址片区——爵府行署遗址测绘与绘图

1. 遗址原始地表（西北—东南）

2. 布方发掘（东—西）

爵府遗址片区——爵府行署遗址发掘情况

1. TG3发掘

2. 发掘现场——铲探方壁

爵府遗址片区——爵府行署遗址发掘情况

1. F7清理

2. L1清理

爵府遗址片区——爵府行署遗址发掘情况

1. 临时保护措施——篱笆护栏

2. 遗迹临时保护措施——喷防霉剂

爵府遗址片区——爵府行署遗址保护

1. 第四平台前堡坎

2. "地牢"堡坎填充石结构

爵府遗址片区——爵府行署遗址堡坎

1. 第二平台地层剖面

2. 第四平台地层剖面

爵府遗址片区——爵府行署遗址地层堆积

1. 采石场采石凿痕

2. 采石场凿痕

爵府遗址片区——爵府行署遗址采石场

1. 向登贵墓碑

2. 向日芳墓碑

3. F1月台石板情况

爵府遗址片区——爵府行署遗址遗迹

1. F1东南角局部

2. F1与F2的叠压关系

爵府遗址片区——爵府行署遗址遗迹

1. F2残存的东段墙基

2. F1与F2东北角结构

爵府遗址片区——爵府行署遗址遗迹

1. F4、L1、G1西北部结构（东北—西南）

2. F5、F6全景（东北—西南）

爵府遗址片区——爵府行署遗址遗迹

1. F3、F5结合处结构局部（东北—西南）

2. F3柱础基石

3. F3、F5结合处结构局部

4. F3、F4结合处结构局部

5. F6全景（西—东）

爵府遗址片区——爵府行署遗址遗迹

1. F7全景（北—南）

2. F8全景

爵府遗址片区——爵府行署遗址遗迹

1. F9柱洞

2. F11后视（西南—东北）

3. F11局部构建

爵府遗址片区——爵府行署遗址遗迹

1. Q1北段局部（西北—东南）

2. Q1西段墙体与门（南—北）

爵府遗址片区——爵府行署遗址遗迹

1. Q2全景

2. Q3局部（内围墙）

爵府遗址片区——爵府行署遗址遗迹

1. Q4结构

2. Q4围墙立面

爵府遗址片区——爵府行署遗址遗迹

1. 上山蹬道局部

2. L1与G1西北部结构（西北—东南）

爵府遗址片区——爵府行署遗址遗迹

1. L1局部

2. L2与F11关系（西南—东北）

爵府遗址片区——爵府行署遗址遗迹

1. L4侧视

2. L4俯视

爵府遗址片区——爵府行署遗址遗迹

1. L5全景

2. L6全景

爵府遗址片区——爵府行署遗址遗迹

1. G1西段局部（西北—东南）

2. 梅花石刻

爵府遗址片区——爵府行署遗址遗迹

1.4号景观石

2. 土王井洞口（西南—东北）

3. 土王井井口

爵府遗址片区——爵府行署遗址遗迹

1. I 式杯（JF·TG3③：13）

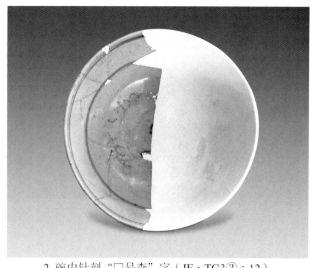

2. 碗内针刻 "□号李" 字（JF·TG3③：12）

3. I 式碗（JF·TG3③：12）

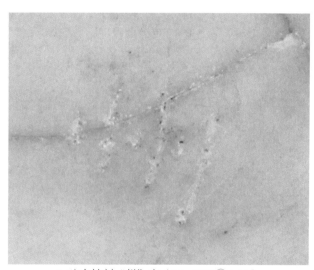

4. 碗内针刻 "州" 字（JF·TG3③：11）

5. I 式碗（JF·TG3①：3）

6. I 式碗底（JF·TN09W11①：2）

爵府遗址片区——爵府行署遗址遗物

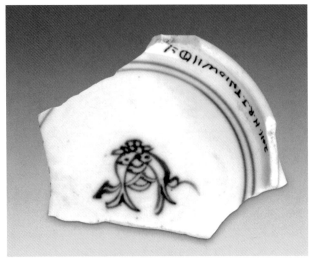

1. Ⅱ式碗底（JF·TN10W11①：1）

2. 青花诗词"藏山□海之英"瓷片（JF·TG3②：1）

3. 雕花瓷片（JF·TG3③：20）

4. 盘（JF·TG3③：5）

1.胭脂红釉碗（JF·TN11W06①：4）

2.霁蓝釉碗窑记（JF·G1①：4）

3.粗瓷碗（JF·TG3③：4）

爵府遗址片区——爵府行署遗址遗物

1. A型Ⅰ式碗底（JF·TG3②：2）

2. 碟（JF·TN08W09①：1）

3. 刻花条石（JF·散：9）

爵府遗址片区——爵府行署遗址遗物

1. 供台（西北—东南）

2. Z20（北—南）

3. 金刚台2（西—东）

爵府遗址片区——紫云宫遗址遗迹

1. L2第一段（南—北）

2. L2第二段（北—南）

3. 储水池（东南—西北）

爵府遗址片区——紫云宫遗址遗迹

1. 瓷碗（ZYG·TN02E02①：2）

2. 瓷碗（ZYG·TN04E02①：1）

3. 瓷碗内底（ZYG·TN04E02①：1）

4. 瓷杯（ZYG·TN03E02①：1）

5. 瓷杯（ZYG·TN03E02①：4）

爵府遗址片区——紫云宫遗址遗物

1. 平台堡坎

2. 入口门上方凹槽

3. 第二平台上地梁凹槽

4. 第二平台地梁槽与堡坎

5. 第二平台上岩石柱础

6. 第二平台上岩石柱础

爵府遗址片区——小昆仑遗址遗迹

1. 曲廊口部台阶

2. 廊道

爵府遗址片区——小昆仑遗址遗迹

1. 曲廊上岩石台阶

2. 曲廊上柱洞

3. 曲廊顶部堡坎与台阶

爵府遗址片区——小昆仑遗址遗迹

1. 第三平台与第四平台崖壁上建筑榫眼

2. 崖壁上上部榫眼

3. 崖壁上下部榫眼

爵府遗址片区——小昆仑遗址遗迹

1. "豁步桥"桥墩基础

2. "豁步桥"桥岩石墩

爵府遗址片区——小昆仑遗址遗迹

1. "豁步桥" 石刻

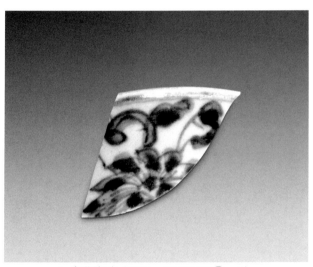

2. 青花瓷碗（XKL·TS09W07①：4）

3. 青花瓷碗（XKL·TS10W07①：5）

4. 青花瓷碗（XKL·TS10W07①：1）

5. 陶饼（XKL·TS09W07①：2）

爵府遗址片区——小昆仑遗址遗迹与遗物

图版四二

鸣虎山遗址全景（南—北）

爵府遗址片区——鸣虎山遗址远景

1. 清理杂草

2. 清理石门下的台阶

3. 测量石台阶

爵府遗址片区——鸣虎山遗址清理

1. 堡坎（西南—东北）

2. 门洞（南—北）

3. 岩石上开凿的台阶

爵府遗址片区——鸣虎山遗址遗迹

1. 遗址与环境（东南—西北）

2. 遗址调查

3. 戏台台板槽痕迹

爵府遗址片区——戏楼遗址遗迹

1. 戏楼遗址人工凿成的戏台台板槽

2. 戏楼遗址"山高水长"石刻

3. 戏楼遗址外侧"铁锁桥"石碑

爵府遗址片区——戏楼遗址遗迹

1. 城门（东—西）

2. 万全洞记石刻（南—北）

3. F1与道路的关系（南—北）

爵府遗址片区——万全洞遗址遗迹

1. F3全景

2. 储水池全景

3. 万全洞赑屃碑

爵府遗址片区——万全洞遗址遗迹

1. 天心桥与躲避峡峡谷关系

2. 天心桥与躲避峡峡谷关系

3. 天心桥环境（西南—东北）

爵府遗址片区——天心桥遗址遗迹

1. 上桥台阶

2. 桥基痕迹

爵府遗址片区——天心桥遗址遗迹

1. 南府行署遗址远景图

2. G1（南—北）

南府遗址片区——南府行署遗址遗迹

1. G2（南—北）

2. G2（北—南）

3. G3（东—西）

4. G4（东—西）

南府遗址片区——南府行署遗址遗迹

1. 台基包边石（东—西）

2. 石街面（西—东）

南府遗址片区——南府行署遗址遗迹

1. 环壕1局部（北—南）

2. 环壕2局部（东北—西南）

南府遗址片区——南府行署遗址遗迹

1.瓷碗（NF·G2：2）

2.瓷碗（NF·TN15E24①：1）

3.瓷碗内落款（NF·TN25E29①：1）

4.瓷杯（NF·G2：1）

5.石雕花栏板（NF·采：1）

6.石柱础（NF·采：2）

南府遗址片区——南府行署遗址器物

1. 张桓侯庙遗址全景（西—东）

2. 遗址侧视（北—南）

南府遗址片区——张桓侯庙遗址遗迹

1. 槛垫石（西—东）

2. 北抱鼓石

3. 北抱鼓石如意云头纹

南府遗址片区——张桓侯庙遗址遗物

1.桥1（西—东）

2.桥5（西—东）

3.赑屃碑（西—东）

南府遗址片区——南府路桥遗迹

1. 中府遗址现状（南—北）

2. 细柳城遗址航拍

3. 石拱桥（西南—东北）

中府遗址片区——中府与细柳城遗址遗迹

1. XLC-TG2（西—东）

2. 陶走兽侧视（XLC·TG1③：2）

3. 陶走兽正视（XLC·TG1③：2）

中府遗址片区——细柳城遗址探沟与遗物

1. L1清理（南—北）

2. L1第二段（东北—西南）

3. L1第三段（西南—东北）

中府遗址片区——万人洞遗址遗迹

1. L1-3榫眼

2. L1-6榫眼

3. F3全景（俯拍）

4. F3臼俯拍

5. F3-6榫眼

中府遗址片区——万人洞遗址遗迹

1. 万人洞记石刻

2. 瓮城城墙（西南—东北）

中府遗址片区——万人洞遗址遗迹

1. 瓮城城墙内侧面（南—北）

2. 瓮城城墙南端（北—南）

中府遗址片区——万人洞遗址遗迹

1. L2-1

2. F1-1层-1

3. L3-1层-6

4. L3-2层-1

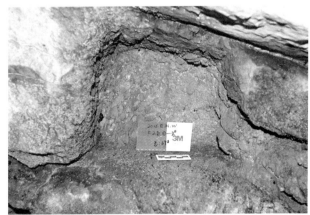

5. F2南1层-2

中府遗址片区——万人洞遗址遗迹

1. 瓮城的北壁采石痕迹

2. 洞内采石痕迹

中府遗址片区——万全洞采石痕迹

1. 九峰桥清理、测绘工作照

2. 九峰桥全景（西北—东南）

中府遗址片区——九峰桥遗址遗迹

1.官坟园墓地航拍

2.官坟园墓地（西南—东北）

中府遗址片区——官坟园墓地

1. 官坟园墓地M1（北—南）

2. 官坟园墓地M2（北—南）

3. 彩绘砖（GFY·M1∶1）

4. 彩绘砖（GFY·M2∶4）

中府遗址片区——官坟园墓地

1. 东阳湾土司家族墓地全景（东—西）

2. 考古队对村民田政仁进行采访

3. 水寨遗址勘探测点

中府遗址片区——东阳湾土司家族墓地

1.东阳湾土司家族墓地勘探

2.石狮（DYW·采：1）

3.石狮（DYW·采：2）

中府遗址片区——东阳湾土司家族墓地勘探与遗物

1. 北府遗址航拍

2. 石水缸拓片

北府遗址片区——北府遗址调查

1.覃光极墓碑调查工作照

2.桂崇皋墓（西南—东北）

北府遗址片区——覃光极与桂崇皋墓碑

1. 工作人员露营黑峰山

2. 工作人员登山

3. 测量与绘图

北府遗址片区——白溢寨遗址调查

1.二酉洞远景（西—东）

2.白溢寨遗址城门（西—东）

3.白溢寨遗址二酉洞第一道门（西南—东北）

北府遗址片区——白溢寨遗址遗迹

1.白溢寨遗址二酉洞第二道门（西南—东北）

2.白溢寨遗址瞭望台远景（西北—东南）

3.洞内人工台阶（西北—东南）

4.后洞口（南—北）

北府遗址片区——白溢寨遗址与二酉洞遗迹

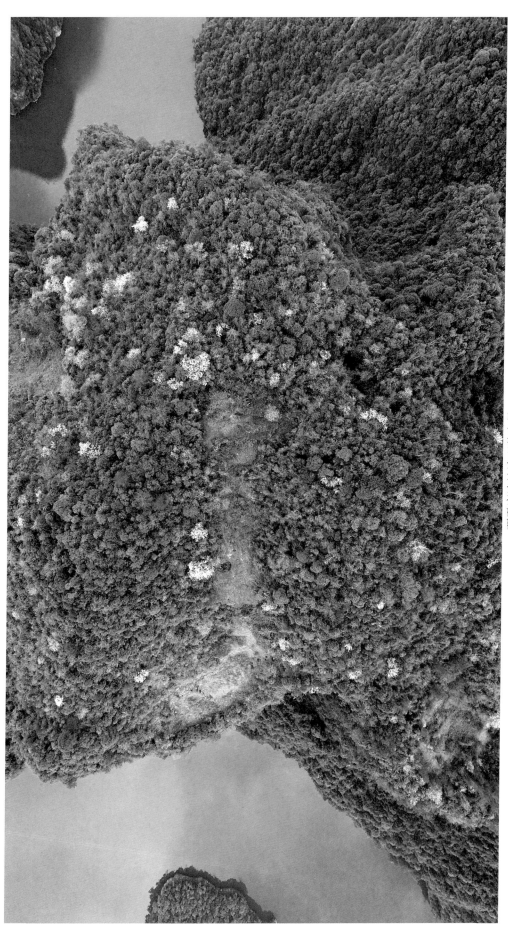

西平府遗址片区——西平府遗址远景

西平府遗址清理前全景

图版七八

1.搭建简易天梯

2.调查人员蹚山

3.山顶宿营午餐

西平府遗址片区——天星寨遗址调查

1.西平府遗址清理前堡坎

2.台地堡坎（西—东）

3.第七台地挡土墙（西—东）

西平府遗址片区——西平府遗址遗迹

1. 第八台地挡土墙（西—东）

2. 城门2（西南—东北）

3. 城门2与山道

西平府遗址片区——西平府遗址遗迹

1.L2局部清理前（西一东）

2.L2局部清理后（西一东）

3.覃母杨氏老太君墓碑

西平府遗址片区——西平府遗址遗迹

1. 百顺桥碑（西—东）

2. 漂水岩汉土疆界碑（南—北）

3. 怀抱窝汉土疆界碑（南—北）

4. 刘门田氏姑母墓碑（东南—西北）

线状遗址与点状遗址——石碑刻

1. 洞口2内景（西南—东北）

2. 洞口3由内向外（东—西）

线状遗址与点状遗址——情田洞遗址遗迹

1.《情田峒记》《捷音者序》摩崖石刻拓片（东南—西北）

2. "情田洞"摩崖石刻（西—东）

3. 洞4洞口全景（西—东）

线状遗址与点状遗址——情田洞遗址遗迹

1. L1外段（西—东）

2. L1洞内段（东南—西北）

3. F1北壁榫槽（南—北）

线装遗址与点状遗址——情田洞遗址遗迹

1. 瞭望台北壁榫槽（东南—西北）

2. 瞭望台北-1榫槽（南—北）

3. 洞5脚窝（东—西）

线装遗址与点状遗址——情田洞遗址遗迹

1. 小昆仑遗址三维激光扫描

2. 戏楼遗址三维激光扫描

3. 爵府遗址纹理拍摄

科技考古——三维激光扫描

1. 爵府遗址堡坎纹理特征

2. 小昆仑遗址蹬道纹理特征

3. 戏台遗址纹理特征

科技考古——纹理特征

1. 爵府遗址点云示意图

2. 小昆仑遗址点云示意图

3. 戏台遗址点云示意图

科技考古——三维激光点云

1. 爵府遗址三维素模

2. 鸣虎山遗址三维素模

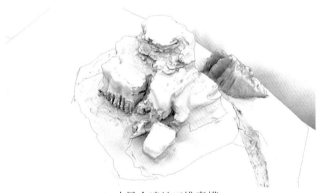

3. 小昆仑遗址三维素模

4. 戏楼遗址三维素模

科技考古——三维素模

1. 爵府遗址三维动画效果图

2. 小昆仑遗址三维动画效果图

3. 戏台遗址动三维画效果图

科技考古——三维动画效果图

1.爵府遗址三维交互效果图

2.小昆仑遗址三维交互效果图

3.戏台遗址三维交互效果图

科技考古——三维交互效果图

1.爵府遗址复原三维模型

2.小昆仑遗址复原三维模型

科技考古——复原三维模型

1.万人洞遗址复原三维模型

2.万全洞遗址复原三维模型

3.情田洞遗址复原三维模型

科技考古——复原三维模型

1. 大堂三维虚拟复原（F1）

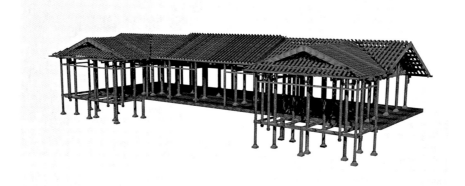

2. 二堂三维虚拟复原（F3～F8）

3. 三堂三维虚拟复原（F12）

科技考古——三维虚拟复原